멜로드라마와 모더니티

MELODRAMA AND MODERNITY: EARLY SENSATIONAL CINEMA AND ITS CONTEXTS
by Ben Singer

Copyright © Ben Singer, 2001
Korean Translation Copyright © MUNHAKDONGNE Publishing Corp, 2009
This Korean edition is published by arrangement with Columbia University Press
through Imprima Korea Agency.

이 책의 한국어판 저작권은 Imprima Korea Agency를 통해 Columbia University
Press와 독점 계약한 (주)문학동네에 있습니다. 저작권법에 의해 한국 내에서 보호를
받는 저작물이므로 무단전재 및 무단복제를 금합니다.

이 도서의 국립중앙도서관 출판시도서목록(CIP)은
e-CIP 홈페이지(http://www.nl.go.kr/ecip)에서 이용하실 수 있습니다.
(CIP제어번호: CIP2009001858)

멜로드라마와 모더니티

melodrama
and
modernity

벤 싱어 Ben Singer 지음 | 이위정 옮김

문학동네

독자들은 어떻게 느낄지 모르지만 나는 개인적으로 우리의 영화가 부모도, 혈통도 없고, 과거도 없으며 지난 시대의 풍부한 문화적 유산과 전통도 없는 것이 아니란 사실을 곱씹을 때마다 언제나 유쾌하다. 영화가 처녀로부터 잉태된 믿을 수 없는 예술이라는 전제에서 출발하여 그 법칙과 미학을 정립하려는 사람들은 그저 경솔하고 뻔뻔할 뿐이다!

— 세르게이 예이젠시테인(1944)

차례

서론

멜로드라마와 모더니티.* 두 용어는 그 의미가 명확하게 규정되지 않았음에도 불구하고, 아니 바로 그렇기 때문에 정밀한 연구가 지속적으로 요구되는, 중대하고도 애매한 개념들을 상위 목록으로 지니고 있다. 이 책의 목적은 멜로드라마, 특히 1880년에서 1920년 사이의 미국 대중 연극과 영화 중에서도 선정적 멜로드라마를 근대의 산물이자 반영 — 근대의 경험론적 속성과 이데올로기적 변동, 문화적 불안, 텍스트의 상호 교차 경향, 사회적 인구통계, 그리고 상업적 관행 — 으로 위치시킴으로

---

* 'Modernity'라는 용어의 번역 또한 중대하고도 애매한 문제로 남아 있다. 그것은 '자연스런 시간'의 흐름을 인위적으로 분절시켜 '역사적 시대'로 구분하는 시간의 단위(근대)이면서, 동시에 그러한 시간 단위의 기본 성격 및 특질(근대성)을 지칭하기 때문이다. 모더니티를 어떻게 번역할 것인가 하는 문제는 포스트모더니티의 '포스트'와 같은 접두사로 인해, 그리고 '모더니티'에 함축되어 있는 — 혹은 적어도 그것의 '기원'으로 여겨지는 — 서양 세계와 이질적인 역사를 경험했던 곳에서는 더욱 복잡해진다. 이러한 문제들을 뒤로한 채, 본 역서에서는 'Modernity'라는 용어를 원서의 문맥에 따라 '근대' '근대성' '모더니티'로 혼용하여 옮기고 있음을 미리 밝혀두는 바이다. — 옮긴이

써, 그 둘 사이의 상호관계를 조망하는 데 있다. 또한 이 연구의 기본이 되는 역사적 목적이라고 한다면, 그것은 매혹적인 두 문화 현상, 즉 폭력-유혈적인 10-20-30센트짜리 저가 무대 멜로드라마와 초기에 유행했던 시리얼 필름을 발굴해내는 것이다. 그것들은 오늘날 상당 부분 잊혀버렸지만 새로운 세기로 접어드는 미국 대중문화와 그 이상을 이해하는 데 중요하다.

어쨌든 비교적 최근까지 근대성이란 개념은 영화학에서 이렇다 할 중요한 위치를 차지하지 못했다 해도 무방할 것이다. 그러나 근대성은 사회이론의 오래된 근원적 테마로서 마르크스나 뒤르켕, 베버, 퇴니에스, 지멜을 포함한 많은 이들의 저작 동기가 되었다. "무엇이 서구의 근대 산업사회를 다른 것들과 구분 짓는가?"라는 핵심 질문이 주어졌을 때 근대성이란 놀랄 것도 없이 사회경제적, 인지적, 이데올로기적, 도덕적, 그리고 경험론적 쟁점들을 포함하는 이례적이리만치 광범위한 논제인 것이다. 내 작업의 첫 순서는 이렇듯 본래 널리 흩어져 있던 사회이론의 집합들에 어느 정도 구조를 부여하려는 노력이 될 것이다.

1장에서는 모더니티의 성격에 관한 주요 담론들을 개략적으로 제시한다. 내가 제안하는 분석 틀은 모더니티의 여섯 가지 측면으로 분류된다. 첫째 (일반적으로 '근대화'라는 라벨이 붙여지는) 사회경제적, 기술적 성장의 폭발적 증가라는 측면, 둘째 '도구적 합리성의 지배'라는 점, 셋째 근대가 끊임없는 문화적 불연속과 이데올로기적 반성의 조건이라는 측면, 넷째 유동성의 증대와 모든 '사회체들social things'의 순환이라는 측면, 다섯째 세분화된 사회적 환경과 경쟁적 개인주의의 특징을 갖는다는 점, 여섯째 근대는 전례 없이 감각적인 복잡성과 강렬함을 지닌 지각 환경이었다는 측면이다. 이 모든 측면들이 나의 멜로드라마 분석에서 똑같은 무게중심을 갖지는 않는다. 내 논의에서 대다수의 측면 경로들은 근대성이라는 쟁점에 전적으로 좌우되지 않는 특정한 영화사적 문제들을 좇을 테지만, 내 분석의 주안점은 대개 멜로드라마가 모더니티의 문화적 표현으로 간주될 수 있는 방식들을 탐구하는 데 있다. 최근 영화학 연구들은 특히 마지막 국면, 즉 영화와 대도시 현상학의 관계에 초점을 맞춰왔다. 이는 나 역시 두 장을 할애한 중요한 주제이지만, 여기서 전개되는 근대성의 도식화가 보다 폭넓은 범위의 관계들을 고찰하는 방향으로 논의를 진전시키는 데 일조하길 바란다.

모더니티와 견주어볼 때, 아니 실제로 그 어느 것과 비교하더라도 멜로드라마란 주제는 훨씬 초라한 지적 계보를 갖고 있다. 드라마의 한 범주로 취급되기 시작한 이래 두 세기 동안 멜로드라마는 비평가들의 비웃음과 비아냥거림의 표적이 되어왔다. 가령 1912년에 한 비평가는 영화가 저가 무대 멜로드라마를 도심 극장에서 몰아낸 지 한두 해 지난 후 냉혹할 만큼 속시원하다는 반응을 보였다.

> 멜로드라마는 그 모든 저질의 조잡하고 닳고닳은, 천박한데다 무의미할 뿐만 아니라 그야말로 터무니없는 비예술적 드라마의 형식 가운데 최악이었다. (…) 나는 10-20-30센트 수준의 멜로드라마가 그 정수리부터 거꾸러져서, 삽에 들려 양동이에 내동댕이쳐져 잿더미로 실려가 영원히 사라지길 바란다.[1]

심지어 최근까지도 멜로드라마와 관련지어 질병, 기형, 도착, 약물남용의 이미지를 불러일으키는 서술들을 발견할 수 있다. 1982년 출간된 한 대학교재에는 이런 기록이 있다.

19세기 전반 (…) 영국, 독일, 프랑스의 극작을 좀먹던 동일한 해충이 미국 극작가들에게까지 퍼지게 되었다. 이로 인해 그들의 저작은 성장을 멈추고 왜곡된 채 몇몇 예외를 제외하고는 1백 년 동안 후세에 전할 만한 극문학이 쓰이지 않을 정도였다. (…) 미국의 극 연출을 질적으로 저하시킨 해충은 멜로드라마에 대한 애착이었다. (…) 멜로드라마 중독은 미국 토박이 극작가들이 유럽 동료들과 함께 입센, 스트린드베리, 체호프 같은 거장들만큼이나 정화와 치료 효과를 지각했던 세기말까지 약화될 줄 몰랐다.[2]

오늘날 학계에는 이처럼 우스울 정도로 근시안적이고 고지식한 인상을 주는 평론은 거의 사라졌다(비록 그 반향은 여전히 학계 주변을 맴돌고 있지만).[3] 이러한 학계의 극적 반전은 어떻게 설명될 수 있을 것인가? 마치 고전적 멜로드라마의 시나리오에서처럼 오랫동안 학대받던 희생자가 마침내 뜻밖의 예기치 못한 운명의 역전을 경험하게 된 것이다. 평단에서 멜로드라마의 운명은 1960년대 후반에서 1970년대에 이르러 상당히 밝아졌는데, 당시 봇물처럼 쏟아진 연극사와 문예비평은 대부분 미학적 평가를 유예하는 대신, 멜로드라마를 흥미로운 심리사회적 의미(이는 5장에서 중점적으로 논의하게 된다)를 내포하는 장르라는 데 초점을 맞췄다. 1970년대 후반에서 1980년 사이, 멜로드라마는 어느 정도 독립적 성장을 이루면서, 영화학의 주요 논제로 떠올라, 할리우드 장르 중 가장 많은 기록을 보유하게 되었다. 이러한 현상은 지적 현장에서의 유력한 두 경향이 수렴되었음을 반영한다. 우선, 마르크스주의자와 좌파 비평가들은 1950~60년대의 가족 멜로드라마, 특히 더글러스 서크Douglas Sirk의 영화가 일정 부분 부르주아 문화의 유사-브레히트적

quasi-Brechtian 비판을 암시하는 것으로 받아들였다. 이러한 영화는 전후 미국 가정의 기능 장애와 물질주의에 초점을 맞춘데다 양식상 '과잉' 경향까지 결합되어 (지배 이데올로기를 유포하기 위해 고안된 바로 그 할리우드 시스템 내부로부터 부르주아 자본주의를 비판함으로써 얻어질 법한 내밀함 덕분에 비평가들을 더욱 매혹시킨)[4] 진보의 표식을 달게 되었다. 이와 거의 동시에 멜로드라마는 정신분석학과 페미니즘 영화이론 및 비평의 집중적인 조명을 받음으로써 중요한 위치에 오르게 되었다. 할리우드 멜로드라마는 분석의 이상적인 주제였다. 감정의 억압과 표출을 강조하는 멜로드라마는 정신분석학적 해석의 풍부한 토대를 제공하는 한편, 종종 긍정적인 여자 주인공들을 주요 테마로 다루면서 전통적으로 여성들의 삶에 국한되었던 문제 및 가치체계들을 강조했으며, 지배적 패러다임에 따라 '남성적 무의식에 따라 재단된' 주류 영화계 내부에서 여성 관객의 필요에 응하는 영화의 존재가 제기하는 역설을 고찰하도록 만들었다. 1980년대 후반, 문화연구가 활성화되면서 정신분석학적 비평이 쇠퇴하자 할리우드 멜로드라마는 팬 매거진, 패션 파생상품, 그리고 '실제' 여성 관객들의 경험이 녹아 있을 법한 여타 다른 관련 텍스트들에까지 다양한 연구 가능성을 열어주었다.[5]

이 책은 서로 다른 시기의 서로 다른 독특한 유형의 영화 멜로드라마를 다소 다른 방향에서 대담하게 검토하려고 한다. 그 초점은 초기의 선정적 멜로드라마나 폭력-유혈적 멜로드라마, 즉 세기 전환기 즈음에 (그리고 비록 그러한 라벨이 붙여지지는 않았다 할지라도 아직도 주변에서 적지 않게 볼 수 있는) 무대와 스크린 양쪽에서 엄청난 인기를 누렸던 멜로드라마의 변종에 맞춰질 것이다. 이 주제에 관심을 갖게 된 계기는 우연치 않게 나의 흥미를 불러일으키면서도 당황케 하는 두 가지를 '발견' 했을 때였다. 첫번째 발견은 아직 우리가 갖고 있는 무성영화에 대한 지식이 얼마나 형편없는지 깨달은 일이었다. 마이크로필름에 관한 영화계 잡지를 뒤지던 중 나는 뜻밖에 1915년 초 개봉된 그리피스D. W. Griffith의 〈국가의 탄생The Birth of a Nation〉 광고와 맞닥뜨렸다. 이 시기에 미국 영화계에서 〈국가의 탄생〉은 두말할 나위 없이 가장 중요한 작품이라는 것을 떠올리면서 나는 당연히 이 영화가 그후 몇 주 어쩌면 몇 달 동안 광고와 사설, 홍보물, 그리고 리뷰들을 독점하며 영화계 잡지를 강타했을 거라고 추측했다. 나는 당연히 이 영화가 처음 등장했을 때도 대략 오늘날의 영화사에서만큼 탁월하게 주목받았을 거라 여겼다. 바로 얼마 전에 읽었던 대표적인 대학교재에서도 이 시기의 미국 영화를 다루면서 토머스 인스Thomas Ince나 맥 세넷Mack Sennett, 세실 B. 데밀Cecil B. DeMille, 찰리 채플린Charles Chaplin은 불과 몇 단락을 언급한 반면, 그리피스에게는 48쪽 분량의 한 챕터 전체를 할애했다.[6] 그래서 나는 그리피스의 영화들이 1910년대 영화사에서 가장 기념비적인 사건인 줄 알았다. 마이크로필름을 두루 살피는 동안 나는 〈국가의 탄생〉이 개봉되던 주에 실린 한 쪽짜리 광고 하나, 그리고 이후 몇 주 동안 추가된 두세 개의 광고를 보았다. 이렇다 할 만한 것들은 없었다. 놀랍게도 그리피스의 영화는 전혀 색다른 것이 아니었다. 적어도 영화잡지에 드러난 바에 의하면 말이다. 이 영화가 끌어낸 사회적 논쟁과 평단의 호평은 물론 평범한 장편영화들 사이에서 눈에 띄는 것이 확실하지만, 우리가 짐작하는 것보다 훨씬 덜했다. 그저 봇물처럼 쏟아진 영화 중 하나였던 것이다.

학자들이 정전正典을 편성하는 역사 서술의 문제를 대할 때 한결 더 조심스러워진 지금도, 이러한 봇물들의 놀랄 만한 위대함은 거의 인식되지 못하고 있다. 미국영화협회의 장편영화 목록에 기재된 수치에 따르면, 1912년에서 1920년 사이만 해도 미국에서 대략 5200편의 장편영화가 제작되었다. 게다가 같은 시기에 미국에서 만들어진 1, 2, 3릴짜리 단편영화들은 31300편 이상이나 개봉된 것으로 추산된다. 이렇게 엄청난 수치로 비추어볼 때, 당시 작품 중 불과 1퍼센트에 해당하는 소수 저명한 감독의 영화가 1910년대 미국 영화의 방대하고 다채로운 작품들을 대표한다고 생각하는 것이 얼마나 신빙성 없는 일인지 즉시 깨달을 수 있다.[7]

당시 업계지를 조사하는 동안 내가 실제로 여러 번 접했던 것은 〈폴린의 위기The Perils of Pauline〉〈일레인의 위업The Exploits of Elaine〉〈밀리언 달러 미스터리The Million Dollar Mystery〉〈아이언 클로The Iron Claw〉〈재앙의 손길The Grip of Evil〉〈벌목업의 여왕A Lass of the Lumberlands〉〈황색 위협The Yellow Menace〉〈증오의 집The House of Hate〉〈위험이 도사리고 있다The Lurking Peril〉그리고 〈그림자의 절규The Screaming Shadow〉같이 떠들썩했던 필름 시리얼 광고들이었는데, 그것도 눈길을 사로잡는 두 쪽짜리 광고가 수두룩했다. 이중에서 그나마 〈폴린의 위기〉만이(아마도 같은 제목의 영화가 1947년과 1967년에 만들어지고, 베스킨라빈스 아이스크림의 '패럴즈 오브 프랄린Perils of Praline' 맛으로 불후의 명성을 얻게 된 탓에) 어렴풋하게나마 들어본 것 같았다. 이러한 영화들은 업계지의 다른 어떤 광고들보다 물량 면에서 우세했으며, 그 크기와 화려함으로 시각적 흥미를 일으켰을 뿐만 아니라, 동시발행 소설을 중심으로 엄청난 광고계획을 진행시켰다. 전국적으로 수백 혹은 수천에 이르는 신문들이 "아침엔 이곳에서 읽고 저녁땐 화면으로 보시라!"면서 고객들을 유인했다. 나는 또한 여배우들이 받아들이는 최고의 출연료와 광고 출연 횟수에 경탄했다. 이것이야말로 발렌티노 열풍보다 10년이나 앞서 여성 관객들을 염두에 두고 내놓은 영화 장르라고 할 수 있지 않을까? 폭력영화나 액션영화가 여성들을 대상으로 하지 않는 것을 볼 때 이는 특히 흥미로웠다. 그러자 나는 곧 영화교본들이 초기 미국 영화의 혁신적이고도 주요한 면을 간과해왔다는 사실이 명백하게 보였다.

이 책의 기획을 촉발시킨 두번째 계기는 그로부터 몇 주 후, 나를 당혹시켰던 의외의 새로운 사실에서 비롯되었다. 내가 뉴저지 주 웨스트오렌지에서 정확히 한 세기 전쯤 토머스 에디슨과 W. K. L. 딕슨이 서서 영사기를 돌리던 곳에서 몇 피트 떨어진 탁자에 앉아 에디슨 스튜디오 사의 문서들을 자세히 들여다볼 때였다. 나는 우연히 1915년 이후의 품질 관리 차트를 발견하곤 어리둥절해졌다. 차트는 에디슨 스튜디오의 당시 작품을 멜로드라마, 드라마, 사극, 최루성 이야기, 아동물, 사회극, 브로드 코미디Broad Comedy, 라이트 코미디Light Comedy의 여덟 장르로 나누고, 이를 열 개의 품질 기준으로 평가했다.[8] 이 차트는 영화사들이 (자본주의 근대성의 핵심 요소인) 산업 합리화 테크닉에 융화되고 있음을 보여주는 지표일 뿐 아니라, 영화 역사상 위기의 순간을 나타내는 것이기에 나의 눈길을 끌었다. 이 자료는 영화사 중역들이 급격히 감소한 에디슨 사의 영화 판매가 조악한 작품 때문인지 아니면 그보다 훨씬 더 불안하게 여겨지는 요소, 즉 밀려들어오는 장편영화들 때문인지 결론짓기 위해 고안되었다. 이 차트에서 특히 내 호기심을 돋웠던 것은 이 총체적인 몰락 상황 가운데서 '멜로드라마'와 '최루성 이야기'가 별개 장르로 구분되었다는 점이다. 내가 보기에 이 둘은 사실상 거의 같은 것이다. 할리우드 영화에서 멜로드라마를 꼽자면 곧 떠오르는 영화들, 즉 〈스텔라 댈러스Stella Dallas〉〈미지의 여인에게서 온 편지Letter from an Unknown Woman〉〈바람에 쓰다Written on the Wind〉(한국 개봉 제목은 〈바람에 사라지다〉)〈삶의 모방Imitation of Life〉(한국 개봉 제목은 〈슬픔은 그대 가슴에〉) 〈페이턴 플레이스Peyton Place〉 〈마담 XMadam X〉 〈뒷골목Back Street〉(한국 개봉 제목은 〈그늘과 양지〉) 등은 모두 낭만적 파토스와 가정 내 시련이라는 감상적 주제에 기대고 있다. '최루성 이야기'는 내게 '눈물을 쥐어짜는' 혹은 '눈물 없이 볼 수 없는' 여성용 영화나 연속극 등을 떠올리게 했다. 이것들이 멜로드라마가 아니라면 어떤 것이 멜로드라마란 말인가?

필름 시리얼에 관한 자료를 찾으며 업계지를 좀더 깊이 탐색하는 동시에 '멜로드라마'의 역사적 의미론을 조사하기 시작하면서 나는 이 두 주제가 사실상 하나임을 깨닫게 되었다. 내가 발견한 바에 따르면, 선정적 시리얼들은 장르 용어가 사용될 때면 어김없이 '멜로드라마'란 말로 인용되었다. 가령 1914년 시리얼 〈루실 러브: 미스터리 걸Lucille Love : Girl of Mystery〉은 한 리뷰에서 "멜로드라마적 멜로드라마, 혹은 2급 멜로드라마"라고 묘사되었다.[9] 이러한 특성에 대한 묘사는 무슨 뜻일까? 무엇이 선정적 시리얼들을 가장 멜로드라마적인 멜로드라마로 만들었을까?

이런 의문에 대한 답은 모호하기로 악명 높은 멜로드라마라는 용어 때문에 복잡해진다. 하다못해 한 학자는 이 단어의 일관성 없는 사용과 거기에 내포된 의미에 대해 격노하며 "멜로드라마는 한 번도 통일성 있는 드라마 범주로서 존재한 적이 없었다"라고 주장했다. 영화 멜로드라마에 관한 주요 선집의 편집자는 이러한 주장은 "멜로드라마를 하나의 장르로 확립시키기 위한 사람들의 수고를 무효로 만드는 건방진 기도"일 뿐이라며 일축했다. 그럼에도, 이 선집의 글들을 읽으며 성적性的 원한을 소재로 한 서간체 이야기 〈클라리사Clarissa〉(1747)에서부터 20세기 초 할리우드의 고전적인 '여성용 최루성 영화'를 거쳐, 미스터리 서스펜스 영화 〈코마Coma〉(1978)까지 그 행로를 따르려고 애쓰다보면, 전자의 부

정적 견해에 전적으로 동의하지는 않는다 해도 어느 정도 공감은 하게 된다.[10]

멜로드라마의 총칭적 모호성이란 문제를 다루는 한 가지 방식은 멜로드라마를 장르로 이해하려는 노력을 멈추고, 그것을 일종의 드라마 '양식'으로 간주하는 것이다. 린다 윌리엄스Linda Williams는 최근 흥미로운 저작에서 멜로드라마의 핵심적 작용 — 우리 마음을 움직여 "위험에 처한 희생자들의 미덕을 동정"하게 하고 "역경과 고통을 통해 미덕의 상연과 회복"을 성취하는 — 은 어떤 하나의 장르나 매체를 넘어서는 까닭에 "미국 대중의 '살아 움직이는 영상'이라는 본질적 양식"으로 지칭되어야 한다고 주장한다. 이러한 접근은 확실히 일정한 목적을 달성하는 데 효과적이다. 예를 들면, 그것은 윌리엄스로 하여금 멜로드라마를 애틀랜타 올림픽 TV 보도나 O. J. 심슨 공판 같은 것들까지 포함해, 보다 넓은 범위의 문화적 텍스트 속에 위치시킬 수 있도록 해주며, 또한 할리우드의 고전적인 내러티브 패러다임의 비평 가능성에 의문을 제기하게끔 만들어준다. 윌리엄스는 주장하길, 정연하게 목표를 향해 인과적으로 진행되는 '고전적' 방식을 상정하는 영화 분석의 문제는 스펙터클이나 과잉 같은 멜로드라마적 요소를 단지 엑스트라처럼 비주류로, 즉 사건의 인과적 연속으로부터 이탈한 것으로 격하시킨다는 것이다. 멜로드라마가 고전적 화법과 무관하다기보다는 그것이 스토리텔링의 주재료나 다름없다고 윌리엄스는 강조한다. "멜로드라마를 하나의 장르나 과잉, 혹은 궤도 이탈로 보아서는 안 되며 문학, 연극무대, 영화, 그리고 TV를 통해 미국의 대중적 내러티브를 대표하는 것으로 보아야 한다."[11]

하지만 여전히 멜로드라마는 역사적 연구의 대상이다. 19세기 전반에 걸쳐, 그리고 적어도 20세기 초반에 이르기까지 사람들이 멜로드라마라고 불렀던 무언가가 존재했다. 사람들은 이것이 무엇인지를 이해했으며, 비록 그 경계가 종종 모호할 때도 있지만, 그것은 나름의 장르적 정체성을 갖고 있었다. 이는 앞서 말한 에디슨 차트나 뉴욕 여행 안내서들이 몇몇 극장을 멜로드라마 하우스로 지칭했다는 사실, 그리고 멜로드라마를 하나의 공인된 호칭으로 사용했던 수천 건의 신문 리뷰들로써 입증된다.[12] 멜로드라마를 거의 모든 것을 아우르는 내러티브 양식이라기보다 (혹은 그럴 뿐만 아니라) 하나의 장르로 서술하려는 노력은 우리가 멜로드라마의 특정한 역사적 발현들과 변종들에 대해 더 배울 수 있다는 점에서 중요하며, 또한 멜로드라마에 대한 우리의 개념이 개략적으로나마 우리가 분석하고자 하는 역사적 담론 안에서 가정된 것과 일관성을 유지할 수 있다는 점에서 의의가 깊다.[13]

이러한 연구 목적을 위해서는 중도적 입장이 가장 유용할 것이다. 우리는 멜로드라마를 특유의 고정된 통일성 있는 단일 장르라는 것과, 많은 다른 장르들에 걸쳐 있는 광범위한 대중 양식이라는 것 사이의 어디쯤엔가 위치시킬 필요가 있다. 2장에서 나는 멜로드라마를 적어도 다섯 가지 핵심 구성요소가 다양하게 결합되어 있는 일종의 '개념군cluster concept'으로 분석하는 정의적 도식을 제안한다. 이 다섯 가지는 강렬한 파토스, 과장된 감상성, 도덕적 양극화, 비고전적 내러티브 역학, 그리고 스펙터클 효과이다. 이것들 중 단지 두세 가지 요소, 아니 어쩌면 단 하나의 요소만 있어도 연극이나 영화를 멜로드라마로 지칭하도록 촉구할는지도 모른다. 역사적으로 이 다섯 가지 요소들은 매우 여러 방식으로 결합되어왔기 때문에 멜로드라마라는 용어는 무척이나 모호하다.

따라서 2장까지는 모더니티와 멜로드라마 모두를 정의하기 위한 개념적 얼개를 제시한다. 책의 나머지 부분에서 나는 '맥락적' 접근이라 불릴 만한 분석을 채용한다. 다시 말해 그것은 문화적 대상 — 선정적 멜로드라마 — 이 어떻게 사회적, 상호텍스트적, 그리고 상업적 맥락의 복합적 관련으로부터 자라나고 존재했는지 탐구한다. 역사의 관심은 대부분 사건들을 관련 맥락에 위치시키고 당대의 산물로 입증하는 데 있으므로, 이렇게 틀을 짜는 방식이 다소 원대하게 들릴지도 모르겠다. 나는 맥락적이라는 말을 단순히 자의식적인 방법론 차원에서, 질적으로 완전히 다른 역사적 결정요인들로 이루어진 대단히 폭넓은 스펙트럼을 조사하는 일의 풍요로움을 강조하기 위해 사용한다.

맥락적 접근은 19세기부터 20세기 초의 멜로드라마 탐구를 조명하는 데 특히 적절한데 그것은 사회적, 상호텍스트적, 그리고 상업적 영향력이 근대성의 강화와 관련된 중대하고도 다면적인 역사적 변화들의 일부였기 때문이다. 나의 선정적 멜로드라마 연구는 매우 폭넓은 맥락을 고찰함으로써 시작된다. 3장 「선정주의와 근대 도시의 세계」에서는 정확히 멜로드라마에 초점을 맞춘다기보다 멜로드라마로 입증되는 대중오락의 선정주의라는 보다 광범위한 현상, 그리고 그것과 감각적인 새로운 도시환경과의 관련 가능성에 관해 다뤘다. 세기 전환기 즈음의 몇십 년간 도시에 관해 말하자면, 도시를 감각적 과부하의 온상으로 보는 담론이 널리 퍼졌었다. 1909년 한 사회평론가는 근대 도시의 경험적 성격을 서술하기 위해 실로 현대적으로 들리는 '초자극hyperstimulus'이란 용어를 만들어냈다. 아마도 근대적 초자극에 관한 가장 왕성한 비평은 선정주의적인 신문과 풍자적인 잡지들을 통해 전달되었다고 할 수 있을 것이다. 그것들은 디스토피아적 상상력을 표현하면서 근대 도시를 일련의 감각적 충격과 육체적 위험으로 그려냈다. 3장은 이러한 담론을 찾아 밝혀내고 초자극적인 대중오락의 상업적 이용에 관한 담론들을 검토한다. 1890년대에는 무대 멜로드라마를 비롯한 다양한 범주의 오락물들이 시청각적, 운동감각적 자극을 주는 모든 양식을 강화시키면서 뚜렷한 '선정주의화'의 영향 아래 있었다. 동시에 스릴 만점의 수많은 새로운 오락물들, 그중 가장 주목할 만한 영화가 등장하였다. 이런 현상은 도시의 대중 노동계층이라는 관객을 등장케 한 독특한 근대 사회인구학으로부터 기인한다. 그러나 당시 사회비평가들은 또다른 원인을 강조하곤 했다. 여하튼 그들에겐 (얼마 후 지크프리트 크라카우어와 발터 벤야민이 그러했듯이) 대중오락의 전례 없는 선정주의가 근대 도시의 새로운 감각적 환경과 연관되어 있는 것이 자명해 보였다. 그들은 근대 오락의 감각 극대화를 근대 도시환경의 감각 극대화에 대한 즉각적 반영으로 보았다. 그들 생각에, 대중오락에서 늘어난 노골적이리만치 충격적인 사건들과 시각적으로 분주한 모습의 재연이, 증가 추세에 있던 근대 대도시의 노골적이고 충격적인 사건들과 시각적으로 분주한 모습들을 모사하게 된 것은 단순한 우연의 일치 이상이었던 것이다. 도시생활은 새로운 형식과 생동감과 액션이 넘치는 스펙터클의 새로운 격렬함을 촉발시켰다.

　최근 몇 년간 수많은 영화학자들이 주로 크라카우어와 벤야민의 에세이에 담긴 매우 간결하고 도발적인 논평들에 기대어 이러한 견해를 받아들였다. 이러한 논의는 '모더니티 테제'라는 호칭을 얻게 되었는데, 그것은 영화가 근대 도시의 지각적 동역학으로부터 성장했다고 주장한다. 이 명제는 아주 간결하게도 벤야민의 두 가지 말로 요약될 수 있다. "인간 오감의 지각 양식은 인류의 전체 존재 양식과 함께 변화한다." "영화는 통각기관의 심원한 변화들에 상응한다."[14] 즉 근대 자본주의 도시환경은 인간의 '감각 중추'에 어떤 근본적 변화를 야기하면서 궁극엔 영화 발전에 중대한 영향을 끼친, 광범위하고 새로운 '지각 양식'을 만들어냈으며, 영화가 도시 경험의 파편화와 돌발성을 반영하는 방식으로 실현되도록 고무시켰다.

모더니티 테제가 예술품들은 그것들이 만들어지는 사회환경을 반영하지 않을 수 없다는 기본 전제에 호소할지는 몰라도, 그 세부사항들을 규명하고자 한다면 만만치 않은 장애물들과 부딪히게 될 것이다. 도시 환경이 인간의 지각을 변화시켰다는 말은 무슨 뜻인가? 지각 변화는 단순히 비유적인 말인가, 아니면 실제의 생물학적 변화를 말하는 것인가? 이 전제를 이해할 수 있다고 가정한다 해도 그것이 ― 새로운 지각 양식이 일으켰을 법한 것들이 무엇이었든지 간에 ― 실제로 영화에 영향을 끼쳤다는 것이 타당한가? 정확히 어떤 메커니즘들이 관련되어 있는가? 속도와 복잡성으로 특징지어진 도시환경이 유사한 속성을 지닌 오락들을 조장했으리라는 것은 어떠한가? 그리고 이 테제가 실제로 초기 시네마 필름들로 증명되는 것인가? 엄밀히 말해, 이 당시 스타일상 해마다 적잖이 달라졌던 초창기 영화들이 근대 도시와 관련된 활력과 파편화의 속성들로 정의될 수 있는가? 모든 예술이 그렇듯 영화도 어느 시기든 작품 형식이나 스타일상 무척 폭넓게 변모된다는 것은 어떻게 설명될까? 도시적 근대성이 인간의 지각과 같은 근본적인 뭔가를 변화시켰다면, 모든 초기 영화들이 (실제로는 그렇지 않음에도 불구하고) 형식상/스타일상으로 유사한 특징들을 갖고 있어야 하지 않을까? 1905년에서 1915년 사이의 영화들이 엄청나게 변했다면, 우리는 이 짧은 10년 동안 도시적 근대성 또한 (실제로는 그렇지 않음에도 불구하고) 근본적인 변화를 겪었다고 추정해야 할까?

이러한 난제들은 최근 데이비드 보드웰David Bordwell의 간결하지만 예리한 모더니티 테제 비판에서 제기되었다.[15] 보드웰은 일정 부분 정당성을 인정하면서도, 모더니티 테제의 지지자들이 지각적 순응에 대한 '벤야민적' 견해를 지나치게 무비판적으로 받아들여 왔다면서 모호한 문학적 사색을, 마치 그것이 경험에 근거한 지식의 무게라도 지닌 것처럼 받아들이고 활성화시켰다고 불만을 토로했다. 대체로 모더니티와 영화 사이의 관련성이 권위에의 호소에 의거해, 마치 그것만으로 충분히 개념의 타당성이 보장될 수 있는 것처럼 기정사실로 받아들여지고 있는 것을 알 수 있는데, 그것은 단지 크라카우어나 벤야민에게서 따온 짧은 인용일 뿐이었다.

확실히 모더니티 테제의 지지자들은 그러한 테제에 따라 자신들의 연구를 진행해왔다. 4장 「모더니티 테제 이해하기」에서 나는 보드웰의 비판을 중점적으로 다루려 한다. 첫번째 단계에선 독특한 근대적 '지각 양식'이란 개념의 의미가 무엇인지 결정할 것이다. 나는 과학 문헌들을 과감하게 탐색하면서 신경학적, 경험론적, 인지적, 생리학적 접근에 의거해 근대의 감각-지각적 변화 현상을 이해하는 데 적어도 네 가지 실행 가능한 방식이 있음을 주장한다. 테제의 두번째 전제 — 지각적 변화가 실제로 영화에 영향을 미쳤다는 — 와 관련해선, 도시환경의 강렬한 느낌이 어떻게 대중오락에서 강렬한 선정주의를 이끌었는지 설명하는 벤야민과 크라카우어, 그리고 그들의 선배들이 제안한 몇 가지 메커니즘들을 추적할 것이다. 나는 또한 모더니티 테제에 대한 주된 반론 — 영화 스타일의 변화는 도시환경의 변화에 상응하지 않으며, 내러티브 영화의 출현은 필경 도시적 근대성과 스타일상 필적하는 것을 미연에 방지했다는 사실에 근거한 반론 — 은 모더니티 테제의 환원적 착상에 지나치게 의존하고 있음을 논증한다. 내 목표는 모더니티 테제가 부인할 수 없이 광범위하고 사변적이고 실증할 수 없으며 여전히 문제적이지만, 그렇다고 전혀 받아들일 수 없는 것으로 치부해버릴 필요는 없음을 보여준다.

5장 「멜로드라마와 자본주의의 결과들」에서는 논의를 멜로드라마 자체로 돌려 근대성의 감각적 차원보다는 그것의 사회적 관계에 초점을 맞춘다. 멜로드라마는 확실히 문자 그대로 모더니티의 산물이다. 그것은 정확히 1800년경 일종의 독특한 드라마 형식으로 나타났다. 당시 멜로드라마의 출현은 프랑스대혁명, 즉 전통 질서와 근대의 출현이라는 구분을 표시하는 데 결정적 분수령이 됐던 사건으로부터 유래한 사법적 변화의 결과로서만 가능했다. 많은 학자들은 멜로드라마가 사람들이 더는 절대군주나 봉건적, 종교적 권위가 제공했던 안정된 구조에 뿌리박고 있지 않은 세계에 직면했을 때 느끼는 도덕적 불안과 물질적 취약성에 대한 문화적 반응이라고 해석했다. 고전 멜로드라마는 한 치의 모호함도 없는 미덕과 악덕의 명시를 통해 도덕적 확실성을 제공함으로써 심리적 욕구를 채워주었다. 동시에 무고한 사람들을 가차 없이 희생시키는 멜로드라마의 '편집증적' 집착은 자본주의 생성기, 탈봉건, 탈신성 세계에 내재된 근심과 혼란을 드러낸다. 5장에서는 선정적 멜로드라마가, 고전적 사회학자들이 근대 자본주의의 귀표로 강조했던 경쟁적 개인주의와 사회적 원자화의 상황을 어떻게 포착했는지 탐구한다. 결론은, 근대 계급의 계층화를 반영한 문화전쟁의 부산물로서 멜로드라마의 낮은 문화적 지위를 매기는 논의로 마무리된다.

10-20-30센트 대중 멜로드라마가 1910년에 5센트 영화관 붐에 밀려 (아니, 보다 정확히 말하면 영화적 형식으로 다시 포장되어) 흔적도 없이 사라져버렸다 하더라도, 그것은 미국의 문화적 기억에 깊은 인상을 남겼다. 몇몇 이미지들이 비록 대개는 패러디 형식이기는 하지만 오늘날

까지 살아남아 있다. 겁에 질린 채 기찻길에 묶여 있는 여주인공이라든지, 통나무에 밧줄로 꽁꽁 묶인 채 윙 소리를 내며 돌아가는 원형 톱날을 향해 굴러가는 근육질의 남자 주인공이라든지, 야유를 퍼붓는 관중을 향해 주먹을 휘두르며 "제기랄! 또 당하다니!" 하고 고함치는 검은 망토에 실크 모자 차림의 콧수염 달린 악당이라든지. 이런 진부한 이미지들이 전해주듯 10-20-30센트짜리 멜로드라마는 다른 어떤 것보다도 강렬한 자극을 상품화하려는 시도, 즉 악당에 대한 혐오를 불러일으키고, 억울하게 혹사당하는 사람들을 딱하게 여기는 감정이입을 유도하면서, 눈을 떼지 못하게 만드는 서스펜스, 깜짝 놀랄 만한 반전, 고감도 액션, 놀라운 무대효과로 감각적이고 감상적인 자극을 담아내려는 시도였다. 예를 들어 1909년의 멜로드라마 〈백만장자와 경찰관의 아내The Millionaire and the Policeman's Wife〉는 다음과 같은 선정적인 장면을 보여준다. 노스 강 바닥에 뛰어든 사람들이 벌이는 결투, 고가철도 기차 지붕으로 몸을 던져 탈출하는 여주인공, 화재가 발생한 3층 건물 창문에서 아기를 안고 뛰어내리는 경찰관, 다이너마이트가 날려버린 현수교, 자동차에서 뛰어내려 나뭇가지 끝에 매달린 남녀 주인공 아래로 굴러떨어지는 다리 파편들. 기억하시라, 이는 무대 멜로드라마라는 사실을!

　이렇듯 선정주의에 대한 강조는 멜로드라마를 근대적 초자극의 맥락에 가져다놓는다. 그러나 내가 6장에서 탐구하듯 선정적 멜로드라마는 모더니티의 다른 측면들과도 연관되어 있다. 우선 무대 위와 무대장치 양쪽 모두 테크놀로지가 그 핵심이었다. 무대 위에서는 선정적인 장면들이 기계 시대의 최신식 경이로움을 전시했고, 그 미장센은 (혹은 실제 상연이 가능할 때마다) 산업 시대에 고안해낼 수 있는 모든 표상들을 연출했다. 기관차, 증기선, 소방차, 잠수함, 자동차, 모터보트, 지하철, 열기구, 오토바이, 현수교, 증기 해머, 항타기杭打機, 방적기 등. 공간 이동을 위해서는 근대적 수송기관들이 등장해야 했고, 그 공간은 탈주 레이스처럼 때론 외면상 수 마일에 이를 정도로 상당했다. 이런 장면들은 화산 폭발이나 눈보라, 폭포, 폭발, 화재, 허리케인, 토네이도 같은 자연의 힘을 재연하는 스펙터클한 무대효과와 함께, 정교한 기계적 연출의 발명을 필요로 했다. 10-20-30센트짜리 멜로드라마를 상연하는 것은 고도로 조직화, 기계화된 일이었다. 그것은 기계-시대의 극장, 테크놀로지의 도구적 합리성과 불가분의 관계에 있는 극장의 전형이었다. 이렇듯 내재화된 근대적 합리성은 이에 상응하는 '멜로드라마 산업'의 경제적 합리화에 의해 뒷받침되었다. 10-20-30 시스템은 독점 규제라는 새로운 구조, 제품 표준화, 대량생산, 그리고 능률적 분배를 배경으로 확립되었다.

운이 다했는지 (아니 정확하게는 근대의 문화적 단절로 인해) 무대 멜로드라마는 기술적 변화와 상업적 합리화의 새로운 물결에 갑자기 휩쓸려 가버렸다. 대중 시장을 겨냥한 영화가 부상했던 것이다. 선정적 멜로드라마는 아무 문제 없이 무대에서 스크린으로 옮겨갔다. 스펙터클한 무대 멜로드라마에서 가장 유명하고 혁신적인 극작가 중 한 명이었던 링컨 J. 카터Lincoln J. Carter는 (영화 때문에 업계로부터 축출되고 난 후) "멜로드라마의 남녀 주인공과 모든 무대효과들은 단순히 영화로 옮겨갔을 뿐이다"[16]라고 논평했다. 영화는 해당 장르와 관중 전체를 모조리 빼앗아갔다. 나는 이러한 변천을 상세히 기록하고 그 원인을 분석한다. 답하기 힘든 역사적 문제는 영화가 어떻게 10-20-30센트짜리 멜로드라마를 그토록 빨리 그리고 결정적으로 먹어치웠냐는 것이다. 이에 대한 경제학적 설명은 명료하다. 5센트 영화관에 가는 것은 무대 멜로드라마가격의 10분의 1에서 4분의 1밖에 들지 않았으므로.[17] 하지만 영화와 무대 멜로드라마의 관계에 대한 우리의 역사적 이해를 형성하는 데에 특별한 영향을 끼쳐온 가설이 있다. 출간된 지 50년도 더 된 고전『무대에서 스크린으로: 초기 영화의 연극적 기원Stage to Screen: Theatrical Origins of Early Film』에서 니콜라스 바르닥Nicholas Vardac은 영화가 무대 멜로드라마의 지위를 빼앗을 수 있었던 것은 미학적 이유 때문이라고 주장했다. 영화가 우세했던 이유는 사진술에 기반한 핍진성과 공간적 자유가 '낭만적 리얼리즘'을 표현하는 데 있어(즉 믿기 어려운 스펙터클들을 믿지 않을 수 없도록 재현하는 데 있어) 본질적으로 우월한 매체로 만들어주었기 때문이라고 바르닥은 역설했다. 영화 멜로드라마는 바르닥이 보기에, 그러한 기호를 훨씬 더 효과적으로 충족시켜주었기 때문에 무대 멜로드라마를 참패시켰다는 주장이다. 무대배경의 부자연스러움과 공간적 제약은 영화의 디제시스적diegetic 광대함과 정교한 리얼리즘에 필적할 수 없었다는 것이다. 나는 동시대의 관찰에서 바르닥의 명제가 대부분 적중했음을 시사하는 증거를 제시한다. 그러나 나는 무대 멜로드라마의 갑작스러운 절멸, 그 이면의 경제적인 요소들을 보다 면밀히 조사함으로써, 그리고 바르닥의 논의가 기대고 있는 전제가 10-20-30센트짜리 멜로드라마의 미학적 호소력의 근본 원리에 관해 얼마나 단순하기 짝이 없었는지를 검토함으로써 그의 논의를 한정하는 한편 부연한다. 무대 멜로드라마를 일종의 운을 다한 원시영화proto-cinema, 혹은 되다 만 영화로 보는 바르닥의 견해는 무대 멜로드라마의 경이로운 미학이 일궈내는 노골적인 연극성을 간과한다.

선정적 멜로드라마가 무대에서 스크린으로 이동한 뒤 어떤 일이 벌어졌는지는 7장「상업의 총아! 예술의 서자! 초기의 영화 멜로드라마」에서 다룬다. 나는 (어림잡아 1900년에서 1913년 사이의) 5센트 영화관, 그리고 초기 시네마 시대로부터 1, 2릴짜리 멜로드라마의 사례들을 제시하지만, 내가 일차적으로 주안점을 두는 것은 1914년에서 1920년 무렵최초로 미국을 뒤덮었던 시리얼 필름의 물결이다. 나의 논의는 그러한시리얼 필름들의 낮은 문화적 지위를 추적한다. 10-20-30센트짜리 멜로드라마가 그랬듯 시리얼 필름 멜로드라마는 폭력적인 액션의 강조, 판에 박힌 지리멸렬한 내러티브, 정신적 깊이의 결여, 그리고 그 규모와상업적 위력으로 문화의 수호자들을 궁지로 몰아넣었던 '밑바닥' 대중관객들에의 호소력 때문에 비평가들로부터 적지 않은 멸시를 받아야 했다. 영화업계가 이러한 시리즈 형식에 투자했던 이유를 분석한 후, 나는내러티브가 중복되는 독특한 시스템, 드라마의 주된 동기로 이용되는갈망의 대상(혹은 '연장weenie'이라 불린다), 최초의 기폭제로 쓰이는 여주인공 아버지의 암살 같은 시리얼 멜로드라마의 수많은 핵심적 규칙들을 분리시킨다. 7장은 1913년에서 1920년 사이의 시리얼 필름 제작사에 대한 스튜디오 단위의 기록으로 마무리된다.

동시대 시청자들에게 시리얼 멜로드라마의 가장 흥미로운 측면은 아무래도 씩씩하고 능동적이며 자기주장이 강한 여주인공들에 대한 유별난 강조였을 것이다. 8장 「시리얼 퀸 멜로드라마의 위력과 위기」는 19세기 후반 그리고 20세기 초를 매혹시킨 '신여성'이란 문화적 진기함을상세히 재현한다. 신여성은 근대사회의 뿌리 깊은 문화적 단절을 보여주는 축도였다. 본질상 흔들림 없던 전통적 젠더 이데올로기는 의심스럽고 수정의 여지가 있는 문화적 반성 대상이 되었다. 다양한 매체에서, 특히 시리얼 멜로드라마에서 용감한 여성에 대한 묘사는 실제 사회에서젠더 이데올로기의 변화와 더불어, 역설적이게도 전통적 제약이 여전히 우세한 수준임을 드러내는, 여성 위력에 대한 공상적 판타지를 반영하는 것으로 기능했다. 이러한 영화들은 또다른 의미에서 역시 역설적이었다. 능동적인 여성들의 용기와 능력의 강조는 여성을 희생시키는 생생한 시각 이미지로 상쇄되었던 것이다. 나는 이러한 위력과 위기의 역학을, 여성성에 대한 사회적 정의가 변화하는 것에 관한, 당시 널리 퍼져 있던 문화적 양가성兩價性의 반영으로 해석한다. 시리얼 퀸serial queen 멜로드라마는 근대화의 주된 결과들, 특히 근대 도시라는 이성애 중심 사회의 공적 활동무대에서 여성의 이동성과 순환에 초점을 맞췄다. 이러한 변화는 결과적으로 근대 자본주의의 부산물이었는데, 미디어 테크놀로지와 교통수단의 다양한 혁신은 이동과 순환의 기초 토대를 제공했고, 더불어 가정이 더는 자기 충족적인 생산물일 수 없는 도시 소비사회가 출현했던 것이다.

개인의 이동성과 이성애적 사회의 순환을 전례 없는 수준으로 이끌었듯, 근대는 모든 종류의 텍스트들 사이에서도 이동성과 순환성을 확대시켰다. 근대에 한정된 것만은 아니겠지만 넓은 범위에 걸친 텍스트적 관련성은 그 특징들 중 하나다. 이러한 생각은 여러 방향에서 상술될 수 있겠지만, 근대 상호텍스트성의 가장 명백하고 광범위한 형식 중 하나는 영화와 같은 문화적 인공물의 대중시장 광고이다. 선정적 시리얼은 영화 홍보의 역사에서 중추적 역할을 담당했다. 대규모로 구축한 이 광고 시스템에는 영화 제작비와 창의적 노동력에 맞먹는 마케팅이 존재했다. 시리얼들은 잡지의 양면 광고, 광고판, 신문 동시발행물, 현상공모, 종이 악보, 패션 파생상품, 아이디어 경품, 그리고 온갖 종류의 과대선전으로 판촉활동이 벌어진 1910년대에 가장 많이 홍보된 영화였다. 동시발행 픽션은 시리얼 필름 제작의 초창기 4, 5년 동안 특히 두드러졌다. 이렇듯 인접 매체들을 넘나드는 텍스트적 관련성의 실행을 통해 영화와 단편소설 들은 보다 넓은 상호텍스트적 통일체로 묶이게 되었다. 다른 형태의 광고들을 개괄한 후 9장 「멜로드라마 마케팅 — 시리얼과 상호텍스트적 관련성」에서는 동시발행물 현상에 초점을 맞춘다. 나는 특히 동시발행물들이 단순히 혁신적인 홍보수단이었는지, 아니면 그 이상이었는지에 대해 관심을 갖는다. 그것들은 또한 감독들이 새로운 내러티브 미디어를 통해 이야기를 어떻게 전달할 것인가를 여전히 알아내려 했던 과도기 내내, 대다수 영화의 불명확성을 상쇄하는 데 쓰이지 않았는가? 나는 한 시리얼의 에피소드와 이와 관련된 동시발행물의 내용을 면밀히 비교 분석한다. 이 영화는 스토리가 제시된 부록 없이는 도저히 이해할 수 없는데, 이는 고전적인 연속 편집과 시각적 스토리텔링이라는 그리피스 식 '내레이터 시스템'이 보급되는 데에 1910년대 후반까지 더디고 평탄치 않은 과정을 겪었음을 상기시킨다.

이 책을 쓰는 데도 더디고 평탄치 않은 과정을 거쳤는데, 앞서 말한 과도기만큼이나 긴 시간이 걸렸다. 대부분의 시간은 고고학적 현장을 손질하며 오래전에 묻힌 이미지와 정보 그리고 담론의 파편들을 찾아내려 애쓰면서 보냈다. 나는 우리가 가진 초기 영화사에 대한 지식의 빈틈을 메우려고 애쓰면서도, 다른 한편으론 1910년대 미국 시리얼 필름과 같이 불가해하고 협소해 보이는 주제가 실제로 훨씬 광범위한 문제들과 연관되어 있음을 보여주려고 노력했다. 이러한 영화들은 멜로드라마의 역사와 구조, 초기 영화의 원천과 경로, 그리고 다방면에 걸친 모더니티 역학과 관련된 다양한 층위의 쟁점들과 연관되어 있다.

멜로드라마와 모더니티, 두 용어는 그 의미가 뚜렷하게 규정되지 않았음에도 불구하고, 아니 비로 그렇기 때문에 정밀한 연구가 지속적으로 요구되는, 중대하고도 애매한 개념들을 상위 목록으로 지니고 있다. 이 책의 목적은 멜로드라마, 특히 1890년에서 1920년 사이의 미국 대중 연극과 영화 줄에서도 선정적 멜로드라마를 근대의 산물이자 반영, 근대의 경험론적 측면과 이데올로기적 반동 문화적 불안 텍스트의 상호 교차 경향, 사회적 인구통계, 그리고 상업적 관행, 으로 위치시킴으로써, 그 둘 사이의 상호관계들을 조망하는 데 있다. 또한 이 연구의 기본이 되는 역사적 목적이라고 한다면, 그것은 매혹적인 두 문화 현상, 즉 폭력·유혈적인 10·20·30센트짜리 저가 무대 멜로드라마와 초기에 유행했던 시리얼 필름을 발굴해내는 것이다. 그것들은 오늘날 상당 부분 잊혀버렸지만 새로운 세기로 접어드는 미국

대중문화와 그 이상을 이해하는 데 중요하다. 어떻든 비교적 최근까지 근대성이란 개념의 정화화에서 어떻다 할 중요한 위치를 차지하지 못했다 해도 무방할 것이다. 그러나 근대성은 사회이론의 오래된 근원적 테마로서 마르크스나 뒤르켕, 베버, 마니크스, 지멜 등을 포함한 많은 이들의 저작 동기가 되었다. "무엇이 서구의 근대 산업사회를 다른 것들과 구분 짓는가?"라는 핵심 질문이 주어선을 때 근대성이란 붙을 것도, 깊이 서 억강제적, 인지적, 이데올로기적, 도덕적, 그리고 경험론적 쟁점들을 포함하면 이해적이면서 관념적 환경을 위한 논쟁적 것이다. 내 작업의 첫 순서는 이렇듯 본래 널리 흩어져 있던 사회이론의 집합속에 어느 정도 구조를 부여하려는 노력이 될 것이다. 1장에서는 모더니티의 성격에 관한 주요 담론들을 개략적으로 제시한다. 내가 제안하는 적이 많은 모더니티의 것다섯 가지 측면으로 분류된다. 첫째 (전반기의

보 '근대화'라는 라벨이 붙여지는 사회경제적, 기술적 성장의 복설적 증가라는 측면, 둘째 도구적 합리성의 지배라는 점, 셋째 근대가 끊임없는 문화적 불연속과 이데올로기적 변성의 조건이라는 측면, 넷째 유동성의 증대의 모든 '사회체들'와 군정이라는 측면, 다섯째 세

화와 대도시 현실학인 각계에 초점을 맞추었고, 이는 나 역시 두 장을 할애한 중요한 주제이지만, 내가서 전개되는 근대성의 도시화가 보다 복넓은 범위의 관계들을 고찰하는 방향으로 논의를 진전시키는 데 일조하길 바란다. 모더니티와 견주어볼 때, 아니 실제로 그 어느 것과 비교하더라도 멜로드라마란 주제란 활짝 초라한지 적 개보정 받고 있다. 드라마의 한 범주로 학립하기 시작한 이래 두 세기 동안 멜로드라마는 비방가들의 비우율과 비아냥거림의 표적이 되어왔다. 가령 1912년에 한 비평가가 본 영화가 지거 무대 멜로드라마를 모심 극장에서 들어와 직 한두 배 지난후 녹음밤 안길 속시원히 다는 반응을 보였다. 멜로드라마는 그 모든 저결의 조잡하고 싶고달고, 잔반 한데다 무게미함 뿐만 아니라 그러잡로 터무니없는 비애적 듀라마의 형식 가운데 최악이었다. 나나누는 10·20·30센트 수준의 멜로드라마가 그

분외된 사회적 좌장과 경성적 개인주의의 특징을 있다는 점, 여섯째 근대는 전래 없이 감각적인 복잡성과 강렬함을 지닌 지각 환경이라는 측면이 다. 이 모든 증만들이 나의 멜로드라마 분석에서 특권된 무게중심을 가지 는 않는다. 내 논의에서 대다수의 측면 강론들은 근대성이란 쟁점에 전 작으로 좌우되지 않는 적 잔한 안화시적 문제들을 못줄 테지만, 내 분석의 주안점은 대개 멜로드라마가 모더니티의 문화적 표현으로 간주될 수 있는 방식들을 탐구하는 데 있다. 최근 경락적 연구들은 특히 러치와 국면, 즉 영

모더니티의 의미

'모더니티'는 표면상 시간적인 개념이며, 전근대나 '전통' 시대 이후 혹은 포스트모던 시대라 불리는 시기 이전으로 구분한다. 근대를 인류사의 한 특정 기간으로 정의하려는 시도는 타당해 보인다. 이러한 접근은 이 기간이 아우르는 세기에 대해 일치된 의견이 거의 없다는 사실을 제외하면 별 무리가 없어 보인다.

  어쨌든 헤겔 이후의 학자들은 공통적으로 세계사를 고대, 중세, 근대로 나눴다.[1] 이러한 도식화는 르네상스를 중세에서 근대로 이행하는 결정적 전기로 기록한다. 이 정의에 따르면 근대의 출발은 1400년대 초에서 1300년대 후반까지 거슬러 올라갈 수 있다. 어떤 작가는 실제로 1431년 잔 다르크의 죽음을 "중세의 퇴락이자 근대의 여명"[2]이라고 지적했다. 이러한 계측은 말할 것도 없이 정사正史의 관점에선 의심스러운 것이지만, 신세계의 출현을 알리는 다른 결정적인 사건들, 그리고 어쩌면 이보다 덜 특이한 사건들도 떠올리게 한다. 1455년 구텐베르크의 금

속활자 발명, 1490년대의 아메리카 '발견', 1517년 시작된 종교개혁, 1543년 발표된 코페르니쿠스의 지동설, 같은 해 베살리우스Vesalius가 출간한, 체계적인 인체 해부에 기초한 최초의 해부학 연구 등이 그것이다. 하버마스Habermas가 진술하듯 "'신세계' 발견, 르네상스, 종교개혁, 이 세 가지 기념비적 사건들은 1500년대 즈음 중세에서 근대로 이행하는 신기원을 연 발단을 만들어낸다."[3] 하지만 하버마스는 덧붙이길 "1500년대의 신기원을 연 발단들이 시초의 의미로 개념화되었던 것은 18세기를 거치면서이다". 이것은 왜 많은 작가들이 르네상스를 건너뛰는 대신 계몽운동 및 과학혁명 시기의 인구학적 정치 이론, 세속 철학, 과학적 방법론의 출현 같은 자의식적인 인식의 순간을 근대의 징후로 간주하는지 부분적으로 설명해준다. 앤서니 기든스Anthony Giddens가 기술하듯 "모더니티는 대략 17세기경부터 유럽에서 시작되어 전 세계적으로 영향력을 확대했던 사회생활이나 조직양식을 의미한다".[4] 윌리엄 배럿William Barrett은 그 과도기를 좀더 앞당겨 다음과 같이 상술한다. "우리는 근대의 시작을 17세기 초로 생각할 수 있는데, 그 이유는 17세기는 근대 과학과 그에 수반하는 기술을 창조했기 때문이다. 그리고 이 두 가지, 과학과 기술은 근대 문명의 원동력이 되어왔다."[5]

근대성을 논하는 일은 일단 '새로운 과학'이 실제로 주요한 경제적, 인구학적, 그리고 정치사회적 변화를 촉진시켰을 때에야 가능하다고 말하는 사람들도 있다. 물리학, 수학의 실험적 방법론과 획기적인 약진이 실제 적용되어 이용되고 나서, 즉 17세기 과학혁명이 1700년대 후반에서 1800년대의 산업혁명으로 확대되었을 때 비로소 근대성이 확실히 구체화되었다는 것이다. 크리샨 쿠마르Krishan Kumar는 단언하길,

근대사회는 산업사회이다. 근대화는 산업화이다. 근대에 다른 의미를 부여하는 것이 가능할지 모르겠으나, 그럴 경우 뜻대로 되지 않을뿐더러 오해의 소지가 크다. 역사적으로 근대사회의 발생은 본질적으로 산업사회의 발생과 관련이 있다. 우리가 근대와 연관시켜 연상하는 모든 특징들은 불과 두 세기 전 산업형 사회를 만들어냈던 일련의 변화들과 관련되어 나타난다.[6]

막스 노르다우Max Nordau는 1895년 그의 유명한, 이전 세기에 대한 비평서 『퇴보Degeneration』에서 유사한 주장을 펼쳤다. 이 시기, 특히 19세기 중반 이후는 문명사에 있어 다른 어떤 시기와 같이 인식되어서는 안 된다는 것이다.

이 시기에 삶의 모든 조건은 세계사에 전례 없는 혁명을 겪었다. 인류는 모든 개인의 삶을 이토록 깊이 있게, 이토록 압도적으로 관통하는 발명이나 발견물들이 우리 시대만큼 지나치게 만발한 세기를 꼽을 수 없을 것이다. 아메리카의 발견과 종교개혁은 의심의 여지 없이 사람들의 마음을 뒤흔들어놓았고, 인내심 없는 수천 두뇌들의 평형 상태 또한 확실히 파괴시켰다. 하지만 그렇다고 해서 인간의 물질적 삶이 변화되지는 않았다. 사람들은 일어나 옷 입고 먹고 마시며 기분전환도 하고 다시 잠드는 생활로 몇 날 몇 해를 늘 해오던 방식대로 흘러보냈다. 그런데 이와 달리, 우리 시대의 증기와 전기는 문명국가에 속한 모든 구성원의 삶의 관습을 완전히 뒤집어놓았다.[7]

1921년 오스틴 프리먼R. Austin Freeman은 그의 저작에서 산업혁명기 사회의 극단적 대변동에 대해 되풀이하여 역설한다.

변화는 근본적인 것이었다. 그것은 산업 기반이나 노동자의 삶, 생산수단에만 영향을 끼친 것도, 인간이 사용하는 재화의 성격, 농촌 지역 전체 모습의 상당 부분, 그리고 노동자들의 성격 그 자체만 바꾼 것도 아니었다. 그것은 총체적 사회구조의 토대 그 자체로부터 시작된 변화였다. 그것은 새로운 최상의 제도들을 생겨나게 했고, 역사의 여명기부터 존속해오던 다른 것들을 폐기시켰다. 그것은 한 번도 일어난 적이 없었던 최대의 사회혁명이었다. 그렇게 진행된 변화들은 그 이후 어느 누구도 그 끝을 예측할 수 없을 정도로 계속해서 증식하는 반작용과 함께 지속되었다.[8]

이러한 근대사회의 예외적인 불연속성에 관한 문제는 이 장의 후반부에서 다시 언급할 것이다.

많은 저술가들은 이와 같은 진술에 이견이 없지만 혹자는 "모더니티가 질주하던 시기"라고 명명할 만한 세기 전환기인 몇십 년에 초점을 맞추어 근대를 보다 짧은 최근 시기로 위치시키려는 경향이 있다. 예를 들어 스티븐 컨Stephen Kern은 1880년경부터 제1차 세계대전 종전까지의 시기를 "기술, 문화 부문에 닥친 일련의 변화들이 시공간을 경험하고 사고하는 데 있어 새롭고 독특한 양식을 만들어냈던"[9] 분수령이라고 구분한다. 이 기간에 목격할 수 있었던 것은 산업화, 도시화, 이주, 교통수단, 경제적 합리화, 관료화, 군부대의 기계화, 매스컴, 대중오락, 그리고 대중 소비주의의 가장 뿌리 깊고 현저한 폭발적 변화였다. 이런 가운데 탄생한 영화의 전후 상황을 고려해볼 때 이 몇십 년간이 최근 많은 영화학자들이 "영화와 근대적 삶의 발견"[10]을 사색하고 강조해왔던 모더니티의 시간적 정의라는 것은 놀랍지 않다.

이렇듯 무척이나 유동적인 시간적 경계는 수많은 분야에서 각기 다른 방식으로 정의되는 까닭에 모더니티를 본질적으로 광범위하고 애매한 용어로 만들어버린다. 더욱이 모더니티의 경계는 모더니즘과 연관되어 더욱 혼란스럽게 느껴진다. 모더니즘이란 이름 아래 광범위하고 종종 모순적이기까지 한 미학적 프로그램들이 모여 있는 것을 헤아려본다면, 모더니티는 그 자체로 복합적인 용어가 아닐까 싶다.

많은 평론가들이 사회적 근대성과 미학적 모더니즘 사이의 모종의 관계를 인식해왔지만, 이 관계에 대한 성격을 묘사할 때는 다음과 같은 스펙트럼이 존재한다. 즉 모더니티에 대한 찬사의 의미로, 또는 모더니티를 벗어나는 피난처로, 그리고 모더니티에 대한 근본적인 비판으로, 모더니티의 혼돈을 비추는 거울로, 모더니티의 합리적 질서에 대한 표현으로 등등. 어떤 평론가들은 미학적 모더니즘이 사회적 근대성과 서로 뒤얽혀 있다는 전제를 받아들이지 않고(혹은 아예 무시해버리거나) 대신 주어진 매체의 고유한 특성만을 탐구하는, 단순히 형식적이거나 반사적인 근대 예술의 프로그램을 옹호한다.[11]

어쩌면 모더니티란 개념을 정하는 데는 어느 정도 의미의 불확실성이 늘 필연적으로 따라오기 마련일 것이다. 최근 중요한 한 사회학 교재는 모더니티 개념을 개관하는 데 700쪽이나 할애하고 있지만, 그럼에도 불구하고 최근 영화학에서 가장 자주 거론되는 모더니티에 관한 이론적 저작들은 사실상 거의 전무하다. 지크프리트 크라카우어, 발터 벤야민, 그리고 게오르크 지멜이 간신히 언급되고 있긴 하지만 그들의 이름이 나오는 곳은 문자 그대로 단 두 줄뿐이다.[12] 700쪽으로도 폭넓은 개관이 힘든 개념을 단지 몇 쪽 안에 담아낸다는 것은 어림없는 일이다. 그렇지만 다음에 제시하는 간략한 개관은 적어도 그 개념의 중심 주제에 대한 기본 방향을 이끌어줄 것이다. 그 목적은 사회 이론적 배경이 전혀, 혹은 거의 없는 독자들에게 간략한 개론을 제공하는 것이다. 여기서 내가 기술하는 모더니티의 양상들은 다소 상이한 분류법들과 불가분의 관계에 있으며, 다른 방식들로 나눌 수도 있고, 확연히 다른 측면들과 더불어 소개될 수도 있을 것이다. 그러나 나의 도식화는 다음 장들에서 다룰 멜로드라마와 모더니티의 접점들을 탐구하는 데 편리한 틀을 제공할 것이다.

근대화 '근대'의 가장 주요하고 포괄적인 개념은 대략 지난 200년간 현저하게 압축된 기간에 전개된 일련의 거대한 사회경제적, 문화적 변화를 일컫는다. 이렇듯 모더니티를 본질상 사실적으로 정의하는 방식은 대개 근대화라는 용어와 함께 지칭된다. 어쩌면 근대화의 핵심 — 또한, 실로 모더니티의 모든 양상에서 내가 강조할 가장 결정적인 요인 — 요소는 막스 베버가 "근대적 삶의 가장 운명적인 힘"이라고 밝힌 고도로 발달한 자본주의의 등장이다. 자본주의를 단순히 물질의 증대로만 정의한다면, 베버가 지적했듯 자본주의는 "지구상 모든 국가나 각계각층의 사람들에게 언제나 보편적이었다".[13] 그러나 고도로 발달한 자본주의는 늘 상대적인 새로운 현상이다. 자본주의를 정의하는 특징은 화폐경제, (균일하지 않다면) 다방면에 걸친 산업화, 고도로 집중되고 기계화된 제조 공업, 고용 노동, 조직화된 기업 투자, 자유경쟁 시장, 그리고 큰 규모의 국제무역이다. 자본주의가 초래한 웅장한 사회경제적 변화들은 그에 따른 일련의 사회현상들을 촉발시키거나, 적어도 그것들과 역동적 관계속에서 상호작용했다. 그중 가장 중요한 것들을 꼽자면 다음과 같다.

- 급속한 도시화와 인구 증가
- 광범위한 이주와 이민
- 새로운 기술과 교통수단의 신속한 확산
- 민족국가, 민중 민족주의, 식민주의의 발생
- 안정적이고 예측 가능한 법률적 규약과 제도의 확립
- 대량 판매, 대중 소비주의와 더불어 매스컴과 대중오락 형식의 폭발적 증가
- (여성들의 공공 영역 진출로 요약되는) 혼성사회적 공공성의 순환과 상호작용의 증대
- 회계, 문서기록, 공공 감시의 효율적 체계 확대
- 확대가족에서 공장으로의 1차 생산단위의 전환, 이와 더불어 일터와 가계의 분리
- 사람들이 직장을 따라 가계 밖으로 이동, 따라서 이주와 도시화, 피임기구 사용 증가로 인한 확대가족의 감소

비록 이런 양상들이 전개된 정확한 시기와 출현 방식은 다르다 하더라도 이 모두는 서로 연관되어 있으며, 19세기가 끝날 무렵엔 유럽과 미국의 일부 비판적 대중들에게까지 영향을 끼쳤다. 그것들은 모두 하나로 결합되어 근대화라는 현상을 형성했다. 최근 근대화에 관한 연구는 부쩍 세계화 문제에 초점을 맞추고 있는데, 이는 탈식민, 제3세계, 그리고 산업화 사회들이 부딪힌 이러한 일련의 변화들과 무관하지 않다.[14]

합리성 가장 포괄적인 의미에서 합리성이란 인간의 기본적인 역량, 인류를 다른 동물들로부터 구분하는 일련의 인지적 능력들을 말한다. 여기에는 언어 사용 능력, 상징화, 자기반성, 추상적 사고 등이 포함된다.[15] 사회학적 맥락에서 합리성은 보다 좁은 의미이다. 막스 베버와 그의 영향을 받은 프랑크푸르트학파들이 내놓은 연구에서 중대한 요지는, 근대가 어떤 새로움, 아니 적어도 새롭게 약동하여 널리 확산되는 사고방식 — 개인이 세계와 조우하는 — 을 야기했다는 것이다. 근대적 합리성은 확실히 정한 목적을 달성하기 위해 인과관계를 따져보고 그에 따라 행동하는 정신적 프로토콜로 정의될 수 있다.[16] 다시 말해 근대는 인류가 시도해야 할 최상의 방법들이 논리적 체계로 형성되는 시기이다. 근대의 지적 지향이 이전의 문명 단계보다 훨씬 강조한 바는 구체적이고 명확하게 계획된 목적 달성을 위한 효율적 수단의 치밀한 계산이다. 예컨대 합리성은 산업 '합리화'에 있어 인식하지 않으면 안 되는 사고 습관이다. 1927년 세계경제회의에서 산업 '합리화'를 정의한 바에 따르면,

노력과 물질의 낭비를 최소화하기 위해 고안된 기술과 조직의 (모든) 방식. 그것에는 노동의 과학적 조직화, 원료와 생산품의 규격화, 공정의 간소화, 그리고 수송과 마케팅 체계의 개량화가 포함된다.[17]

근대적 합리성은 전적으로 전례 없는 일도(과거의 피라미드나 수로, 혹은 성당 건축은 명백히 중대한 병참학적 위업이다), 그렇다고 비합리성이나 반합리성을 완전히 벗어난 것도 아니며(우린 여전히 대체로 영성, 미신, 신경증, 뒤틀린 이데올로기, 미학적 협의체주의associationalism, 우연적

40

인 영감, 그저 단순한 어리석음 속에 있다), 또 근대의 합리성이 비합리성과 상호배타적인 것도 아니었다(기술적 합리성이 정점에 이르면 동시에 사회적, 윤리적 비합리성 또한 정점에 이를 수 있다는 것을 제1차 세계대전과 집단수용소는 여실히 보여주었다). 그럼에도 불구하고 지난 세기에 물밀듯 닥친 과학적, 기술적, 조직적 성과에 주목한다면 우리는 도구적 이성이라는 체계적 양식의 실로 엄청난 발전을 깨닫게 될 것이다.

자본주의 근대 아래 관료제, 즉 업무 전문화와 의사결정권의 체계를 명확히 규정하며 인간의 모든 노력을 조직화하는 시스템은 재화와 용역을 낳는 지배구조가 되었다. 1900년에서 1927년 사이에 미국에서 발간된 한 비즈니스 잡지의 이름이 간단히 『시스템System』이었다는 것만 해도 이를 알 수 있다. 그 안에 가득한 법인조직의 다이어그램들, 작업공정도, 효율성을 높이기 위한 팁들을 훑어보기만 해도 선진 자본주의의 출현이 수많은 사람들의 사고방식에 지대한 영향을 끼쳤음을 알 수 있다. 베버는 합리성의 지배가 초래한 사회심리학적 결과들을 탐구했다. 그는 관료주의가 자본주의에 의해 고안된 것은 아니었으나, 자본주의하에서 발전되고 완성될 수 있었던 것은 하나님이 정해주신 구원에 관한 영원한 불확실성으로부터 야기된 프로테스탄트의 금욕주의적 근면성이라고 주장했다. 그들은 표면상 인간 개인은 세속적 행위를 통해 구원을 얻을 힘이 없다고 믿었지만(구원을 결정할 힘은 오로지 하나님에게만 있기에 그렇지 않다고 한다면 주제넘은 것이다), 그럼에도 불구하고 그들은 직업적 소명에 따라 애써 일한 대가로(그리고 그 모든 소득의 재투자를 통해) 축적한 부가 선택받은 소수임을 보여주는 하나님의 메시지라고 추측함으로써 심리적 위안을 얻었다. 이후 세대들은 이러한 강력한 종교적 동기도 없이 그저 자본주의 정신에 의해 초래된 관료주의에 갇히게 되었다. 근대의 고용인들은 합리적 관료주의의 지배라는 '철창'에 갇혀 자기수양에서 얻게 될 구원도 잊은 채 "영혼 없는 전문가"로서, 그저 "가야 할 확고한 방법을 명령하기만 하면 끊임없이 움직이는 기계장치 속의 작은 톱니"[18]가 되었다. 지금은 친숙해진 이런 수사법을 지멜은 이미 수십 년 전에 사용한 바 있다. "개인의 주체적 삶의 방식을 순전히 객체적인 것으로 변형시키기 위해 모든 진보와 영적인 것, 그리고 가치로부터 분열시키는 권력과 사물의 거대한 조직 속에서 개인은 하나의 톱니에 불과하게 되었다."[19]

육체노동자들에게 관료제란 과학적 경영관리법Taylorism이나 대량생산주의Fordism 같은 노동 분할과 정밀 분석에 기초한 합리적 제조 시스템이었다. 마르크스의 '소외된 노동'이란 개념은 베버의 관료제 비판과 근대성에 대한 핵심적 관측, 즉 합리적 시스템이 개개 노동자들에게 생산 과정에서 단지 하찮고 반복적이고 개인적으로 무의미한 직분을 수행하도록 강제함으로써 경험의 빈곤을 야기했다는 의견을 공유하고 있다.[20]

문화적 불연속 합리성의 유행은 근대의 또다른 중요한 양상과 뒤얽혀 있다. 그것은 바로 모든 규범과 권위, 그리고 가치들이 의심받고 무너지기 시작하던 탈신성, 탈봉건 세계의 도덕적, 이데올로기적 불안정성이다. 경험과학적 방법론, 철학적 회의론, 그리고 자유주의적 정치이론의 부상은 베버가 '세계의 각성(혹은 탈주술화demagification)'이라고 지적한 바에 기여했다. 인간 삶을 형성하고 지배했던 전통사회의 사회적 습속, 관습, 미신, 초자연에 대한 믿음, 주술, 그리고 의식들은 새로운 발견과 과학 및 이성의 지적 프로토콜에 직면하여 쇠퇴하기 시작했다. 이런 의미에서 근대성은 세속주의의 발흥과 이에 따른 종교적, 정치적 신화들의 영향력 쇠퇴를 의미한다. 1840년 알프레드 드 뮈세Alfred de Musset는 그의 책에서 이러한 시대정신을 다음과 같이 포착했다.

> 아아, 슬프도다! 종교는 사라져가고 (…) 우리에겐 더이상의 희망도 기대도 남아 있지 않다. 심지어 우리가 부여잡을 만한, 십자 모양의 두 개의 조그만 검은 나무판조차도 (…) 과거의 모든 것은 죽어버렸다. 미래의 모든 것은 아직 오지 않았다.[21]

같은 시기에 프랑스의 사학자 라마르틴Larmartine은 단언하길,

> 이 시대는 혼돈의 시대이다. 의견은 분분하고 정당들은 뒤죽박죽이며 새로운 사고의 언어는 아직 창조되지 않았고 종교, 철학, 정치를 각각 올바르게 정의하는 것만큼 어려운 것도 없다. (…) 세계는 그것의 목록을 뒤죽박죽으로 만들어버렸다.[22]

계몽주의 철학자들은 이성, 즉 논리, 정의, 과학이 사회질서와 문화적 안정성의 근간이 되어 종교와 군주독재를 대체할 거라 믿었다. 그러나 이는 순진한 기대였음이 밝혀졌는데, 이성의 핵심인 비판적 탐구방식 그 자체가 도덕적, 지적 불확실성을 만들어내고 있기 때문이었다. 세계의 각성 뒤에 남겨진 빈 공간은 이성이 밝혀낸 불변의 진리로 단단해진 토양으로 메워지기보다 철학적 회의, 부단한 과학적 수정, 그리고 가차 없는 기술적, 사회적 변화라는 모래성으로 채워졌다. 계몽운동은 확실성, 연속성, 그리고 질서의 세계를 확립하기는커녕 영원한 불확실성, 불연속성, 그리고 불안정성의 상태를 만들어냈다. 기든스는 이러한 아이

러니를 모더니티의 본질적인 '재귀성 reflexivity' 이라고 언급했다.

　　이성의 요구가 전통의 요구를 대체했을 때 이는 이전에 존재했던 도그마보다 훨씬 더 강력한 확실성을 제공해줄 것처럼 보였다. 그러나 이러한 생각은 근대의 재귀성이 실제로 이성을 전복한다는 것을 보지 못하는 한에서만 설득력 있게 들릴 것이다. 어쨌거나 이성이 일정한 지식 획득으로 이해된다고 할 때 말이다. (…) 우리는 재귀적으로 적용된 지식에 의해 철저히 구성된 세계, 그러나 동시에 그렇게 주어진 지식의 요소가 바뀌지 않을 거라고는 절대로 확신할 수 없는 곳에서 떠돌아다니고 있다.[23]

　　역사적으로 사회이론가들은 이러한 양가적인 연속적 불연속성에 주목하는 경향이 있어왔다. 계몽운동의 정치적, 과학적, 그리고 기술적 수확들이 많은 서구인의 물질적 행복을 크게 향상시킨 것은 의심의 여지가 없지만, 이러한 기술 발달에는 엄청난 대가가 따랐다(첨단화된 전쟁, 기계적 비인간화, 환경오염, 도시의 인구 밀집과 스트레스 등). 도덕적 차원에서 보면 억압적 전통주의의 속박에서 해방되었다는 데에선 분명 할 말이 많긴 하지만, 근대의 불연속성과 재귀성은 동시에 도덕적 상대주의 및 허무주의라는 혼란스러운 환경, 루카치가 "선험적 실향transcendental homelessness"[24]이라 말했던 현상들을 만들어냈다. 신의 죽음을 찬양했던 니체조차 "분별없이 모든 토대들을 미친 듯이 산산이 부숴버리는 것, 그것들을 쉼 없이 떠내려가는 끝없는 진화의 물결 속에서 소멸시키는 것, 이제껏 존재해왔던 모든 것들을 지칠 줄 모르고 풀어헤치며 역사화하는 것"[25]에서 비롯된 불안을 전했다. 많은 사회이론가들은 근대적 삶이 문화적 버팀목을 상실함으로써 초래된 부정적 결과들을 역설했다.

에밀 뒤르켐이 '아노미'란 개념으로 강조했듯 근대의 무규범 상태는 도덕적 모호함, 불안한 욕망, 좌절, 그리고 실존적 무의미의 순환을 촉진했다.

이동과 순환 경험주의 과학, 철학적 회의론, 정치적 비판, 이 모든 것들의 부상은 확실히 도덕적, 이데올로기적, 종교적 응집력을 침식시키는 데 공헌했지만, 과학이나 철학은 실제로 소수에 지나지 않는 지적 엘리트들만이 참여할 수 있었던 담론의 장이었다는 것을 명심해야 한다. 허약해진 전통적 규범, 권위, 그리고 가치들이 실로 사회 전체에 영향을 미쳤다면, 사회 변화 엔진은 아마도 거대한 사상들의 붕괴보다는 전체 인구의 일상적 삶에 직접적으로 영향을 미쳤던 구체적인 인구학적, 사회경제적, 그리고 기술적인 힘과 더 관련이 있을 것이다. 다시 말해 사회적 불연속성의 일차적 기폭제는 자본주의의 지구적 출현과 그것이 생성한 전례 없는 사회적 이동과 순환이었다.

19세기 중반, 운송 수단으로 증기 엔진이 도입된 지 10~20년도 채 지나지 않았을 때 자본주의 교역의 힘은 이미 세계적으로 상호연결망을 구축했다. 1848년 마르크스와 엥겔스가 간파했듯 "자기 생산물의 판로를 끝없이 확대하고자 하는 요구는 부르주아로 하여금 지상의 모든 곳을 뛰어다니게 한다. 부르주아는 어디든 정착해야 하고, 어디든 뿌리내려야 하며, 어느 곳이든 관계 맺어야만 한다."[26] 이러한 현상은 19세기 후반에 더욱 가속화되었다(그리고 물론 그 이후에도 약화되지 않았다). 근대의 교통과 통신기술은 시간과 공간 사이의 전통적 관계를 파열시키면서 "거리의 소멸" "세계의 축소"[27]라는 결과를 만들어냈다. 시공간의 압축으로 근대는 상품만이 아니라 전체 인구, 실로 상상 가능한 모든

'사회체들'의 이동과 순환에 있어 급격한 팽창을 겪게 되었다. 1927년 피티림 소로킨Pitirim Sorokin의 저작에 의하면 사회체들이란,

물질적이거나 영적인 것, 의식적이거나 무의식적인 인간 행동에 의해 탄생되고 변화된 모든 것들을 의미한다. 이 정의에 따르면 신문 뉴스나 공산주의 이데올로기, 간석기나 자동차, 단발斷髮, 피임, 화폐, 개간지, 이 모든 것들이 바로 사회체들이다.[28]

새로운 통신과 운송기술의 등장으로 모든 사회적 실체들, 즉 사람, 이념, 가치, 이미지, 물건, 스타일, 기술, 관습, 텍스트 등이 급속도로 확산되면서 극히 제한되었던 전통 농경생활의 노출 범위가 엄청난 규모로 확산되었다. 소로킨은 이를 표현하길,

과거에는 어떤 특정한 가치(관습, 신념, 이데올로기, 종교)가 다소 한정된 지역이나 그 안에서 유포되는 기간이, 즉 한 집단에서 다른 집단으로 보급되는 기간이 수백 년에서 수천 년의 시간이 걸렸다면, 이제는 이러한 확산이 불과 몇 달 만에 가능하고, 전 세계로 퍼져나가는 데 불과 몇 년밖에 걸리지 않는다.[29]

근대의 이동과 순환은 미디어, 교역, 여행, 이주, 그리고 다른 방식의 사회적 접촉을 통해 문화권 안팎으로 퍼져나가면서 사람들과 다른 모든 사회체들의 전례 없는 확산, 상호침투, 그리고 혼성화를 초래했다. 전통 사회의 상대적 고립, 단일성, 그리고 연속성과는 대조적으로 근대는 사회 주체와 객체의 유동적이고 무질서한 혼합으로 특징지어졌다.

근대는 '수평적' 이동(즉 국가에서 국가로, 지방에서 도시로, 도시에서 도시로, 지역에서 지역으로 이주하는 지리적 이동)과 '수직적' 이동(즉 직업, 신분, 계급, 연합, 그리고 이와 관련된 정체성의 구성과 사고방식의 변화를 포함한 사회경제적 이동) 모두의 엄청난 증가를 겪었다. 후자는 측정하기 어려운 반면, 전자의 이동 유형은 철도 등의 통계로 추측이 가능하다. 노르다우가 인용한 도표에 의하면, 1840년 유럽의 철로는 3천 킬로미터에 불과했으나 1891년에는 218,000킬로미터에 달했다. 이 시기에 독일, 프랑스, 잉글랜드의 여행객 수만 해도 250만에서 6억 1400만 명으로 증가했다.[30]

소로킨이 인용한 바에 따르면, 몇몇 통신 방식의 통계도 같은 결과를 보여준다.[31] 예를 들어 1860년 지구상에 급파된 총 전보 수는 250만 건도 채 되지 않았으나 1913년 그 수는 5억 건에 달했다. '도시 간' 전화 통화도 비슷한 증가를 보여준다. 1896년 6900만 건이던 통화는 1913년 6억 9100만 통에 달했다. 1875년과 1913년 한 가구당 배달된 편지와 소포의 수(그림1.1, 그림1.2 참조)도 역시 모더니티 효과가 사고와 사물들의 순환에 미친 영향을 설명해준다.

가구당 배달된 편지들(*＝1880, **＝1916)

	1875	1913	증가율(%)
오스트리아	7	47	671
벨기에	11	39	354
영국	37*	96**	259
프랑스	15*	49**	326
독일	13	80	615
이탈리아	4	15	375
일본	1.6	29**	1,813
러시아	0.5	81	600
스웨덴	5	32	640
미국	23*	89**	386
영국령 인도	0.7	3	429
이집트	0.7*	4	571
콩고	0.0005	0.1**	20,000

그림(표) 1.2

가구당 배달된 소포들 (*＝1880, **＝1916)

	1875	1913	증가율(%)
오스트리아	10	60	600
벨기에	18	105	583
영국	45	128	284
프랑스	23*	91**	396
독일	16*	113**	706
이탈리아	8	44	550
일본	1.6	35	2,188
러시아	0.77	11.5	1,494
스웨덴	5	42	840
미국	29*	164**	566
영국령 인도	0.7	3.3	471
이집트	1.04*	6	577
콩고	0.001	00	—

이 통계들이 유익한 까닭은 그것들이 근대의 순환적 역동성이 증가하고 있음을 포착할 뿐 아니라, 이 현상들이 유럽이나 미국에서 특히 두드러진다는 점을 일깨워주고 있기 때문이다. 식민사회들은 산업사회와 똑같은 증가율을 보여주긴 하지만 양적으로 비교하면 완전히 달랐다. 그럼에도 불구하고 식민사회에선 식민주의 속성 자체가 사회문화적 침투 방식으로 결정된다는 점에서, 서구만큼이나 강력한 근대적 문화 격변을 경험했노라고 주장할 수도 있을 것이다.

노르다우는 우편통신에 관해서도 유사한 통계를 제시한다. 그는 1840년대부터 개시한 빠른 비교 시점을 "무작위로 고른 것은 아니었다"고 설명한다. "당시는 모든 삶의 관계에 있어 새로운 발견의 분출을 목격하고, 그 결과 그것들의 변화를 몸소 체험한 세대가 태어난 때였다."[32] 1840년 영국 체신부는 2억 7700만 건의 국내우편을 배달했는데, 1891년에는 12억 9900만 통으로 469퍼센트나 증가했다. 프랑스는 9400만 통에서 5억 9500만 건으로 634퍼센트가 증가했다. 전 세계에 발송된 국제우편, 즉 국가 간 발송된 편지들은 근대의 복잡한 사회적 순환과 지구적 범위를 입증하며 더욱 인상적인 증가를 보여주었다. 1840년에는 9200만 통의 편지들이 국경을 넘었는데, 1891년에는 27억 5천만 통 이상(27억 5900만)의 국제우편이 발송되어 2999퍼센트가 증가했다.

서적은 의식, 광고, 그리고 다른 사회체들을 순환시키는 또다른 매체였다. 1840년 독일에서는 1100권의 신간이 출간되었다. 50년 후 그 수는 18700권으로 늘어나 1700퍼센트가 증가했다. 신문 통계(그림1.3) 역시 동일한 이야기를 들려준다.

그림(표)1.3

신문 발간 수

	1840	1891	증가율(%)
영국(1846)	551	2255	409
프랑스	776	5182	668
독일	305	6800	2230

이 모든 통계들은 사회체들의 지구적 규모의 순환이 근대 자본주의에서 무엇보다 중요한 특징임을 확인시켜준다.

후기 계몽주의의 재귀성이 낳은 문화적 불연속과 자본주의 사회의 놀라운 순환과 이동은 서로를 취하며 강화시켜나갔다. 그 결과 근대의 개념은 끊임없는 변화, 불안정, 파편화, 복잡성, 그리고 혼돈의 시대로 널리 유포되었다. 이러한 개념화는 마르크스와 엥겔스로부터 빈번히 인용되는 다음 구절에 적절하게 묘사되어 있다.

계속되는 생산혁명, 모든 사회관계의 끊임없는 교란, 항구적인 불안과 동요가 부르주아 시대를 그전의 모든 시대와 구분시킨다. (…) 고정되고 억압된 모든 관계들은 고대로부터 내려오는 존귀한 편견과 견해와 함께 해체되고, 새롭게 형성되는 모든 것들은 미처 자리도 잡기 전에 구식이 된다. 견고한 모든 것은 대기 속으로 사라지고 신성한 모든 것은 세속화된다.[33]

소로킨도 유사하게 적고 있다.

우리는 이동의 시대, 전환과 변화의 시대를 살고 있다. (…) (근대)사
회는 사람과 물건, 그리고 가치가 휴식과 안정을 취할 틈도 없이 맹렬한
속도로 쉴 새 없이 움직이고, 이동하고, 돌아가고, 충돌하고, 버둥대고,
나타났다 사라지고, 흩어지는 광포한 회전목마를 떠올리게 한다.[34]

이것의 핵심적 의미는 근대가 무엇보다도 격렬한 사회적 역동성의 시
대라는 것이다.

개인주의 문화적 불연속과 사회적 이동 현상은 또한 개인과 사회적
상호작용에 대한 새로운 개념들을 생성해냈다. 모더니티 하면 보통 개
인의 진보가 연상되어왔다. 전근대 시대에 괄목할 만한 개인이나 인물
이 전혀 없었다는 것이 아니라 근대 주체, 혹은 이러한 사고방식의 약칭
으로 자주 차용되는 존 로크John Locke의 신조어 '자주적인 개인Sovereign
Individual'은 근본적으로 다른 층위에 서 있다. 자주적 개인의 주체성 —
신분, 지위, 입장, 목적, 삶의 양식 등과 관련하여 세계 안에서 지각되는
위치나 정체성 — 은 출생과 관련된 특정 지위나 종교, 지역사회나 정해
진 땅에 속박되는 봉건적 의무와 구속, 대대로 내려오는 가업에 대한 직
업적 속박, 신의 뜻과 불변의 전통에 의해 미리 정해진 듯한 친족 관습
이나 그와 비슷한 유대로 더이상 미리 결정되거나 주어지지 않았다. 전
근대적 사물 질서 속에서 개인은 이런 유의 견고하고 의심의 여지 없는
사회적 제한에 꽁꽁 묶여 있었다. 이에 못지않게 근대의 개인들이 사회
적 맥락의 산물이었을지라도 사회적 운명의 사전 결정, 예측 가능성, 그
리고 인생행로의 가능성 있는 대안에 대한 반성적 자각 정도에 있어서
그들은 천양지차였다. 18세기 들어 사람들은 과거 세기에는 얼토당토않

게 보였을 법한 그 방식으로 자신들의 사회적, 지리적, 그리고 경제적 이동의 실제적 가능성을 계획할 수 있게 되었다.

수많은 이데올로기적 사조들은 한데 모여 인간의 중심적 위치에 대한 새로운 개념을 만들어냈다. 르네상스 휴머니즘은 (심지어 그러한 지구적 특권은 코페르니쿠스에 의해 부인됐음에도 불구하고) 우주의 중심에 인간을 위치시키는 토대를 마련하였다. 종교개혁과 프로테스탄티즘은 여전히 개인을 신의 뜻에 종속시키기는 했지만, 그럼에도 불구하고 교회라는 종교적 제도에 도전하고, 그것에 앞서 개인의 도덕관념에 신과의 직접적 관계를 부여함으로써 개인주의를 양성해냈다. 그후 계몽주의 사상가들은 신의 존재에 의문을 품고 실질적인 진보를 성취해내기 위해 자연을 지배하고 지식을 이용하는 인간의 과학적이고 논리적인 능력을 찬양했다. 계몽주의 철학은, 데카르트와 로크의 사상에 집약되어 있듯이, 합리적인 것, 사고, 의식적 주체에 주목했는데 그것들은 인식론적 확실성과 불가분의 관계에 있는 확고부동한 핵심이었다. 계몽사상의 정치경제 이론과 미국과 프랑스 혁명은 민주주의 신조, 개인의 권리, 사유재산, 그리고 (자유주의 및 경제적 의미 모두에서) 자유방임을 통해 일반인의 권리 부여에 대한 개념들을 만들어냈다. 물론 개인주의 발달은 젠더, 인종, 민족 등에 따라 각기 다른 시기, 다른 속도로 진행되었지만 보다 넓은 층위에서 보면 새로운 이데올로기는 분명 확산되고 있었다.

인간에 대한 이데올로기적 개념의 엄청난 변화는 자본주의 성장 발판을 마련했으며, 이와 긴밀하게 연관되었다. 자본주의 자체는 의심의 여지 없이 개인적 지위에 강력한 영향을 미쳤다. 첫째, 근대의 인간들은 (적어도 성인 백인 남성들은) 전근대인들과 달리 '공식적'으로 '자유'를 얻게 되었다. 세속적인 물질이 강제된 현실이야 어찌 됐든 그들은 독립적으로, 그리고 자발적으로 계약을 맺으면서 자신의 노동을 자유롭게 시장에 내다팔 수 있었다. 1867년 마르크스의 기록에 의하면,

　　노동력이 상품으로 시장에 나오게 할 수 있는 것은 오로지 그 노동력을 소유한 개인이 그것을 상품으로 팔려고 내놓거나 판매할 때만, 그리고 그런 한에서만 가능하다. 이렇게 하기 위해 인간은 그것을 자기 재량대로 처분할 수 있어야 하며, 자신의 노동 능력, 즉 자기 신체의 자유로운 주인이 되어야 한다.[35]

자신의 노동력에 대한 개인의 소유권 ─ 고용 노동의 유연한 이용가치에 좌우되는 자본주의 생산에 있어 두드러진 주요 현상인 ─ 은 개인의 사회적 성격을 변화시켰다. 물려받은 지위에 얽매이기보다 적어도 명목상으로 개인은 형식적 속박에 구애되지 않고 자기 의지에 따라 스스로 결정하게 되었다. 노동 착취에 기초한 경제구조 안에서조차 개인은 '자유로운 행위자', 그들이 유일하게 통제할 수 있는 상품의 판매자로서 일종의 독립을 얻어낸 것이다.

　　화폐경제의 부상과 제조업자들에 의한 대규모 자본 합병은 형식적으로 자유로운 노동의 존재방식과 결합하여 그 어느 때보다도 훨씬 더 복잡한 분업을 이끌어냈다. 재화와 용역이 시장의 상품이 되어갈수록 가족이나 다른 공동체 구성원이 생계를 위한 일들을 모두 수행해야 하는 팔방미인이 될 필요는 급속히 줄어들었다. 이러한 기능적 분화는 대체로 인간의 삶을 지배하던 일상적 활동들(가령 토지 경작 같은)이 다소 단조로웠던 부족이나 봉건사회와 대조적으로, 다양한 인생 경험들을 창출함으로써 개인주의를 양산했다. 근원적으로 따져보면, 개인주의란 사실

화폐경제에 의해 가능해진 개인적 자율성으로부터 유래한 것이다. 시장으로부터 물질적 필요를 충족시킬 수 있는 힘은 개인을 가족, 부족, 혹은 지역 공동체로부터 해방시켰다. 1900년 지멜이 주목했듯 "가족의 붕괴는 개개 구성원들이 상대적인 자급자족성을 획득한 결과이며, 이는 그들이 비록 특정한 한쪽 재능만 특화한다 할지라도 생계가 가능하게 되었던 화폐경제 안에서 가능해졌다."[36)

지멜은 이러한 자율성의 역설을 강조했다. 개인이 타인에게 의존하는 정도는 줄었지만, 동시에 온갖 종류의 물질적 필요를 충족시키기 위해서는 타인의 거대한 네트워크에 훨씬 더 많이 의존하게 되었다는 것이다. 지멜에게 중대한 특징으로 보인 것은 인간 상호작용의 속성에 관한 의미심장한 암시와 더불어 자본주의가 개인을 특정한 타인들, 즉 다년간 개인적, 인간적, '주관적' 관계를 맺어왔던 특정한 사람들(가령 가족 구성원이나, 면전에서 직접 물물교환으로 물품을 얻어야 했던 바로 그 통 제조업자barrelmaker)로부터 분리시켰다는 점이다.[37) 자본주의는 특정한 타인들을 대체로 '객관적'이고(단지 화폐가치의 합리적 계산이 지배하므로), 비인격적이며(상인의 온전한 인격은 거래와 무관하므로), 불특정한(모든 물건은 동일하고, 원하는 상품을 제공하는 역할은 어떤 상인도 충족시켜줄 수 있으므로) 상인들의 거래망으로 대체했다. 개인과 실제 상품 생산자 간의 관계는 보다 멀어지고 인간적 속성 역시 앗아가버렸다. 그것은 정녕 이전에는 절대 존재할 수 없었던 상황, 즉 마르크스가 상품의 물신화라 언급했던 바를 양산해냈다.[38)

근대 자본주의는 사회의 기본 단위를 집단에서 개인으로 다시 정의했다. 개인의 자립은 문자 그대로 자급자족을 의미하기보다 물질적 필요를 공급하는 시장을 조건으로 하는 자급자족을 의미했다. 자립은 또한 사회적 원자화 또는 분리를 의미하는 것이기도 했다. 개인은 가족, 부족, 혹은 지역 공동체로부터(아니면 적어도 그들의 생산적 노동으로부터) 분리되었고, 자본주의 경제의 다른 자유로운 행위 주체들로부터도 분리되었다. 후자는 주관적, 개인적인 인간적 유대와 감정들이 물질적 재화를 획득하는 과정에서 더이상 고려되지 않는다는(적어도 필수적이지는 않은) 의미로서 '감정의 분리'로 설명될 수 있을 것이다. 이 분리는 또한 문자 그대로 상품화의 출현과 함께 개인이 그 물질적 재화를 생산하는 거대한 많은 사람들과의 직접적 접촉이 사라졌다는 의미이기도 하다.

자본주의적 개인주의는 무엇보다도 물질적 진보를 향한 개인 간의 경쟁 확산을 의미하는 것이기도 하다. 1899년 애드나 페린 베버Adna Ferrin Weber는 자본주의는 "병적으로 비대한 개인주의의 (⋯) 필연적으로 자기 본위의 이기적이고 물질주의적인 태도"[39]의 이상 현상을 촉진시킨다고 주장했다. 이는 19세기 원시적, 봉건적 농경사회에서 도시 자본주의 사회로의 이동에 따른 사회적, 심리적 분화를 개념화해낸 몇몇 저작들 중 특히 영향력이 컸던 페르디난트 퇴니에스의 1887년 저작 『공동사회와 이익사회Gemeinschaft und Gesellschaft』에서도 강조되었던 측면이다.[40] 퇴니에스의 이상적 조직화 유형에서 ('공동체'로 번역되는) 공동사회는 공공적이고 협동적인 사회질서를 가리키는데 이는 친족의 유대, 전통적 관습, 풍속, 공통의 종교적 믿음, 그리고 조국에 대한 감정적 결속으로부터 자라난 일체감 및 동료의식의 지표이다. 여기서의 경제생활은 비경쟁적이었고, 대개는 단순히 생계유지에 대한 관심사로부터 움직여졌다. 조금이라도 잉여가 발생하면 공동체 내에서 공유하였다.

근대 자본주의와 도시생활이 등장하자 공동사회는 ('사회'나 '연합'으로 번역되는) 이익사회의 사회질서 및 사고 틀에 그 자리를 내주었는데, 이를 형성하는 경제생활의 기초는 보편적 경쟁, 화폐경제, 계약관계, 임금 노동, 재화와 용역의 상품화, 그리고 완전히 독립적이고 자기 본위적인 관계자들 가운데서 이윤 추구를 목적으로 하는 교환체계였다. 공동사회에서는 어떤 의미에서 모두가 친족관계에 있었다면 자본주의 이익사회에서는 모두가 어떤 친화력이나 동료의식 없이 무엇보다 자기 자신에게 집중되었다. 퇴니에스는 이러한 요지를 직설적으로 표현했다.

이익사회에서는 모든 사람이 자기 자신의 이득을 위해 고군분투한다. 따라서 모든 관계는 잠재적 적대, 혹은 휴면 전쟁으로 표현될 수 있다. (…) 사업가들은 (…) 남을 이기려고 기를 쓴다. (…) 그들은 서로를 밀어내거나 넘어뜨릴 것을 강요당한다. 누군가의 손해는 다른 이의 이익이며, 이는 모든 개인적인 교환에 있어서도 마찬가지다. (…) 일반적인 경쟁은 이렇게 성립된다.[41]

공동적 감수성 파괴는 아마도 대체로 자본주의에서 유래했을 테지만 많은 사회평론가들이 강조했듯 그것은 도시사회의 익명성과 비인간성에 의해 더욱 악화되었다. 지멜은 1903년 저작에서 도시인들의 사회적 냉담함에 대해 논하면서 그것이 단순한 무관심의 차원을 넘어섰음을 시사했다. "만일 내가 나 자신을 기만하지 않는다면 이 외적인 자제심의 밑바닥에 도사리고 있는 것은 (…) 어느 정도는 반감과 서로의 이질감 내지는 혐오로서, 조금만 접촉하면 이유야 어떻든 즉시 증오와 싸움으로 번질 수 있는 것이다."[42] 존 홉슨John A. Hobson 역시 이러한 문화적 분열이 공동의 사고와 정체성을 형성하기 위해 고안된 제도 장치의 중심지인 도시에서 가장 급속도로 발생하는 이런 아이러니에 주목하면서 공동의 정체성과 도덕적 결속력이 붕괴된 이유가 도시화라고 비판했다.

큰 시에 정치, 종교, 사회기구, 거래기관들이 있음에도 불구하고 개인 구성원들 간의 진정한 정신적 결속력은 그 어떤 사회조직보다 약한 듯하다. (…) 면이 커져 시가 되고 또 큰 도시가 되어가면서 개인 간의 도덕적 결속 및 유대감은 현저히 약화되고 있다.[43]

근대 대도시는 삶의 구조를 변화시켰다. 많은 사회비평가들은 도시의 익명성을 전통사회의 갑갑한 조악함에 대한 해독제로 진단하면서도 그 고통스러운 대가를 곧 알아챘다. 도시 개인주의는 공동체에 대한 무관심과 사회적 반감을 낳았던 것이다.

감각의 복잡성과 강렬함 모더니티의 마지막 개념화 역시 도시적 삶의 영향력에 주목하긴 하지만, 도시환경의 사회적 역학보다는 다른 각도에서 그것의 감각-지각적 역학에 초점을 맞춘다. 이러한 관심은 종종 크라카우어나 벤야민을 거쳐 보들레르에까지 거슬러 올라가는데, (1859년에 쓴) 그의 「근대적 삶의 화가The Painter in Modern Life」는 도시 경험을 현상학으로 묘사한 최초의 에세이 중 하나이다. 보들레르는 '모더니티'를 찰나적 인상들로 이루어진 새로운 세계를 포착하는 단어로서 분명하게 인용했다. "내게 모더니티란 덧없고 일시적이며 우발적인 것을 의미한다." 어떤 층위에서 보면 이런 어법은 앞서 논의했던 연속적 불연속성이란 논제를 이미 예견한 것 같다. 니체가 "쉼 없이 떠내려가는 끝없는 진화"라고 했던, 그리고 마르크스와 엥겔스가 "새롭게 형성되는 모든 관계들은 미처 자리 잡기도 전에 구식이 되고, 견고한 모든 것은 대기 속으로 사라진다"고 했던 것처럼 보들레르는 근대성을 항상 새롭고 언제나 변화하는 현재시제와 관련시켰다. 따라서 그의 관심사는 근대의 부단한 회전과 역전의 진수라 할 수 있는 '유행'이라는 문화적 현상으로 이어졌다. 그러나 니체와 마르크스는 수년, 수십 년에 걸친 사회적 변화를 설명하기 위해 덧없이 사라지는 것에 대한 이미지를 다소 은유적으로 사용한 반면, 보들레르는 보다 직접적으로 번잡한 대도시의 경이로운 흐름을 강조했다. 도시의 산책자flaneur들은 대도시의 시각적, 청각적 오락 요소들에 홀려 뭔가 흥미를 당기는 진기하고 자극적인 것을 찾아 정처 없이 거닐면서, 불변하는 즉각성이 쉴 새 없이 요동치는 자극의 현장을 경험했다.

같은 맥락에서 많은 사회비평가들은 세기 전환기의 몇십 년 동안 경험했던 사회환경—그중에서도 특히 도시적인 것—즉 인류 문화의 이전 단계보다 현저히 빠르고, 더욱 혼란스럽고, 파편화되어 방향감각을 잃게 만드는 사회환경을 근대의 특징으로 간주했다. 전에 없던 혼란을 몰고 온 대도시의 교통체증, 소음, 광고판, 도로 표지판, 맞닥뜨리는 군중들, 쇼윈도의 상품 진열, 그리고 광고들 속에서 개인은 감각적인 자극의 새로운 강렬함에 직면하게 되었다. 대도시는 개인들을 강렬한 인상과 충격, 그리고 급격한 동요의 포화 속에 종속시켰다. 이렇듯 모더니티를 근본적으로 다른 주관적 경험의 인상으로 개념화하는 것은 확실히 근대화의 사회경제적 현상들과 연관된다. 그러나 자극-으로서의-모더니티에 대한 접근은 단순히 선진 자본주의의 기술적, 인구학적, 그리고 경제적 변화들이 미치는 감각의 범위를 가리킨다기보다, 그러한 변화들이 어떻게 일상생활의 구조를 변형시켰는지를 지적한다. 또한 모더니티와 포스트모더니티 간의 연관성에 대한 논쟁에 매몰되지 않고 주지해야 할 것은, 모더니티의 이러한 측면이 "즉각성, 강렬함, 감각적 과부하, 방향감각 상실, 기호와 이미지의 난립"[44]을 강조하는 포스트모더니티의 많은 국면들에 전조가 되었다는 점이다.

나는 선정적 멜로드라마의 사회적, 문화적, 이데올로기적, 상호텍스트적, 그리고 상업적 측면을 분석하면서, 이들 전체 연구를 통해 이 장에서 논했던 모더니티의 여섯 국면들 — 근대화, 합리성, 불연속, 이동성, 개인주의, 그리고 자극 — 로 되돌아올 것이다. 예상되다시피, 지각환경의 근대적 변화에 대한 논의들 — 자극(으로서의) 모더니티 모델 — 은 특히 10-20-30센트짜리 멜로드라마나 영화 같은 대중오락 분야에서 선정주의가 점차 확산된 상황과 연관되어 있다. 이러한 관계는 3장과 4장에서 검토한다. 그리고 5장에서는 멜로드라마의 탄생과 근대 자본주의의 출현, 이렇게 두 가지의 의미심장한 동시발생에 대해 탐색한다. 멜로드라마는 자본주의 이익사회와 근대사회의 '선험적 실향'에 대한 보상반응, 이 두 가지의 알레고리로 해석할 수 있다. 그러나 우리는 이런 견해를 추구하기 전에 '멜로드라마'가 의미하는 것이 무엇인지 규명할 필요가 있다. 이러한 작업은 다음 장에서 시작된다.

멜로드라마와 모더니티 두 용어는 그 의미가 명확하게 규정되지 않았음에도 불구하고, 아니 바로 그렇기 때문에 진지한 연구가 지속적으로 요구되는, 중대하고도 애매한 것 남들을 심의 목록으로 지나고 있다. 이 책의 목적은 멜로드라마, 특히 1850년에서 1930년 사이의 미국 대중 연극과 영화 중에서도 선정적 멜로드라마를 근대의 선물이자 반영·근대의 경험론적 속성과 이데올로기적 변동, 문화적 불안, 텍스트의 상호 교차 경향, 사회적 인구통계, 그리고 상업적 관행—으로 위치시킴으로써, 그 둘 사이의 상호관계를 조망하는 데 있다. 내 또한 이 연구의 기본이 되는 역사적 목적이라고 한다면, 그것은 매혹적인 문화 현상, 즉 묵사·유절적인 10·20·30센트짜리 저가 무대 멜로드라마와 초기에 유행했던 시리얼 필름을 발굴해 내는 것이다. 그것들은 오늘날 상당 부분 잊혀버렸지만 새로운 세기로 접어드는 미국

분화된 사회적 환경과 경쟁적 개인주의의 특징들을 갖는다는 점, 여섯째 근대는 전래 없이 급작스러운 혼잡상과 강렬함을 지닌 지각 환경이었다는 측면이다. 이 모든 측면들이 나의 멜로드라마 분석에서 똑같은 무게중심을 갖지는 않는다. 내 논의에서 대다수의 측면 경로들은 근대성이라는 쟁점에 전적으로 좌우되지 않는 튼튼한 영화사적 문제들을 좋을 테지만, 내 분석의 주안점은 대개 멜로드라마가 모더니티의 문화적 표현으로 감추될 수 있는 방식들을 탐구하는 데 있다. 최근 영화학 연구들은 특히 마지막 국면, 즉 영

대중문화와 그 이상을 이 해하는 데 중요하다. 어떤 종 비교적 최근까지 근대성이란 개념은 영화학에서 이렇다 할 중요한 위치를 차지하지 못했다 해도 무방할 것이다. 그러나 근대성을 다룬 사회이론의 오래된 근원적 대부분서 아르크스나 뒤르켐, 베버, 위나에스, 지멜을 포함한 많은 이들의 저작 읽기가 되었다. '무엇이 서구의 근대 산업사회를 다른 것들과 구분 짓는가?' 라는 핵심 질문이 주어졌을 때 근대성이란 몹시 복잡하면서도 인식론적, 정치적, 이데올로기적, 도덕적, 그리고 경험론적 쟁점들을 포함하는 이해적이라면서 저 위한 논제인 것이다. 내 작업의 첫 순서는 비정도 분래 널리 흩어져 있던 사회이론의 집합들에 어느 정도 구조를 부여하려는 노력이 될 것이다. 1장에서는 모더니티의 성격에 관한 주요 담론들을 개략적으로 제시한다. 내가 개 안에는 분석 틀을 모더니티의 여섯 가지 측면으로 분류된다. 첫째 <개인적으로

또, 근대화 라는 라벨이 붙여지는 사회경제적, 기 술적 심화의 폭발적 증가라는 측면, 둘째 '도구적 합리성의 지배' 라는 점, 셋째 근대가 끊임없는 문 화적 불연속과 이데올로기적 가치 전위의 조건이라는 측면, 넷째 유동성의 증대와 모든 '사회체들' 의 순환이라는 측면, 다섯째 세

2

멜로드라마의 의미

회와 대도시 현상학의 관계에 초점을 맞추어왔다. 이 는 내 역시 두 장을 할애한 중요한 주제지만, 여기서 전개되는 근대성의 도시화가 보다 폭넓은 범위의 관계들을 고려하는 방향으로 논의를 진전시키는 데 일조하길 바란다. 모더니티와 견주어볼 때, 아니 실제로 그 어느 것과 비교하더라도, 멜로드라마란 주제는 훨씬 오래된 자 적 계보를 갖고 있다. 드라마의 한 범주로 취급되기 시작한 이래 두 세기 동안 멜로드라마는 비평가들의 비웃음과 비아냥거림의 표적이 되어왔다. 가령 1912년에 한 비평가는 영화가 저가 무대 멜로드라마를 도심 극장에서 몰아낸 지 한두 해 지남 후 냉소적 말을 촉삭인하다는 만족을 보였다. 멜로드라마는 그 모든 저질의 조잡하고 덜고덕함, 천박함에다 두엇하일 뿐만 아니라 그야말로 터무니없는 비예술적 드라마의 형식 가운데 최악이었다. (…) 나는 10·20·30센트 수준의 멜로드라마가 그

멜로드라마라는 용어는 그 의미의 모호함에 주목해온 몇몇 전반적 견해가 있는 반면, 현대 영화학에서는 다소 안정된 의미로 받아들여져온 듯하다. 오늘날 멜로드라마란 용어는 통상 주정주의emotionalism와 감상성sentimentality의 음역音域을 강조하는 일련의 하위장르를 언급할 때 쓰인다. 하지만 이것이 초창기 (혹은 1950년대 업계지에서 사용된 그 단어의 의미를 철저히 파헤친 스티브 닐Steve Neale의 탁월한 연구에서처럼 훨씬 더 이후까지) 영화산업에서 통용되던 일반적 의미라고는 할 수 없다.[1]

말하자면, 멜로드라마라는 단어가 처음 쓰이게 된 것은 1910년 「눈물 쏙 빼는 드라마The Tear-Drenched Drama」라는 제목의 잡지 기사가 나왔을 때였는데, 그 기사는 여성들의 눈물을 쥐어짜는 할리우드 영화의 직계 조상 격으로 보이는 연극을 화제로 삼은 것이었다. 앨런 데일Alan Dale은 "가슴을 찢어지게 만드는 드라마는 여성들의 사랑-비애에 대한 갈증"을 채워준다고 말하며 "결혼이나 그것의 다양한 변주들은 여성들의 삶에서 가장 큰 요소이기 때문에 여성들은 그것을 연기하거나, 불가능하게 만들거나, 혹은 엄청난 투쟁의 결과로 제공하는 수심 가득한 이야기에 숨죽여 관심을 갖는다"[2]고 했다. 이러한 드라마 중 하나인 데일의 〈헬레나 리치의 깨달음The Awakening of Helena Richie〉줄거리는 할리우드의 고전적인 가정 멜로드라마의 줄거리처럼 읽힌다.

여주인공은 세인들에겐 그녀의 동생으로 보이는 풍운아와 결혼식도 올리지 않은 채 살고 있었다. 펜실베이니아 주 올드체스터의 순박한 사람들 앞에서 헬레나 리치는 격식을 중시해 좀체 다정함을 드러내지 않는 여자였지만, 둘만 있을 때는 그의 품에 뛰어들어 그를 얼마나 사랑하는지 열렬히 얘기했다. 그후 그녀의 '과거'는 물론 발각된다. 헬레나처럼 자기만의 방식대로 '자신만의 삶'에 관해 논하는 사람들과 달리 '초기 빅토리아' 사상을 갖고 있던 '딱딱한' 마을 사람들에 의해 말이다. 그녀는 자신의 양아들로 맞이한 소년을 사랑하게 되었던 것이다. 그녀의 '과거'가 드러나자 그녀에게 소년을 맡겼던 친절한 신사는 그를 떼어놓는 것이 자신의 의무라고 느꼈다. 그녀는 아이들을 돌보기에 적합한 인물이 아니었던 것이다. 그녀의 연인은 이미 장성한 딸이 있었는데, 헬레나와 결혼하는 것이 내키지 않음을 노골적으로 드러냈다. (…) 이 시점에서 눈물은 걷잡을 수 없이 흘러내린다. 무의미한 고통의 장면들이 지나간 후, 즉 헬레나의 영혼이 온갖 역경과 굴곡을 겪고 나서 그녀는 어떤 '깨달음'에 이르게 된다. 그리고 불행하지만 '중대한' 막에서, 그녀가 그 가련한 사내에게 안녕을 고했을 때, 물론 극장에서 눈시울을 적시지 않은 이들은 없었다.[3]

현대의 장르적 규정에 의하면 이런 줄거리는 정통, 순수 멜로드라마의 전형적인 예라 할 수 있다. 이는 1930년대와 1940년대 할리우드 멜로드라마를 정의하는 수많은 이야기 수법을 미리 예시하고 있는 것이다. 공감을 일으키는 여주인공을 중심으로 잘못된 사랑과 결혼의 장애, 세대 간 마찰과 메울 수 없는 모성 공간의 고난들(헬레나와 연인의 딸 간의 관계), 인습의 편협함과 가부장 구조에 직면한 여성 자립의 어려움과 존엄성, 그리고 그 어떤 것보다도 자기희생의 애처로운 숭고함을 다루었던 것이다. 「눈물 쏙 빼는 드라마」의 어디에도 멜로드라마라는 말이 언급되지 않았다는 것은 그 용어가 주로 함축하는 의미가 세기 전환기 이후 몇십 년간 변화했을 수도 있음을 시사한다. 이는 한 세기 전의 대중 멜로드라마에서 극단적인 파토스, 가정의 속박, 낭만적 비탄을 찾아볼 수 없다는 말이 아니다. 오히려 그 반대다. 그러나 이는 당시 멜로드라마에 대한 일반적 개념에 있어 감상적인 면은 다른 양상들에 의해 다소 가려졌을 수도 있음을 강하게 암시한다.[4]

멜로드라마를 정의하려는 시도에는 몇 가지 방식이 있다. 그 한 가지는 모든 장르의 수많은 변화군에 시종일관 다양한 방식으로 일목요연하게 나타나는 근원적인 정의 요소를 부각시키는 것, 바꿔 말해 그 장르의 표면적 속성과 인습적 배치를 구조화하는 근본적 토대를 발견해내는 것이다. 멜로드라마와 가장 자주 관련되는 근본 요소는 아마도 과잉이라는 용어로 요약될 수 있는, 어떤 '지나친' 혹은 '과장된' 특성일 것이다. 영화비평에서 이러한 생각의 유포는 몇몇 출처에서 유래했는데, 그 중요한 하나는 제프리 노웰 스미스Geoffrey Nowell-Smith의 짧은 글 「미넬리와 멜로드라마Minnelli and Melodrama」[5](1977)였다. 노웰 스미스는 이 장르가 일종의 텍스트적 '전환성 히스테리conversion hysteria'를 조건으로 한다고 주장했다. 멜로드라마가 조장하는 심적 에너지와 감정들은 이야기 속에서 충분히 표현되거나 충족, 해결되지 못한 채 '억압' 되는데 그 이유는 그것이 지배적인 가부장 이데올로기의 요구와 근본적으로 양립 불가능하기 때문이다. 이야기 층위의 이러한 억압으로 인해 (추측건대 노웰 스미스에겐 오이디푸스적, 동성애적 충동 같은 감정들을 의미했을) '가족, 혈통, 계승의 요구에 따르는 행위 안에서 조화될 수 없는' 미처 해소되지 않은 감정들은 다른 곳으로 전환되거나 '흡수' 된다. 그것은 신경증처럼 다른 표현 경로를 통해 배출구를 찾는데, 특히 부자연스러운 미장센이나 과장된 음악을 통해 유출된다. 예로 1950년대 서크의 가족 멜로드라마는 미장센이 눈에 띄게 현란한 색상들로 흠뻑 물들어져 있고, 너무나 많은 가구와 수많은 거울들로 채워져 있으며, (〈바람에 쓰다〉에 널려 있는 남근적 석유 굴착기라든지, 주인공이 성 불구자라는 사실을 전해 듣자마자 다섯 살짜리 남자아이가 흔들목마를 신나게 즐기는 등의) 종종 '지나치게 상징적' 이고 지나치게 노골적인 성적 암시들로 과잉 규정된다.

20년 전, 텍스트가 마치 인간의 심리처럼 징후를 나타낼 수 있다는 전제는 오늘날만큼 강력해 보이지 않는 반면, 멜로드라마와 표현주의적 과잉의 연관성에 대한 기본적 생각은 널리 받아들여진다. 이런 생각은 장르의 다른 양상들을 통합하는 데 유용한 방식으로 확장될 수 있다. 맨 먼저 멜로드라마가 감정 과잉을 두드러지게 드러낸다는 것은 명백하다. 할리우드 멜로드라마는 히스테리나 신경쇠약으로 쓰러지기 직전의 인물들, 혹은 적어도 극도의 감정적 속박으로 고통받는 인물들로 넘쳐난다. 고전적 멜로드라마는 ― 참으로 악질적인 악당이 흠 없이 지고지순한 영혼을 괴롭히는 것에 기초한 멜로드라마 ― 악인의 증오, 시기, 질투, 앙심, 악의를 표현할 때 감정 과잉을 극적으로 그려낸다. 전통적으로 특히 무대 멜로드라마에서 이런 감정들은 과잉된 음색을 더욱 강조하는 배우의 전형화된 '과장 연기' 양식을 통해 전달된다.

멜로드라마는 또한 관객들이 마음속에서 느끼는 반응으로부터 다양한 종류의 과잉을 이끌어낸다. 훌륭한 할리우드 멜로드라마란 당신을 울게 만들거나 강렬한 감정, 특히 강력한 파토스를 만들어내는 것이다. 멜로드라마의 과잉은 몸, 또는 육체적 반응에 대한 문제이다. 최루성이란 용어는 강렬한 감정이란 것이 사실상 육체적 감동, 압도적인 느낌이라는 생각을 강조하는 것이다.[6] 멜로드라마는 파토스의 통렬한 감정에다 동요 감정을 덧씌움으로써 풍부해진다. 예로 아찔한 서스펜스가 만들어내는 육체적이고 노골적인 스릴 같은 것 말이다. (문자 그대로 절벽 끝에 매달려 있는 〈북북서로 진로를 돌려라North by Northwest〉나 현대의 액션 영화 어디서나 볼 수 있듯이) 고전적인 모험 영화라든가(〈이창Rear Window〉에서 리사가 소월드의 아파트를 뒤지고 있을 때 그가 문에 키를 꽂고 들어오려는 장면처럼) 눈앞에 들이닥칠 위험을 인지하지 못한 주인공의 상황이라든지, 아니면 (그리피스 시대 이후 강력한 하위 장르로 자리 잡은) 생사가 걸린 사선에서 펼쳐지는 구출 레이스의 연속 장면 등은 관객들에게 불안을 선사하는 일종의 감각 과잉을 만들어내기 위해 고안되었다.

멜로드라마는 다채로운 다른 흥분도 유발한다. 극단적인 도덕적 불의를 목격할 때의 흥분, 비탄의 감정과 사악한 힘이 약자를 괴롭히는 것 — 통상 일종의 신체적 폭력을 가하면서 — 을 볼 때 가슴 밑바닥으로부터 끓어오르는 동요와 격분 등이 그것이다. 몰매 맞는 부랑아(〈꺾인 꽃Broken Blossoms〉과 같이), 학대당하는 동물(〈래시 집으로 돌아오다Lassie Come Home〉), 참견하기 좋아하는 청교도들에게 아이를 빼앗기는 어머니(예로 〈어머니와 법The Mother and the Law〉〈동쪽으로 가는 길Way Down East〉〈헬레나 리치의 깨달음〉) 등 이런 광경들은 관객들이 격앙되지 않을 수 없도록

하기 위해, 즉 본능적인 과잉을 야기하기 위해 고안된다. 여기다 맹렬한 증오로 인해 생겨나는 격한 감동적인 사건을 덧붙일 수도 있을 것이다. 고전적인 멜로드라마, 특히 무대 멜로드라마는 관객이 악당을 향해 있는 그대로의 솔직한 증오, 혐오, 혹은 경멸을 쏟아낼 카타르시스적 쾌감을 선사했다. 비열하기 짝이 없는 악당은 너무 격한 미움을 사는 바람에 그가 완전히 무력해지는 것을 보는 것만큼 더이상 촉발되는 희열이 없었기에, 이러한 의미에서 멜로드라마는 일종의 원초적 피의 욕망을 일으키도록, 그리고 그것의 도덕적 정당성을 인정하도록 만들어졌다고 할 수 있다. 루트비히 르비손Ludwig Lewisohn이 그의 1920년 작품 〈네이션The Nation〉에서 멜로드라마 장르와 군중의 원초적 야만성을 연결 짓도록 자극한 것도 바로 이러한 본능적, 감정적 과잉 양상이었다.

(보통의 미국인들에게) 가장 사치스러운 것은 부족적 열정이나 흥분의 대중적인 향유다. 전쟁, 사냥, 그리고 괴롭힘은 야만적 지성의 지속적인 유희이며, 멜로드라마가 천박한 모방 안에서 얻으려 하는 것들이다. 폭력, 특히 도덕적 폭력이 두드러지게 나타나면 관객들은 행위의 추구와 승리가 마치 자기 일인 듯 참여한다. 그리하여 고조된 충동은 완화된다. 그것은 스스로를 의롭고, 똑바로 선 것으로, 그리고 그들이 추적하는 대상이나 사냥물은 좌절당하거나 죽은 것으로 본다. 멜로드라마의 가장 큰 목표는 악당을 없애버리는 것이다. (⋯) 악당은 종족의 적이거나 단순한 이방인이거나, 혹은 지배질서에 저항하는 반역자거나 언제나 파렴치한 난봉꾼으로 재현된다. 그는 수치심을 아는 토착 여성들을 습격하고, 그래서 특히 그가 가무잡잡한 피부색일 경우, 부족 정통파의 대리전을 치르는 폭력배의 범죄 동기는 다른 동기들과 섞여 있게 된다. 이렇듯 공인된 멜로

드라마 양식이 대리극으로 끌어들이는 이러한 인간 본래의 폭력들은 평화로울 때는 군중 폭력을, 전시에는 대량 학살을 불러일으킨다. 더 수월하고 직접적인 종류의 육체적 폭력에 중독된 국가들은 투기장과 투우장을 장려해왔다. 자신들의 잔혹한 충동이 도덕적 에너지의 결실로 보이길 바라는 자들은 멜로드라마로 대체했다.[7]

5장에서 살펴보겠지만 멜로드라마와 '군중'의 제휴는 엄청난 비판을 불러일으켰다. 대중들에게 피의 욕망이 있건 없건 간에, 평소 멜로드라마를 향유한다는 단순한 사실이 말이다. 그것은 나쁜 평판을 확고히 하는 데 충분했다.

***

과잉과 함께 멜로드라마의 본질적 핵심으로 간주할 만한 또다른 개념이 있다. 레아 제이콥스Lea Jacobs는 그녀의 야심찬 글에서 멜로드라마의 핵심에 있는 '상황'[8]이라는 요소를 제시한다. 상황이란 말은 요약하기 다소 어려운 개념이지만 극중 인물들이 강력한 새로운 주변환경에 맞닥뜨리면서 관중들이 고조된 극적 긴장을 맛보게 되는, 순간적으로 내러티브 액션을 저지시키는 인상적이고 자극적인 사건으로 정의될 수 있을 것이다. 상황이 종종 연출하는 깜짝 놀랄 만한 반전이라든지 예기치 못한 사건의 전개는 극을 난국, 즉 주인공이 딜레마나 막다른 골목에 직면할 때 야기되는 순간적 마비 상태로 이끈다. 액션이 일시적으로 중단될 만한 때는 인물들이 충격적인 소식(여주인공을 죽이려고 애쓰던 악당이 사실은 그녀의 유산을 가로챈 그녀의 삼촌이었다!)에 어리벙벙해진다거나, 치명적 위험에 처한다거나(눈앞으로 다가오는 둥근 톱으로 인해 공포에 질린 남자 주인공), 혹은 팽팽히 맞선 두 세력에 끼어 막다른 상태에서 옴짝달싹 못 한다거나 할 때(세 명의 총잡이가 대치하고 있는 가운데 어느 누구라도 먼저 방아쇠를 당기려고 하면 모두 다 죽을지도 모르는 상황. 예로 〈펄프 픽션Pulp Fiction〉)이다. 상황은 엄청난 서스펜스를 동반한다. 이 난국을 어떻게 타개할 것인가, 주인공이 이런 곤경에서 어떻게 빠져나올 것인가에 대한 서스펜스. 빅토리아 시대의 무대 멜로드라마는 문자 그대로 액션이 정지되는 모습, 즉 배우가 상대 패거리들 사이의 극적 긴장을 적나라하게 드러내는 위치에 배치된 채 그대로 멈춰 있는 인상적인 장면으로만 그려졌다. 그 현대적 닮은꼴은 아마도 TV 연속극의 중간광고 직전, 또는 어떤 돌발사건에 처한 인물이 얼굴에 반응을 드러낼 때, 아니면 현재 사람들 사이에서 일어나는 사건으로 인해 시름에 잠겨 경직되어 있을 때의 팽팽한 정지 상태일 것이다. 상황이란 관념은 또한 시리얼 필름의 클리프행어 클라이맥스를 환기시킨다. 여기서 주인공이 눈을 커다랗게 뜨고 다가오는 위험의 심각성을 감지하는 동안, 게다가 다음 에피소드가 이런 곤경을 해소할 때까지 한 주 내내 내러티브 액션은 중지된다.

멜로드라마 고유의 특징인 '상황'의 중요성은 이 용어가 종종 따옴표와 함께 나타나는 빈도수만 봐도 알 수 있다. 1907년 한 비평가는 다음과 같이 주장했다. "사람들이 (멜로드라마에서) 항상 먼저 주목하는 것은 극적 상황이다. (…) 그들은 눈앞에서 뭔가 벌어지기를 학수고대한다. 감정이 일어나고 피가 들끓게 되기를 바라는 것이다. (…) 따라서 멜로드라마에는 터무니없이 엄청난 '상황'이 존재하게 된다."9) 단순히 '10-20-30'이라고 불렸던 1914년의 어느 글에서도 비슷하게 언급된 바가 있다. "반드시 '상황'이 존재해야 한다. (…) 서로 충돌하는 두 개의 의지, 끌어들이기도 하고 회피하기도 하는 말들, 그리고 그 뒤로 '한 방' 날려주는 말들이 말이다."[10] 1919년 씌어진 한 평론은 다음과 같은 사실을 한탄하기도 했다. "오늘날 (멜로드라마를 쓰는 데) 채택된 방식은 '상황'이라고 알려진 혐오스러운 짓을 그려내는 것과 같다. 그것이 더욱 우스꽝스럽고 불쾌할수록, 그는 그것을 소중히 여긴다."[11]

'상황'이란 개념은 확실히 수많은 멜로드라마적인 요소에 적용 가능할뿐더러 멜로드라마를 검토하는 데 있어 유익한 개념적 렌즈를 제공하기는 하지만, 혹자는 그것이 멜로드라마를 본질적으로 정의하는 요소로 일반화할 수 있는지 의문을 제기할지도 모르겠다.[12] 한 가지 문제는 그것이 매우 폭넓고 순응적인 개념이라는 것과, 진정한 의미의 '상황'과 보다 '평범한' 수준의 드라마틱한 사건 사이의 경계가 다소 모호하다는 것이다. '상황'이란 것이 멜로드라마의 변별적 특징이 될 수 있을지는 모르겠지만, 혹자는 다른 많은 이야기 또한 그것을 근간으로 한다고 주장할 수도 있다. 이러한 이견에 대해 어떤 이들은 아마 일정 부분 그 정당성을 인정하면서도, 멜로드라마의 '상황'은 실로 그 강렬함에 있어 질적 차이가 있다고 대답할 수도 있을 것이다. 어쩌면 더 어려운 문제는 '상황'이 실제로 모든 멜로드라마의 필수 구성요소냐 아니냐의 여부이다. 그것은 고전적 멜로드라마와 할리우드 가족 멜로드라마, 그리고 1930~50년대의 여성용 영화 모두와 연관되어 있는가? 충격적 반전이나 폭로, 막다른 골목, 혹은 순간적으로 옴짝달싹할 수 없게 만드는 치명적 위험 같은 것들을 동반한 절체절명의 클라이맥스가 내러티브에 포함되어 있지 않은 경우라면 어떤가? 할리우드 멜로드라마가 강렬한 감정과 과장된 음악을 강조했을지는 모르지만, 어떤 것들은 훨씬 더 드라마틱한 경향을 고수했을 수도 있고, 혹은 그 안의 드라마틱한 절정이 상황이라고 구분할 만큼 신속하고 강력한 충격을 전달하는 것처럼 충분히 위태롭거나, 놀랄 만하거나, 긴장감이 있거나, 갑작스럽지 않을 수도 있다.

제이콥스는 '상황'이란 개념을 고전적 멜로드라마뿐 아니라 할리우드 멜로드라마와도 연관시킬 필요성을 느꼈다. 그녀는 할리우드 멜로드라마의 여주인공들이 그 특성상 자신들의 삶에서 의미 있고 긍정적인 변화가 이루어지는 것을 방해하는 승산 없는 딜레마에 빠지는 것에 연루되어 있음을 암시한다. 제이콥스는 토머스 엘새서Thomas Elsaesser의 견해에 기대어 다음과 같이 지적했다. "멜로드라마는 인물을 함정에 빠뜨린 뒤 그들이 행동에 착수하거나 결정하기 어렵게 만들고, 또 어떤 목표를 향해 즉시 행동하는 것을 어렵게 만드는 극단적 환경을 만들어내는 경향이 있다"[13]고 지적했다. 제이콥스가 명시하는 전후관계는 그것이 정지되거나 중단된 액션, 충족시키기 어려운 액션이란 요소임을 강조하는 것이다. 그러나 제이콥스가 원래 개념화했던 '상황'은 정지된 액션이라는 클라이맥스의 국부적인 순간으로서 그보다 역경의 조건들이 훨씬 더 흩어져 있거나 부질없는 행위들이 플롯 전체를 관통하는 전형적인 할리우드 멜로드라마 사이에는 차이가 있어 보인다. 엘새서가 기술하듯 후자의 예는 〈바람에 쓰다〉의 전제일 것이다. "도로시 말론이 원하는 록 허드슨은 로렌 바콜을 원하며, 그녀가 원하는 로버트 스택은 그저 죽고 싶을 뿐이다."[14] 내가 이해하기로 제이콥스는 이러한 내러티브적 난국―각자의 욕망을 충족시킬 수 없는 인물들―이 있다는 것 때문에 이 시나리오를 '상황'의 본보기로 삼은 것 같다. '상황'의 정의는 대체로 '스릴'―고도로 집약된 내러티브적 흥분―과 같은 의미였다가 시나리오 전부를 일컫는 듯한 의미로 은근슬쩍 옮겨가는 듯하다.

고전적 멜로드라마와 할리우드 멜로드라마는 모두 인간의 위기를 보여주지만, 이러한 위기들은 '상황적'으로 다르다. 할리우드에서 다루는 삶의 위기들은 좀더 일반적이며 그 원인은 주인공의 개인사에 상대적으로 긴 시기를 아우르는 경향이 있다. 비록 그런 영화들이 위기의 순간엔 구두점을 찍을지는 몰라도(예를 들어 〈바람에 쓰다〉 〈바람과 함께 사라지다Gone with the Wind〉 〈만인의 연인La Signora Di Tutti〉처럼 높은 계단에서 추락하는 사람들), 할리우드 멜로드라마의 대체적 상황은 눈 깜짝할 사이에 결정되었다가 서스펜스의 순간을 지나면 또다른 스릴이 전개되도록 해체되는 강렬한 클라이맥스적 곤경 상황이란 정의에 완전히 부합되진 않는다. 상황이란 개념은 매우 생산적인 비평 도구임에도 불구하고, 그것이 모든 형식의 멜로드라마를 연관시키는 본질적 요소, 혹은 공통분모로 기능할 수 있는지 여부는 여전히 의심스럽다.

***

멜로드라마를 정의하는 또다른 접근은 한층 더 단편적이라서 어떤 상황하에 모든 것을 꿰맞추려는 어려움을 덜 수도 있을 것이다. 단 하나의 핵심이나 토대를 찾기보다 나는 차라리 멜로드라마를 일종의 '개념군'으로 분석하려 한다. 그 이유는 멜로드라마라는 용어가, 기본 특징이나 구성요소들의 상이한 배치에 있어 그 상황마다 다양한 의미를 지닌다고 보기 때문이다. 한 단어가 일련의 적용 가능한 특징들을 갖는다면 그 단어의 의미는 어떤 경우라도 정확히 어떤 특징들이 어떤 조합으로 작동하느냐에 달려 있는 것이다.[15] 멜로드라마 계보학을 도식화하는 것은 무척이나 문제적이라는 것이 검증되었고, 또 멜로드라마에 관한 연구는 너무나 일관성이 결여되어 있는데, 그 이유는 지난 200년 동안 이 장르의 기본 특징들이 너무나 상이한 조합으로 나타났기 때문이다. 일찍이 멜로드라마를 하나의 집단적 개념으로 정의하려는 시도는 1919년 윌리엄 다이William S. Dye의 논문에서 있었다. "실제로 오늘날 멜로드라마에는 어떤 형식도 존재하지 않는다. (…) (그나마) 무난한 정의는 많은 특징들을 포함할 터인데, 그 모든 것들이 나타나는 연극은 없을 것이다. 이런 정의들은 실로 멜로드라마에서 (일련의) 요소들이 하나 혹은 여럿 발견된다고 진술할 것이다."[16] 다이는 계속해서 멜로드라마의 전형적 특징들을 열두 가지도 넘게 제시한다. 나는 다섯 개의 핵심 구성요소(그중 몇은 이미 간단히 언급했지만)에 주목하려고 한다.[17] 다이의 분류가 시사하듯 확실히 더 많은 것들이 증명될 수 있겠지만.

파토스 (강한 연민의 감정을 유도하는) 강렬한 파토스의 표현은, 특히 그것이 현대 영화학의 맥락에서 해석된다면 멜로드라마의 공통 요소이다. 아리스토텔레스는 연민을 "파괴적이고 고통스러운, 일종의 명백한 불행, 우리에게 일어날 수도 있다고 여겨지는 불행이, 가당치 않은 사람에게 닥쳤을 때 느끼는 일종의 고통"[18]으로 정의했다. 통찰력 있는 정의이다. 첫번째 부분은 파토스의 경험을, 희생되어서는 안 되는 사람에게 가해지는 도덕적 부당함으로 촉발되는 본능적, 육체적 지각임을 적절하게 묘사한다. 두번째 부분은 파토스가 동일시를 요구한다는 깨달음, 확대 해석하면 연민은 종종(혹은 언제나?) 자기연민의 요소를 수반한다는 생각으로 이끌고 있음을 암시한다. 이에 관해 에릭 벤틀리Eric Bentley는 보다 직접적인 견해를 드러낸다. "관객들이 빅토리아 시대의 멜로드라마를 보고 흘렸던 눈물은 대성통곡으로 가는 길목에 해당한다. (…) '대성통곡'이라는 표현은 자신에 대한 비애를 의미한다. (…) 대부분의 연민은 자기연민이다. 우리는 위기에 처한 사람들을 동일시한다. 그들을 향한 우리의 연민은 우리 자신에 대한 것이다."[19] 이러한 이해는 파토스의 힘이 감정적 동일시의 작용으로부터 만들어지는 정도, 좀더 정확히 말해 관객들이 자기 삶의 (멜로)드라마를 재현되는 내러티브에 오버랩하는 연상 과정에 의해 유도되는 정도를 긍정하는 것이다. 멜로드라마가 심금을 울리는 이유는 그것이 우리의 가슴을 후벼 파고들기 때문이다 (이런 생각은 내게서 멜로드라마 수업을 들은 학생들이 종종 보고한 걸로 입증된다. 그들이 〈스텔라 댈러스〉를 보고 나서 가장 먼저 했던 일은 자신들의 기숙사 방으로 급히 돌아가서 엄마에게 전화를 걸고는 그들이 엄마를 얼마나 사랑하는지, 그리고 엄마의 그 모든 희생에 대해 얼마나 감사하고 있는지 말하는 것이었다).

과도한 감정 과도한 감정과 감정선을 움직이는 절박함, 긴장감, 그리고 시련으로 고조된 상태는 멜로드라마의 주 관심사로서 파토스 요소와 상당 부분 겹치기는 해도 완전히 일치하지는 않는다. 1914년의 한 시나리오 영화창작 입문서에 씌어 있듯이 "멜로드라마에선 (…) 모든 감정이 열정"[20]이다. 파토스의 재현이 대개 이런 유의 극적 강렬함을 수반하기는 하지만 극히 고양된 모든 감정들이 반드시 파토스를 수반하는 것은 아니다. 예를 들어 주간 TV 연속극에서 그려지는 강렬한 감정들(질투, 동정, 시기, 탐욕, 원한, 육욕 등)이 종종 과도한 감정의 멜로드라마적 영역에 포함되긴 하지만 그렇다고 해서 반드시 파토스의 특징인 무력함이라든지 실패한 관계, 순교자적 수난을 그려내지는 않는다. 영화 사례를 들면, 더글러스 서크 버전인 〈삶의 모방Imitation of Life〉에서 딸 메러디스(샌드라 디)가 엄마(라나 터너)와 맞서는 장면, 즉 그녀(엄마)가 연기에 대한 출세욕으로 항상 너무 바쁜 나머지 딸을 위해 인습에 따라 실제 양육하는 엄마가 되지 못하는 것에 대한 분노, 좌절, 원한, 실망을 토로하는 장면을 꼽을 수 있을 것이다. 이러한 폭발에 뒤이어 엄마 역시 자기방어적 반응으로 분노, 좌절, 원한, 실망을 표출한다. 이 장면은 그 원색적 감정의 표현, 즉 감정이 극도로 고조된 클라이맥스에서 모든 것을 입 밖으로 분명히 쏟아냄으로써 억압을 극복한다는 점에서 멜로드라마적이기는 하지만 그렇다고 딱히 파토스를 일으킬 만한 것을 갖고 있진 않다.

도덕적 양극화 세기 전환기의 비평가들이 너나없이 언급했던 멜로드라마의 양상은 선과 악의 극단적인 도덕적 양극화, 즉 앞서 인용했던 1914년의 영화창작 입문서에서도 솔직하게 표현되었듯 "남녀 주인공은 착해빠졌고, 남녀 악당과 협잡꾼은 못돼 처먹었다"[21]고 하는 도덕적 절대주의와 명료함이다. 멜로드라마의 세계관은 단순하다. 여기서 모든 사람의 윤리적 상태는 훤히 들여다보인다. 1907년 어느 평론가가 논평했듯이,

조명 뒤에서 관객들은 (악녀를 향해) 야유를 퍼붓는다. (…) 그녀는 너무나 사악하다. 그리고 사악한 이들은 조롱당하게 되어 있다. 즉, 멜로드라마에서 말이다. 실제 삶에서는 자주 사악한 무리와 선한 사람을 구분하기 어렵다. 하지만 여기서는, 그녀의 이름이 하필이면 왜 지델라 세인트 마르Zidella St. Mar.겠는가? 지델라에서 어떤 좋은 것이 나올 수 있겠는가? (멜로드라마가 제공하는 것은) 우리가 익히 알고 있을 뿐만 아니라 경애해 마지않는, 도덕성에 관한 원시적 흑백논리의 정서이다.[22]

10년 후 또다른 비평가의 저술에서도 도덕적으로 명확한 흑백 모티브를 되풀이했다. "멜로드라마에서 검은 것은 검은 것이고 흰 것은 흰 것이다. 검은 정도는 숯과 같으며 하얀 정도는 눈에 가깝다. 그것을 칠하는 데 있어 중간색은 존재하지 않는다."[23] 멜로드라마의 명확한 도덕적 이분법은 "도덕적 가치에 대한 평균적인 공감과 표출되려는 사악함에 대한 증오, 즉 실제 삶에서는 주변 환경으로 인해 종종 난처해지는 공감이지만, 여기서는 모든 경계가 분명히 그어져 있으며, 무대 위의 모든 행위들은 명확히 분류되어 있는 것"[24]에서 유래한다. 이 비평가가 시사하듯 도덕적 확실성에 대한 멜로드라마의 천착은 인간의 근본적 욕구를 반영하는 것이지만 그것은 또한 역사적으로 굴절된 욕구이기도 하다(5장에서 논의될 테지만). 최근 많은 학자들은 도덕적 확신에 대한 멜로드라마의 주장을 도덕적 모호함과 공격받기 쉬운 개인의 취약성을 나타내는 전조 반응으로 해석해왔는데 이는 아울러 종교적, 가부장적 전통의 침식과 함께 자본주의 근대 내부에 출현한 문화적 불연속, 이데올로기의 범람, 경쟁적 개인주의의 만연에 따른 것이다. 멜로드라마는 도덕적 혼란에 대한 불안을 드러낸 뒤 그것을 유토피아적인 도덕적 확실성으로 누그러뜨린다.

비고전적인 내러티브 구조 멜로드라마의 네번째 양상은 비고전적 내러티브 역학이라 불릴 만한 것과 관련된다. 고전적인 내러티브의 논리적인 인과구조와 비교해 멜로드라마는 터무니없는 우연의 일치, 믿기 어려운 일, 뒤엉킨 플롯 구성, 위태로운 상황의 기적적인 해결, 너무나 많은 사건들로 가득 차 있어서 내러티브 진행의 인과적 사슬에 묶여 있을 수 없는 행위의 에피소드적 연발에 대해 훨씬 더 많은 관용을 베풀거나, 오히려 이를 더 선호하기도 한다. 이는 부르주아 평론가들이 멜로드라마에 대해 전통적으로 특히 못마땅해했던 측면이다. 보스턴 신문에 실린 리뷰들은 1891년 제작된 〈뉴욕의 늑대들The Wolves of New York〉을 다음과 같이 비판했다. "이 연극에서는 비일관성과 부조화가 매우 걸출한 역할을 해낸다. (…) 플롯은 오히려 그것이 완전히 존재하지 않음으로써 눈길을 끈다. (…) 관객은 자신이 보았던 플롯에 대해 막연한 생각만을 가지고 돌아갈 뿐이다."[25] 1909년 롤린 린드 하트Rollin Lynde Hartt도 이런 불평을 되풀이했다. "연극이라고 생각하기에 (멜로드라마는) 불합리한 결론, 불일치, 모순들과 뒤얽혀 있으며 그것은 머리를 어지럽게 만든다. (…) 너무 많은 장면들이 있는 건 아닌지, 그 장면들이 서로 연결되지 않는 건 아닌지 등에 대해선 아무도 신경 쓰지 않는다."[26] 1907년 해리 제임스 스미스Harry James Smith도 같은 맥락에서 이렇게 언급하였다.

플롯의 전말을 밝히려는 시도는 부질없는 짓이다. 그것을 검증하려 하면 할수록, 그것은 더욱 자취를 감춰버린다. 상황은 터무니없을 정도로 엄청나게 풍부하지만 (…) 그 상호관계를 알아내려고 하면 결국 실패하게 된다. 어떻게, 그리고, 왜 그런가에 대해 모두 해명하기 위해서는 고도의 지력이 들어가야 할 것이다. (…) 논리를 강조하는 정교한 사고방식을 가진 사람이라면 당연히 혼란스러울 수밖에 없다.[27]

1910년대 후반 영국의 한 관광매니저도 투덜대길,

근대 멜로드라마는 일정한 형태도 없거니와 볼품도 없다. (…) 당신네 멜로드라마 작가들은 극작의 기본 원리에 대해 아는 것이 하나도 없다.

그들 대부분의 역작에 구성이 부재하다는 것은 놀라울 지경이다. 형식도 없고 일관성도 없는, 꾸물대고 비틀거렸다가, 막다른 골목에 살짝 숨어버리는 이야기들 (…) 처음부터 끝까지 극을 지탱하는 중심 테마는 찾아보기 어렵다. 이렇다 할 중심이 없기에 비틀거리는 것은 당연하다.[28]

또한 1904년 헨리 타이렐Henry Tyrell은 멜로드라마가 고전적 방식으로부터 벗어났는지에 대해 어떤 의심이 있는 건 아닐까 유감스러워하면서 이렇게 언급한다.

멜로드라마 작가들의 빛나는 어휘사전에 '동기'나 '캐릭터' '논리적 전개' 같은 단어들은 존재하지 않는다. 대신 '장면' '깜짝 놀라게 하는 상황' '섬뜩한 위기와 영웅적 구출'은 광범위하게 쓰인다. 그들의 세계는 실로 이상한 곳이어서 매일 불가능한 것들이 벌어지고 기적들이 일어나서 사람들로 하여금 그 속에 말려들도록 몰아간다. 그곳에서는 이렇다 할 계기나 준비도 없이 쿵! 쾅! 놀라운 현상들이 계속해서 벌어지는 것이다.[29]

이들 평론가들은 멜로드라마가 서사적 연속성보다 생생한 감흥(혹은 '상황')에 더 치중함으로써 에피소드적으로 구성되어지는 경향이 있다는 것을 지적한다. 멜로드라마에서 연속성과 '한결같은 정교함'은 상대적으로 덜 중요한데, 하트는 그 이유를 이렇게 말했다. "자극적인 것이 새롭게 등장할 때마다 이전의 것들은 잊혀져버리는데, 일련의 연관 없는 에피소드들이 좀더 쉽게 해석될 수 있도록 만드는 것은 바로 이러한 '관점의 짧막함'이다. (…) 장면을 장면에 의존하도록 만들어라, 그리고 신석기 시대의 지능을 지독하리만큼 혹사시켜라."[30] 우둔함에 대한 확신은 보다 관대하긴 하지만 스미스 역시 유사하게 멜로드라마 관객들의 짧은 주목 시간과 심사숙고하지 않는 속성을 지적했다.

어떤 상황을 꾀하든 그것은 순식간에, 직접적으로, 그리고 충분히 파악할 수 있는 생각이 필요치 않도록 최고조에 달해야만 한다. 여기서 진정한 플롯 구조는 있을 수 없으며, 오로지 에피소드들만 존재한다. 상연되는 장면들은 극이 종반을 향해갈수록 그저 더욱더 놀라워질 뿐이다.[31]

스미스는 멜로드라마가 놀람의 미학, 치밀하게 계산된 인과적 진행에 역행하여 신속하고 강력한 인상에 초점을 맞추는 미학을 만들어낸다고 강조했다. 이러한 생각의 변화는 최근 '매혹으로서의 시네마' 라는 형태로 학자들에게 친숙해졌다. 실로 스미스는 대중 멜로드라마와 초기 시네마 사이에 공공연한 연관성을 만들어냈는데, 그는 멜로드라마 관객들이 좋아했던 또다른 오락물들, 즉 보드빌vaudeville과 '1페니 자동판매 아케이드(구멍으로 들여다보는 초기 영사기 영화)' 가 유사하게도 '구성에서 산만하고 체계가 없는 것' 은 우연의 일치가 아니라고 말했다.

선정주의 내가 제안하는 멜로드라마의 마지막 구성요소는 방금 전설명했던 것과 연관된다. 선정주의는 수많은 대중 멜로드라마에서 결정적인 것으로, 육체에 위험을 가하는 스펙터클, 근사한 광경, 스릴, 폭력, 액션의 강조로 정의된다. 이는 아마도 세기 전환기 즈음에 이 용어가 명시했던 의미, 즉 추측건대 서론에서 언급했던 1915년 에디슨 사의 품질 관리 차트 내용의 핵심일 것이다. 프레더릭 테이버 쿠퍼Frederic Taber Cooper는 1906년 「멜로드라마의 오명The Taint of Melodrama」이란 기사에서 다음과 같이 쓰고 있다. "어쩌다 만난 옆 사람에게 멜로드라마적인 스토리를 어떻게 정의하겠느냐고 물어보라. 그러면 그는 당신에게 그것은 칼부림이 일어나고 간발의 차로 달아나는 폭력과 유혈로 가득 찬 터무니없는 모험들의 짬뽕이라고 이야기할 것이다."[32] 크리스토퍼 스트롱Christopher Strong은 1912년 저작에서 다음과 같이 단언했다. "이런 연극을 썼던 편집증 환자는 예술의 '예' 자도 몰라서 그랬던 것이다. 대신 그는 사람들이 액션을 좋아한다는 것을 확실히 알았기 때문에 정신착란증 환자들과 무도병 예술가들로 가득 찬 정신병원에서 볼 수 있는 것보다 더 많은(혹은 같은 종류의) 액션을 선사했다."[33] 멜로드라마의 고전적 도상학iconography은 1908년의 어느 글에서 기술했듯이 "덫을 놓은 문, 폭파되는 다리, 허물어지는 벽, 여주인공을 학대하기 위한 고문 도구들, 묵사발당해도 마땅한 인물들을 찌부러뜨리는 화물 엘리베이터, 재갈이 물린 채 의식을 잃고 엎어져 있는 소녀를 향해 달려드는 고가철도 열차"[34]를 포함한다. 1890년 『하퍼스 위클리Harper's Weekly』의 한 평론가는 한마디로 "멜로드라마는 (…) 피비린내가 나야 한다"[35]라고 표현했다. 멜로드라마를 액션, 폭력으로 등치시키는 것은 1919년 펜실베이니아의 우두머리 영화 검열관에 의해 다시 한번 반복된다. "혹자는 멜로드라마가 여러 방식으로 범죄 개발에 기여한다고 말한다. 그 속엔 상당수의 범죄, 즉 한두 건의 살인, 몇몇 강도 행각 그리고 온갖 종류의 폭력과 그런 유의 모든 것들이 일어난다. 이것이 멜로드라마의 토대이다."[36]

고전적 멜로드라마의 선정주의, 그 심장부에는 단순히 액션과 폭력만 존재하는 것이 아니라 어처구니없는 광경들에다 신뢰할 만한 디제시스적 리얼리즘을 배합하려는 생생한 스펙터클의 독특한 양식이 자리한다. 1919년 윌리엄 다이가 기술하듯,

멜로드라마는 (…) 극심한 비탄, 위험천만한 상황들, 스릴 넘치는 구조, 연극적이고 선정적인 허풍, 서스펜스와 예기치 않은 일로 (…) 이루어지는 연극이다. 기계적, 전기적 효과들은 진짜 비가 내리는 뇌우의 재현에서부터 구조 열차에 이르기까지, 불타는 증기선이나 자동차 사고는 물론 불타는 건물로부터 아슬아슬하게 구조되거나 실제 통나무 켜는 기계에서 거대한 원형 톱의 톱날 밑으로부터 빠져나오는 남녀 주인공들, 그런가 하면 배전반에 묶여 그 몸뚱이를 통해 도시의 거대한 하얀 길들을 비추는 악당들, 이것들 모두가 시종일관 자유자재로 사용된다.[37]

스펙터클한 배경화법 리얼리즘에 기울인 선정적 멜로드라마의 노력에 대해서는 6장에서 심도 있게 탐색할 것이다. 그 이전까지 다음에 이어지는 간략한 부록은 종종 멜로드라마와 리얼리즘에 관한 쟁점을 둘러싸고 벌어지는 몇몇 혼란을 피하는 데 도움이 될 것이다.

***

리얼리즘과 멜로드라마에 대한 논의는 다소 복잡해질 수 있는데 그 이유는 어휘의 각기 다른 의미들이 서로 뒤엉키기 시작하기 때문이다. 두말할 것도 없이 멜로드라마는 여러 측면에서 반리얼리즘적이다. 그래서 비평가들은 지치지도 않고 그것을 '화려한 거짓 삶' '진정한 리얼리즘의 부재' 등으로 조롱해왔던 것이다. 여기서 리얼리즘은 근본적으로 '자연주의naturalism' ― 완전히 성장한 심리적으로 다차원적인 '리얼한' 인물들이 '실제' 상황에서 경험하는 것들을 그려내려고 노력하면서 매일같이 일어나는 일상적 현실을 묘사하는 ― 와 유사한 것을 지칭하는 것이리라.[38] 대중적인 무대 멜로드라마는 이러한 스펙트럼의 반대쪽 끄트머리를 차지한다. 이 놀랍고 선정적인 상황들은 일상적 궤도로부터 현저하게 벗어나 있고, 인물들은 일차원적인 윤리적 입장만을 고수하며, 예기치 않은 플롯의 전개는 대단히 받아들이기 힘든데다 과장되고 부자연스러운 연기 등으로 말이다. 1904년 한 비평가는 "선정적인 드라마는 어떤 효과적인 분석도 (…) 인물의 행동 원인도 완전히, 그리고 괴상하리만치 부적합하다"[39]라고 평했다. 1912년 어느 비평가도 이에 동의했다. "멜로드라마의 대체적인 원칙은 실제 삶과 정반대편에 있음을 계속 고수하면서 그러한 거짓말을 이용하여 정신병원에서나 볼 법한 열광적 행동을 보여주는 데 있다."[40] 멜로드라마는 점잖은 연극 애호가들, 입센이나 "(드라마)의 근대파, 억압된 평온이라는 리얼리즘 양식"[41]의 작품들을 선호하는 이들의 미학적 감수성을 건드렸다. "오늘날 멜로드라마의 문제는" 1919년 한 평론가가 불평하길 "(극작가들이) 적어도 그것이 삶과 현실의 반영에 근접하도록 만들려고 노력하지 (않는다는 점이다)."[42] 1906년 한 평론에서 멜로드라마는 이렇게 설명된다. "실제 삶에선 불가능한 우발적 사건들의 연속으로서 그것은 현실을 캐리커처 수준으로 과장하고 왜곡시키는 불량 렌즈를 통해 인생을 바라보게 만든다."[43]

이러한 배경에서, 세기 전환기 즈음의 멜로드라마가 종종 "리얼리즘 유의 희곡"[44]으로 불렸다고 한다면 앞뒤가 안 맞아 보일지도 모른다. 하지만 이 문구는 멜로드라마가 눈 깜짝할 사이에 스펙터클한 디제시스적 리얼리즘을 향한 열망을 불러일으켰다는 사실을 지목한다. 이러한 유의 리얼리즘에 대해 니콜라스 바르닥은 '낭만적 리얼리즘'이란 용어를 제안하는데, 그것은 차마 믿기 어려운 특이한 광경들을 믿을 수 있게끔 정확하게 묘사하는 것을 목표로 한다. 1916년 「목숨을 건 리얼리즘Risks Life for Realism」이란 홍보 기사는 자동차가 35피트짜리 구렁을 가로질러 시속 60마일의 속도로 달려가는 필름 시리얼의 한 장면을 묘사하면서 이렇게 선언한다. "그것은 이야기에 스릴을 선사할 것이며 그것이 우리가 추구하는, 대문자 'R'로 시작하는 리얼리즘이다."[45] 이러한 리얼리즘의 개념은 6장에서 재정의되는데 이는 내가 통각적 리얼리즘apperceptive realism과 흡수적 리얼리즘absorptive realism이라 칭하는, 관객 이해에 관한 두 가지 구분 방식으로 이루어질 것이다. 지금으로서는 선정적 멜로드라마가 전반적으로 디제시스적 리얼리즘, 즉 핍진한 미장센과 무대에서의 실물 사용—진짜 말과 진짜 소방차, 진짜 항타기와 진짜 물 등—에 공들이는 데 열중해 있었음을 강조하는 정도에서 만족할 것이다. 이런 리얼리즘은 놀랄 것도 없이 자연주의 지지자들을 만족시키지 못했다. 1899년 앨런 데일은 이렇게 주장했다. "대체로 멜로드라마는 가로등, 시끄러운 소방차, 혹은 가짜 폭풍을 위해 삶을 등한시한다. (⋯) 리얼한 소방차와 리얼하지 않은 남녀들은 까다로운 이들에겐 전혀 어필하지 못한다."[46] 1894년 〈너트메그 매치A Nutmeg Match〉에 대한 비평은 이런 경멸감을 겨우 억누르고 있다.

(이 멜로드라마는) 분명히 증기 항타기가 있는 드라마를 보기 위해 극장으로 몰려드는 사람들의 열망을 채워주기 위해 쓰였다. 그 소기의 목적은 진짜 소방차, 진짜 범인 호송차, 그리고 진짜 기관차가 무대소품으로 이용됨으로써 만족시켜왔던 것처럼 오래된 욕구를 충족시켜주는 것에 있다. 작가의 임무는 항타기를 들여놓고 그것을 둘러싼 극을 쓰는 것이다. (⋯) 진짜 항타기가 무대 위에 등장할 날만을 손꼽아 기다리면서 그

날이 올 때까지 진정한 행복을 절대 느낄 수 없을 거라고 공공연하게 말하던 선량한 사람들은 이제 가서 〈너트메그 매치〉를 볼 일만 남은 것이다. 다른 이들에게 그 쇼는 단지 미미한 관심만을 불러일으킬 뿐이다. 이것의 스토리는 어떤 착한 사나이와 못된 사나이가 서로 적이자 라이벌 관계에 있는데, 못된 사내가 착한 사내를 향해 항타기를 내리치기 직전, 지나가던 착한 소녀가 착한 사내의 목숨을 구해준다는 내용이다.[47]

자연주의 지지자들에게 스펙터클한 디제시스적 리얼리즘은 단지 겉핥기 식의 피상적인 리얼리즘일 뿐이었다. 그것은 인물심리 같은 난해하고 보다 흥미로운 것들로부터 관심을 앗아간다.

피상적인 스펙터클 리얼리즘에 겁 없이 빠져 있는 멜로드라마일지라도 다수의 평론들은 멜로드라마가 그 이면에 일종의 심원한 리얼리즘이 내재되어 있는 장르라고 변호하기도 한다. 1972년 토머스 엘새서도 이렇게 주목했다. "그 상황과 정서가 비록 핍진성의 모든 범주로부터 벗어나 있고 실제 삶의 어떤 것과도 닮은 구석이라곤 없지만, 그 구조는 나름대로의 삶과 진실성을 갖고 있다."[48] 이러한 리얼리즘의 세번째 개념화는 플라톤 철학의 전통과 (그중에서도 특히) 마르크스 미학의 전제, 즉 진정한 리얼리티는 표면적 외관에 존재하지 않는다는 주장을 공유한다. 그것은 오직 더 깊은 층위, 표면적 현상을 지배하는 근원적 힘 안에서만 발견될 수 있는 것이다. 이러한 접근은 경험에 있어 중요하고 근원적인 차원들을 폭로하는 멜로드라마의 능력을 가리킨다. 예를 들어 멜로드라마는 인물들이 심리적 깊이를 결여하고 있음에도 불구하고, 그 심리적 현실을 드러내는 능력에 있어선 줄곧 챔피언이었다. 멜로드라마는 우리 모두의 깊숙한 (혹은 그리 깊지 않은) 곳에 내재되어 있는 강렬한 사랑과 증오, 과장된 열정들을 남김없이 표현함으로써 억압을 극복한다. 이에 대해선 피터 브룩스Peter Brooks가 가장 완전하게 정교화시켰지만, 그보다 일찍 에릭 벤틀리가 간결하지만 명료하게 표현한 바 있다.

나는 어느 정도까지는 멜로드라마가 실제로 자연주의보다 더 자연스러우며 현실, 그중에서도 근대적 현실에 있어선 자연주의보다 훨씬 더 가깝게 부합한다고 주장하는 바이다. (…) 멜로드라마적 시각은 어떤 의미에선 지극히 정상적이다. 그것은 현실의 중요한 양상에 조응한다. 그것은 제약 없이 자발적으로 사물을 보는 방식이다. (…) 허풍스러운 제스처와 찌푸린 표정, 그리고 미사여구를 늘어놓는 멜로드라마의 연기는 우리들의 꿈을 과장한 것이 아니라 그것을 복제한 것이다. 이런 점에서 멜로드라마는 '꿈같은 삶'의 자연주의이다. (…) 멜로드라마는 과장된 것이 아니라 제약이 없는 것이다. 『꿈의 해석』에서 프로이트는 이렇게 말했다. 신경증 환자들은 아이들처럼 "자기 부모에 대한 애증을 증폭된 감정으로 드러낸다." (…) 증폭되지 않은 감정들은 이상적 기준을 대표하지만 우리 모두가 갖고 있는 것은 어린이와 신경증 환자, 그리고 야만인의 그 증폭된 감정들이다.[49)]

다소 다른 맥락에서 본다면 멜로드라마는 인간 조건의 근원인 실존적 진실을 드러낸다고도 표현할 수 있을 것이다. 1911년 클레이턴 해밀턴Clayton Hamilton은 논평하기를,

멜로드라마(에서는) (…) 우발적 사건들이 캐릭터를 결정하고 지배한다. 비극과 희극에서는 모두 인물들이 플롯을 지배한다. (…) 삶은 번번

이 비극적이라기보다 멜로드라마적이다. (…) 우리 삶의 많은 부분, 사실상 단연 대부분은 인과관계에 의해서라기보다 예기치 않게 일어난다. (…) 우리에게 일어나는 좋고 나쁜 일들은 거의 모두 제멋대로, 합당한 이유도 없이, 우연의 물결을 타고 우리에게 떠내려오는 것이다. 멜로드라마가 재현하려는 것은 (…) 바로 이러한 불변의 진리, 즉 인생의 중대사에 있어서의 우연의 영속성과, 인물에 미치는 우연성의 필연적인 영향력이다. (…) 드라마의 목적은 다른 모든 예술과 마찬가지로 삶의 진실을 재현하는 것이므로 극문학이 인간에 대한 비평을 완결 짓기 위해서는 언제나 멜로드라마에 의존해야만 한다.[50]

멜로드라마가 드라마틱한 양식으로 존속해온 이유는 그것이 중대한 실존적 진실, 즉 모두에게 영향을 미치는 삶의 모습 ― 다시 말해 우리는 모두 궁극적으로 '우연'이라는 종잡을 수 없는 힘에 의해 다스려진다 ― 을 포착하면서, 근본적 의미에서 '삶의 진실'을 표현해내는 데 성공하고 있기 때문이다. 우리 모두는 '우연의 물결' 위를 떠돌아다니는 표류물이다. 이러한 시각은 특히 문학에서 뚜렷이 나타나는데 디킨스의 멜로드라마에서 엘새서가 알아챈 것에 의하면,

이런 멜로드라마 형식에서 내게 중요해 보이는 것은 (…) 경험이라는 구조의 균열과 파열, 불연속에 대한 디킨스의 역설과 심리적 현실에의 호소 ― 급작스러운 변화, 반전, 그리고 과잉이 상징적으로 그럴듯한 일로 보태질 때 ― 이다.[51]

우연과 불연속의 보편적인 힘은 형이상학적으로는 변치 않는 것일지

도 모르지만, 그것은 또한 사회사적 궤도와 함께하는 것이기도 하다. 그것은 모더니티, 즉 문화적, 인간적 불연속으로 정의되는 시기가 부상하는 동안 그 거대한 모습을 드러냈고, 멜로드라마의 핵심 관객이었던 노동계층과 특수한 관련성을 갖고 있다. 1909년 하트는 노동계층들의 삶의 격한 속성과 멜로드라마 간에는 근본적인 유사성이 존재한다고 주장했다.

웅장한 그곳(즉 10-20-30센트짜리 멜로드라마 극장)에는 유의하길 바라건대, 직접적 혹은 적어도 간접적으로도 멜로드라마적인 것에 익숙한 사람들이 많다. (그들) 중에는 소방수, 경찰관, 선원들, 그리고 위험을 무릅쓴 거래로 생활비를 버는 사람들이 있다. 한편 그 건물이 들어서 있는 거리에는 일상의 멜로드라마가 펼쳐진다. 비록 대개는 무대만큼 완결성을 지니지는 못하지만 범죄, 술주정, 소름 끼치는 악행의 멜로드라마들이. (…) 그런 이들의 삶은 멜로드라마적인 것에 엄청난 현실성을 부여한다.[52]

바꿔 말해, 앞뒤가 맞지 않는 것처럼 들릴지 몰라도 선정주의는 실제로 리얼리즘을 상당히 내포한다. 물론 멜로드라마의 격한 장면들은 일상적 경험을 뛰어넘는 것이지만(관객 중 뉴욕의 이스트 강가에서 단도로 격투를 벌이거나, 폭발한 자동차가 브루클린 다리 밑으로 추락하는 일을 경험했던 이는 극히 드물 것이다) 그럼에도 불구하고 멜로드라마가 그려내는 사건들은 비록 느슨하기 짝이 없을지라도 노동계층의 생활 하면 떠오르는 육체성, 위태로움, 그리고 취약성과 어느 정도는 연결되어 있다.

***

폭력-유혈적 멜로드라마 — 스펙터클한 디제시스적 리얼리즘의 멜로드라마 — 와 할리우드의 모성적 가족 멜로드라마, 이 둘만큼 더 대조적인 것은 없다. 선정적 멜로드라마는 여성의 순교자적 수난, 환멸, 억압, 불안, 체념, 좌절을 돌아보는 데는 전혀 관심이 없었다. 서크가 말했듯 가족 멜로드라마의 모든 것이 '내부' — '가정'과 '마음'이라는 내면 공간에 집중함으로써 두 배로 '내부적'인 구분 안에서 — 에서 일어나는 방식으로 묘사된다면, 선정적 멜로드라마는 그것의 외적 표현, 즉 모든 것이 외부에서 일어나야만 한다는 고집스러움으로 특징지어진다.[53] 육체적 행위와 폭력에 초점을 맞추기 위해 어떠한 성격적 복잡성이나 감정적 혼란, 혹은 감상을 사실상 근절시킨 것이다. 선정적 멜로드라마는 악행과 덕행, 용맹성을 노골적으로 배치하고 분명히 선언함으로써 심리에 형체를 부여했다. 동시에 범죄 소굴, 잠수함, 제재소, 다이아몬드 광산, 군수공장, 경마장, 버려진 창고, 고딕풍 맨션, 군대 최전방, 지붕, 비행장, 고속도로, 철도와 같은 철저히 비가정적인 미장센을 위해 사적 영역을 회피하면서 디제시스적인 관심에 대한 집중을 외재화시켰다.

이러한 두 멜로드라마의 대비가 시사하듯, 집단 개념으로 본 멜로드라마의 속성은 이 장르의 핵심적인 구성요소들이 여러 상이한 형태로도 나타날 수 있음을 의미한다. 두 가지의 완전히 다른 조합 — 그 어떤 요소도 공유하지 않는데 — 에도 각기 멜로드라마라는 명칭이 용납된다. 추측건대, 가끔 다섯 가지 요소들이 모두 동일한 텍스트 내에 나타날 수도 있겠으나, 보다 일반적으로는 오로지 몇 가지 요인들만이 결합되어 가

지각색의 멜로드라마들을 형성한다. 스튜디오 시스템 시대의 할리우드 멜로드라마는 대개 파토스와 감정의 극대화라는 두 가지 기본 요소만을 얽히게 만들었다. 사실, 많은 할리우드 멜로드라마는 무대 멜로드라마에서 강조되었던 대부분의 요소들이 결여되어 있다. 즉 선악의 도덕적 양극화 말이다. 할리우드 멜로드라마는 선량하고 사악한 인물들 사이에서 벌어지는 전투보다는, 둘 혹은 그 이상의 도덕적으로 선량한 (혹은 적어도 악랄하지는 않은) 인물들이 자신들이 원하는 바가 근본적으로 양립 불가능하다는 것을 알았을 때 생기는 도덕적 이율배반에 기인하는 파토스에 치중했다. 예를 들어 〈스텔라 댈러스〉의 신랄함은 엄마와 딸 모두에게 공감한다는 사실, 즉 엄마의 선량함을 인정하면서도 동시에 그녀의 조악한 스타일에 당혹해하는 딸도 타당하다고 인정하는 데서부터 획득된다. 이러한 이율배반은 두 가지 윤리적 명령의 양립 불가능성을 수반한다. 모계 가족을 유지하는 것 대對 누가 봐도 딸에게 훨씬 더 어울릴 법한 상류사회로 진출할 수 있게끔 허락하는 것. 서크의 〈삶의 모방〉도 비슷한 방식으로 도덕적으로는 모두 선하지만 화해 불가능한 두 가지 중 하나를 선택해야만 하는 파토스에 휩쓸리게 만든다. 애니와 사라 제인, 이렇게 두 모녀간의 유대를 유지하는 것 대 사라 제인이 인종 편견의 부당성으로부터 벗어나도록 허락하는 것. 두번째 (앞서 언급했다시피 비록 감동이 덜하기는 하지만) 이율배반은 로라 메러디스가 야심찬 여배우로서 프로페셔널한 자유를 추구하는 것이 가정 내 엄마로 존재하는 것과 상충하는 것이다. 이 상충되는 두 가지가 도덕적으론 건설적인 것이긴 하지만, 영화 논리상 양립할 수 없는 가치들이다. 〈바람에 쓰다〉 역시 할리우드 멜로드라마가 의도적으로 도덕적 양극화를 피하고 있는 좋은 예이다. 시한폭탄 같은 남편 카일 해들리 — 아내의 고통의 원인 —

는 욕을 먹는다거나 벌을 받기보다는 알코올 중독과 우울증, 불우한 가정교육의 피해자로 동정을 산다. 유사하게도 미치 웨인으로 분한 록 허드슨Rock Hudson의 (가장 친한 친구의 아내를 짝사랑하는) 고통과 고독은 그 어떤 사악한 세력 때문이라기보다 그로 하여금 결혼의 신성함을 존중하지 않을 수 없게 만드는 자신의 도덕적 코드에서 기인한다.

이런 예들은 파토스라는 멜로드라마적 요소가 어느 정도는 도덕적 양극화라는 요소를 종종 배제한다는 전제를 구체적으로 보여준다. 이와 대조적으로 액션 중심의 멜로드라마는 종종 이러한 공식을 뒤집는다. 예를 들어 8장에서 다루겠지만 〈폴린의 위기〉(1914)나 〈헬렌의 위험천만한 모험The Hazards of Helen〉(1913~17) 시리즈 같은 시리얼 퀸 멜로드라마들은 선량하기 그지없지만 결코 애처롭지 않은 대담하고 기운 센 여주인공들이 극악무도한 악당들에게 대항한다. 그녀들의 영웅적인 행동력 덕분에, 혹은 적어도 위험천만한 모험 열정으로 인해, 시리얼 퀸에서의 육체적 고통은 〈꺾인 꽃〉 같은 멜로드라마 — 힘의 불균형이 한쪽으로 기울어도 너무 기운데다 자발적으로 위험을 감수하는 여주인공에 의해 맥이 빠지는 드라마 — 처럼 파토스로 해석되지 않는다. 일반적으로 액션 멜로드라마에서는 악당들이 주인공들을 유괴하거나 고문하고 온갖 종류의 위협을 가해 고통스럽게 하기는 하지만, 그러한 고통이 주인공들의 용감함과 회복력을 두드러지게 하는 데 기여한다면 그들이 진정한 피해자로 보이지 않는다. 주인공이 극심한 자기희생 없이 반응하거나 반격할 힘도 없이 육체적 학대와 감정적 고통을 겪는 슬픈 멜로드라마와 달리 여기서는 허약함이나 연민이 암시되지 않는다.

여기서 나의 의견은 린다 윌리엄스와 다르다. 그녀는 이렇게 말한다.

멜로드라마는 (…) 파토스와 액션의 어떤 결합을 보여준다. (…) 핵심 논점은 액션 중심의 멜로드라마라고 해서 결코 파토스가 결여되어 있지 않으며, 파토스 중심의 멜로드라마라고 해서 결코 액션이 없지 않고 최소한 어느 정도는 액션이 가미되어 있다는 것이다. 파토스와 액션의 변증법은 모든 멜로드라마의 중요한 특징이다. (…) 멜로드라마가 두 대립물 중 하나라는 잘못된 인식은 종종 멜로드라마 연구에 해를 입혀왔다. 멜로드라마라는 형식에서 가장 중시되는 것은 이 둘 사이의 변증법이다.[54]

나는 상당수의 멜로드라마에 파토스와 액션이 혼재되어 있다는 데 확실히 동의한다. 윌리엄스가 분석한 〈동쪽으로 가는 길〉은 그 탁월한 예이다. 무고한 여주인공의 고통과 자기 헌신에서 넘쳐흐르는 파토스, 그리고 클라이맥스에서 펼쳐지는 격한 폭포 구출 장면의 인상적 액션. 더욱이 윌리엄스는 기민하게도 파토스와 액션은 도덕적 명료함을 확고히 한다는 의미에서 둘 다 같은 기능을 수행한다는 점을 강조한다. 미덕과 악덕의 표명은 바로 감상적이고(이거나) 액티브한 상황들을 통해서다. 이 둘은 또한 정서적 자극을 유발하는 것과도 이어진다. 1928년 앨런 레이놀즈 톰프슨Alan Reynolds Thompson은 〈톰 아저씨의 오두막Uncle Tom's Cabin〉과 관련하여 언급하길,

우리는 감상벽을 조장하는 정서적 불안정이 동일한 관객, 동일한 극에서 피와 전율에의 욕망을 느끼도록 만들 수 있다는 사실에 놀라선 안 된다. 고삐 풀린 열정의 추는 극에서 극으로 진동하게 되고, 피해자를 향한 비이성적인 동정은 압제자에 대한 비이성적인 증오를 요구한다.[55]

파토스와 액션은 모두 '고삐 풀린 열정의 추'를 진동시키는 힘을 공유한다.

그러나 멜로드라마가 파토스와 액션, 이 둘이 통합되는 것이 필연적이라는 주장은 과장이라고 생각된다. 제임스 본드의 액션 스릴러만 떠올려도 그렇다. 다소 확대 해석하자면 제임스 본드는 그를 죽이려고 혈안이 된 악당들의 공격 대상인 만큼 피해자라고 할 수는 있지만 그가 처하는 곤경들은 확실히 정통 파토스라고 불릴 만한 그 어떤 것도 유도해내지 못한다. 영국 극작가이자 비평가인 리처드 스틸Richard Steele은 1710년 『태틀러The Tatler』지에서 그 핵심적 차이를 명료하게 밝힌 바 있다.

검에 벤 호걸들은 우리에게 연민보다는 경외감을 불러일으키며 죽음에 굴하지 않는 그들에게서 우리는 충분한 안도감을 얻게 되는데, (왜냐하면) 그 어떤 악에도 무척이나 씩씩하게 다가가 명예와 함께하기 때문이다. (그러나) 우리의 생각이 그토록 고상한 대상으로부터 벗어나 유약하고 무고한 사람들에게 닥친 대재앙에 이르게 되면, 순수한 너그러움과 함께 연민이 들어서서 순식간에 우리 영혼을 사로잡는다.[56]

우리는 자신의 잘못이나 행동과 무관하게 고통을 겪어야 하는 무력한 사람들에게 연민을 느낀다. 그러나 만일 피해자가 고난, 학대, 처벌, 그리고 심지어 죽음의 방식으로 자발적으로 위험에 맞선다거나 회복, 보복, 혹은 칭송의 가능성을 만드는 불굴의 의지나 충분한 대처능력, 노련함을 보여주는 경우라면 파토스를 일으킬 수 없다.[57]

***

파토스 없는 멜로드라마가 있을 수 있듯이, 멜로드라마 없는 파토스 역시 존재한다는 것을 인식하는 것이 중요하다. 비록 강렬한 파토스를 유도하는 대부분의 내러티브가 멜로드라마이긴 하지만 그것이 필연적인 것은 아니다. 생각나는 예로, 비스콘티Visconti의 〈베니스에서의 죽음 Death in Venice〉이 있다. 이 드라마는 죽음을 앞둔 한 사내가 젊음과 아름다움, 실현 불가능한 성욕에 대한 열망, 그리고 그것의 상실을 애도하는데, 특히 그로테스크할 뿐만 아니라 성공적이지 않은 번드르르한 차림새로 자신의 쇠락을 부인하려고 애쓰는 마지막 장면에선, 이보다 더 통렬하고 애처로울 수 없을 것이다. 감상적인 멜로드라마처럼 〈베니스에서의 죽음〉은 실현 불가능한 사랑에 대한 욕망, 통제할 수 없는 힘으로부터 야기되는 지속적인 고통, 회복 불가능한 상실, 시간의 불가역성에서 비롯되는 파토스 주변을 돌고 돈다.[58] 그럼에도 불구하고 나는 어느 누가 이 영화를 멜로드라마 장르의 하나라거나 '멜로드라마 양식'의 한 예로 분류하게 될지 의심스럽다.

〈베니스에서의 죽음〉은 왜 멜로드라마가 아닌가? 이는 답하기 어려운 질문이다. 이는 어느 정도는 더크 보가드Dirk Bogarde의 자연주의적 연기 스타일과 연관되어 있을지 모른다. 그의 캐릭터는 분명 감정적 혼란을 경험하기는 하지만 그의 감정 표현은 (심지어 말러의 사운드트랙이 감동을 불러일으키는 배경음악이었는데도) 그의 상황에 비해 과하거나 지나쳐 보이지 않는다. 또다른 설명으로는, 톰프슨(클레이턴 해밀턴을 따르는)을 따라, 그 캐릭터가 가지는 강박의 '보편성'을 평가할 수도 있다. 이러한 평론가들에게 멜로드라마의 특질은 '즉각적으로 일어나는 선정적인 위기들이 특정한 내러티브적 위치를 뛰어넘어 어떤 광범위한 관련성 없이 관객들의 마음을 빼앗는 것'으로 정의된다. 관객은 폴린이 원형톱으로부터 탈출할 수 있을지, 마음을 졸이며 눈을 떼지 못하고 지켜본다. 이에 반해 비극은 철학적, 정신적인 무게감과 우주적 의미를 지닌 문제들, 그리고 그러한 동일시를 유발시키는 것으로 상정된다. 비극— 그들은 〈베니스에서의 죽음〉을 그 예로 들 것이다—은 인간 조건의 본성에 관한 고찰을 촉구한다. 해밀턴이 표현했듯, 비극은 "절대적이고 영구적인 진리의 단면을 드러내는 것"인데 그것은 묘사되는 특정 인물뿐만 아니라 인류 전체와 관련되는 것이다. 이러한 가설은 더 분석할 가치가 있지만 그렇다고 해서 즉각 납득할 수 있는 정도는 아니다. 왜냐하면 그것은 확실히 수많은 의심스러운 가정들(예를 들면 인간 본성의 보편성이라든지, 진리라고 불리는 것의 존재, 또는 멜로드라마틱한 곤경으로부터 드넓은 사회심리학적 의미를 추출하는 것의 불가능성에 관한)에 기초하고 있기 때문이다.[59]

세번째로 가능한 설명은 인물 심리의 복잡성과 관련된다. 로버트 헤일먼Robert B. Heilman은 멜로드라마의 캐릭터들이 '총체적whole'이거나 '단정적單情的, monopathic'이라고 제시한다. 캐릭터는 일방적이고 단일화되어 있으며, 변치 않는 심리적 속성들로 정의되고, 그들을 둘러싼 문제들은 외부적 힘으로부터 야기된다. 이에 반해 비극은 모순적 충동과 책임 사이에서 갈등하고 괴로워하며 '분열'되어 있거나 '다정적多情的, polypathic'인 주인공들로 이루어지며, 그들이 겪는 문제들은 그들 내부에서 비롯된다.[60] 비록 〈베니스에서의 죽음〉이 엄밀히 말해 (인생의 덧없음, 시간의 불가역성, 도달하기 어려운 아름다움에 대한 고통스러운 유혹 같은) 통제 불가능한 외적 문제를 중점적으로 다루기는 하지만, 주인공의 상태는 내면의 불안, 공포, 열정, 회의, 그리고 대립되는 충동들의 복합적 층위에서 드러나고 있음이 틀림없다.

〈베니스에서의 죽음〉이 멜로드라마와의 차이를 만든 것은 복잡성, 모호함, 그리고 인물묘사의 정교함일 것이다. 그러나 또한 앞서 말했던 할리우드 멜로드라마의 도덕적 이율배반의 구조를 상기해볼 때, 멜로드라마가 분열된 주인공들의 성격적 복잡성을 제대로 드러내지 못한다고 말하는 것은 지나친 단순화일 것이다. 〈삶의 모방〉에서 사라 제인은 분명 어머니를 사랑하는 딸로서, 또한 인종적 불평등이라는 악덕 시스템에 복종하기를 거부하는 젊은 여성으로서 느끼는 내부의 상반된 감정들로 번민한다. 〈삶의 모방〉 같은 영화는 멜로드라마라고 하면서 〈베니스에서의 죽음〉은 왜 아닌지에 대해서는 여전히 의문으로 남는다.

***

어지간히 남아 있는 모호함에도 불구하고 멜로드라마는 지금까지 거론해왔듯 무척이나 변화무쌍한, 그러나 철저히 무정형적인 장르이다. 그것은 일련의 근원적인 특질들, 파토스, 주정주의, 도덕적 양극화, 비고전적 내러티브 형식, 시각적 선정주의의 상이하고 다양한 조합으로부터 구성된 작품들을 포함한다. 멜로드라마에 관한 대부분의 영화 연구가 이러한 요소 중 첫째와 둘째에 치중했다면, 다음 장에서는 다섯 가지 모든 요소, 그러나 최소한 두 가지의 절대적 요소 — 도덕적 양극화와 선정적인 액션과 스펙터클 — 를 아우르는 멜로드라마 양식에 집중하려 한다. 저가 무대 멜로드라마와 영화에서 선정적 멜로드라마 역사와 본질을 점검하기 전에, 우리는 다음 두 장에서 멜로드라마 그 자체보다는 근

대 전반에 걸쳐 있는 선정주의라는 현상에 초점을 맞춰 넓은 의미에서
멜로드라마의 맥락을 탐색하기 시작할 것이다.

로드라마와 모더니티
용어는 그 의미가 명확
게 규정되지 않았음에
불구하고, 아니 바로
렇기 때문에 진일한 연
가 지속적으로 요구되
중대하고도 애매한 개
들을 심사 목록으로 삼
고 있다. 이 책의 목적
멜로드라마, 특히
880년에서 1920년 사이
미국 대중 연극의 세계
에서도 선정적 멜로드
마를 근대의 산물이자
명—근대의 경험론적
성과 이데올로기적 변
, 문화적 불안, 텍스트의
호 교차 경향, 사회적
구통제, 그리고 상업적
행—으로 위치시킴으로
, 그 둘 사이의 상호관
을 조망하는 데 있다.
한 이 연구의 기본이 되
역사적 목적이라고 한
면, 그것은 미학적인 두
화 현상, 즉 폭력·유혈
인 10·20·30센트짜리
가 무대 멜로드라마와
기에 유행했던 시리얼
릴름을 발굴해내는 것이
, 그것들은 오늘날 상당
분 잊혀버렸지만 새로
세기로 접어드는 미국

분화된 사회적 최정과 경
쟁적 개인주의의 특징을
갖는다는 점. 여섯째 근대
는 진래 없이 감각적인 복
잡성과 강렬함을 지닌 지
각 환경이있다는 측면이
다. 이 모든 측면들이 나
의 멜로드라마 분석에서
똑같은 무게중심을 갖지
는 않는다. 내 논의에서
대다수의 측면 경로들은
근대성이려는 생점에 전
적으로 쳐우되지 않는 뚝
정한 영화사적 문제들을
좇을 테지만, 내 분석의
주안점은 대개 멜로드라
마가 모더니티의 문화적
표현으로 간주될 수 있는
방식들을 탐구하는 데 있
다. 최근 영화학 연구들은
특히 마지막 국면, 즉 별

대중문화와 그 이상을 이
해하는 데 중요하다. 어떻
든 비교적 최근까지 근대
성이란 개념은 영화학에
서 이렇다 할 중요한 위치
을 차지하지 못했다 해도
무방할 것이다. 그러나 근
대성은 사회이론의 오래
된 근원적 테마로서 마르
크스나 뒤르켕, 베버, 퇴니
에스, 지멜을 포함한 많은
이들의 저작 동기가 되었
다. '무엇이 서구의 근대
산업사회를 다른 것들과
구분 짓는가?'라는 핵심
질문이 주어졌을 때 근대
성이란 높밀 것도 없이 사
회경제적, 인지적, 이데올
로기적, 도덕적, 그리고 경
험론적 쟁점들을 포함하
는 이례적이라만지 광범
위한 논제이다. 내
작업의 첫 순서는 이렇듯
분래 널리 흩어져 있던 사
회이론의 집합들에 어느
정도 구조를 부여해려는
노력이 될 것이다. 1장에
서는 모더니티의 성격에
신한 주요 담론들을 개략
적으로 제시하고, 내가 제
반하는 분석 틀을 모더니
티의 여섯 가지 측면으로
분류한다. 첫째 (일반적으

로 '근대화'라는 라벨이
붙여지는 사회경제적, 기
술적 성장의 폭발적 증가
라는 측면, 물때 '도구적
합리성의 지배'라는 점,
셋째 근대가 끊임없는 문
화적 불연속과 이데올로
기적 반성의 조건이라는
측면, 넷째 유동성의 증대
와 모든 사회체들 의 순
환이라는 측면, 다섯째 세

화와 대도시 현심학의 관
계에 초점을 맞춰왔다. 이
는 나 역시 두 장을 할애
한 중요한 주제이지만, 여
기서 전개되는 근대성의
도식화가 보다 폭넓은 범
위의 관계들을 고실하는
방향으로 논의를 진전시
키는 데 밀조하길 바란다.
모더니티에 견주어볼 때,
아니 실제로 그 어는 것과
비교하더라도 멜로드라마
란 주제는 훨씬 초라한 지
적 계보를 깆고 있다. 드
래마의 한 범주로 취급되
기 시작한 이래 두 세기
동안 멜로드라마는 비방
가들의 비웃음과 비아냥
거림의 표적이 되어왔다.
가령 1912년에 한 비원가
는 영화가 지가 무대 멜로
드라마를 도심 극장에서
몰아낸 지 한두 해 지난
후 낡초밤 인금 속시원하
다는 반응을 보였다. 멜로
드라마는 그 모든 저장의
조잡하고 닭고덕물, 진박
한데디 무의미할 뿐만 아
니라 그야말로 터무니었
는 비예술적 드라마의 정
식 가운데 최악이라는
[…] 나는 10·20·30센트
수준의 멜로드라마가 그

3

선정주의와
근대 도시의 세계

근대 도시의 출현은 경이로운 현상이었다. 도시는 언제나 분주했지만 세기 전환기 즈음처럼 바쁘게 돌아간 적은 없었다. 도시화의 물결로 근대 도시는 이전 어느 때보다 북적대고 혼란스러웠으며 사회적으로 혼성적이고 자극적으로 만들어졌다. 1870년에 1천만 명도 채 안 되었던 미국의 도시 인구는 1910년에는 네 배로 늘어나 4200만 명에 달했다(즉 20년마다 두 배로 증가). 뉴욕이나 시카고 같은 대도시는 더욱 급속하게 성장했다(그림 3.1 참조). 상업활동은 폭발적으로 증가하여 미국의 GNP는 1870년에서 1910년 사이에 놀랍게도 550퍼센트나 성장했다. 도시화와 상업화는 과밀도시를 야기했다. 전차의 급속한 확대(1890년 한 해만 해도 북동부 선로의 총 주행거리는 거의 350퍼센트나 증가했다)는 이미 보행자, 말, 짐마차, 그리고 1910년 즈음에는 자동차들로 혼잡했던 도시 거리를 더욱 악화시켰다(그림 3.2, 3.3 참조). 사람과 차의 통행이 일으키는 지각적 복잡성은 시각적 유혹으로 더욱 증가되었다. 미국 옥외광

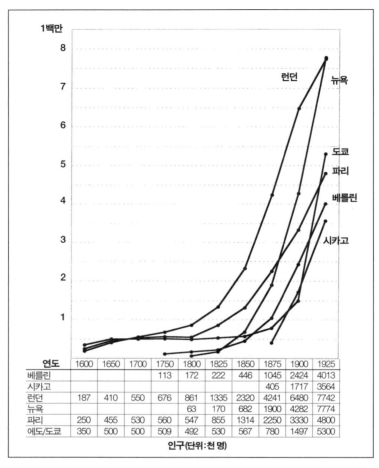

연도	1600	1650	1700	1750	1800	1825	1850	1875	1900	1925
베를린				113	172	222	446	1045	2424	4013
시카고								405	1717	3564
런던	187	410	550	676	861	1335	2320	4241	6480	7742
뉴욕					63	170	682	1900	4282	7774
파리	250	455	530	560	547	855	1314	2250	3330	4800
에도/도쿄	350	500	500	509	492	530	567	780	1497	5300

인구(단위:천 명)

그림(표) 3.1 1600~1925년 세계 주요 도시의 인구 성장 (Chandler and Fox, *3000 Years of Urban Growth*)

고협회는 1900년에서 1921년 사이 상업 광고판과 간판에 쓰인 금액이 1750퍼센트 증가했다고 추산한다(그림 3.4, 3.5, 3.6, 3.7 참조). 널리 퍼져 있던 이주민들이 도시로 밀려들어오고 여성들은 샤프롱 없이 자유롭게 바깥을 출입하게 되자, 새로운 단계의 사회적 이질성으로 무질서하고 파편화된 감각이 고조되었다.[1]

　게오르크 지멜은 1903년 그의 유명한 글 「대도시와 정신적 삶The Metropolis and Mental Life」에서 근대 도시가 "신경 자극의 극대화"를 일으켰다는 점에 주목하면서 그 변화의 중요한 양상을 지적했다. 지멜에 따르면, 근대는 주체적 경험의 생리적, 심리적 토대를 모두 변형시켰다.

그림 3.2 1904년 보스턴의 우체국 광장(Warner, *Streetcar Suburbs*)

그림 3.3 뉴욕 시 6-18번가. 시글 앤드 쿠퍼 백화점 개막일(*The New Metropolis*, Zeisloft, ed., 1899)

변화하는 이미지의 급속한 유입, 한눈에 들어오는 뚜렷한 불연속, 돌
진하는 인상의 예측 불가능성. 이런 것들이 대도시가 만들어내는 심리적
조건이다. 거리의 교차로를 건널 때마다 경제적, 직업적, 사회적 삶의 속
도와 다채로움을 지닌 채 도시는 작은 마을이나 전원생활, 정신적인 삶의
감각적 토대와 극명한 대조를 이룬다.[2]

초기의 맨해튼이나 베를린, 런던, 혹은 파리 — 프랑스 리옹이나 펜실
베이니아의 해리스버그처럼 더 작은 도시들은 말할 것도 없고 — 의 '실

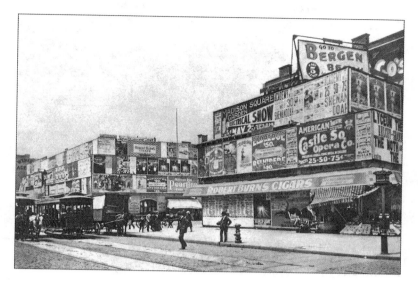

그림 3.4 1898년 뉴욕 시 브로드웨이 42번가(*The New Metropolis*, Zeisloft, ed., 1899)

제' 장면만 보더라도 지멜의 주장 — 그것이 근대적 경험의 모든 양상들을 축약하는 것이 아니라면 적어도 그것의 중요한 일부로서 — 을 확신할 수 있다.[3]

　세기 전환기 당시의 사회 논평가들은 근대가 신경 자극, 스트레스, 그리고 신체적 위험에 있어 급격한 증가를 가져왔다는 생각에 매달려 있었다. 이러한 감각적 폭력의 모티프는 "거의 하루 종일 (우리의) 고막을 덮치는 끊이지 않는 덜컥거림, 고함, 비명, (⋯) 부단한 쇼크의 유해한 효과"[4]에 대해 경고하는 "도시 소음의 재앙"을 다룬, 당시 급증했던 사설에서 모습을 드러냈다. 이와 유사하게 1905년 헨리 애덤스Henry Adams가 묘사한 도시적 삶에서도 근대의 감각적 대변동이 강조된다.

그는(근대인은) 마치 활선活線을 쥐고 있기라도 한 것처럼 손목을 붙잡힌 채 내동댕이쳐졌다. (…) 대자연은 매일같이 격렬한 반란을 일으켜 삶과 재산을 극악무도하게 파괴하고 소위 재난을 일으키며 노골적으로 인간을 비웃었고, 인간은 무력하게 신음과 비명을 질렀지만 단 한순간도 멈출 수 없었다. 철도 하나만도 전쟁통의 아수라장에 가까웠다. 자동차와 화기들은 사회를 황폐화시켜 지진이 일어난들 신경이완으로 느껴질 정도였다.[5)]

뉴욕 시립대학교의 사회학자 헨리 울스턴Henry Woolston의 1912년 저서도 같은 맥락에서 사회적, 시청각적으로 (과도한) 자극의 충격성에 집중하며 '도시적 습관의 심적 경향'을 요약한 바 있다.

도시의 삶은 고조된 자극으로 특징지어진다. 사람들은 서로 가까워지면서 접촉 빈도가 배가되고 반응도 크게 증대되었다. 사람들은 그들의 이웃이 출현하는 것을 느낄 때마다 습격당한다. 도시가 깨어나 하루 일과를 시작하면 발자국과 말발굽 소리, 덜그럭거리는 짐마차들과 돌진하는 차들, 종소리와 경적 소리, 망치 울림, 기계 돌아가는 소리, 아이들과 행상들의 외침, 음악 소리, 고함과 웃음이 밀려든다. 파리의 대로로 억수같이 쏟아져나오는 사람들, 혹은 혼잡한 브루클린 브리지에서 발을 헛디디지 않기 위해 고군분투하는 사람들은 주의를 환기시키는 무수한 자극에 눈뜨게 된다. 걷는 속도는 군중에 의해 정해진다. 개인은 그렇게 서두르지 않으면 옆으로 떠밀린다. 이러한 자극은 신경계를 각성시킨다. (…) 빈번한 종교적, 정치적 집회, 반복되는 노조 회합, 클럽, 친목 모임, 혼잡한 거리에서, 가게와 공장에서, 공원과 극장에서 부단히 뒤섞이는 것, 이 모든

그림 3.5 1909년 뉴욕 시 브로드웨이 42번가(Bettmann Collection/Corbis 제공)

3. 선정주의와 근대 도시의 세계　107

그림 3.6 1900년 뉴욕 시 50-23번가. 가운데 건물은 지금 플랫아이언 빌딩 자리이다. (Pittsburgh H. J. Heinz Co. 제공)

것들은 정신적 자극을 고조시키는 경향이 있다.[6]

마이클 데이비스Michael Davis라는 뉴욕의 사회개혁가는 새로운 대도시 환경(그것이 촉진한 선정적인 오락물을 포함하여)을 묘사하기 위해 적절할 뿐만 아니라 놀라우리만치 현대적으로 들리는 용어를 만들어냈다. 1911년 그는 근대란 '초자극'[7]으로 정의된다고 선언했다. 이렇듯 감각적인 강렬함이 선점해버린 도시적 삶은 당시 모든 장르와 계층의 사회적 재현물 ─ 사설에서부터 학술저널, (필리포 토마소 마리네티Felippo Tommaso Marinetti나 페르낭 레제Fernand Leger 유의) 미학적 성명서, (도처에 산재해 있던 신경쇠약 논문 같은) 지성인의 논평들, 신문 만평에 이르기까지 ─ 에서 발견된다. 『퍽Puck』『펀치Punch』『저지Judge』나 『라이프Life』 같

108

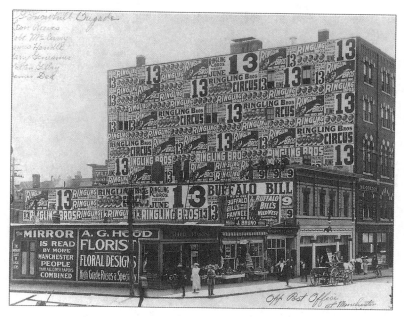

그림 3.7 1911년 뉴햄프셔 맨체스터 (Wisconsin Baraboo, Circus World Museum 제공)

은 만화잡지와 뉴욕 월드New York World나 뉴욕 저널New York Journal 같은 선
정적인 대중 신문들에서 말이다.[8]

삽화 중심의 신문은 근대의 감각적 강렬함에 관한 문화적 정착을 특
히 생생하게 그려내고 있다. 만화잡지와 선정적인 신문들은 근대적 삶
에 대한 당시 담론이 대부분 그랬듯, 디스토피아적 근심의 눈초리로 근
대적 환경의 혼돈을 유심히 들여다보았다. 많은 만평들은 근대적 삶 자
체가 자연스럽지도, 건강하지도 못한 것으로 그려냈다. 그것은 특히 대
량생산 조립라인의 빨라지는 속도, 근대 자본주의의 빡빡한 스케줄, 그
리고 신속한 교통수단의 새로운 형식에 의해 가속화되어 삶의 속도는

더욱 광란의 지경이 되었음을 비판했다(그림 3.8, 3.9). 다른 많은 것들도 상업적 유인의 새로운 풍경을 감각에의 무서운 돌격으로 재현했다(그림 3.10, 3.11). 이러한 이미지들이 그려낸 근대적 탈선은 1911년 월터 리프먼Walter Lippmann이 묘사했던 것이기도 하다. "동녘 하늘은 추잉껌으로, 북쪽은 칫솔과 속옷으로, 서쪽은 위스키로, 남쪽은 페티코트로 불타면서 하늘 전체가 소름 끼치도록 경박한 여자들로 찬란하게 빛난다."[9] 다른 이미지들은 거리마다 질서 없이 빽빽하게 차 있는 보행자 무리들을 그려내면서(그림 3.12), 벤야민이 "대도시의 군중이 그 모습을 처음 목격하는 자들에게 불러일으키는 감각은 불안, 역겨움, 그리고 전율이다"[10]라고 표현했던 바를 전달했다.

1909년 『라이프』지의 한 삽화는 뉴욕 시를 감각적 충격의 광포한 습격으로 그려냈다(그림 3.13). 복합적 시공간의 관점을 단일하고 동시적인 시선으로 결합시키는 것은 도시 경험의 분열된 지각적 다가성多價性

EFFICIENCY

그림 3.8 능률 (『매시스The Masses』 9월호, 1915. 7.)

을 전달한다. 다-시점적多視點的 구성은 묘하게도 비록 몇 년 앞서기는 하지만 입체파를 암시하는 것이었다. 이런 삽화와 입체파 미학의 형식적 유사성은 이 둘이 근대의 지각적 변화 안에서 공통의 원천을 반영한 것일 수도 있다는 점을 시사한다.[11]

수많은 삽화들은 특히 전근대적 균형과 평정의 상태로부터 혼돈과 충격이라는 근대의 위기로 가는 가혹한 경험적 변화를 다뤘다. 이를테면 1900년 『라이프』지의 한 만평(그림 3.14)은 16세기의 전원적 풍경과, 보행자들을 겁에 질리도록 압박하는 20세기의 전차 풍경을 대비시켰다. 그림 배경으로는, 광고판들이 '더 휠The Whirl'이라는 선정적 신문과 일요일에 상영되는 권투 영화를 선전하고 있다. 현대 대도시의 실제 야만성은 과거의 야만적 삶의 평온함과 대비됨으로써 두드러지게 되는 것이다.

두 가지 경험적 질서 — 전근대와 근대 — 의 충돌은 바로, 말이 끄는 짐마차(전통적 운송방식)와 그 현대판 대체물인 전기 트롤리electric trolley (1800년대 말의 초기 전차 — 옮긴이)가 실제로 충돌하는 무수한 이미지들(그림 3.15, 3.16)로 나타났다. 이러한 그림들은 위험천만한 근대 도시의 삶에 대한 불안을 전하는 한편, 새로운 환경에 처한 개인들에게 가해진 신경적, 정신적 쇼크들을 상징화했다.

세기 전환기를 단연 지배했던 디스토피아적 모티프는 특히 전차의 위험성과 관련하여 대도시 교통에 대한 공포를 강조했다.

부상당한 보행자의 속출, 무고하게 학살된 사람들의 시체 더미, 끊임없이 기뻐 날뛰는 죽음의 형상들, 이들을 그려내는 셀 수 없이 많은 이미지들은 고도로 기술화된 도시환경의 새로운 위험들에 초점을 맞췄다(그림 3.17, 3.18, 3.19, 3.20). 그림 3.20에는 다음과 같은 글이 따라왔다. "무자비한 전차가 대량 학살된 무고한 사람들 목록에 또다른 희생자

그림 3.9 시간 절약(?)(『라이프』, 1907. 9. 19.)

그림 3.10 무제(자본주의 도시 풍경) (『펀치』, 1890. 9. 6.)

를 추가시켰으나 아무런 제재 없이 여전히 운행중이다. 수천 명의 시민
들이 항의했고 언론은 일치단결하여 몰인정한 전차를 비난해왔지만 헛
수고였다. 살육은 여전히 계속되고 있다. 브루클린은 이를 어찌할 것인
가?"

　선정적인 신문들은 사망한 보행자의 '스냅사진'을 특히 선호했다(그
림 3.21, 3.22, 3.23). 이러한 집착은 연속성 있고 자제심 있는 운명이라
는 전통적 개념보다는 우연, 위험, 그리고 쇼킹한 인상들로 정의되는,
급격히 변화된 사회공간의 의미를 분명히 보여주는 것이다. 비명횡사
(특히 전염병, 기근, 자연재해 들과 관련된)는 말할 것도 없이 전근대 시
대에도 공포의 근원이긴 마찬가지였지만, 대도시에서의 예기치 않은 죽

그림 3.11 오늘날 우리가 광고하는 법(『펀치』, 1887. 12. 3.)

음은 그 폭력성, 돌발성, 무작위성(그리고 어느 정도는 치욕적인 공공적 특징)으로 인해 그 공포가 보다 강화되면서 초점이 맞춰졌던 것처럼 보인다. 불운한 희생자 아이작 바틀Issac Bartle의 망령이 근대 의식에 스며들었던 듯하다. 1894년 뉴어크 데일리 어드버타이저Newark Daily Advertiser의 한 기사는 다음과 같은 이야기를 전했다.

　오늘 아침, 뉴브런즈윅의 유명한 시민 아이작 바틀이 펜실베이니아 철도의 시장 역에서 즉사했다. 그의 시체는 너무나 끔찍하게 난도질되어 그 잔해를 삽으로 모은 뒤 들통에 넣고 옮겨야 했다. (…) 그는 대형 화물기

114

관차 바퀴 아래에서 알아볼 수 없는 살덩어리가 된 채 갈려버렸다. 기관
차를 들이받은 바틀 씨는 선로를 따라 몇 야드를 끌려가서 끔찍하리만치
토막 난 시체가 되어버렸다. 거의 모든 뼈가 으스러졌으며, 뜯겨나간 살
점은 선로 위에 흩뿌려졌고, 몸통도 완전히 해체되어 바지주머니에 들어
있던 동전이며 칼도 휘어지거나 부서졌으며, 수표책, 지갑, 그리고 종이
들도 갈가리 찢겼다.[12]

비록 이와 같은 묘사들이 촉발된 주된 이유가 사실상 신문 판매의 원
동력이었던 기괴한 선정주의에 있다는 데는 의심의 여지가 없지만, 이

그림 3.12 런던의 고요한 일요일, 혹은 휴식의 날(『펀치』, 1886. 3. 20.)

그림 3.13 뉴욕 시, 그만한 가치가 있는가? (『라이프』, 1909. 5. 6.)

116

그림 3.14 브로드웨이―어제와 오늘 (『라이프』, 1900. 4. 26.)

그림 3.15 케이블카 창에 부딪힌 말 (뉴욕 월드, 1897. 2. 21.)

것은 다음과 같은 것을 명백히 말해준다. 즉 불우한 죽음을 당한 신체를 세밀하게 묘사하는 그 꼼꼼한 관찰 속에서 아이작 바틀에 관한 기사는 근대 도시가 주는 스트레스와 육체적 취약성에 대한 특유의 의식 과잉을 전하는 듯하다.[13) 도시의 혼돈으로 삶은 신경과민과 무작위로 닥치는 부상에 노출되었다는 불안감을 주입시켰다(어떤 사람은 또 자연스럽게 도시 스트레스가 주는 본능적 긴장을 다른 이들보다 훨씬 더 예민하게 겪었을 수도 있겠지만). 1900년 『아웃룩The Outlook』지의 편집장은 이렇게 말했다. "목격자가 과도하게 소심해서가 아니다. 고백에 따르면, 그는 요즘 종종 도시의 거리에서 누군가에게 어떤 일이 닥치는 게 아닌가 하고 어느 정도는 신경과민이 된다."[14] 편집장은 당시 만연하던 모호한 불안감을 묘사하고는 있지만, 대도시의 교통체증과 군중들 사이를 뚫고 지나가는 것 자체가 온몸을 관통하는 반사작용과 신경계 자극을 더욱 세게 요동치게 만들었다. 벤야민이 "건전지로부터 뿜어져나오는 에너지처럼"

그림 3.16 "짐마차와 충돌한 전차 운전사가 튕겨져 나와 중상" (뉴욕 월드, 1896. 12. 6.)

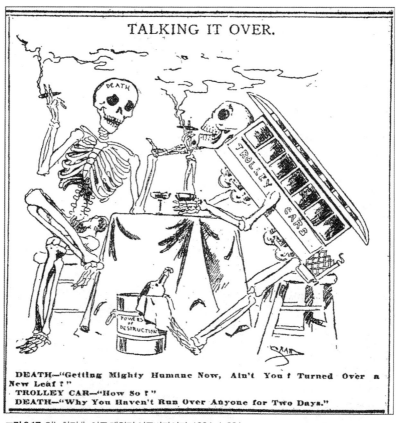

그림 3.17 의논하기 (뉴어크 데일리 어드버타이저, 1894. 4. 30.)

이라고 묘사했듯이 말이다. 흥미로운 것은 이러한 재난을 그려내는 삽화들이 거의 언제나 특유의 관념적 도식을 사용한다는 점이다. 그것들은 물론 희생자에게 치명적인 쇼크가 가해지는 순간을 보여주도록 되어 있지만, 이와 더불어 늘 경악을 금치 못한 채 그 충격 때문에 반사적으로 몸을 꿈틀대며 겁에 질려 바라보는 구경꾼을 보여주고 있었다.

IN THE WAKE OF A CABLE CAR.

그림 3.18 케이블카가 지나간 흔적 (『라이프』, 1895. 5. 2.)

그리하여 이러한 삽화들은 대도시 삶의 위험뿐만 아니라 그것이 유발하는 혹독한 신경계의 쇼크들을 강조했다.

전차의 위험에 대한 대중의 공포는 결국 가라앉는다. 1903년과 1904년에 선정적인 언론들은 이런 테마에서 점차 손을 떼기 시작했다. 하지만 대중들이 막 전차라는 교통수단에 적응하려던 바로 그때 또다른 위험, 즉 자동차가 그 뒤를 바싹 쫓았고, 그것은 근대에 대한 디스토피아적 상상력의 중심 모티프로서 전차와 같은 위치를 점했다. 수많은 사례 중에서 1913년 삽화 '무면허 운전사들이 집을 나서면'(그림 3.24)은 벤야민이 "대도시 교통 속에서의 주행은 개인을 일련의 쇼크와 충돌 속으로 몰아넣는다"[15]라고 표현했던 그 상태를 그려낸다. 실로 그 이미지는 근대를 두 가지 방면(태도)에서 비판한다. 명백하게 그것은 근대 교통의 위험성과 그것이 주는 충격을 공공연히 비난했다. 암묵적으로 그것은 가정이라는 영역 밖으로 얼굴을 내미는 여성들이 증가하는 것을 비방한 것이다. 이러한 묘사의 전형적인 이미지는 머지않아 수준 미달의 운전자들이 될 여성들이며, 동시에 여성 보행자들만을 재현하면서 대도시에서 혼자 돌아다니는 여성들의 취약성에 대해 다양한 방식으로, 그러나 모두 입을 모은 온정주의적 권고들을 내놓았다(그림 3.25와 3.26을 보라).

교통사고의 위험 외에도, 세기 전환기에 만연했던 또다른 세 가지 모티프들은 근대적 삶의 새로운 위험들에 대중들이 얼마나 밀착되어 있는지 시사한다. 그 첫째는 공장의 기계장치에 의해 토막 나 죽은 노동자들을 그려낸 것이다. 1894년 뉴어크 데일리 어드버타이저의 몇몇 표제와 부제들은 이러한 모티프들에 대한 이해를 돕는데, 가령 "(기계에) 빨려들어 즉사: 그의 몸뚱이는 빠르게 선회하는 벨트에 끼어 회전할 때마다 천장에 부딪혀 으스러졌다"거나 "거리 미화원의 끔찍한 죽음 — 청소 기

그림 3.19 브로드웨이—점심시간 (뉴욕 월드, 1896. 3. 8.)

계에 비틀려 거의 꺾인 머리"[16]가 그것이다. 이렇듯 작업 현장에서 일어
난 생생한 사고사에 대한 예리한 관찰은 교통사고에 관한 이야기와 다
를 바 없이, 근대의 기술을 신체와 생명에 대한 소름 끼치는 습격으로
위치시켰다. 그것은 우연찮게도 선정적인 언론의 주 독자층이었던 노동
계층을 가장 모질게 괴롭혔던 근대적 삶의 위험천만한 측면들을 강조하
는 방식으로 이루어졌다.

  또다른 모티프도 역시 근대 노동계층의 경험에 초점을 맞추어 공동아
파트 생활의 다양한 위험들이 야기한 각종 죽음들 — 미친 이웃들의 난
폭한 공격에서부터 새로운 아파트 구조가 초래한 죽음에 이르기까지 —
에 폭넓게 그 초점을 맞췄다(그림 3.27). 이러한 유형의 신문기사들은
종종 초자연에 가까운 통제 불능의 위험들이 도시환경 도처에 잠복해
있다는 견해를 강조했다. 예를 들어 어떤 기사는 녹슨 쇠막대가 어린 소
녀의 두개골을 관통한 비통한 죽음을 묘사했다. 이 기사는 기록하길 "그
막대가 어디서 왔는지, 그런 부상을 입힐 만한 힘을 어디서 얻게 됐는지

는 미스터리이다. 뒤뜰에서 놀고 있던 아이는 보이지 않는 힘에 밀려 체리나무 가지 사이로 곤두박질친 막대에 두개골을 꿰뚫렸다. 그 어린 소녀는 오늘 아침 엄청난 고통 속에서 사망했다."17) 근대적 환경에서 죽음이란 난데없이 하늘에서 뚝 떨어질 수도 있었다.

엄청난 높이에서 추락하는 사고 또한 선정적인 신문들을 앞서 점령해 버렸다(그림 3.28, 3.29). 이 유형은 얼핏 보기에 근대적 삶의 불안과 그다지 관련되지 않는 가장 '순수하게' 선정적인 것으로 보일지도 모르겠다. 하지만 이러한 삽화들은 몇 가지 점에서 다른 것들과 일치한다. 모든 추락사는 자살 기도를 제외하고는 작업장에서 일어나는 사고였으며, 이로써 프롤레타리아 노동의 위험에 대한 일반적인 견해를 전파할 수 있었다. 심지어 근대 교통수단이 왕왕 육체를 즉각 말살할 수도 있는 동인으로(한 예로, 열차가 달려오는 철로를 향해 건물에서 추락하는 남자를 보여주는 삽화들에서—그림 3.30) 자살을 연루시켰다는 데서 특히나 근대적 삶에 대한 암묵적 고발로 읽힐 수 있다. 이러한 추락들 중 일부는 또한 근대적 환경의 우연의 횡포와 아파트 생활에 도사린 무차별적 위험을 강조했다. 전형적인 예로, 발판이 무너져 수직 낙하하는 주택의 페인트공들 때문에 깔려 죽기 일보 직전에 놓인 어린 소년의 이미지이다(그림 3.31).18)

삽화 신문에 담긴 근대 도시의 풍경들은 한편으로는 좀더 평온했던 시대를 향한 반근대적 향수를, 다른 한편으로는 무시무시하고 괴상하고 극단적인 것에 대한 본능적 매혹 사이를 오락가락했던 듯하다. 이 신문의 이미지들은 하나의 사회비평 형식이면서도 동시에 역설적이게도, 상품화된 선정주의 방식이거나 이러한 이미지들이 비난했던 근대의 초자극이라는 현상의 일부이기도 했다. 삽화 신문은 두 측면 모두를 과장하

그림 3.20 브루클린 호러 (『스탠더드』, 1895. 5. 4.)

The street-car companies have "deliberated" for several months over numerous fenders submitted and will probably "deliberate" several months longer. In the meantime——

그림 3.21 무제(전차 위에 탄 죽음) (뉴어크 데일리 어드버타이저, 1894. 4. 19.)

그림 3.22 또다른 전차의 희생자 (뉴욕 월드, 1896. 4. 5.)

며 장사를 해먹었다. 이는 놀라운 일도 아니다. 왜냐하면 이러한 신문은
명백히 세계를 강렬한 색채로 그려내는 데 있어 상업적 이해를 깔고 있
었기 때문이다. 결국 사건 없이 흔해빠진 리얼리즘이 아니라 고함과 울
음소리와 스릴이 신문 판매고를 올려주었다.

　그러나 이러한 재현들은 선정주의 상업 논리를 넘어 그 과잉과 강렬

A WOMAN KNOCKED DOWN BY A CABLE CAR AND DRAGGED
TWENTY FEET BY HER HAIR

그림 3.23 케이블카에 깔린 여자 (뉴욕 월드, 1896. 5. 6.)

함 속에 비판적 고착fixation, 즉 사회적 변모를 기록하고 해부하는 데 있어 걱정스러운 위기의식을 전달하는 듯하다. 이러한 고착의 근저에는 도시적 근대성의 징후를 둘러싼 문화적 불안이 놓여 있었다. 어떤 층위에서 보면 근대 도시의 감각적 대변동에 미처 충분히 순응하지 못했던 것은 바로 문화였다. 아니면 적어도 어떤 이유에서든 그 자체를 재현할

그림 3.24 무면허 운전사들이 집을 나서면 (샌프란시스코 포스트, 1913)

그림 3.25 쫓기는 자들의 삶 (『라이프』, 1903. 10. 22.)

그림 3.26 도시 근교에서의 생활 지침―걸을 수 있는 곳으로 (『라이프』, 1907. 10. 17.)

그림 3.27 채광창에 목이 낀 아이 (뉴욕 월드, 1896. 4. 5.)

그림 3.28 마천루에서의 위험천만한 야근 (뉴욕 월드, 1896. 11. 29.)

FELL TEN STORIES TO HIS DEATH.

그림 3.29 10층에서의 실족사 (뉴욕 월드, 1896. 11. 15.)

그림 3.30 'L' 기차와 정면 충돌 (뉴욕 월드, 1896. 5. 18.)

그림 3.31 추락하는 사내가 소년을 즉사시키다 (뉴욕 월드, 1896. 5. 9.)

필요를 강하게 느꼈던 것이 바로 문화였다. 19세기 말 적어도 몇몇 이들에게 대도시의 삶은 여전히 뭔가 부자연스럽고 무기력하게 만드는 것으로 느껴졌다. 전근대의 황금시대는 아직 이상한 옛 추상적 개념이 되어 사라진 것은 아니었다. 그것은 여전히 손에 닿을 듯 생생한 기억으로 남아 새로운 현실의 진기함과 격변을 계속해서 두드러지게 만들었다. 오르테가이가세트Ortega Y Gasset는 이러한 상황을 적절히 묘사했다. "근대적 삶의 템포, 오늘날 사물들이 움직이는 스피드, 모든 것이 이루어지는 에너지와 힘은 옛 사람들에게 괴로움을 주었고, 이러한 괴로움은 그의 맥박과 시대의 맥박 간의 불균형을 나타낸다."[19] 근대성에 관한 비판적 고착이 이러한 '괴로움'이 아니라고 한다면, 적어도 이러한 불균형한 느낌을 표현하려고 애쓰던 세대의 감성을 강조한다.

***

예상할 수 있듯 근대 도시의 감각적 과잉 자극에 관한 담론은 필연적으로 대중오락의 선정주의 확산에 관한 유사 담론을 이끌어냈다. 비평가들이 대도시의 초자극과 강력한 감흥과 스릴을 점점 더 강화하는 대중오락 사이의 상관관계를 인식하는 데는 오랜 시간이 걸리지 않았다. 그 둘이 뭔가 관련되어 있다는 것이 그들의 논리적 가정이었다. 그들이 추측하기에, 근대 도시 환경은 초-역동적 엔터테인먼트가 형성되는 데 지대한 영향을 끼쳤다.

1890년대는 대중 엔터테인먼트의 역사에 중대한 분수령을 이루었다. 죽 늘어선 상업적 오락물들은 스펙터클, 선정주의, 그리고 놀라운 자극을 집중적으로 강화했다. 보다 수수한 규모에서 이러한 요소들은, 종종 오락물들이 노동계층(때론 다계급적으로) 관객의 구미에 맞게 형성되도록 하였으나, 즉각적이고 흥미진진한 감흥이 새롭게 보급되고 강력해지면서 대중오락에 근본적으로 다른 새로운 시대를 명백히 보여주었다. 근대는 감각적 충격으로 상업의 출현을 예고했다. 스릴은 근대 유희의 기조로 떠올랐다.

스릴의 형식은 다채로웠다. 좀전에 살펴봤듯 1895년경부터 선정적인 신문들은 지면마다 야릇하거나 추악한, 혹은 고강도의 충격을 주는 쇼킹한 삽화들로 넘쳐나기 시작했다. 유원지는 어느 모로 보나 1890년대의 발명품이었다. 1893년 시카고 박람회Columbian Exposition in Chicago 중앙로의 주인공은, 인상적인 페리스 관람차 ─ 세계 최초의 ─ 와 썰매들을 엮어 만든 기차가 인공 얼음으로 만들어진 400피트 높이의 활주로를 따라 질주하며 내려오는 '눈과 얼음 철도'였다. 1895년에는 코니아일랜드 복합 유원지가 개장했으며, 곧바로 이국적인 볼거리, 재난 스펙터클, 눈부신 전기조명, 스릴 넘치는 놀이기구들을 전문화시킨 다른 공원들이 전국으로 확산되었다(그림 3.32, 3.33을 보라). 이렇듯 시청각적이고 운동감각으로 강화된 감흥의 집결은 꾸며낸 자극이라는 근대 특유의 격렬함을 한눈에 보여주었다.[20] 400피트의 경사에서 뛰어내린 자동차가 공중에서 재주를 부리는 〈죽음의 회오리The Whirlwind of Death〉나 〈죽음의 구The Globe of Death〉 같은 여러 무모한 기계 박람회들 역시 그러했다. 1905년 『사이언티픽 아메리칸Scientific American』지의 편집장은 위험천만한 자동차 곡예 운전이 확산되는 것에 대해 곤혹스러운 시선을 던지기도 했는데, 그 중요한 목표를 적절히 요약해냈다. "이러한 상연물을 발명하는 이들의 지침은 우리가 이제껏 경험했던 그 무엇보다 더 격렬한 신경의 충격을 제공하는 데 있다"[21](그림 3.34를 보라). 스펙터클은 경합을 벌이며

그림 3.32 1895년 뉴욕 브루클린의 시 라이온Sea Lion 파크의 워터 슬라이드(Library of Congress 제공)

Bisby's Spiral Airship,
Long Beach, Cal.

그림 3.33 1898년 캘리포니아 롱비치에 선보인 비스비 회전 비행선(*The Incredible Scream Machine*, Cartmell)

물리 법칙을 거스르는 듯한 '소름 끼치도록 위험천만한' 아슬아슬한 자동차 곡예를 위해 '다른 모든 스릴러들은 이제 그만—놀랍기 짝이 없는 새로운 감흥'을 떠벌렸다. 이러한 묘기와 또다른 묘기에 여성들이 저돌적으로 달려드는 현상은 진기함을 증폭시켰다(그림 3.35, 3.36 참조).

역시 1890년대 주류 대중오락물로 떠오른 보드빌은 각종 묘기, 익살극, 판에 박힌 노래와 춤, 조련된 개, 여자 레슬러 등을 통해 간결하고, 설득력 있고, 육감적으로 '난잡하고 어지러운' 흡인력을 강화하는 쪽으로 새로운 유행의 핵심을 요약 정리했다. 이즈음엔 촌스럽게 번지르르한 광대 쇼와 '싸구려 볼거리(주택가의 잡다한 구경거리들, 괴기 쇼, 그리고 종종 짤막한 유혈 폭력극)'도 더욱 괄목할 만한 인기를 끌었다.[22] 저

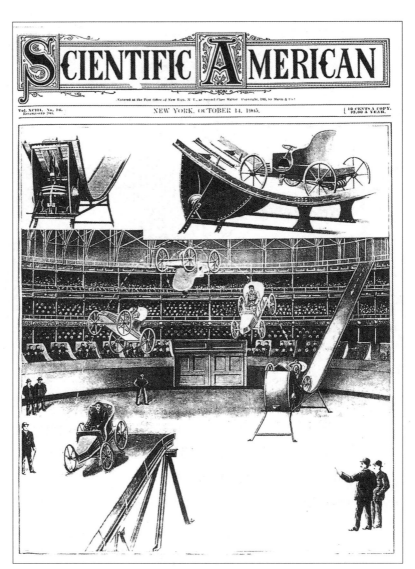

그림 3.34 당신의 목을 부러뜨리는 100가지 방법 (1905년 『사이언티픽 아메리칸』 10월 14일자 표지). 표지 아래에는 원래 다음과 같은 멋진 문구가 쓰여 있었다. "죽음의 회오리 — 땅에 닿기 전 공중제비를 돌던 자동차 안에서 한 곡예사의 목숨을 앗아간 기구에 걸맞은 이름."

그림 3.35 '앞으로 이중 공중제비' 포스터 (Wisconsin Baraboo, Circus World Museum 제공)

가 무대 멜로드라마(6장에서 더욱 자세히 다루겠지만)도 세기 전환기 즈음 그 두드러진 양상에 있어 특히 인상적인 전환을 겪었다. 초기 멜로드라마의 현저한 특징은 무고한 희생자들과 힘센 승리자들이 쏟아내는 도덕적 웅변과 파토스였던 반면, 시간이 흐를수록 폭력적 액션, 묘기, 그리고 정교한 기계적 연출기법이 만들어내는 육체적 위험이나 대참사의 스펙터클로 변해갔다. 뉴욕의 한 비평가는 1903년 저작에서 멜로드라마를 "고집 센 사내를 제외한 누구에게나 섬망증에의 공감을 일으키도록 계산된 모험 시리즈"[23]로 묘사했다.

영화의 발흥은 생생하고 강력한 감흥으로 가는 트렌드의 가장 요란한

그림 3.36 라 라구에 자매의 무모한 곡예비행 포스 (Circus World Museum 제공, Ringling Bros.—Barnum & Bailey Combined Shows, Inc.의 동의를 얻어 만든 이미지)

표현 중 하나일 것이다. 영화는 일찍이 형식과 주제 면에서 '놀람의 미학'에 이끌렸다. 이러한 스릴, 즉 그리피스의 1908~9년 전기 스릴러물 같은 파워풀한 서스펜스 멜로드라마나 1910년대 액션 시리얼뿐만 아니라 스펙터클 중심인 '흡인력 있는 시네마'의 핵심은 폭발과 충돌, 새로운 고문 기계, 공들여 만든 격투, 추격, 그리고 마지막 장면의 구조와 탈출로 이루어진다(7장에서 살펴볼 것이다). 이런 영화들의 핵심 목표는 스릴 넘치는 놀라운 스펙터클뿐만 아니라 서스펜스의 감흥을 증폭시키는 가속 편집과 교차 편집 기술을 통해 본능적인 흥분과 두려움을 불러일으키는 것이다. 바첼 린지Vachel Lindsay는 1915년 한 저작에서 밝히기를

"이러한 스펙터클들은 초보든 고수든 미국의 모든 스피드광들의 눈과 귀를 즐겁게 해준다".[24] 젊은 세대에 속하는 유럽의 비평가들은 미국 영화의 자극적인 다이너미즘을 환영했다. 1917년 가브리엘레 뷔페Gabriele Buffet는 『모던아트저널 391Modern art journal 391』에 이렇게 썼다. "그 무엇보다 미국 영화는 역동적이어서 쓸데없는 재현이나 팬터마임에 스스로를 낭비하는 법이 없다. (…) 플롯은 직접적 의미를 가진 사실들의 연속으로 앞서 나아간다. 난투극, 키스, 추락, 추격!"[25] 마리네티와 다른 미래파들은 영화를 "오브제와 리얼리티를 닥치는 대로 뒤섞어놓은"[26] 흥미진진한 것으로 찬양했다. 다다이스트들은 빈번하게 영화가 시각적 충격과 무질서한 파편화의 궁극적 형식임을 넌지시 언급했다. 다다이즘은 본래 영화와 유사성을 지녔는데 벤야민이 표현한 바에 의하면, 그 둘은 모두 "관객을 총알처럼 꿰뚫는(타격하는) 도구"[27]이다. 프랑스 초현실주의자들에게 선정적 시리얼은 "새로운 세계의 격변을 알림"으로써 "하나의 신기원을 이뤄냈다". 그들은 영화-연속극의 놀라운 주제(범죄, 배반, 사건들, 실로 우리 시대의 시적 감흥)와 스피드, 동시성, 시각적 초-과잉, 그리고 시각적 충격을 전달하는 영화 매체의 파워 모두에서 근대의 영향을 인식했다.[28] 할리우드의 선정주의를 연구한 소비에트의 감독들은 일련의 고강도 효과의 충격들을 통해 관객들을 습격할 만큼 필름 편집을 정교하게 다듬었다. 영화의 목적은 1925년 예이젠시테인이 밝혔듯 "영화 권법으로 머리를 박살내는"[29] 것이었다.

***

무엇이 이토록 광범위한 선정주의화를 야기했을까? 상업적 선정주의의 번영은 의심의 여지 없이 상당 부분 19세기의 끄트머리 25년간 일어났던 노동계급의 엄청난 고속 성장에서 기인했다. 새로운 프롤레타리아는 이런 경향을 어떻게 설명하고 싶을지는 몰라도 깜짝 놀래주는 폭력적인 스펙터클에 걸려들기 십상이었다. 1920년 로버트 와그너Robert Wagner란 저널리스트가 표현했듯 "거친 노동자들은 (…) 쾅 하고 폭발하는 것들을 좋아한다"[30]. 19세기 끝 무렵 늘어나고 있던 신세대 화이트칼라 유흥객들 역시 ─ 근대 자본주의의 거대한 관료주의적 확산의 산물 ─ 그러했다. 후기 빅토리아 시대의 중산층, 특히 급증한 저소득 중산층은 도덕적 금욕과 프로테스탄트 규율로 더 철저히 지배받았던 이전 세대보다 육감적이고 스펙터클한 오락물을 선천적으로 더 잘 받아들였다. 세기 전환기 즈음 대중적 선정주의라는 거대한 파고는 오락시장의 새로운 인구통계학에 대한 즉각적 반응이었다.[31]

하지만 이러한 사회경제적 해석은 이런 현상이 발생할 당시 그것을 해석하려 했던 사람들이 일반적으로 강조한 바는 아니었다. 당대 논객들은 일종의 시대정신에 대한 논의에 훨씬 더 기울어져 있다. 그들은 주장하길, 선정적 오락의 광범위한 확산은 확실히 시대적 조짐, 좀더 명확하게 말하면 도시적 근대성의 출현을 알리는 징후였다. 도시환경이 더욱 강렬해질수록 상업적 오락 형식 안에서 고안 제작된 감흥들 또한 그러했다. 모더니티가 무질서한 일상적 경험의 얼개를 변화시키자 종합적이고 조직화된 경험도 불가피하게 이 요청에 따랐다. 상업적 선정주의는 많은 평론가들이 그렇게 믿었듯, 단지 자본주의 대도시의 감각 과잉에 대한 미학적 대응물이었다. 스릴의 상업화는 근대 환경의 고조된 자극에 대한 반영이자 표현 — 동인일 뿐만 아니라 — 이었다.

최근 학자들 사이에서 이러한 주제의 진원지로 크라카우어와 벤야민을 꼽는 경향이 있긴 하지만, 크라카우어와 벤야민이 이를 정교하게 만들어낼 때까지 근대 도시와 생기 넘치는 엔터테인먼트 사이의 연관성은 식자층 사이에선 인기 있는 모티프였다는 것, 어느 정도 문화비평 에세이들 사이로 뛰어들 준비가 되어 있던 '재고품'이었다는 것을 인식하는 것이 중요하다. 그 기본적 통찰은 1911년에 이미 명쾌하게 표명되었는데, 헤르만 키엔즐Hermann Kienzl이라는 독일 평론가는 영화가 대도시의 새로운 경험에 대한 가장 훌륭한 표현임을 일찌감치 선언했다. 키엔즐은 공언하길 "영사映寫, cinematographic의 승리는 대도시 심리학에 기초한다. 대도시의 영혼이나 호기심에 휩싸인 채 찰나적 인상들 사이에서 허둥지둥 오가며 닻을 내리지 못하고 줄곧 괴롭힘을 당하는 영혼은 다름 아닌 영화적 영혼이다"[32]. 이와 유사하긴 하지만 그리 달갑지만은 않은 톤으로 마이클 데이비스는 보드빌 미학의 특성을 묘사하기 위해 '초자극'이라는 용어를 사용한다. 그는 이러한 유흥이 뉴욕 생활의 주마등 같은 자극들이 유발한 정신적 분열과 도시의 흥분을 나타낸다며 한탄했다. 그 생생하고 두서없는 찰나적 스펙터클 속에서 보드빌은 "시가 전차를 탑승했을 때 생기는 경험, 혹은 붐비는 도시의 활동적인 하루"[33]를 비춰주었다.

이와 유사하게 1921년 버튼 라스코Burton Rascoe라는 미국의 저널리즘 문예비평가도 영화를 시청각적 폭격과 정신적 미혹이라는 새로운 상황 속에 위치시켰다.

근대인의 망막은 마을이든 도시든 구경해줄 것을 호소하는 빈번함으로 쉴 겨를이 없다. 전쟁중에 처음 등장했던 무지막지한 고딕식 헤드라인은 여전히 놀랍고 전율적이다. 비록 이러한 사건들은 이제 이변적이지도, 수많은 사람들에게 특별한 관심을 불러일으키지도 않지만, 간판들은 색과 디자인에서, 그리고 판매 아이디어를 전하는 필수 단어를 아끼는 걸로 서로 겨룬다. 미국 도시에서 느껴지는 신경과로는 청각적 측면에서도 덜하지는 않다. (…) 영화는 단지 근대 미국인의 신경교란을 (…) 향해 가는 상황의 집단적 효과에 기여한다. (…) 그것들이 쥐고 있는 미국인들에 대한 지배력을 확보하기 위해, 영화는 그 노골성에 있어 포스터와 광고판, 신문의 헤드라인과 잡지광고, 삽화 신문, 그리고 전광판들과 경쟁했어야만 했다.[34]

5년 후 크라카우어는 그의 유명한 글 「정신적 미혹의 예찬The Cult of Distraction」에서 그 일반적 개념을 구체화했다. 단절되어 있고 분주하며 강렬한 인상들, 혹은 '정신적 미혹'에 기초한 오락물들은 근대 경험을 반영한다는 것이다. "(이러한 쇼들은) (…) 우리 세계의 통제 불가능한 무정부 상태를 반영한다는 점에서 의미심장(하다) (…) 단순한 외형 안에서 관객은 스스로와 대면한다. 눈부신 감각적 인상들의 파편화된 연속화면 속에 나름의 현실성이 드러난다. (…) 정신적 미혹을 꾀한 쇼들은 도시 군중들의 세계와 꼭 같은 외형들로 구성되어 있다."[35] 크라카우어가 간파했듯 천박한 스릴과 감각적 자극의 미학은 도시, 기술의 경험과 유사한 특질을 만들어냈다.

벤야민은 이러한 견해를 10년 후인 1936년 「기술 복제 시대의 예술작품The Work of Art in the Age of Mechanical Reproduction」의 각주에서 다뤘다. 그는

단언하길 "영화는 지각체계의 심오한 변화에 상응한다. 이런 변화는 개인적 차원에선 대도시 교통의 혼잡함 속에서, 역사적 차원에선 오늘날 시민들이 모두 경험하는 것이다".[36] 그는 이 주제를 3년 후 「보들레르에 관한 몇 가지 모티프On Some Motifs in Baudelaire」에서 더 정교화시켰다.

> 대도시 교통 속에서 움직이며, 개인은 일련의 충격과 충돌을 맞닥뜨리게 된다. 위험한 교차로에서는 신경 자극들이 마치 건전지에서 나오는 에너지처럼 그의 몸속을 관통한다. (…) 에드거 앨런 포의 행인들이 그저 별다른 이유 없이 시선을 이쪽저쪽으로 던졌다면, 오늘날 현대인들은 교통신호에 따르기 위해 그리할 수밖에 없는 것이다. 이처럼 기술은 인간의 지각기관으로 하여금 복합적인 훈련을 받도록 강요한다. 새롭고 절박한 자극에 대한 욕구는 마침내 영화의 등장으로 채워지게 되었다. 영화에서는 충격적 형식의 지각이 일종의 형식적 원리가 되었다. 컨베이어 벨트의 생산 리듬은 영화의 수용 리듬을 결정하는 근거이다.[37]

벤야민이 강조했듯 영화의 빠른 속도와 시청각적 분열은 근대 생활의 속도와 충격에 필적할 만하다.

지금 50여 년을 고속감기 버튼으로 되돌려보자. 근대 도시의 감각적 환경과 선정적 오락물의 출현 간의 긴밀한 연관성을 일컫는 이같은 견해는 죽 르네상스를 누려왔다. 1980년대 후반, 초기 시네마에 대한 미증유의 관심과, 크라카우어와 벤야민에 대한 관심이 새롭게 맞물리기 시작한 이래로 말이다. 이러한 새로운 착상에의 호소는 부분적으로는 스크린 영화 이론이 고갈되고 콧대 높은 경험주의 영화사로 무게중심이 이동한 후, 이론에 근거한 역사 그리고(혹은) 역사에 근거한 이론을 위한 폭넓은 중용의 가능성을 제공해주지 않을까 하는 기대감에서 비롯되었다. 그러나 이런 주장이 모호하고 받아들이기 어려우며, 사후 가정 counterfactual('만약 ～하기만 했다면'처럼 일어난 사실에 대한 반대 가정을 말한다―옮긴이)에 기대는 전제일 뿐이라고 여기는 학자들로부터 거센 비판을 불러일으키기 시작했다. 다음 장에서는 이 논제의 개념적 구조를 해명하고, 그것이 초기 시네마를 형성했던 영향력들을 이해하는 데 어떤 잠재적 유용성을 지니는지 판단하고자 한다.

멜로드라마와 모더니티.
용어는 그 의미가 명확
게 규정되지 않았음에
불구하고, 아니 바로
렇기 때문에 적절한 연
가 지속적으로 요구되
, 중대하고도 애매한 개
념들을 상위 목록으로 차
고 있다. 이 책의 목적
멜로드라마, 특히
880년에서 1920년 사이
미국 대중 연극과 영화

에서도 선정적 멜로드
라마를 근대의 산물이자
엄 ─근대의 경험론적
성과 이데올로기적 변
, 문화적 불안, 텍스트의
초 교차 경향, 사회적
구통계, 그리고 상업적
행 ─으로 위치시킴으로
. 그 둘 사이의 상호관
를 조망하는 데 있다.
한 이 연구의 기본이 되
역사적 목적이라고 한
면, 그것은 매혹적인 두
화 현상, 즉 폭력·유혈
인 10·20·30센트짜리
가 무대 멜로드라마와
기에 유행했던 사라럼
름을 발굴해내는 것이
. 그것들은 오늘날 상당
분 잊혀버렸지만 새로
세기로 접어드는 미국

대중문화와 그 이상을 이
해하는 데 중요하다. 어떤
든 비교적 최근까지 근대
성이란 개념은 영화학에
서 이렇다 할 중요한 위치
을 차지하지 못했다 해도
무방할 것이다. 그러나 근
대성은 사회이론의 오래
된 근원적 테마로서 마르
크스나 뒤르켐, 베버, 퇴니
에스, 지멜을 포함한 많은
이들의 저작 들기가 되었
다. '무엇이 서구의 근대
산업사회를 다른 것들과
구분 짓는가?'라는 핵심
질문이 주어졌을 때 근대
성이란 놓칠 것도 없다 사
회경제적, 인지적, 이데올
로기적, 도덕적, 그리고 경
험론적 쟁점들을 포함하
는 이해적이리만치 광범
위한 논제이다. 내
작업의 첫 순서는 이렇듯
본래 널리 흩어져 있던 사
회이론의 집합들에 어느
정도 구조를 부여하려는
노력이 될 것이다. 1장에
서는 모더니티의 성격에
관한 주요 입론들을 개략
적으로 제시하려고. 내가 제
안하는 분석 틀은 모더니
티의 여섯 가지 측면으로
분류된다. 첫째 (일반적으

로 '근대화'라는 라벨이
붙여지는) 사회경제적, 기
술적 성장의 폭발적 증가
라는 측면, 둘째 '도구적
합리성의 지배'라는 점,
셋째 근대기 끊임없는 문
화적 불연속과 이데올로
기적 반성의 조건이라는
측면, 넷째 유동성의 증대
와 모든 '사회체들'의 순
환이라는 측면, 다섯째 세

4

모더니티 테제
이해하기

분화된 사회적 환경과 경
쟁적 개인주의의 특징을
갖는다는 점. 여섯째 근대
는 전례 없이 감각적인 복
잡성과 강렬함을 자닌 지
각 환경이었다는 측면이
다. 이 모든 측면이 나
의 멜로드라마 분석에서
똑같은 무게중심을 갖지
는 않는다. 내 논의에서
대다수의 측면 경로들은
근대성이라는 생점에 천
적으로 좌우되지 않는 복
정한 영화사적 문제들을
좋을 테지만, 내 분석의
주안점은 대개 멜로드라
마가 모더니티의 문화적
표현으로 간주될 수 있는
방식들을 탐구하는 데 있
다. 최근 영화학 연구들은
특히 마지막 국면, 즉 앙

화와 대도시 현상학의 관
계에 초점을 맞추어왔다. 이
는 나 역시 두 장을 할애
한 중요한 주제이지만, 여
기서 전개되는 근대성의
도식화가 보다 폭넓은 범
위의 관계들을 고찰하는
방향으로 논의를 진전시
키는 데 일조하길 바란다.
모더니티와 견주어볼 때,
아니 실제로 그 어느 것과
비교하더라도 멜로드라마
란 주제는 훨씬 초라한 지
적 개보를 갖고 있다. 드
라마의 한 범주로 취급되
기 시작한 이래 두 세기
동안 멜로드라마는 비평
가들의 비웃음과 비아냥
거림의 표적이 되어왔다.
가령 1912년에 한 비평가
는 영화가 저가 무대 멜로
드라마를 도심 극장에서
몰아낸 지 한두 해 지난
후 냉혹함 인큼 속시원하
다는 반응을 보였다. 멜로
드라마는 그 모든 저절의
조잡하고 엉고됨은, 천박
한데다 무의미할 뿐만 아
니라 그야말로 터무니없
는 비예술적 드라마의 형
식 가운데 최악이었다.
(…) 나는 10·20·30센트
수준의 멜로드라마가 그

이미 내 눈과 귀 또한 습관의 힘으로써 이렇듯 빠르게 진동하고 똑딱거리는 기계적 재현을 거짓 가장하여 모든 것을 보고 듣기 시작했다. 나는 그것을 부정하진 않는다. 그 외적 세계는 가볍고 생기 넘친다. 우리는 움직이고 비상한다. 그리고 우리의 비상이 일으키는 산들바람은 재빨리 살을 에는 듯한 기분 좋은 격앙을 만들어내며 생각을 쓸고 가버린다. (…) 밖에는 섬광이 끊이지 않고 현기증이 멈추지 않는다. 모든 것이 명멸하다 사라진다. (…) 이 모든 광포한 신속함은 자연스러운 것이 아니다. 깜빡이다 사라지는 이 모든 이미지들 말이다. 그 아래에는 미친 듯 소리치며 그것을 몰아대는 기계가 존재한다.

— 피란델로Pirandello, 『슛! 촬영기사 세라피노 구비오의 비망록』(1915)[1]

1980년대 후반 수많은 영화학자들은 모더니티와 영화에 관한 크라카우어와 벤야민의 시사적인 비평들, 바이마르 평론가들에게 영향력을 끼쳤던 주요 인물들, 특히 보들레르와 지멜에 기대기 시작했다. 1990년대를 거치면서 학파 비슷한 것이 연합하였다(나는 이를 '뉴욕학파' 라고 부르려 하는데, 당시 대부분의 기고가들이 뉴욕에 살면서 이러한 맥락을 연구하기 시작했기 때문이다). 아니, 그것을 학파라고 부르는 것이 너무 과장되어 있다면 적어도 그들 연구의 초점은 꽤 응집력 있는 형태로 나타났다고 할 수는 있다. 길리아나 브루노Guiliana Bruno, 레오 차니Leo Charney, 앤 프리드버그Anne Friedberg, 톰 거닝Tom Gunning, 미리엄 한센Miriam Hansen, 린 커비Lynne Kirby, 로렌 라비노비츠Lauren Rabinovitz, 마크 샌드버그Mark Sandberg, 바네사 슈워츠Vanessa Schwartz의 최근 저작과 여타 다른 저작들의 통일된 점은 근대 도시의 감각적 환경 내에서 출현한 영화와 그것이 19세기 후반의 시공간적 테크놀로지와 맺는 관계, 그리고 선진 자본주의의 새로운 시각 문화라는 측면에서 인접해 있던 요소들과의 상호작용을 밝혀내는 것 내지 재고하는 것에 대한 관심이다.[2] 이런 연구 프로그램은 데이비드 보드웰의 최근 인상적인 저작 『영화 스타일의 역사On the History of Film Style』에서 "모더니티 테제"[3]라고 지칭한 것을 양산해냈다. 이러한 표현은 지나치게 기념비적으로 들리기도 하지만 모더니티에 관한 사회학적, 철학적 논의의 광대한 범위를 고려한다면 그 어떤 무엇도 충족시킬 것이다.

이 테제의 옹호론자들은 초기의 많은 사회비평가들과 의견을 같이하여 영화, 그리고 이에 접근한 스펙터클 형식들이 '신기원을 이뤘다'는 데 동의했다. 영화는 세기말 사회의 진수를 보여주는 산물이다. 그것은 명백히 모더니티의 전형으로 두드러진다. 하지만 영화가 모더니티의 '전형이다'라거나 '전형이었다'라고 말하는 것은 어떤 의미인가? 이 자체로 모호한 주장이기에 나는 이런 인식이 의미하는 바가 무엇인지에 대한 논의를 구체화하는 데 힘쓸 것이다.

모더니티 테제는 내가 이해하기로 세 가지 주요 구성, 즉 이 테제의 옹호론자들이 다양한 조합으로 함께 엮어왔던 세 가지 가설로 이루어진다. 첫째, 영화는 단순히 어떤 특징적 측면에선 모더니티와 유사하다는 견해다. 모더니티 테제는 영화 ― 강렬한 인상들, 시공간적 파편화, 돌발성, 유동성의 매체로서 ― 와 대도시 경험의 현실적 모습 간의 주된 외형적, 그리고 관찰자적 유사성을 강조한다. 이 둘은 모두 덧없고 찰나적이지만 설득력 있는 시각적 매혹들이 현저하게 두드러진다는 것과 관객들로 하여금 사색에 빠질 수 없도록 정신을 혼미하게 만든다는 특징을 지닌다. 거닝은 이렇게 썼다.

> 유인물들은 근대의 시각적 위상을 그려낸다. 분열되고 세분화된 시각적 환경, 사색에 잠겨 풍경을 바라보며 휴식을 취하기보다 충돌하는 방향감각 속에서 밀고 당겨지다 빨라지고 격해지는 통에 일관성을 가지거나 머무는 것이 더 힘들어 보이는 응시 말이다. (…) 영화가 갖는 매혹은 근대의 경험적 측면을 드러내는 영화와 시청자 간의 특수한 관계로 이루어져 있다.[4]

그리하여 모더니티 테제의 첫번째 구성은 유사성의 관계를 가정한다. 영화와 영화 보기는 도시적 근대성의 사적인 경험과 공통점이 있다.

하지만 단순한 유사점 이상이 얽혀 있다. 거닝이 말하듯 "여기서 우리가 다루는 것은 그 '같음'과 해석만이 아니라 모더니티의 각종 징후들 가운데 나타난 실제 접점들"[5]이다. 다시 말해 모더니티 테제가 관심을 기울이는 것은 영화를 모더니티의 일부로서, 즉 영화를 다른 유사한 현상들과의 역동적 상호작용 속에 놓인 모더니티의 중대한 요소로서 이해하는 것이다. 그 속에는 다른 것들도 있지만, 신기술들(예로 철도, 전신

전보, 사진, 전기 조명), 새로운 엔터테인먼트들(예로 파노라마와 디오라마, 유원지, 국제박람회, 황색신문, 밀랍인형관, 시체보관소), 새로운 건축 형식들(원형 교도소, 강철-유리 건축물), 새로운 시각 전시물(광고판, 상점의 진열창, 삽화 신문), 새로운 사회적 공간들(대로, 아케이드, 백화점), 새로운 사회적 풍습(산책, 쇼핑, 샤프롱을 걸치지 않은 여성들의 활보, 관광여행의 보급, 체계화된 감시), 그리고 새로운(혹은 새롭게 퍼져나간) 환경적 장애물들(군중, 교통 체증, 인구 밀집)이 포함된다. 이 모든 현상들이 출현하거나 극히 심화되었던 것은 세기 전환기 즈음의 범상치 않은 역사적 순간에서였다. 이렇듯 모더니티 테제의 두번째 구성은 영화를 결국 맥락적 접근과 상호작용의 관계망 내에 위치시킨다.

　모더니티 테제의 세번째 구성은 가장 쟁점이 되는 것인데, 영화가 — 영화 전반이든 '매혹적인 영화'나 선정적 멜로드라마처럼 자극을 강조하는 특정 형식이든 — 모더니티의 어떤 결과라는 주장이다. 이러한 견해는 인과관계를 가정한다. 모더니티 테제의 옹호론자들이, 모더니티가 정확히 어떤 기제에 의해 영화를 만들어냈는지, 혹은 적어도 어떤 식으로 그 발달을 촉진시켰는지 비록 언급한 바는 거의 없지만, 일반적 추측은 근대적 경험의 강렬함이 근대사회에서 유행하는 '지각 양식'의 뿌리 깊은 변화를 반영해내며, 개인들로 하여금 강렬한 감흥에 이끌리도록 하는 심리적 경향을 초래했다는 것이다. 이에 추측해보건대, 지각적 근대성이 어떤 식으로든 그 창조적 과정에 영향을 끼침으로서 영화 제작자들이 영화 스타일에서 근대적 삶의 속도와 충격을 표현하는 경향이 생기게 되었다는 것이다. 벤야민은 이런 견해를 꽤 직접적으로 진술한다.

기나긴 역사의 시대 내내 인간집단의 모든 존재 양식과 더불어 인간의 지각 양식도 변화하였다. 인간 지각이 구성되는 종류와 방법, 지각이 이루어지는 매체는 자연적으로만이 아니라 역사적으로도 그 성격이 결정된다. (…) 영화는 지각 체계에서 일어나는 뿌리 깊은 변화에 상응한다. 이러한 변화는 개인적 차원에서는 대도시의 교통 혼잡 속에서 모든 사람이 다 경험하는 것이고, 역사적 차원에서는 오늘날의 모든 시민이 경험하는 것이다.[6]

이를 지각의 역사론history of perception이라고 부르기로 하자.[7]

'지각의 역사론'의 요점은 벤야민과 여타 다른 이들이 말했듯, 모더니티가 인간의 지각기관이나 '감각중추' 기관에 근본적 변화를 초래했다는 것이다. 대도시와 산업자본주의의 복잡다단한 속사포 같은 환경 속으로의 집약은 독특한 근대적 지각 양식을 창출했다. 도시가 퍼부어대는 이질적인 혼종성과 하루살이 자극들은 날카로운 과잉 활동 경향의 파편화된 지각적 충돌을 일으켰다. 이러한 주장은 아마도 가장 직접적으로 모더니티와 영화 사이의 인과성에 인간적인 연결고리를 제공함으로써 모더니티 테제의 양분이 된다. 이로써 '모더니티는 어떤 식으로든 영화에 형체를 부여했다'라는 다소 모호한 명제 대신 '모더니티는 어떤 식으로든 인간 지각에 형체를 부여했는데, 이는 이후 어떤 식으로든 영화에 형체를 부여했다'라는 조금이나마 덜 모호한 명제가 가능하게 되었다.

모더니티 테제의 이러한 세 가지 구성요소(모더니티의 닮은꼴로서의 영화, 모더니티의 일부로서의 영화, 모더니티의 결과로서의 영화)가 본질적인 것인지 아닌지에 대해서는 의견이 분분했다. 보드웰은 모더니티 테제가 문제적인 세번째 견해인 인과관계를 포용할 수밖에 없다고 본다. 모더니티와 영화 사이에 모종의 인과관계가 있다는 견해는 문제가 되는데, 그 이유는 그것이 상정하는 사회와 예술 창작 사이의 밀접한 상호관계라는 것이 '너무 단선적'이고 단순해 보이기 때문이다. 보드웰은 많은 영화들이 응당 따라야만 했던 방식—그가 보기에 그 스타일은 우리가 추정하는 도시적 근대성의 강렬함과 파편화를 반영하는 데 실패했다—을 취하지만은 않았다는 데 주목함으로써 인과관계란 견해에 도전한다. 이 반론은 이후에 다룰 생각이다. 모더니티 테제의 인과적 고리가 절대 필요한 것인가의 문제에 대해 톰 거닝은 그럴 필요는 없다고 주장한다. 그는 근대 영화의 문화적 변천사는 다른 어떤 것보다 앞의 두 견해—하나는 대도시 환경의 다른 구성요소들이나 양상, 또하나는 영화의 유사성과 그것들과의 상호작용—에 대한 탐구라고 역설한다.[8] 보드웰은 이에 반격한다. 근대적 환경의 구성요소나 양상들에 대한 이런 탐구가, 어느 것이든 자동적으로 병치된 것들이 일련의 공통된 인과적 세력들(즉 도시화, 테크놀로지, 자본주의 등)에서 유래했다거나, 그것들의 발현임을 가정한다고(필연적으로가 아니라면 적어도 통상적 추론에 의해) 말이다. 그렇지 않다면 무엇 때문에 일부러 그것들을 병치하겠는가? 다양한 요소들과 양상들 가운데 어떤 표면적인 유사점들을 탐지해낸다 하더라도 그 어떤 공통된 결정적 요소나 원천이 결여되어 있다면 이러한 병치는 그 이상의 설명적 가치를 지니지 못할 것이다. 동물학적으로 유추해서, 어떤 이가 긴 목을 가진 기린과 타조 사이의 유사성에 주목하여, 그들이 동일한 환경에 서식하면서 서로 영향을 끼치기도 한다는 것을 관찰했다고 하자. 그러나 그들의 동일한 환경이 어떻게 유사한 해부학적 적응을 가져왔는지, 어떤 인과론이 뒷받침되지 않는다면

이러한 병치는 전혀 대수로운 것이 아니며 지식적 가치도 결여된 것이다.[9]

　나는 인과적 가정을 피할 길이 없다고 주장한 보드웰의 입장에 가깝다. 모더니티 테제 옹호론자들이 손쉬운 목적론의 덫에 빠지지 않으려고 애쓴다 하더라도, 그들이 영화나 그 특정 유형을 적어도 부분적으로나마 도시적 근대성의 생성물로 이해하기 위해서는 비록 가설에 지나지 않는다 하더라도 정당성을 제시할 수 있어야 할 것이다. 아무리 못해도 그들은 (이 장의 후반부에 상세히 다룰) 크라카우어나 벤야민, 그리고 다른 사람들이 명료하게 표현했던 인과론들을 인용할 수 있을 것이다. 비록 이들의 해설이 종종 다소 개략적이기는 하지만, 모더니티 이론가들 가운데 제1세대라 할 수 있는 이들은 도시적 근대성과(벤야민이 묘사한 것처럼) 영화가 만족시켜준 "자극에 대한 새롭고 절박한 욕구"를 관련시키는 일련의 심리학적 기제들에 대한 가설을 확실히 세운 바 있다.

***

　영화를 지각적 근대성의 생성물로 이해하기 위해 우리는 우선 지각의 새로운 양식이라는 개념을 이해해야만 한다. 우리는 아마도 보드웰이 적절히 제시하듯 "'지각perception'이나 '시각vision'이 의미하는 것이 무엇인지 묻는 데서부터 시작할 것이다". 그는 계속해서 이렇게 언급했다.

　이러한 용어들이 '사고'나 '경험'의 약칭이라면, 이런 입장은 진부해지거나 아니면 모호해질 것이다. 하지만 이런 입장의 주창자들은 확실히 아이디어와 신념, 의견, 태도, 기호, 그리고 이같은 것들의 역사뿐만 아니라 사람들이 그들의 감각을 통해 세계를 받아들이는 방식에도 또한 변천사가 존재하는 것처럼 이야기한다.[10]

도시적 근대성이 지각기관에 어떤 심오한 변화를 일으켰다고 공언하는 것은 비논리적이라고 보드웰은 주장한다. 그는 인간의 지각능력이 생활환경의 급격한 변화에 일일이 반응하여 중대한 생물학적 변화를 겪을 만큼 충분히 순응성이 있지는 않다고 지적한다. 그것은 아마도 자연선택이라는 훨씬 더 긴 장기적 과정을 간과한 채, 개인이 단기 환경 상태에 순응하는 것을 돕기 위해 획득된 형질들이 다음 세대의 유전형질의 일부가 된다고 하는, 전적으로 신임을 잃은 라마르크의 논지와 같은 것이다. 보드웰은 이렇게 썼다.

지각에 있어서의 단기 변화들, 그리고 수백만 년간 생물학적 선택에 의해 만들어진 해부학적, 생리학적, 시각적, 심리학적 하드웨어에 내장된 복잡한 그물망에 대해 우리가 어떤 분별력으로 이야기할 수 있을 것인가? 우리의 시각이 불과 몇십 년 동안 집단적 경험과 도시적 환경에 순응해왔다면, 우리는 라마르크식 진화론의 입장을 택하게 된다. (…) 이런 결론은 무척이나 받아들이기 어렵다.[11]

이 지적에 이견을 달기는 어렵다. 모더니티 테제를 과학계의 악명 높은, 폐기된 결말에 근거를 두는 것은 현명하지 못할 것이다. 최근 학자들이 이토록 저돌적이었는지에 관해선 논쟁의 여지가 있지만[12] 어쨌듯 우리가 라마르크식 설명을 빼버린다면 '지각의 역사' 명제가 이해될 수 있는 다른 방식들이 있을 것인가? 이러한 질문에 긍정적으로 답할 수 있다면 모더니티 테제를 떠받치는 두 기둥 중 하나는 유효할 수 있을 것이다. 이 전제가 제자리에 놓이기만 하면 다소 불안정한 두번째 기둥— 새로운 지각 양식이 실제로 영화에 영향을 미쳤다는 주장—은 지지되어야 할 것이다.

근대의 지각 변화 현상을 이해할 때 적어도 네 가지 가능한 방식이 있다는 것을 제안하고 싶다. 네 가지 모델들은 다양한 조합과 영향의 정도로 공존할 수 있기 때문에, 그중 반드시 하나를 택해야 하는 것은 아니다. 첫번째 모델은 우리로 하여금 생물학적 배선wiring의 변덕스러움에 대한 의문으로 되돌아가게 만든다. (최근 기묘하게도 확산중인 여피족 가정의 아기침대에 달려 있는 칼리가리Caligari 식 모빌이 입증하듯) 발생적인 유전성과 관련된 주장만 포기한다면 환경적 자극에 의한 단기간의 지각적 순응성이란 견해는 결국 그리 우스꽝스러운 것만은 아니다. 최근 신경생물학의 획기적인 약진 가운데 가장 중요한 것 중 하나는 신경세포가 변화할 수 있다는 '신경 가소성neural plasticity'의 발견, 특히 지각기관상의 가소성이다. 『MIT 인지과학 백과사전MIT Encyclopedia of the Cognitive Sciences』(1999)에는 다음과 같이 나와 있다.

지난 몇 년간 우리의 시각 체계가 어떻게 작동하는지에 대한 이해를 목표로 한 시각 신경과학은 그 접근법에 있어 근본적 변화들을 겪어왔다. 시각 신경과학은 대뇌피질이 그 회로를 적응시켜 새로운 임무를 배우게 끔 하는 기제에 초점을 맞추기 시작하고 있다. (…) 고전적 연구 조건이 었던 하드웨어에 내장된 피질 구조 대신 (…) 우리는 중대한 신경 가소성, 즉 시각적 기능으로 변화하는 뉴런 속성properties과 신경 결합들 connectives에 맞서고 있는지도 모른다.[13]

1994년 『사이언스Science』지의 한 기사도 시각의 가소성에 관해 설명하고 있다.

대뇌피질 감각 영역에 있는 신경회로는 매우 복잡하게 조직되어 있어 감각이 입력되면 정밀하게 내장된 배선들이 틀에 박힌 계산을 수행하는 기계 같은 인상을 불러일으킨다. 그러나 최근 실험들은 이러한 회로가 극적으로 가소성 있게 변화하기 쉽다는 것을 보여준다. 형태학상 조직은 (…) 감각적인 과업의 습관적 수행에 의해 (…) 자극이 나타나는 인간 행동 맥락상의 변화들에 의해, 그리고 감각 환경의 직접적인 조작에 의해 변경될 수 있다. 그리하여 가소성은 성인 대뇌피질의 공통 특질인 것처럼 보이며, 그것은 아마도 환경에 유연하게 반응하는 행동 능력과 밀접하게 연관되어 있을 것이다.[14]

지각은 새로운 감각 환경에 따라 재편된다. 지각의 역사론의 기본 전제를 이보다 더 간결하게 요약하길 기대할 수는 없다. 쥐와 고양이, 원숭이, 그리고 인간에 대한 연구들은 모두 뇌의 신경구조와 화학작용이 환경적 맥락에 의해 심각하게 변화한다는 것을 보여준다. 연구자들은 자극이 '강화된' 환경에의 노출(쥐들의 경우 다른 쥐라는 환경, 그리고 통로나 장난감들과의 광범위한 접촉을 말한다)이 뉴런당 시냅스의 숫자를 증가시키고, 이로써 뇌의 각 영역 내부나 영역 간 상호결합의 복잡성을 현저히 증가시킨다는 것을 증명해왔다.[15] 예상할 수 있듯 발육은 특정 환경이 요구하는 지각적, 인지적, 그리고 행동적 과업들이 운용되는 부분에서 가장 뚜렷하게 진전된다. 예로, 오로지 수직선만 존재하는 인공적 환경에서 키운 고양이들은 시각피질 부분의 형태학적 변화가 오로지 수직적 정위定位를 파악하는 데 치중해 있음을 보여준다. 또한 (왼손으로 읽히는) 브라유 식 점자를 읽는 맹인들은 특히 뇌의 상응 부분에 해당하는 신경계의 발달을 보였다.[16] 지각적 신경 가소성은 결코 유아 발달이나 뇌 손상이 회복되는 중대 시기에만 국한되어 있지 않다. 보통 성인의 뇌 또한 색다른 경험과 훈련에 형태학적으로 반응한다. 앞서 말한 『MIT 인지과학 백과사전』에도 나와 있듯 "점차 증가하는 증거들을 볼 때 주요 감각 피질상의 기능적인 변화 가능성은 생명의 초기 발달 단계에만 국한된 것이 아니라 성인기 전체까지 확대될 정도로 놀랄 만한 것임을 보여준다".[17]

이러한 변화들을 지각의 '근본적' 또는 '급진적' 재편이라고 부르는 것은 과장된 설명일지 모르지만(이런 용어들은 적외선을 볼 수 있다거나 개들의 음역을 들을 수 있는 능력을 얻었을 때 더 적합해 보일 것이다), 그럼에도 불구하고 이런 변화들은 중요한 의미를 가진다. 신경 가소성을 실험한 실제의 인지적, 행동적 효과에 관한 대부분 연구는 자극이 풍부한 조건에 놓인 쥐들(EC)과 자극이 거의 없는 조건에 놓인 쥐들(IC)을 비교해왔다. EC 쥐들은 학습, 기억, 탐색 행동, 객체 상호작용, 과제 달성 능력, 문제 해결, 그리고 포식 위험으로부터의 탈출을 측정하는 실험에서 시종일관 IC 쥐들을 능가했다.[18] 아마도 우리 논점에 더 맞는 것은 넓은 범위의 지각적 과업들, 그중에서도 시각적 예리함, 색상 구별, 속도 측정, 그리고 음향 감별을 포함한 피질의 형태적 변화와 관련된 모든 부분에서의 지각력 발달에 대한 발견일 것이다.[19]

중대한 문제는 이런 지각적 과업들—그리고 더 진전된 연구로 확인될 다른 것들—이 근대 도시에서 발생되었다고 추정되는 특유의 '지각 양상'에서 일정 역할을 했는지 여부이다. 신경 가소성을 조건으로 하는 지각적 과정들이 대도시적 몰입으로 촉진된 것들과 동일한가? 그리고 도시 환경, 혹은 그것이 유발한 감흥과 액션들이 실제로 중대한 신경 가소성을 야기할 정도로 충분히 강력하고 지속적인가? 이런 것들은 여전히 의문으로 남아 있다. 신경 가소성의 조건과 효과에 대한 탐구는 아직 초기 단계지만 생활환경이 지각에 미치는 결과들에 관심을 가지는 문화사학자들에게 희망을 주고 있다.

**

근대적 지각 양식에 관한 두번째 개념화는 아마도 가장 단도직입적인 것이다. 그것은 감각기관의 어떤 변경도 미리 가정하지 않는다. 이보다는 아주 단순하게 통상적인 기관들, 혹은 그것의 특정 양상들이 근대 도시라는 환경에서 훨씬 더 광범위하게 활성화되었다고 보는 쪽이다. 새로운 '양식'은 지각에 있어 구조적인 것이 아니라 질적 변화를 묘사한다. 새로운 지각 양식에 관해 말하는 것은 그것의 새로운 주관적인 특정 느낌을 강조하는 것이다. 예를 들어 대도시 경험이 야기한 지각의 질적 변화에 있어서의 핵심은 개인이 다양한 자극에 직면할 때의 안구운동 방식들을 포함한다고 가정해도 위험이 따르지 않을 것이다. 지멜은 도시 광경이 "변화하는 이미지의 급속한 쇄도, 한눈에 들어오는 뚜렷한 불연속, 돌진하는 인상의 예측 불가능성"[20]으로 특징지어진다고 쓰고 있다. 복잡한 현실세계 환경에서 안구운동에 관한 경험주의적 연구를 찾아보지는 않았지만, 개인의 경험을 검토해보면 지멜의 서술을 평가할 수 있을 것이다. 최근 나는 여름맞이 당일치기 여행으로 보스턴 변화가를 다녀왔다. 노샘프턴에 있는 비교적 고요한 우리 집—나는 적어도 여름 기간에는 대부분을 자극이 적은 환경에서 시간을 보낸다. 컴퓨터 앞에서, 뒤뜰에서, 황량한 캠퍼스에서, 애완견의 귀를 닦아주면서 등―과는 매우 다른 환경이었다. 쇼핑하는 사람들, 어슬렁거리는 십대들, 교통 체증, 상점에 전시된 물건들, 주차된.차들, 가로등 기둥, 주차 미터기 등으로 붐비고 시끄러운 상업지구의 번화가를 거닐던 중 세계와 나의 지각적 충돌은 확실히 평소보다 더욱 현저히 파편화되고, 분주하고, 분산된 느낌으로 다가왔음을 떠올리게 했다. 내가 크게 깨닫게 된 것은 눈동자의 움직임이 증가되는 것이었다. 안구의 순간적인 움직임(눈동자가 한 고정 지점에서 다른 곳으로 건너뛸 때 재빨리 일어나는 갑작스러운 경련적인 운동) 횟수가 훨씬 더 증가했으며, 다른 고정 지점들은 지그재그식으로 공간적 불연속성을 높였으며, 갑작스럽고 자동적인 자극 충동의 순간적 안구운동은 유도된 경로를 따르는 의도적인 시각적 탐색을 넘어 상대적으로 훨씬 더 두드러졌다.

이렇듯 분열된 주의력의 산만하고 우연적이고 찰나적인 형태는 생물학적 층위에서 보면 일상적 시계vision와 다를 바 없지만, 독특한 지각 양식이라 부를 만큼 질적으로 충분히 다르다고 주장할 수 있을 것이다. 이 경우 지각 양식은 그저 지각적 경험과 같은 의미가 될 것이다. 이러한 형식화는 지각 활동의 특질들이 감각 환경에 따라 의미심장하게 바뀔 수 있음을 강조한다. 지각의 역사론의 이러한 해석을 보드웰이 어떻게 다루는지는 내게 아주 모호하다. 이것이 그가 "이러한 용어들('지각 양식' 같은)이 '사고'나 '경험'의 약칭이라면, 이런 견해는 진부하지 않으면 흐리멍덩한 것이다"라고 할 때 염두에 두었던 것일까? 그렇다면 유감스럽지 않을 수 없는데, 왜냐하면 이 견해는 감당할 수 없어서 버려지기보다 신중한 평가를 요구하기 때문이다. 대신 보드웰은 아마도 이러한 시계 유형을 그가 '습관-및-스킬habits-and-skills' 해석(이제 막 논의할 것인데)이라고 제안했던 것에 포함된다고 본다. 셋째 가능성은 그가 단순히 지각 변화에 있어 가장 초보적인 개념화라며 회피하는 것이다.

***

보드웰 자신도 지각의 역사 명제의 세번째 해석을 제시한다. 아마도 사람들이 지각기관의 변화에 대해 이야기할 때 실제로 지목되는 것은 세계를 탐지하고 지각 정보를 특정 범주로 분류하는 데 사용된 '습관과 스킬'에 나타난 역사적 변화들이라는 생각이다. 우리 머릿속의 배선들은 변함없이 남아 있을지 (혹은 변화되었을지) 모르겠으나, 우리가 색다른 환경에 적응함에 따라 주의를 기울이도록 조건 지어진 것들, 그러한 것들을 검토하는 데 사용하는 우리의 전략들, 그리고 그러한 것들에 대한 우리의 이해가 바뀔 수 있고 실제로 바뀐다는 것이다. 보드웰은 이렇게 썼다. "(라마르크식 설명은) 무척이나 받아들이기 어려운 까닭에 우리는 오히려 습관과 스킬이나, 새로운 상황에서 유용한 정보들을 인식하거나 맥락화하기 위해 우리가 인지적으로 조정하는 방식을 이야기해야 하는 건 아닐까?"

이러한 재구상은 충분히 타당해 보인다. 1650년 뉴암스테르담의 길을 건너는 사람들의 눈은 아래쪽에 흙 웅덩이나 요강 구덩이가 있는지 주시했다. 잠재의식 속에선 길거리를 지나는 짐마차가 심각한 위협을 주기에는 너무나 느리게 움직인다거나, 충돌 위험이 있기 전엔 분명 그 등장을 알 수 있을 만큼 충분히 요란할 거라 예측하면서 말이다. 그러나 2000년 맨해튼에서 길을 건너는 사람도 마찬가지다. 자동적으로 왼쪽을 쳐다본 다음 오른쪽을 힐끗 보고, 또다시 재빨리 왼쪽으로 눈길을 던진 다음에야 비로소 도보에서 내려오는 위험을 과감히 무릅쓴다. 눈과 귀는 여전히 질주하는 택시와 조용하지만 치명적인 자전거 퀵서비스들을 몹시도 경계하면서 말이다. 이 두 보행자들은 세계에 관한 감각 정보를 받아들이고 반응하고 또한 그것을 처리하는 데 있어 똑같은 생물학적 능력을 공유한다. 유일한 차이는 그들이 주위환경을 이해하는 특정 정보가 그에 걸맞은 다른 행동들을 불러일으킨다는 것이다.

보드웰의 입장은 기본적으로 1928년 뉴욕에 기반을 둔 두 사회학자 넬스 앤더슨Nels Anderson과 에드워드 린데만Eduard Lindeman이 '역동적 자극으로서의 도시'라는 논의에서 명료하게 밝힌 바와 같다.

인간 본성의 변화는 본질적으로 습관 및 태도상의 변화, 또는 인간의 제도 형태나 시행에 있어서의 변화. 이것은 생물학적 변이와 구별되는 문화적인 변화이다. 구체적인 사회학 용어들을 사용하자면 적응이라기보다는 조정이다. (첫번째) 단어는 생물학적이거나 신체적 영역에서의 변화를 서술하는 데 쓰인다. 인간은 생물학적으로 변한다 하더라도 느리게 변하지만, 환경은 언제나 변화하기 때문에 이에 따른 순응이나 새로운 환경에의 재교육이 강요된다. 대개는 문화적이거나 행동상의 변화이다. 환경의 변화 정도는 대개 유기체들의 그것보다 훨씬 더 앞서 있음이 명백하다. (…) 인간 유기체들이 살아가는 환경으로서의 도시는 (…) 인간이 새로운 행동양식으로 배움으로써만 스스로 순응할 수 있는 자극적 환경을 형성하기 위한 요구들을 결합시킨다.[21]

대도시가 요구하는 새로운 행동양식 중에는 앤더슨과 린데만이 언급한 것처럼 "긴급성과 신속성을 다투는 습관들" "표정의 강렬함과 생활 속도의 신속함", 타인에게 "육체적으로 침해당하는 것"에 대한 관용의 증가를 들 수 있다. "(도시의) 요구에 순응하게 된, 아니 가장 잘 살아남은 인간 유기체들은 신속성과 강렬함이 증가하는 자극에 대해 어지간히 조직화된 방식으로 반응할 능력이 있다."

몸에 익은 습관과 익숙함에 대한 강조는 지각기관이 어떻게 상이한 문화-역사적 맥락에서 각기 다른 방식으로 작동될 수 있는지 분석해내는 데 중요한 접근방식을 제공한다. 근대 도시의 영향에 대한 벤야민의 관측들 중 몇몇은 실로 이런 관점에 매우 잘 맞는다. 예를 들어 다음과 같은 그의 비평을 고찰해보자. "에드거 앨런 포의 행인들이 별다른 이유도 없이 시선을 사방으로 던지고 있는 데 비해 오늘날의 현대인들은 교통신호를 보고 자신이 가야 할 위치를 정하기 위해 또한 그렇게 한다. 이처럼 테크놀로지는 인간의 감각중추에 일종의 복잡한 훈련을 강요했다." 벤야민은 근대 교통수단의 상해를 피하기 위해 절실하게 필요한 주의, 경계, 신속성의 증가를 설명한다. 빨리 걷고 "계속해서 눈을 부릅뜨는" 숙련된 기능들, 그리고/혹은 습관들은 어느 정도 의도적인(비록 심사숙고하는 정도는 아니더라도) 움직임들이다. 감각중추의 복잡한 훈련에 관한 벤야민의 언급을 가장 그럴듯하게 해석하자면 아마도 대도시에서 생존하기 위해서는 환경과의 상호작용을 유도하는 몸에 익은 기술들과 습관을 통해 인지-지각적으로 방향을 재설정하는 것이 요구된다는 데 대한 역설일 것이다.

그러나 이런 식으로 쟁점을 고쳐 쓴다 해도 그것이 지각의 역사론 전체를 포괄할 수 없다는 것을 알아채는 데는 또다른 교차 접점 — 그림 3.14 '브로드웨이 — 어제와 오늘'에 묘사되어 있는 것처럼 — 을 비교해

보기만 하면 된다. 숙련된 스킬-및-습관 식 접근법은 그 유익함에도 불구하고, 벤야민이 근대 도시의 신체적, 본능적 경험에 관해 역설했던 핵심에 이르지 못하는 듯한 치명적인 결점을 지닌다. 우리에게 필요한 것은 지각의 역사론을 생리적으로 공식화하는 것이다.

***

이 네번째 생리학적 소견은 도시적 삶, 감각의 과잉 자극, 대혼잡, 공항 부근에서의 생활, 속도가 빨라지는 조립라인에서의 작업, 그리고 이와 같이 주로 유해한 환경 자극을 다루는 '환경심리학' 및 '사회생리학' 분야의 실험심리학자들에 의해 축적된 풍부한 자료를 끌어와 쓸 수 있다. 스트레스가 많은 이런 유의 체험들은 각성이나 경계 태도를 전달, 매개하는 일련의 신경생리학적 반응을 촉진시킨다. 좀더 구체적으로 말해보겠다. 두뇌가 위험스러운 자극을 지각하면 자동적으로 신경체계(특히 '교감신경' 혹은 신경계의 자극기관)를 활성화시켜 아드레날린 및 다른 내분비선들에 신호를 보내며 이어 2차 연쇄반응을 촉발시키는 에피네프린(아드레날린), 노르에피네프린, 코티솔, 그리고 기타 호르몬들을 분비하기 시작한다. 호흡수는 증가하고 심장은 더 빠르게 더 힘껏 뛰어 심장혈관은 휴식할 때의 다섯 배까지 늘어난다. 혈관들은 수축되어 혈로를 좁혀 혈압을 높인다. 혈액은 소화관, 신장, 그리고 피부 쪽 혈관을 제쳐놓게(그리하여 충격과 두려움을 희석시키도록) 되는데, 이는 응급조치 시 더욱 중요한 신체 부위인 근육, 허파, 뇌에 도달하는 혈액량을 증가시키기 위한 것이다. 폐활량은 늘어나고 근육의 긴장도는 높아지며 동공은 팽창된다. 땀이 많아지면서 (스트레스 수준을 재는 표준 측정법인) 피부의 전도율 역시 증가한다. 아포크린샘이 눈물, 점액, 침의 분비를 줄이면서 눈, 코, 입은 마르고 위장운동은 불규칙해진다. 포도당과 에너지원이 되는 다른 영양소들이 급격하게 혈류로 운반되면서 신진대사율은 평소의 두 배까지 올라간다. 인슐린이 차단되면서 지방세포의 영양소 축적은 멈춘다. 뇌파전위 기록장치(EEG)의 뇌파에서 드러나듯 지적 활동과 경계 태도는 강화된다.[22]

이런 일련의 생리적 결과의 일부 혹은 전체에 의해 야기되는 본능적 기분들이 바로 우리가 주관적으로 경험하는 경련, 신경과민, 쇼크, 경악, 서스펜스, 흥분, 스릴, 그리고 이런 유의 느낌들이다. 스트레스 반응이라는 용어가 관용적으로 쓰인 시기는 1950년 이후였지만, 한스 셀리에Hans Selye의 영향력 있는 연구에 이은 스트레스에 관한 생리학적 연구는 세기 전환기 모더니티의 또다른 '발견'으로 간주될 수 있다. 1898년 발견된 아드레날린과 그 흥분 호르몬으로 인한 효과들이 1910년 두 명의 과학자들에 의해 확증되었다. 1910년에서 1914년 사이, 일련의 동물 실험(가령 당신이, 짖어대는 개를 내키지 않아하는 고양이 옆에 개를 내려놓는다면 신경학적으로 어떤 일이 벌어질까?)을 통해 월터 캐넌Walter B. Cannon은 이젠 익숙해진 '공격 또는 회피fight or flight' 반사 개념을 도입했다.[23]

벤야민이 '지각기관상의 뿌리 깊은 변화'와 '건전지에서 뿜어져나오는 에너지처럼 잇따라 몸(속)을 통해 일어나는 신경자극들'에 대해 논할 때 그는 스트레스 반응과 관련된 신경생리학적인 일들을 언급하고 있는 것처럼 보인다. 이런 반응은 단순한 습관이나 숙련된 스킬상의 적응보다 훨씬 더 많은 것들을 포함하며, 내장 배선hard-wiring의 돌연한 변화 같은 것들도 시사하지 않는다. 변한 것은 오히려 내장 배선들에 실리는 전하charge의 종류이다. 벤야민과 그외 다른 이들이 지각에 담긴 문화적 역사를 논하는 것은 이치에 맞는데 (두번째 해석에서 지적된 바 있듯) 주체 경험의 성격이 근대 도시에서 변질되는 것은 어느 정도 생리적인 것이기 때문이다. 신경에서 '공격 또는 회피'의 느낌들이 눈에 띌 정도로 빈번히 발생하는 것이 근대를 상대적으로 본능적인 불안정의 시대로 구분 짓게 했음을 벤야민은 전제한다. 어느 누구도 자본주의 대도시의 지각적 삶이 충격과 동요, 그리고 감각적 과부하만 포함한다고 단정하거나(지금처럼 당시에도 더딘 일상의 시간대와 텅 빈 길가, 그리고 한산한 교외가 존재했다), 전근대 사회도 때로 고강도의 환경자극(축제나 장터, 시장 등)을 수반했음을 부정할 만큼 극단적으로 흐르지는 않을 테지만, 전반적으로 근대의 개인은 과거 어느 때보다도 정신없고 강렬하며 예측할 수 없는 시청각적, 사회적 자극의 행렬에 직면하게 되었다. 그 결과는 몸과 마음 전체에 퍼져나갔다.

생리학적 해석에 잠재된 함정은 '스트레스'란 말이 무자비한 인상을 준다는 것, 즉 너무 극단적으로 혐오감을 불러일으키는 것처럼 보이는 까닭에 최근 학자들이 근대의 감각적 체험에 관해 강조해왔던 것들을 망라하지 못한다는 데 있다. 아케이드 사이를 관음증적으로 어슬렁거리는 산책자라든지, 현란한 영화 속 궁전에 현혹된 쾌락주의자의 경우는 어떠한가? 근대적 환경에서 급격히 늘어나는 마음을 끄는 유인물들에 대해 거닝은 "과감한 시각화를 통해 욕망을 일으키는 새로운 소비문화"를 특히 역설한다. "유인물들은 아케이드뿐만 아니라 발달하는 소비문화가 발달시킨 다른 전시장치의 책략들 속에서도 드러난다. 만국박람회, 백화점(그리고 그 쇼윈도들), 광고판, 그리고 유원지는 모두 시각적 흡인력을 활용하여 초기 영화가 고안될 수 있는 상황을 만들어냈다."[24]

이 모든 스펙터클 형식들은 사람들의 마음을 사로잡기 위한 '과감한' 전시를 강조했지만, 그 목표는 결국 호기심과 즐거움, 욕망을 자극하기 위한 것이었지 신경 쇼크와 스트레스 반응으로 사람들을 벌주기 위한 것이 아니었다. '스트레스-반응' 해석이 근대적 환경의 유해한 측면들과 관련이 있다 하더라도 그것이 근대적 환경이 사람들을 매혹한다는 해석까지도 포함시킬 수 있을까?

　이는 얼핏 보이는 것보다 그리 큰 문제가 아닐 수 있는데, 왜냐하면 대체로 의미론적 쟁점이기 때문이다. 의학적 연구와 그것의 대중적 보급은 당연히 스트레스의 유해한 양상들에 초점이 맞춰졌고, 그 결과 '스트레스'는 '불쾌한 스트레스distress'와 같다고 생각했다. 하지만 이러한 혼용은 오해의 소지가 있다. 그 이유는 스트레스 반응을 조성하는 생리적 현상들은 절대로 혐오스러운 자극들에만 제한되는 것이 아니기 때문이다. 생리학적 관점에서 감각의 흥분 — 유쾌하든 불쾌하든, 충격적이든 설레게 하든, 두려움을 일으키든 호기심을 자극하든 — 은 본질적으로 똑같다. 즉, 그것들은 상술한 바와 같이 호르몬 분비, 심장 혈관 및 호흡 작용의 비율 증가, 동공 팽창, 뇌파 패턴상의 변화와 발작적인 피부 저항 등 신체의 동일한 연쇄반응들을 촉발한다. 유인물과 혐오물은 정서적 연속체continuum의 대척점에 있지만, 다른 지점에서는 전혀 그렇지 않으며 동일한 생리 조건의 두 버전일 뿐이다. 달리 말해 불쾌한 스트레스와 유쾌한 스트레스eustress는 모두 각성의 모습을 띤다. '각성'은 '스트레스'라는 부정적 의미를 비추는 반사경으로서 긍정적 의미들을 내포한다. 두 가지는 모두 눈에 띄는 정신생리학적 흥분 방식이다. 렌나르트 레비Lennart Levi는 유쾌 및 불쾌 자극들에 의해 촉발되는 아드레날린 분비를 비교한 스웨덴 학자로서 그는 이런 이항-쾌락적bi-hedonic 스트레

스 모델을 거꾸로 된 U자형 그림으로 설명하였다(그림 4.1).[25]

지각의 역사론의 생리학적 해석은 근대 도시의 출현이 곡선 그래프의 양쪽 위로 올라가는 경험치를 조금씩 밀어올렸다고 가정한다. 근대는 각성의 두 가지 형태, 즉 '유쾌'와 '불쾌'를 모두 증가시키고 강화했다. 나름대로 도처에 산재하는 일상적인 도시 자극들조차 뚜렷한 생리학적 흥분효과를 일으킬 정도였다. 이는 두 가지 상이한 연구 전통에 의해 발견되었다. 소련에서는 파블로프의 후계자들이 '배향 반응orientation reaction' 또는 '이것이 무엇이냐? 반사what-is-it? reflex'(즉, 새로운 자극에 대한 신체의 자동적 경계/주의-환기)라고도 불리는 '지향 반사orienting reflex'를 분석했다.[26] 1960년대 미국에서는 벌린D. E. Berlyne을 선두로 한 '새로운 실험 미학'이 고강도의 복잡성, 부조화, 새로운 경험, 놀라움, 크기, 광도를 바라볼 때 야기되는 피부 전기 및 뇌파 전위 장치의 활발한 움직임을 분석했다.[27]

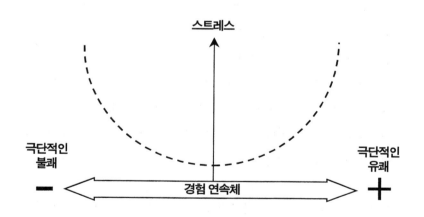

그림 4.1 생리적 반응 ─ 유쾌 및 불쾌 경험 (1972년 레비 작성. 이 장의 각주 25를 참조하라.)

***

보드웰은 모더니티 테제에 관한 비판에서 어떤 점에선 지각의 역사론 명제의 생리학적 공식화를 실로 수용하는 것처럼 보일 때가 있다.

지각의 역사 옹호론자는 (라마르크식 반론에 대해) 생물학적 진화는 근대의 새로운 지각 양식에 관한 주장과는 무관하다고 응수할지도 모른 다. 나는 그리 확신하지 못한다. (…) 이쪽 다수 이론가들의 출발점 ─ 근 대 도시 속에서 어찌할 바를 모를 때 사람들이 느끼는 혼란 ─ 은 현상학 적으로 무척이나 설득력 있어 보인다. 소도시 출신의 사람이 타임 스퀘어 나 피커딜리 서커스에서 하루를 보낸다면 감각상의 자극 과잉을 느낄 수 있다. 하지만 우리는 이러한 혼란에 진화론적 해석을 가정할 수도 있다. 수백만 년 동안 인간이 진화했던 환경은 대초원으로서, 이런 열린 공간에 서는 위험물과 은신처를 조망하는 데 장애물이 없고 다른 사람들로부터 떨어져 쉽게 거리를 둘 수 있었다. 우리에게는 (강력한 생물학적 의미에 서) 고대, 중세, 근대 등 그 어떤 도시에서건 삶의 도전들에 적응할 만한 충분한 시간이 주어지지 않았다. 과밀 공업도시는 우리를 위해 만들어진 환경이 아니라는 점에서 특히 위협적이다. 이런 식의 설명은 우리로 하여 금 이러한 환경을 경험을 통해 습득된 것으로 대처하게끔 도와주는 지각 적 스킬들을 다룰 것이다. 그렇게 학습된 스킬들이 나타나는 개인들 가운 데 드러나는 모든 변화들과 그 덧없음도 함께 말이다.[28]

보드웰의 이런 논의의 도입이 미덥지는 않지만[29] 적어도 한 가지 동 의할 만한 중요한 지점이 있는 듯하다. 보드웰은 근대 도시가 정신적 산만함과 감각 과잉의 느낌들과 관련되어 있으리라는 생각이 "현상학적으로 설득력이 있다"고 판단한다. 보드웰은 무수한 풍자만화들, 보드빌극들, 그리고 세기 전환기 즈음의 초기 영화에서 그려지는 '엉클 조시Uncle Josh' 혹은 '촌뜨기' 반응을 실제 현상으로 받아들였다. 이런 현상이 1896년에 이렇게 묘사되었다.

> 저 멀리 촌구석에서 살던 이가 난생처음 도시를 방문했을 때 느끼는, 거의 넋이 빠질 정도의 혼란스러움을 살펴보라. 그는 모든 조소의 대상이 되는데 이는 결코 그의 감각중추에 결함이 있어서가 아니다(이와 관련해 그는 아마도, 그리고 종종 그를 비웃는 이들보다 훨씬 나을 것이다). 그의 문제는 그의 지각을 향해 돌진해오는 무수한 광경과 소리를 취사선택하는 스킬이 없다는 데 있다.[30]

위의 평자처럼 보드웰도 '감각 과잉'을 습관과 스킬상의 적응을 통해 다뤄질 만한 난제로 접근한다. 이런 식의 추론을 부연하자면 다음과 같다. 만일 인간들이 (철저히 생물학적인 의미에서) 아직도 대도시 환경에 적응하지 못했다고 한다면 우리는 그만큼 더 새로운 환경에 대처하게끔 만드는 지각상의 스킬들을 습득함으로써 (보다 한정된 의미에서) 도시생활 적응 학습의 자극에 놓이게 된다는 것이다. 이는 실로 옳은 말이며 나 역시 반박하고 싶지 않다. 그러나 감각 과잉 현상이 제기하는, 뻔해 보이는 질문을 간과하지 않는 것이 중요하다. 즉 이런 경험이 육체적 수준에서 영향을 끼치는 바는 무엇인가? 감각중추의 각성이라는 신체적 경험에서 한 발짝 비켜나 오로지 습관과 스킬상의 변화에만 치중하는 것은 도시적 근대성이 일으킨 지각적 변화의 중요한 측면을 경시하는 것이다.

보드웰이 지각의 역사 명제에서 '습관-및-스킬' 해석에 역점을 두는 이유 중 하나는 (그것이 옹호하기 힘든 유사-라마르크식 입장에 대한 실행 가능한 대안이 될 수 있다는 사실은 접어두고) 그것이 (적어도 첫눈에는) 도시적 근대성이 너무도 널리 강력하게 퍼져서 실제로 영화에 강한 영향력을 행사했다고 하는 모더니티 테제의 주장을 약화시킬 수 있는 것처럼 보이기 때문이다. 많은 사람들이 복잡한 환경에 맞서 특정 전략들을 습득함으로써 도시 자극들에 대처할 수 있는 방법을 배우게 되었다면, 대도시는 결국 그렇듯 압도적이지 않았음이 틀림없다. 이런 식으로 생각의 궤도를 따라가다보면 도시가 언제까지나 정신을 산만하게 하고 스트레스를 가중시키는 혼란스러운 곳으로 파악되지 않게 되는데, 왜냐하면 사람들이 ― 결국에는 엉클 조시조차 ― 단순히 익숙해지고 길들여지기 때문이다. 물론 몇몇 사람들은 다른 이들보다 상대적으로 나은 스킬들을 익혔을지 모르지만, 이런 개인적 편차는 도시적 근대성이 영화 같은 문화적 표현에 중대한 영향력을 끼칠 정도로 결정적이고 파급력이 있지는 않았다는 사실을 강화할 뿐이다.

습관-및-스킬론을 확실히 지지한다 하더라도 그 자체가 자연스럽게 근대 도시의 경험적 결과에 관한 충분한 설명을 제공할 수 있다고 생각지는 않으며, 그것이 모더니티 테제와 모순된다고 보지도 않는다. 적응과 습관화가 어느 정도 사람들이 도시환경에 대처하는 것을 도왔다는 데 대해서는 의문의 여지가 없지만 정확히 얼마만큼 그랬는지는 불분명한데, 왜냐하면 많은 도시 자극들은 실로 본래 완전한 습관화를 가로막는 듯하기 때문이다. 1918년 루트비히 베버Ludwig Weber가 꼽은 예를 들어보자.

소음, 특히 대도시의 소음은 문제적인데, 왜냐하면 소리는 변화무쌍하기 때문에 적응할 기회가 없기 때문이다. 때로 심지어 대도시 바깥의 수많은 사람들, 가령 제분업자나 그 유사 직종의 사람들조차 소음으로 가득찬 환경에도 불구하고 건강한 장수를 누린다는 것이 지적된다. 하지만 이런 경우는 대개 익숙해지기 쉬운 단조롭고 규칙적인 소리에 대해서이다. 이와 달리 도시 소음은 끊임없이 변화하며 언제나 이런 각 소리들은 갑작스럽고 예측 불가능해서 놀라운 효과들을 지닌다.[31]

확실히 도시 거주자들은 소음에 덜 민감해질지도 모르나 어느 정도 선에서만 그럴 뿐이다(아마 전혀 그렇지 않을지도 모른다).[32] 환경 스트레스 요인들이 지니는 유해한 특성들은 기본적으로 완전한 습관화를 방지하는 데 있다. 자동차 경보나 경적 소리, 옆 사람의 말소리, 혹은 버스 맞은편에 앉은 사람의 헤드폰에서 울려나오는 둔탁한 랩 음악에 길들여지는 것은 무척이나 어려운 일이다. 스트레스 연구자들은 어떤 환경 자극이 주어졌을 때 생겨날 만한 스트레스를 결정하는 세 가지 변수를 도출해냈는데 예측 가능성, 통제 가능성, 그리고 (적용 가능한) 공간의 명료성이 그것이다. 개인들이 원치 않는 자극을 인식하는 데 있어 사적인 기질, 과거의 경험, 그리고 생활-주기 단계 등이 영향을 미치지만(사람들마다 인내심의 정도는 다르다) 일반적으로 예기치 않게 맞닥뜨리는 당혹스럽고 혼란스러운 통제 불가능한 자극들은 스트레스를 유발하기 쉽다.[33] 말할 나위 없이 도시의 삶은 바로 이런 자극들을 증가시킨다.

그러나 도시 거주자들이 복잡한 도시환경에 대처하기 위해 실로 매우 효과적인 적응, 습관, 그리고 스킬들을 발달시킨다는 사실을 받아들인다고(그것이 진짜 사실이라고) 가정해보자. 이런 사실이 모더니티 테제를 약화시키는가? 습관화된 도시생활의 지각들에 대처하는 기제들이 근대 도시의 감각적 강렬함, 쇼크, 그리고 파편화를 완화시키는 데 기여한다면 이러한 속성들이 영화에 미친 중대한 영향이라고 하기는 어렵다고 주장해야 할 것이다. 사람들이 도시생활의 감각적 분주함에 적응하고 길들여진다면, 그리하여 도시가 쇼크와 감각 과잉의 온상으로 확실히 지각되지 않는다면 영화가 쇼크와 감각 과잉의 도시 경험으로부터 생겨났다고 단언하는 것은 문제가 있다. 이는 일리 있는 지적이지만 이같은 도시생활에의 적응, 즉 앤더슨과 린데만이 "긴급성과 신속성을 다투는 습관들" "표정의 강렬함과 생활속도의 신속함"이라고 묘사했던 사고의 새로운 습관들이 바로 영화 같은 엔터테인먼트를 활성화시키는 데 영향력을 행사하거나 우호적인 경향을 초래했을 거라는 예상을 간과하게 된다. 도시 삶의 속도와 강렬함에 적응하는 것은 영화의 다이너미즘을 촉진하는 도시 경험의 특질들을 감소시켰다기보다는 증가시켰을지도 모른다.

***

이제까지 나는 주로 모더니티 테제를 떠받치는 첫번째 기둥, 즉 근대 도시가 지각상의 실체 변화들을 초래했다는 전제를 옹호해왔다. 하지만 이는 문제의 일부에 지나지 않는다. 논의를 위해 첫째 전제를 받아들인다 치더라도 우리는 두번째 장벽에 부딪히게 된다. 무엇보다 의문스러운 것은 추정되는 지각적 변화들이 실제로 영화에 영향을 끼쳤는지, 그리고 그랬다면 어떻게 끼쳤는지의 문제다. 통상 문화적 표현들이 사회적 맥락을 반영하는 것은 당연하게 여겨지지만, 이것이 예술작품에 담

176

긴 사회 이데올로기와 시사적 언급들이라기보다 예술작품의 형식-스타일에 있어 고유한 특성들이라고 할 때, 이러한 상관관계를 다루기는 훨씬 어렵다. 복잡성, 속도, 파편화, 그리고 갑작스러움으로 특징지어지는 도시환경이 어떻게 유사한 속성을 갖는 오락물들을 육성한다는 걸까?

이러한 의문을 다루는 데 있어 짚고 넘어가야 할 첫번째 요소는 변명이 아닌, 이론 연구의 원리적 사실에 기초해 언급하건대, 모더니티 테제에 대한 주장을 정당화하기 위해 이에 해당되는 기제들을 완벽하게 이해하는 것이 필수적이진 않다는 점이다. 사회와 문화적-미학적 표현 간의 연관성은 대단히 복잡하고 포착하기도 어렵다. 이것들을 모두 명확히 규명할 수 없다고 해서 사회적인 것과 예술적인 영역, 혹은 이 경우 감각의 역사와 상업적 선정주의 역사 간의 중대한 상관관계로 보이는 것들에 대한 관찰의 여지를 막아버릴 필요는 없다. 이는 우리에게 몇몇 가설들―특히 제1세대 모더니티 이론가들에 의해 구축된―을 고찰하게 한다. 크라카우어나 벤야민, 그리고 그들의 선배들은 근대 도시의 경험과 근대 오락물의 감각적 특질 사이의 관계를 해명하는 사회심리학적 기제들의 개요를 밝혀냈다.

이 기본 가설은 더욱 커지는 자극의 강렬함과 신속함에 대응해 개인이 보통 지각 능력과 기질들을 맞추고 조종하거나 개선할 거란 생각을 담고 있다. 앞서 논의된 생리학적, 인지적/행동적 변화들은 모두 이런 동기화, 즉 감각들이 고속화된 세계의 속도를 따라잡으려고 신경 각성의 기어를 고속으로 변환하는 데 공헌한다. 어떤 잠재적인 조절 과정이 있어왔다 할지라도 핵심 요지는 근대 개인이 이러한 외부세계의 격변, 속도와 충격을 내재화했으며, 이는 활동 과잉의 오락물에 대한 기호를 생성해냈다. 지멜은 다음과 같이 지적했다.

대도시적 성격을 나누는 유형에 대한 심리적 근거는 신경 자극의 강화에 있는데 이는 신속하게, 그리고 끊임없이 변화하는 내부/외부 자극들에서 생긴다. (…) 눈에 보이지 않는 불안 (그리고) 어찌할 수 없는 절박함은 (…) 근대적 삶의 흥분과 번잡함에서 기인한다. (…) 여기서 오늘날 흥분에 대한, 극단적인 인상에 대한, 그리고 변화 속도의 최대치에 대한 갈망이 생겨난다.[34)]

1912년 하워드 울스턴Howard Woolston 역시 근대의 환경 자극과 '강력한 충격'에 대한 갈망 간의 관련성을 강조하면서 실로 대중오락과의 관련성을 더욱 명백하게 드러냈다.

도시적 삶은 고조된 자극으로 특징지어진다. (…) 이런 흥분은 신경계를 뒤흔든다. 도시생활은 자연스럽게 신경과민을 증가시켰다. 사람들을 집어삼킨 불안한 흐름은 새로운 만족을 찾아나서는 기민하고 능동적이고 발빠른 개인들을 생산한다. 도시 거주자들의 오락은 아마도 실로 그들의 특징적인 반응들의 목록일 것이다. 오늘날 큰 도회지의 대중오락은 대부분 살롱과 댄스홀, 쇼 극장, 그리고 활동영화 쇼들이 차지한다. 코니아일랜드는 그 '활강로'와 '충돌' '죽음의 고리' '원형 그네' '간지럼 태우는 사람' 스트립 쇼, 갖가지 경이로운 식도락과 함께 수천의 젊은 뉴요커들이 가장 좋아하는 유흥지이다. 이곳에는 "시시각각 벌어지는 뭔가"가 있다.[35)]

이러한 주장—자극적인 오락물들은 근대적 삶의 지각 조건에 부합한다—은 벤야민이 영화를 충격의 매개물로 이해하면서 "자극에 대한 새롭고 절박한 욕구"[36] 충족을 위해 등장했다고 주장했을 때 암시한 바이다.

이러한 단언들은 물론 일화적일anecdotal 뿐이며, 그 정당성이 어떤 종류의 경험적 연구들을 통해 확증 혹은 부정될 수 있을지는 추측하기 어렵지만 1960년대 소규모로 이루어진 한 동물학 연구는 시사하는 바가 없지 않다.

위스콘신 메디슨 대학 (커뮤니케이션학과와 혼동해서는 안 될) 영장류 센터의 한 과학자는 붉은털원숭이를 두 그룹으로 나누어 연구했는데, 하나는 자연 정글 서식지에서 포획되었고 다른 하나는 인도의 한 분주한 시장에서 데리고 왔다. 도시환경은 잡다한 지각적, 운동적 경험을 접할 수 있는 기회가 더 열려 있기에 훨씬 더 자극적일 거라고 예측되었다. 가지각색의 복잡성을 띤 자극적 전시물(검정 나무판 위, 꾸밈없는 회색 정육면체 여덟 개, 텅빈 쥐 우리 여덟 개, 직경 3피트의 원형 트랙 위로 색깔 있는 장난감들을 싣고 움직이는 장난감 기차)에 반응하는 원숭이들의 시각적 호기심이 비교되었다. 연구 결과 도시 원숭이들은 복잡한 전시물을 들여다보는 데 상당한 정도로 더 많은 시간을 보낸다는 것이 밝혀졌다. 진기한 대상을 조작하고 탐색하는 반응과 관련하여 앞선 연구들도 이와 유사한 차이를 밝혀냈다. 연구자는 이런 결과들이 "인간의 조작, 탐색, 혹은 호기심 행동이 상당 부분 직면한 자극적 상황과 개인의 복잡성 수준에 의해 결정되며 지각적, 운동적 경험이 많은 개인일수록 더욱 복잡한 수준의 자극과 최대한 상호작용하게 되어 있다"[37]는 가설을 입증한다고 결론 내렸다.

수많은 작가들이 이런 주장의 역설에 주목하여 논의를 확대하였다. '흥분에 대한 갈망'은 한껏 활성화된 근대적 조건 짓기conditioning의 리듬을 반영해왔을지 모르지만, 동시에 그것은 과잉 자극이 초래한 감각의 소진 징후로도 해석될 수도 있다. 지멜에 의하면 근대사회는 두 가지 조건이 한데 얽혀 있다. "매료되기에는 너무나 가까운 것, 그리고 너무나 먼 거리에 있는 것 사이에는 깊은 내적 관련성이 존재하며, 그것들은 일종의 접촉에 대한 공포와 함께 우리를 공백 상태에 위치시킨다. 우리는 그 둘로부터 모두 똑같이 고통받는다는 것을 알았다."[38] 신경쇠약증 (혹은 '근대적 신경과민')을 전공하는 수많은 내과의사들이 주장하듯, 과도한 감각 자극은 결과적으로 감각기관을 소진시키고 무능하게 만들었다. 이런 견해는 인간의 신경들이 너무나 많은 자극들에 노출되면 점진적으로 덜 반응하게 되고 약해지는데다 무뎌지면서 물리적 마모에 시달리게 된다는 것이다. 이런 일반적 관점을 대표하는 것이 근대적 삶의 복잡성에서 야기되는 유해 효과들에 대한 막스 노르다우의 평가이다. (1장에서 인용했듯) 사회적 순환과 이동성의 증가를 개괄하고 난 뒤 그는 이렇게 단언하였다.

이 모든 활동들, 심지어 가장 단순한 활동조차 조직의 소모와 신경계의 노력을 필요로 한다. 우리가 읽고 쓰는 구절 모두, 우리가 만나는 인간들의 얼굴 모두, 우리가 계속하는 대화 모두, 비호같이 달려가는 급행열차의 창문으로부터 감지되는 장면 모두, 우리의 감각 신경과 두뇌 중추 활동을 부추기기 시작한다. 심지어 기차여행에서 오는 작은 쇼크들, 끊이지 않는 소음들, 큰 도회지 길가의 가지각색의 광경들조차 의식적으론 감지되지 않는다 하더라도 (…) 우리 두뇌를 소모시키는 대가를 치른다. (…) 피로와 소진 (…) 은 현대 문명, 열에 들뜬 우리 삶의 현기증과 소용돌이, 크게 증가한 감각적인 느낌들과 유기적 반응들, 이 때문에 정해진

시간 단위에 강요되는 지각과 판단, 그리고 운동 충동들의 효과이다.

노르다우는 주장하기를, 감각적 스트레스 및 소진은 "자극, 고통스러운 흥분성excitability의 완화, 혹은 찰나적인 인위적 고무를 갈망하도록 만드는"[39) 경향을 낳았다. 지멜도 이와 매우 유사한 주장을 명확히 표현했다. 그는 "과도하게 흥분되고 소진된 신경"이 둔화된 감각과, 그가 '무감각' 과 '혹사' 라고 언급한 상태를 이끌어낸다고 주장했다.

무감각한blasé 태도는 급속하게 변화하는, 그리고 바싹 죄어드는 현저한 신경 자극의 최초의 결과이다. (…) (이런 자극들은) 그들의 신경을 오랫동안 강력한 반작용으로 뒤흔들어 마침내 모든 것에 반응하기를 멈추게 만든다. (…) 순진한 느낌들은 결국 변화의 급속함과 모순성으로 인해, 무해한 인상들은 그러한 폭력적 반응들을 강요한다. 남아 있는 마지막 힘이 소모될 때까지 신경을 가차 없이 이리저리 찢어발기면서. 그리고 그 어떤 것이 동일한 환경에 남게 된다 하더라도 새로운 힘을 비축할 시간이 주어지지 않는다. 그리하여 새로운 감흥에 적절한 에너지로 반응하기 위해 무능력이 떠오른다. (…) 무감각한 태도의 본질은 판별력이 무뎌진다는 데 있다. 이는 대상들이 감지되지 않는다는 뜻이 아니라 사물마다 다른 가치와 고유의 의미, 즉 그 자체의 고유성들이 공허하게 경험된다는 의미이다. 무감각한 사람들에게 그것은 모두 똑같이 밋밋한 회색 톤으로 보인다. 어떤 대상도 다른 것에 비해 선호될 만하지 않다[40)(그림 4.2를 보라).

이러한 수사법이 현대 독자들에게 빛바랜 걱정이라는 인상을 안겨줄

지도 모르지만 이런 보편적인 생각은 한 세기 후에 시작된 스트레스 연구에서 탄생되었다. 1950년 스트레스에 관한 근대적 연구의 창시자 한스 셀리에는 말하길 "강력하고 조직적인 스트레스 요인에 계속해서 노출되면 완전히 단련된 유기체라 할지라도 무기한 지속적으로 적응할 수 없다. (⋯) 유기체의 적응성 혹은 '적응 에너지'는 결국 소진된다. 이렇게 적응이 와해될 때를 가리켜 통상 '소진 단계'라고 부른다".[41]

이런 논의는 무뎌진 감각중추를 그저 돌파하기 위해서는 더욱더 강렬한 시청각적 충격을 필요로 하기 때문에 감각의 소진이 선정주의의 단계적 확산을 이끈다고 주장한다. 무감각한 지각이 점점 더 강렬한 인상들을 요구할수록 대중오락물에서 스릴에 대한 수요는 증가하게 된다. 울스턴은 이런 견해를 간결하게 요약했다. (앞서 인용했던) 대중적인 오락 목록을 작성한 뒤 그는 "이 모든 것들은 지친 유기체를 깨워 새로운 활동으로 이끄는 단시간의 강력한 충격들의 연속물을 통해 닳아빠진 주의력을 자극하는 경향이 있다"[42]라고 결론지었다. 버튼 라스코 또한 1921년 저작에서 영화를 이러한 감흥 둔화 증후군과 더욱 강력한 대응책의 범위 안에서 연관시켰다.

근대인의 감성은 (⋯) 귀로 날아드는 소음과 (⋯) 봐줄 것을 지나치게 호소하는 상태에 무뎌져 있다. (⋯) 이렇듯 무지막지한 감각상의 고갈과 이런 고갈들에 저항하는 데 필요한 절대적 에너지가 유출되는 것의 궁극적 결과는 (⋯) 폭력적이지도, 서투르게 구성되거나 감각적이지도 않은 그 어떤 시각적, 청각적 인상들에도 둔감해지는 것(이다). 영화는 단지 근대 미국인의 신경적 교란, 혹은 훌륭하고 섬세하게 조직되고 조화롭게 균형 잡힌 그 어떤 것에도 철저히 무감각해지는 경향들이 종괴효과mass

그림 4.2 그림 같은 미국(『라이프』, 1908. 6. 25.)

effect를 일으키는 데 기여할 뿐이다.[43]

이런 가설은 무감각한 태도에 관한 또다른 기술로 종종 보완되었다. 무뎌진 감흥은 일정 부분 유기체의 피로―적절한 반응을 불러일으킬 수 없는―에서 비롯되었을 수도 있지만, 또한 유기체가 극단적인 자극들을 걸러냄으로써 스스로를 보호하려는 노력의 반영이다. 지멜이 진술했듯 "대도시의 인간 유형은 (…) 자신을 절멸시키려는 외부환경의 모순들과 위협적인 풍조에 대항하여 자신을 보호할 기관을 발달시킨다".[44] 라스코도 유사하게 지적한 바 있다. "소리에 대한 그의 민감도는 (…) 이런 소음들 가운데 덜 산만하게 하는 것들에는 무감각해지도록 만드는 경향이 (있는) 신체의 보호기제에 의해 무뎌진다. 안 그러면 그는 신경계에 가해지는 터무니없는 요구들로 산산이 조각나버릴 것이다."[45] 같은 맥락에서 피티림 소로킨은 1927년 저작에서 다음과 같이 말한다.

현대 서구의 심리 상태는 (…) 신경계의 무감각이 증가한다는 특성이 있다. 우리가 끊임없이 움직이면서 주변의 수많은 현상에 예민하다면 우리의 신경계는 완전히 파멸(될 것)이다. 많은 자극들에 대해 무감각을 발달시키지 않는다면 생리학적으로 버텨낼 수 없었을 것이다. 셀 수 없이 많고 너무 가변적이라 그중 많은 부분들에 무감각해지는 것은 필연적이다. (…) 우리의 신경계는 존속을 위하여 더욱 둔해지거나 덜 민감하게 되어버렸다.

익히 알려진 인플레inflationary의 이치에 따라, 그리고 "자극에 대한 새롭고 절박한 욕구"에 관한 벤야민의 언급을 내다보며 소로킨은 "감흥의

필요를 생산하는 것"이 이러한 방어적 무감각 탓이라고 말한다.[46)

벤야민 역시 다소 다르기는 하지만 충격으로부터의 자기방어 개념을 탐구했다. 그는 프로이트가 외상적 충격에 대항하는 적응성 방어로서의 불안의 기능에 관해 『쾌락 원칙을 넘어서Beyond the Pleasure Principle』에서 펼쳤던 이론에 기댔다. 프로이트는 제1차 세계대전 당시 포탄의 충격을 입은 희생자들을 연구하면서 위중한 외상적 (신경)쇠약이 소름 끼치는 사건을 전혀 예상치 못했던 병사들에게서만 발생했다는 사실에 주목했다. 다른 한편, 이런 충격에 정주하거나, 정신적으로 예행연습을 거듭함으로써 혹은, 달리 말해 통제된 작은 자극을 통해 익숙해짐으로써, 불안 속에서 준비가 되었던 이들은 위중한 신경쇠약으로 고통받진 않았다. 이런 맥락에서 프로이트는 불안이 자기방어적이라고 여겼는데, 왜냐하면 개인은 충격의 외상화 가능성에 대해 스스로를 방어할 수 있기 때문이다. 프로이트는 이렇게 썼다. "의식이 충격을 쉽사리 새기면 새길수록 외상적 결과가 발생할 가능성은 적어진다. (⋯) 자아는 스스로 불안을 일종의 예방접종 삼아 종속시키며 사소한 질병의 공격을 감수하는데, 이는 그것의 총력전을 피하기 위함이다."[47) 벤야민은 이러한 가설을 영화 체험에 대입시킨다. 영화의 충격들은 근대적 환경의 충격에 대항하는 일종의 준비 또는 면역 기능을 담당한다.

충격의 수용은 자극 대처 훈련을 통해 쉬워진다. (⋯) 영화는 근대인이 맞서야 하는 삶의 고조된 위협에 상응하는 예술 형식이다. 스스로를 충격 효과에 노출시키고자 하는 욕구는 인간이 자신을 위협하는 위험에 적응하는 것이다. (⋯) 영화는 사람들이 (테크놀로지) 장치들—사람들의 삶에서 그 역할이 거의 나날이 증가하는 장치들—과의 어떤 상호작

용에 필요한 지각력 및 반응력을 훈련하는 데도 기여한다.[48]

벤야민은 가정하길, 급속하게 변화하는 영화 이미지와 관객의 감각적 상호작용은 근대세계의 급속한 자극들에 대처하는 능력을 강화시켰다. 그것은 개인이 자극에 대해 사전 준비할 수 있는 통제된 환경에 일종의 감각의 유연체조를 제공했다.

벤야민이 논의하지는 않았지만, 영화가 제공한 환경 속에 대중이 고도로 구조화된 맥락에 집중적으로 모일 수 있었다는 사실을 상기한다면 이런 가설을 확대할 수 있을 것이다. 앞서 말했듯 잠재적 스트레스 요인을 실제적 스트레스 요인으로 전환시키는 데 가장 결정적인 세 가지 요소는 예측 가능성, 통제 가능성, 그리고 적용 가능한 공간적 명료성이다. 군중 구성의 스펙트럼 상에서 폭도들이 한쪽 끝에 놓여 있다면 — 폭도들은 그 정의대로 통제 불가능하고 예측 불가능하며 공간적으로 무질서하므로 — 관중은 다른 쪽 끝에 놓여 있다. 관객들은 확립된 행동 규칙들, 사적 공간의 명확한 지역적 한계들, 그리고 통일된 주의 집중에 의해 길들여진 군중들이다. 벤야민의 논리에 따르면, 관객 체험은 마치 영화의 시청각적 강렬함과 불연속성이 그들로 하여금 대도시의 다른 충격들에 대처할 수 있도록 돕는 것과 똑같이, 개인들로 하여금 스펙트럼 상의 다른 곳에 해당하는 군중들에 대처하는 데 도움이 될 수 있다.

도시적 근대성과 영화의 관련성을 해명하는 마지막 견해는 선정주의가 근대의 빈곤한 경험에 대한 보상반응으로 기능했다는 것이다. 정신적 산만함과 스릴은 근대의 제조공장과 관료화된 사무실에서 소외된 노동, 그 불안하고 무의미한 분투와 권태로부터 순간적인 도피처를 제공한다. 크라카우어는 이렇게 썼다. "노동자 대중들이 시달리는 긴장은

(…) (지방보다) 훨씬 더 크고 실체적이다. 그들의 하루가 충족되지 못하도록 전체를 메워버리는 긴장, 없어서는 안 될 형식적인 긴장이다. 이런 결핍은 보상을 요구한다."[49] 일찍이 1896년에 지멜은 유사한 논증을 펼친 바 있다. 베를린 만국박람회에 관한 글에서 그는 논평했다. "근대의 개인은 점점 더 몰려드는 이질적 인상들, 황급히 그러나 다채롭게 변하는 감정들을 증대시킴으로써 그들이 노동 분업으로 생산해내는 것의 일방성과 획일성을 상쇄하려는 것처럼 보인다."[50] 여기서 크라카우어가 지멜에게 (그리고 폭넓은 담론에) 빚지고 있는 것은 분명하지만, 크라카우어는 이런 주장의 태생적 아이러니에 보다 민감하다. 대중오락의 보상적 스릴은 근대 체험을 해치기 시작한 초자극의 목록 그 자체를 재생산해낸다. 크라카우어는 노동 분업과 도시 경험은 "보상되기를 요구"하지만 "이런 욕구는 애초에 이런 결여를 강제한 동일한 피상적 조건과 유기적으로 관련되어 있다. (…) 엔터테인먼트 형식은 필연적으로 기업의 형식에 상응한다".[51] 1918년 루트비히 베버도 동일한 논지를 입증한 바 있다.

대도시에서 자극이 증가되는 것 (…) 사람들을 계속해서 서두르게 만들고 책임과 긴장, 걱정을 증폭시키는 빤한 경쟁에 (직면하도록) 강요하는 근대적 삶의 불안함은 (…) 잇따라 새롭고 기이한 쾌락 형식들을 창조해낸다. (…) 부단한 자극의 증가만이 갈망하던 쾌락이나 긴장, 걱정으로부터 일시적 해방을 보장한다. "연극, 음악회, 심지어 도박과 폭음이 마음속에 들러붙은 직업적 책무에서 비롯된 격렬한 영향들을 일소하고 휴식을 가져다줘야 하건만, 그것은 대신 그저 새로운 흥분들을 불러들일 뿐이다."[52]

1915년 피란델로의 주인공은 근대적 삶의 지리멸렬한 특성을 흉내 내면서도 동시에 보상하는 대중적 선정주의의 아이러니를 아마도 가장 생생하게 포착했을 것이다.

이 모든 아우성과 현기증 다음에 우리에게 주어진 휴식은 너무도 지치게, 고막이 터질 만큼 귀를 먹먹하게 만들어 더이상 생각할 순간을 잡을 수조차 없다. 우리는 한 손으로 우리 머리를 떠받치면서 다른 손으론 술김에 한번 휘두른다. "오락이나 한번 해보자!" 그렇다. 우리에게 제공되는 오락물들은 우리가 하는 일보다 더 복잡하고 지치게 만든다.[53]

보상가설은 아마도 '무감각한 태도 — 감각 소진' 가설로 회귀하는 듯하다. 즉 선정적인 오락물은 그저 강력한 감흥의 인플레이션 곡선에 기여하는 또다른 구성요소일 뿐이다.

***

이렇듯 영화가 왜 도시적 근대성을 반영해왔어야만 했는지를 설명하는 제1세대 가설들은 문제가 없기는커녕, 그 가능성을 평가하기 위해서는 많은 작업이 수반되거나 다른 가설들이 함께 탐구되어야 한다. 나는 이런 작업을 유예하는 대신, 이 전체 기획을 간단히 할 수 있는 논의로 되돌아가려고 한다. 만일 영화 스타일이 결국 근대성을 반영하지 않는다고 한다면, 혹은 영화와 모더니티 사이에 추정되는 형식-스타일 상의 일치가 사실상 억측이고 근대적 조건에서의 변화와 상응하지 않는 쪽에 가깝다면 이 모든 가설들은 부적절한 것이 될 것이다.

모더니티 테제의 혹평가들, 특히 보드웰과 찰리 케일Charlie Keil은 이런 주장이 너무 날이 무뎌서 영화의 실제적인 미학 발전에 대한 유용한 통찰들을 도출해낼 수 없다며 반대한다. 이들의 비판은 형식-스타일의 분석을 외면하고 부분적으로 모더니티 테제를 초기 영화에 관한 역사적 연구 쪽으로, 그리고 매체(초기 영화에 관한 지난한 연구에는 그다지 구미가 당기지 않지만, 그 문화론적 대중화를 주체-입장 이론의 파열 이후 궁지에 몰려 있다 다시 매달릴 만한 전도유망한 새로운 거대이론Grant Theory으로 보는 학자들에게 관심을 끌었을 법한)의 폭넓은 일반화 방향을 향해 나가려는 일반적 방향에 대한 실망의 표현이다.[54] 그러나 그 근본적인 반론은 논리적 의문에 있다. 특정한 지각 양식이 세기 전환기의 근대를 지배했다고 가정한다면, 그리고 그 지각 양식이 도시의 돌연성과 파편화의 특질들을 본뜬 스타일 요소들을 통해 예술 영역에서 자기 스스로를 표현한 것이라 가정한다면, 영화가 이런 스타일상의 변화들을 드러냈다는 사실에 대해선 어떻게 설명할 수 있을까? 영화 편집의 비약abruptness은 종종 영화에선 지각적 근대성의 필수적인 요소로 언급되기도 하지만, 많은 초기 영화들은 상대적으로 편집을 조금 하거나 전혀 하지 않았다. 대신 영화의 '유인' 요소를 언급한다 하더라도("눈으로 보는 쾌락은 어느 정도 실제 근대 도시의 신경 리듬에 적응했다")[55] 문제는 사라지지 않는다. 몇몇 영화들은 강력한 유혹을 담아냈지만 그렇지 않은 것들도 있었다. 그리고 만일 '매혹으로서의 시네마'가 1907년 즈음에 시작된 고전적 화법의 발흥에 따라 점차 지위를 빼앗기거나 '사장되도록' 강요되었다면, 우리는 논제의 문화 반영 논리에 따라 도시적 근대성이 그에 상응하는 변화를 겪었다고 추정해야 하는가? 근대의 경험적 성격이 어느 모로 봐도 20세기의 처음 10년 동안이나 그 다음 10년 동안 똑같았다고 가정한다면 그 20년 동안 영화가 그토록 달라졌다는 사실에 대해선 어떻게 설명할 것인가? 실로 1920년대에 일어난 변화의 핵심 요소—시각적인 이야기에 푹 빠질 수 있고 따라가기 쉽도록 고안된 화법과 편집 관행의 출현—는 아마도 모더니티 테제가 영화적 충격, 경악, 그리고 불연속에 대해 강조하는 것을 거스르는 것처럼 보일지도 모른다.

이는 모더니티 테제 같은 중대한 관념이 맞서야 할 일종의 회의론을 정확히 표현하는 중요한 의문들이다. 그러나 모더니티 테제의 인과적 모순들에 역점을 두려는 시도 속에서 이들 비평가들은 모더니티 테제를—그들 자신도 기꺼이 받아들이는 것처럼 보이는데—어떤 현상(영화)이, 특히 그것이 어느 사례, 그리고 모든 사례들을 지배하는 것처럼 보일 때, 정당성을 주장할 수 있는 유일한 하나의 근원, 혹은 영향(근대성)만 존재한다고 생각하는 순박하기 짝이 없는 역사 결정론적 개념으로 귀속시킨다. 모더니티 테제 옹호론자 중에는 그 어느 누구도 영화를 지배하는 유일한 역사적 세력을 분리해내려 하지 않는다. 두말할 나위 없이 영화 같은 문화적 인공물은 수없이 많은 세력들에 의해 형성된다(물론 공정을 기하자면, 모더니티 테제를 명료화하는 데 있어 대개는 이런 조건들을 포함시키기 위해, 혹은 가능한 반론이나 대안적 설명들을 인식하기 위해 노력을 거의 하지 않았다는 점으로 미루어볼 때, 이런 비판이 부당한 것은 아니다). 영화는 영화촬영 기술, 스타일 및 장르의 순환 과정, 산업 관행들, 영화의 사회적 기능상의 변천들 및 기타 등등의 발전에 반응했다.[56] 모더니티 테제가 목표했던 바는 모두 이런 목록에 '주변이나 환경적 맥락' 혹은 '지각 경험'을 추가하는 것이었다. 만일 어떤 영화들이 모더니티 테제와 맞지 않는다면(예를 들어 편집을 최소화하고 단순한 풍경과 밋밋한 연기로 만들어진 느린 영화) 우리는 그 이유가 다른 결정요소들이 우위를 차지했기 때문일 거라고 추측할 수 있다. 모든 결정요소들(심지어 우리가 그것들을 모두 식별해낸다고 가정하면서) 가운데 영향력의 상대적 등급을 숙고하는 일은 의미가 없을 테지만, 근대 도시 — 인류 역사상 가장 중대한 사회적 변화라고 논할 만한 — 의 출현이 이런 맥락 내에서 발달했던 예술 형식에 어느 정도 영향을 미쳤을 가능성을 탐구하는 일은 모더니티 테제의 옹호론자들에게 그만한 가치가 있었을 것이다(동시에 그 당시 작가들이 똑같은 가설에 어느 정도로 끌렸는지, 그 근거들을 제시하면서 말이다).

찰리 케일은 "모더니티 테제의 어떤 경향들은 지난 15년 동안 초기 영화 연구가 갈고 닦았던 역사적 변화에 대한 정교한 이해를 희생시킬 위험이 있다"라고 경고한다. 이런 염려가 어느 정도 타당성이 있을지도 모르겠으나 궁극적으로는 그릇된 경종이라고 생각한다. 왜냐하면 모더니티 테제에는 학자들이 영화 스타일의 역사에 대한 정밀한 분석을 수행하지 못하도록 말리는 그 어떤 것도 포함되어 있지 않으며, 이런 유익한 연구 프로그램이 계속 활성화될 거라는 생각이 충분히 가능하기 때문이다. 모더니티 테제는 정밀분석 접근법과 경쟁한다기보다 그것을 향상시킨다. 그러나 보드웰과 케일이 강조하듯, 이 둘이 언제나 조화롭지는 않다. 그렇더라도 우리는 빈틈없는 정밀한 분석이 자동적으로 모더니티 테제라는 둔중한 일반론의 신용을 떨어뜨린다고 가정해서는 안 된다. '역사적 변화에 대한 정교한 이해'는 가끔 더 큰 그림을 놓칠 수 있는 것이다. 예를 들어 보드웰과 케일의 비판에서 핵심 논지는 매혹으로서의 시네마에서 고전적 내러티브 시네마로의 변천에 관한 것이다. 케일은 이렇게 말했다.

모더니티 테제의 개념적 용어들은 초기 영화가 과도기 동안 겪었던 변화들을 적절히 수용하는 데 실패했다. (…) 과도기는 (…) 점점 더 복잡해지는 내러티브에 대한 관객의 이해를 돕기 위해 고안된 형식적 조작을 수정할 것을 안내했지만, 그것들은 확실히 매혹으로서의 시네마와 연결되어 있는 지각적 충격의 정도를 완화시켰을 뿐이다. 영화가 보다 관습적인 내러티브 양식으로 이동해갈 때쯤 이러한 문화 안에서 강력했던 근대의 결정적인 속성과 유행이 끝없이 지속될 것만 같았던 상황을 추측해보았을 때, 어떻게 이런 변화가 일어날 수 있었는지 이해하기란 정말 힘든 일이다.[57]

이러한 주장은 앞서 언급했던 극단적으로 단순화된 결정론을 제쳐놓는다 하더라도 문제가 된다. 왜냐하면 모더니티 테제를 '매혹으로서의 시네마'라는 지극히 제한적인 정의로 구속하고(즉 초기 영화의 역사에서 1906년 이전 즈음, 스타일이 우세했던 특정 시기) '유인물'(보다 폭넓게 정의하자면 감각 흥분을 유발하는 모든 요소들)과 내러티브 통합 영화 간의 그릇된 이분법을 확립한다는 점이다. 이미 수차례 강조했던 논점을 반복하자면, 유인물들은 통합 내러티브의 습격에도 사라지지 않았다. 도리어 스펙터클을 자극하는 것은 내러티브 영화의 중요한 구성요소가 되었다. 게다가 내러티브의 이해와 유효성을 향상시키기 위해 고안된 '형식적 조작'의 출현이 유인의 영향력을 완화시켰다고 생각할 하등의 이유가 없다. 도리어 고전적 화법은 강력한 드라마적, 정서적 의미를 부여함으로써 유인의 자극적 용량을 증폭시켰다. 고속 기관차의 쾌속은 그 자체로 자극을 일으킬 수 있지만, 그 기관차 안에 어린 시절 연인의 손에 반지를 끼우고 그녀의 삶을 망치려는 악당을 막기 위해 달려가는 주인공이 실려 있다면 더욱 자극을 일으킬 것이다. 게다가 고전적 편집은 그리피스의 구출-레이스 멜로드라마들이 너무도 잘 예증하듯, 시각적 속도와 본능적 흥분에 있어 전면적인 새 국면을 열어젖혔다.[58]

모더니티 테제의 혹평가들은 (1)영화 스타일상의 변화들이 반드시 이에 대응되는 근대적 환경의 변화들을 반영하지는 않는다는 사실에 의해서, 혹은 (2)내러티브 영화로의 이행이 영화와 도시적 근대성 사이의 비교를 미연에 방지했다고 하는 추정상의 사실에 의해 그 그릇됨이 증명된다고 논박한다. 이 두 논증은 모두 테제의 지나친 환원적 개념에 의지한다. 모더니티 테제는 획일적으로 '거대한' 것도(그것은 도시적 근대성을 영화를 형상화한 유일한 세력으로 못 박지 않는다), 특정 공간에서 단단하게 제한된 것도 아니다(영화 탄생 후 첫 10년 동안은 구속될 필요가 없다). 유인의 형식들은 내러티브 통합 영화로의 이행과 함께 변화하고 확장되었지만, 이 매체는 반드시 도시적 근대성과의 비교를 요구했다. 사실 이런 결과에 대한 초기 견해의 대부분은 내러티브 통합 영화로의 이행 이후부터 생겨났다.

***

나는 이 장에서 영화와 모더니티의 연결고리에 관한 몇몇 기원적 주장들을 살펴보았다. 하지만 나는 학자들이 단지 이것의 역사적 담론의 표피만을 건드렸을 뿐이라고 믿어 의심치 않는다. 이런 주장들은 반드시 — 실제 경험의 충실한 기록처럼 액면 그대로 받아들이기보다 — 비판적으로 접근되어야 한다. 그들이 재현하는 바는 모더니티를 향해 취하는 신중한 수사적 태도이지, 그 효과들에 대한 결백한 표현은 아니다. 근저에 놓인 동기와 함의들을 해석하기 위해서는 더 많은 연구들이 이루어져야 한다. 그럼에도 불구하고 이런 담론이 어떤 마법처럼 근대적 사태의 실제 지각에 기초하지 않고 무에서 출현한 것은 아니었다. 우리는 초창기 영화팬들(적어도 그들의 경험에 관해 기록을 남겼던 사람들)이 영화에 대해 강력하게 질주하는 인상들, 동역학적 속도, 진기한 광경들, 과도한 병치, 그리고 본능적 자극 매체, 그리하여 그것을 통해 근대의 도시 경험과 놀라운 유사성을 감지하는 매체로 묘사했던 그 빈번함을 인식하고, 이를 진지하게 받아들여야 한다.

학자들이 이런 표현들에 관한 견해, 그리고 모더니티 테제 전반에 관한 견해를 계속 이어가는 상황에서 두 분야의 연구가 수행될 필요가 생겼다. 첫번째는 과학적이고 경험주의적인 분석을 포함시키면서 "그것이 사실인가? 근대 도시는 실로 지각 양식을 변화시켰는가? 만일 그렇다면, 그 결과 정말 영화에 영향을 미쳤는가?"를 묻는다. 이것은 내가 여기서 초점을 맞춰온 부분이다. 나는 지각적 변화에 대한 가설이 그럴듯하며, 모더니티가 영화 스타일에 영향을 미쳤을지도 모른다는 생각을 논박하는 주장들에 결함이 있음을 진술했다. 두번째는 문화사와 담론 분석을 포함시키면서 "그것이 무엇을 의미하는가? 모더니티가 실제로 지각을 변화시켰든 아니든, 영화에 영향을 미쳤든 아니든, 도시 초자극과 영화적 다이너미즘의 주제들이 그토록 우세했던 이유는 무엇인가? 20세기 초 작가들은 대중적 선정주의의 확산을 이해하려고 노력하는 데 있어 왜 사회경제적 설명보다 모더니티 테제 쪽으로 끌렸던 것일까? 근대 도시의 감각적 격변에 관한 담론들과 그것들이 영화 속에 반영되었다고 보는 가정이 기여한 사회적, 심리적 기능들은 무엇인가?"를 묻는다. 아마도 우리가 직면한 가장 큰 도전은 이런 두 연구 분야에 의해 드러난 현상들이 서로 어떻게 연관되어 있으며 서로 어떻게 왜곡시키는지를 이해하는 일일 것이다.

멜로드라마와 모더니티

두 용어는 그 의미가 명확하게 규정되지 않았음에도 불구하고, 아니 바로 그렇기 때문에 정밀한 연구가 지속적으로 요구되는, 중대하고도 애매한 개념들을 상위 목록으로 지니고 있다. 이 책의 목적은 멜로드라마, 특히 1880년에서 1920년 사이의 미국 대중 연극과 영화 중에서도 선정적 멜로드라마를 근대의 산물이자 반영 - 근대의 경험론적 속성과 이데올로기적 반동, 문화적 불안, 텍스트의 상호 교차 경향, 사회적 인구통계, 그리고 상업적 관행 - 으로 위치시킴으로써, 그 둘 사이의 상호관계를 조망하는 데 있다. 또한 이 연구의 기본이 되는 역사적 목적이라고 한다면, 그것은 매혹적인 두 문화 현상, 즉 똑히 유절적인 10-20-30센트짜리가 무대 멜로드라마의 초기에 유행했던 시리얼 필름을 발굴해내는 것이다. 그것들은 오늘날 상당 부분 잊혀버렸지만 새로운 세기로 접어드는 미국

대중문화와 그 이상을 이해하는 데 중요하다. 어쨌든 비교적 최근까지 근대성이란 개념은 영화학에서 어정디 할 중요한 위치를 차지하지 못했다 해도 무방할 것이다. 그러나 근대성은 사회이론의 오래된 근원적 테마로서 마르크스나 위트겐, 베버, 퇴니에스, 지멜을 포함한 많은 이들의 저작 동기가 되었다. "무엇이 서구의 근대 산업사회를 다른 것들과 구분 짓는가?"라는 핵심 질문이 주어졌을 때 근대성이란 놀랄 것도 없이 사회경제적, 인지적, 이데올로기적, 도덕적, 그리고 경험론적 경험들을 포함하는 이례적이리만치 광범위한 논제인 것이다. 내 작업의 첫 순서는 이렇듯 본래 널리 흩어져 있던 사회이론의 접합들에 어느 정도 구조를 부여하려는 노력이 될 것이다. 1장에서는 모더니티의 성격에 관한 주요 담론들을 개략적으로 제시한다. 내가 제 안하는 분석 틀은 모더니티의 여섯 가지 측면으로 분류된다. 첫째 (상반적으

로 '근대화'라는 라벨이 붙여지는) 사회경제적, 기술적 성장의 폭발적 증가라는 측면, 둘째 '도구적 합리성의 지배'라는 점, 셋째 근대가 끊임없는 문화적 불연속과 이데올로기적 반성의 조건이라는 측면, 넷째 유동성의 증대와 모든 '사회체들'의 순환이라는 측면, 다섯째 세

5

멜로드라마와
자본주의의 결과들

분화된 사회적 환경과 경쟁적 개인주의의 특징을 갖는다는 점. 여섯째 근대는 전에 없이 감각적인 복잡성과 강렬함을 지닌 지각 환경이라는 측면이다. 이 모든 측면들이 나의 멜로드라마 분석에서 똑같은 무게중심을 갖지는 않는다. 내 논의에서 대다수의 측면 경로들은 근대성이라는 쟁점에 전적으로 직무되지 않는 특정한 영화사적 문제들을 좇을 테지만, 내 분석의 주안점은 대개 멜로드라마가 모더니티의 문화적 표현으로 간주될 수 있는 방식들을 탐구하는 데 있다. 최근 영화학 연구들은 특히 마지막 국면, 즉 양

화와 대도시 현상학에 관계에 초점을 맞춰왔다. 이 것은 나 역시 두 장을 할애한 중요한 주제이지만, 여기가 전개하는 근대성의 도식화가 보다 폭넓은 범위의 관계들을 고찰하는 방향으로 논의를 진전시키는 데 일조하길 바란다. 모더니티와 견주어볼 때, 아니 실제로 그 어느 것과 비교하더라도 멜로드라마라 한 주제는 훨씬 초라한 지적 계보를 갖고 있다. 드라마의 한 범주로 취급되기 시작한 이래 두 세기 동안 멜로드라마는 비평가들의 비웃음과 비아냥거림의 표적이 되어왔다. 가령 1912년에 한 비평가는 영화가 저가 무대 멜로드라마의 도심 극장에서 쫓아낸 지 한두 해 지난 후 넉넉한 만큼 축식됐하다는 반응을 보였다. 멜로드라마는 그 모든 저질의 조잡하고 넒고닒은, 전반 한대다 무의미할 뿐만 아니라 그야말로 터무니없는 비예술적 드라마의 성식 가운데 확악이었다. ... 나는 10-20-30센트 수준의 멜로드라마가 그

멜로드라마는 문자 그대로 모더니티의 산물이었다. 그 기본 요소들―도덕적 이분법, 폭력, 스펙터클, '상황', 파토스 등―은 바로 연극만큼이나 오래됐지만 엄밀한 의미에서의 멜로드라마, 확실히 멜로드라마라고 명명될 만한 일련의 구조, 주제 코드로 인식되는 멜로드라마는 정확히 1800년경에 등장했다. 최초로 나타난 곳은 프랑스였고 곧 잉글랜드, 미국, 그외 다른 지역에까지도 잇따라 모습을 드러냈다. 멜로드라마 장르는 1790년대의 팬터마임 대화pantomime dialoguée라는 모순어법을 탄생시켰던 쇼spectacle를 통해 이미 형태를 갖춰가고 있었지만, 일반적으로 1800년을 멜로드라마 형식이 출발한 시기로 받아들인다. 이때 멜로드라마라는 용어가 처음으로 스릴 넘치는 새로운 유형의 대중 드라마에 적용되었을 뿐만 아니라, 무엇보다 중요한 실례―길베르 드 픽세레쿠르Guilbert de Pixerecourt의 〈코엘리나Coeline ou l'Enfant du Mystère〉―가 그해에 나왔기 때문이다. 〈코엘리나〉는 1500회 가깝게 상연되는 등 상업적으로 엄청난 성공을 거두었다. 1802년 토머스 홀크로프트Thomas Holcroft의 〈미스터리한 이야기A Tale of Mystery〉와 함께 이 영화는 멜로드라마 장르를 정의하는 본보기로서 기여했다.[1]

19세기 초경 멜로드라마를 육성했던 것은 무엇이었을까? 쉽게 판단할 수 있는 중대한 하나의 요인은 다음과 같다. 멜로드라마가 당시 프랑스에서 일어났던 것은 그때 비로소 그 존재가 법적으로 허가되었기 때문이다. 1791년 이전의 프랑스 극장들은 공식 인가를 받은 소수의 극장들을 제외하고 모든 드라마 제작에 있어 대화를 금지하는 정부의 엄격한 규제 아래 있었다.[2] 대중 극장들은 음악, 춤, 몸짓, 의상, 무대장면 등 비언어적 요소들로 이루어진 무언극 쇼들로 만족해야 했다. 스토리들은 (아마도 대다수 관객들이 무지했다 하더라도) 기본 정보를 명확히 하는 데 도움이 되었던 (무성영화 중간 자막의 전조 격인) 표지, 표제와 함께 (초기 영화에서도 사용된 전략으로서) 최근 사건들과 민간 설화에 관한 관객들의 선이해에 의존했다.[3] 프랑스대혁명은 극장 풍경을 변모시켰다. 1791년 1월 부르주아 국민의회는 정부 규제의 구체제를 폐지하고 모든 극장에 대화를 합법화했다. 재갈이 풀리자 많은 연출가들은 그들이 이미 제공하고 있던 팬터마임에 대화를 결합시키기 시작했다(이로부터 팬터마임 대화라는 용어가 생겨났다). 이러한 계보는 멜로드라마의 눈치레적 성격과 단순한 극적 갈등, 그리고 상투적인 인물의 강조를 설명하는 데 일조한다.

멜로드라마가 번성했던 이유는 얼마간 그 이데올로기적 역학이 그 시기에 너무도 딱 들어맞았기 때문이다. 프랑스대혁명을 촉진시키고 1789년 '프랑스 인권선언'으로 성문화된 자유-민주주의의 격동은 새로운 사회 원리들을 지지하는 극적 시나리오들을 고무시켰다.[4] 타락,

부패한 귀족들을 악마화함으로써 멜로드라마는 정치 이데올로기적 권력의 혁명적 전환을 반영했다. 토머스 엘새서가 간파했듯 "봉건제의 유물에 대항하는 도덕적, 혹은 감정적으로 해방된 부르주아들의 의식 투쟁"[5)]을 표현해낸 것이다. 이런 형식화는 부르주아는 전통적으로 멜로드라마를 저속하고 천박한 하류층의 산물로 경멸해왔다는 사실에 의해 다소 복잡해진다. 그보다 멜로드라마는 강력한 새로운 대중주의 의식을 발현했다고 말하는 편이 보다 적합할 것이다. 멜로드라마는 자유민주주의라는 대중주의 이데올로기의 문화적 표현이었다. 이러한 이데올로기의 부르주아 우승자들이 대중주의적인 미학적 감수성을 지니지 않았다 하더라도 말이다.

어느 정도까지 멜로드라마는 프랑스대혁명 이후 실제적 대중 권력의 지표로 간주할 수 있다. 그러나 이 사회심리학적 맥락은 더욱 복잡하다. 많은 사람들에게 근대의 사회적 격변 — 전통적인 봉건적, 종교적 권위의 침식과 근대 자본주의의 발흥 — 은 그들에게 권한을 부여하는 것 이상으로 불안하고 동요되고 숨 막히는 것이었다. 멜로드라마는 도덕적으로 불명확하고 물질적으로 취약한 탈신성, 탈봉건의 '탈주술화된' 세계에 '어느 곳 하나에도 기댈 곳 없이 무력하게' 놓인 사람들의 근대적 삶의 불안전성 그 자체를 전달했다. 이런 관점에서 멜로드라마는 당시 떠오르던 자유주의 대중주의에 관한 것이라기보다 도덕적, 문화적, 그리고 사회경제학적 혼란을 경험하는 사회의 불안에 관한 것이었다.

이렇게 멜로드라마를 근대 과도기의 불안정성과 불안의 표현 — 그리고 이에 상응하여, 신묘하고 비범한 보호protection라는 유토피아적 신화를 통해 이런 혼란을 '해결'하는 욕구의 표현 — 으로 보는 견해는 1970년대 후반 즈음 이래 수많은 학자들에 의해 전개되었다. 가장 많이 인용되는 것은 피터 브룩스의 『멜로드라마적 상상력Melodramatic Imagination』 (1976)이지만 멜로드라마에 대한 브룩스의 해석은 일찍이 에릭 벤틀리 (1964), 마이클 부스Michael Booth(1965), 로버트 헤일먼(1960, 1968), 데이비드 그림스테드David Grimsted(1968, 1971), 토머스 엘새서(1972)가 이미 밝혔던 (그리고 이후에는 마사 비시너스Martha Vicinus, 로라 멀비Laura Mulvey, 크리스틴 글레드힐Christine Gledhill, 주디스 발코비츠Judith Walkowitz, 그외 다른 이들이 정교화시킨) 통찰을 반영해 발전시킨 것임을 인식하는 것이 중요하다.[6] 앞으로 간략하게 논의하겠지만 확실히 재신성화resacralization에 대한 갈망으로서의 멜로드라마라는 기본적 개념화는 적어도 20세기 초년 이후 꽤 빈번히 거론되어 왔다.

멜로드라마적 갈등은 근대 세계의 역경과 불안정성에 극적 형태를 부여했다. 선한 사람들에게 통제 불가능한 힘으로부터의 강제를 경험케 하는 시나리오들은 도시 대중들과 함께 공명했다. 빈곤, 계급화와 착취, 고용 불안, 직장 내의 위험요소들, 냉혹한 주택공급 및 대금업 계약체계, 이런 것들과 새로운 자본주의 사회질서의 유사물인 그 구성요소들은 수십 세기 동안 삶을 좌우해왔던 봉건적 공동사회와는 눈에 띄게 대조되는 고전 멜로드라마의 내러티브에 있어 두드러진 역할을 해냈다. 그림스테드가 주목했듯 "19세기 멜로드라마에서 최악의 진부한 표현들—기차 선로에 묶인 여주인공이나 저당 대부금이 없어 눈 속에 처박히는 가족—은 급속한 기술적 변화와 함께, 주택 소유를 위해서는 납부기일을 엄수해야만 하는 제도의 확산에 따른, 사회에 잠재되어 있는 공포를 말해주는 상징들이었다."[7] 발코비츠 역시 유사하게 멜로드라마에서 전달되는 '불안'이라는 사회적 근저를 관찰했다.

형식과 내용 모두에서 멜로드라마는 노동-계급 관객들에게 적합한 장르였는데, 그것은 19세기 초 복종과 온정주의 전통 양식들이 쇠락해가고 있던 때의 불안정한 시장 문화에서 그들이 영위하는 삶의 불안정성과 취약성을 환기시켰다. 현실의 외부 질서 아래에는 폭력과 불합리성, 돌연 폭발할 수 있는 끔찍한 비밀이 도사리고 있었다. 멜로드라마의 내러티브는 그 구조 자체가 법과 정의의 작동에 의문을 던지며 제멋대로 움직였다. 멜로드라마의 플롯은 운명이 통제 불가능하다는 느낌을 극도로 강화시켰다.[8]

수많은 학자들은 근대화에 대한 불안이 비단, 실업(어느 모로 보나 근대적 현상인)이나 집세를 내지 못해 내쫓길 가능성으로 상징되는 자본주의 체제의 기본적 기제뿐만 아니라, 보다 일반적으로는 루카치가 근대의 '선험적 실향'이라 명명했던 것으로부터 파생되었다고 넌지시 말해왔다. 모더니티는 전통적인 종교적 신앙과 가부장적 전통의 안정성, 확실성, 그리고 단일성을 좀먹고 있었다. 멜로드라마의 출현은 이런 사회적 또는 심리적으로 의지할 바를 잃은 것에 대한 징후였다. 브룩스는 이렇게 썼다.

멜로드라마는 (…) 특히 근대적 형식으로 나타난다. (…) 멜로드라마의 기원들은 정확히 프랑스대혁명과 그 영향이라는 맥락에 위치해 있다. 이는 그것이 예증하고 공헌하는 인식론상의 순간이자, 상징적으로 그리고 실질적으로 전통적 신성과 그 대표적 제도들(교회와 군주)의 궁극적인 타파, 기독교 신화의 파괴, 유기적이고 위계적으로 응집된 사회의 해체를 명시하는 순간이다. (…) 그것이 태어난 세계는 진리와 윤리라는 전통적 규범에 거침없이 의문이 제기되는 한편, 진리와 윤리의 선포, 삶의

방식으로서의 그런 것들의 회복이 날마다 즉각적으로 이루어지는 정치적 관심의 세계이다.[9]

이런 해석에 의하면 멜로드라마는 예로부터 내려오는 우주적 진리, 봉건시대의 방호체제, 공동체의 결속이라는 안전망이 순식간에 와해되는 근대적 상황의 알레고리였다.

고전적 멜로드라마는 모더니티에 대해 다소 역설적이기는 하지만 그럼에도 불구하고 공통되는 이중의 심리적 반응을 보였다. 한편으로 멜로드라마는 가혹하고 예측 불가능한 근대 자본주의의 물질적 삶에 놓인 개인의 무능력함을 극적으로 표현했다. 다른 한편으로는 관객들에게 우주로부터 더 고차원적인 도덕적 힘이 여전히 지상을 내려다보고 있으며, 궁극적으로는 그 정의로운 손으로 세계를 다스린다는 것을 안심시킨다는 점에서 준–종교적인 개량적 기능을 수행했다. 브룩스가 상세히 설명하듯 "멜로드라마는 도덕적 질서를 이루고 있던 전통 규범들이 더 이상 강제적인 사회적 접착제로 제공되지 않는, 새롭고 무서운 세계가 일으키는 불안에서 출발하여 이를 표현해낸다. 멜로드라마는 눈에 보이는 악덕의 승리에 대해 느끼는 불안감을 끝까지 끌어내, 그것을 궁극적인 미덕의 승리로 일소해버린다".[10]

미덕의 찬미, 궁극적인 시적 정의poetic justice와 함께 멜로드라마는 사람들이 근대적 삶의 부침에 대처할 수 있도록 도와주는 일종의 보상적 믿음을 제공했다.

멜로드라마의 이런 기능은 오래전부터 인식되어 왔다. 1911년 클레이턴 해밀턴은 이렇게 적었다.

우리 삶의 많은 부분—사실상은 그 대부분을 훌쩍 넘어 —은 인과법칙에 따른다기보다 예기치 않게 일어난다. (…) 우리에게 일어나는 좋고 나쁜 일들은 거의 모두 제멋대로, 합당한 이유도 없이 우연의 흐름을 타고 우리에게 떠내려온다. 멜로드라마가 재현하려고 하는 것이 (…) 바로 이런 불변의 진리 ─ 인생의 중대사에서 우연의 영속성과 인물에 미치는 사고의 필연적인 영향 ─ 이다. (…) 여주인공의 정조가 신성하다는 확신으로부터 우리는 실질적인 위로를 얻는다. 그녀는 매 순간 운명의 보호를 받는다. (…) 순결은 그 자체로 방어되며 미덕은 신성한 갑옷으로 스스로를 수호한다. (…) 삶이란 실제로 그리 질서정연하지 않다. 우리 주변을 둘러보면 항소 불가능한 운명의 명령 안에는 올바름이나 이성이 존재하지 않는 것처럼 보인다. 반면 멜로드라마라는 고결한 예술은 많은 투창들을 비웃듯 꼿꼿이 서서 불공평한 운명에 맞선다. (…) 멜로드라마는 인간의 가장 근원적인 욕구 중 하나에 회답한다. 그것은 철학자들이 믿으려 애쓰는 '의지'라 칭했던, 그러한 목적에 기여한다. 그것은 ─ 바울이 인류에게 명했듯 ─ 믿음과 소망으로 삶을 바라본다. 그래서 노동 착취 공장에서 임금 노동자들이 10-20-30센트짜리 극장에 들어설 때면 믿음이 헛된 놀림거리가 되거나 소망이 아이러니가 되는 일이 없는 지역으로의 탈출을 경험하게 되는 것이다. 이후 그들이 이해하기 어려운 세계로 돌아가 그 무겁고 피곤한 짐을 다시 떠맡았을 때 그들은 운명의 그저 선하고 인정 많은 찰나적 꿈-세계를 되돌아보면서 미소 지을 수 있는 것이다.[11]

1910년 영국 『네이션The Nation』지의 한 비평가는 멜로드라마와 종교의 유비analogy를 더욱 공공연하게 추적했다.

교회 가는 것에 합당한 마음 상태가 존재하듯, 멜로드라마를 구경하러

가는 것에도 합당한 마음 상태가 있다. (…) 이러한 무대에서 의심할 것은 어디에도 없다. (…) 멜로드라마 작가에게 기대하는 것은 의심의 여지 없이 흔들리지 않는 도덕성, 시련 많은 플롯, 필연적 결말이다. 그의 메시지는 정통 설교의 확실성을 지닌다. (…) 극장의 휘장은 서플리스이며, 꼭대기 관람석의 박수갈채는 그의 서품식이다. 그는 사도전승의 대리인이며, 그에게선 (…) 교회협의회 누구에게도 이의를 달지 않으며, 어느 조항도 속이지 않을 것임이 예견된다. 선은 언제나 승리한다. (…) 당신이 그 엄숙한 공연에 가는 것은 색다른 경험을 찾기 위해서가 아니라 그 부재를 안락하게 확신하기 때문이다. 그것은 하나의 의식이며, 당신이 그것을 사랑하는 이유는 그것이 당신 마음속에서 이전에 가졌던 충성, 우리 종족에 대한 더 확실한 믿음을 일으키기 때문이다.[12]

롤린 린드 하트는 1909년 저작에서 견고한 도덕 질서에 대한 믿음, '선험적 실향'의 불안을 물리칠 수 있는 이데올로기적 기반을 떠받치는 것이 멜로드라마의 목적이라며 이를 더욱 강조했다.

(멜로드라마 관객들은) 견해에 있어 극도의 단순함과 명료함, 철저한 진리 규명을 요구한다. 나는 심사숙고 끝에 진리를 전한다. 극중 사건들이 아무리 엉뚱하고 비전형적일지라도, 인물묘사 솜씨가 아무리 떨어지더라도 그 밑에 깔려 있는 생각들은 반드시 진부함 그 자체, 혹은 보다 친절하게 표현한다면 근본적 진리로 (…) 이루어져야 한다. 멜로드라마의 영광이란, 단순한 도덕적 진부함으로 (가슴속에 자리 잡고서 그것을 뛰게 만드는) 현란하고 스릴 넘치는 강렬함을 주는 복음을 밤마다 선포하는 것이다.[13]

이런 초기 해석들과 최근 과감히 전개된 브룩스 외 다른 이들의 주된 견해차는 후자가 보다 특정한 역사적 징후학symptomology을 역설한다는 점이다. 오늘날의 견해는 도덕적 확고함과 명료성에 대한 갈망을 후기 계몽주의, 탈신성, 탈봉건 세계의 반영, 즉 근대성의 반영으로 해석한다. 이런 생각은 초기 해석에도 함축되어 있었을지 모르겠으나, 그들은 딱히 멜로드라마가 특별히 근대적 조건을 반영한다는 데 관심을 기울이진 않았다. 그들은 보다 폭넓은 층위에서 신의 자비로운 섭리, 도덕적 명료성, 그리고 시적 정의의 위안적 신화를 만드는 것에 인간의 욕망을 함축했다. 사회적 변화의 심리적 여파들에 주목하는 최근 해석들은 오늘날 학자들에게 더욱 시사하는 바가 클지 모르겠으나, 사람들이란 언제 어디서건 권선징악을 믿음으로써 확실히 심리적 위안을 얻는다는 사실로 미루어볼 때 초기 해석들에서는 멜로드라마식 신화가 가지는 보다 폭넓고 초역사적 차원을 좀더 느낄 수 있다는 이점이 있다.

멜로드라마에서 불안과 소원-충족의 융합은 특히 우연의 중심적 역할에서 뚜렷이 나타난다. 우연은 예측 불가능한 세계의 취약성을 강조하면서 주인공들의 삶을 엉망으로 만든다. 하지만 관습적으로 악당을 퇴치하고 궁지에서 벗어나는 것 또한 주인공 측의 인과적 행위라기보다는 우연에 지나지 않는다. 악당은 번개를 맞거나 곡물 저장고로 떨어지거나 눈사태에 파묻히거나, 혹은 〈폴린의 위기〉에서처럼 극적으로 아무런 예고도 없이 불만 품은 심복한테 죽임을 당할 수도 있다. 우연을 통해 나쁜 일은 악당들에게, 좋은 일은 선량한 사람들에게 일어난다. 예로 1906년 비타그래프Vitagraph 사의 영화 〈인생역전The 100 to One Shot; or, A Run of Luck〉에서 한 가난한 가족은 임대료를 내지 못해 농사짓던 땅에서 쫓겨나게 된다. 도시로 간 아들은 우연찮게 최신 정보를 접하곤 모든 재산을 저당 잡혀 경마 도박에 돈을 건다. 한몫 잡은 아들은 집으로 달려가고 때마침 무정한 집주인은 그의 나이 든 부모를 내쫓으려는 참이었다. 이런 식으로 멜로드라마는 어떤 광대무변한 도덕적 판결의 확실성을 확언했다. 정의는, 겸허하고 선량한 사람들을 포상하고, 탐욕스럽고 음탕하며 부패한 자들을 뿌리 뽑거나 개선시키는 데, 한번도 실패한 적 없는 고차적인 힘에 의해 실현된다.

고전적 멜로드라마에서 주인공들은 그들의 행동만으로는 악을 멈출 수 없다. 그들의 책임을 떠나서 인과응보라는 동인을 취하는 편이 몇몇 이유들 때문에 적절하다. 주인공들이 극적인 무력함을 유지함으로써 멜로드라마는 근대적 불안의 우화로 기능할 수 있었다. 그것은 또한 그들의 손을 도덕적으로 순결하게 유지하도록 해주었다(그들은 '살인하지 말라'는 계명을 지켜야 했는데 만일 그들 스스로가 악당을 제거해야 한다고 해도 그럴 수 없었을 것이다). 무엇보다 자연과 숙명의 힘을 도덕적 응보의 동인으로 만드는 것은 심리적 욕구에 기여했다. 궁극적으로 그것은 관객들에게 선험적 실향민이 아니라고 어쨌든 안심시켰다. 세계의 탈주술화가 자본주의의 가혹한 현실과 결합되어 도덕적, 물질적 불안감을 조장했다 하더라도 고전적 멜로드라마의 뚜렷한 도덕적 이분법과 불가항력적인 시적 정의는 어떤 섭리가 여전히 지배하고 있음을 확언했다. 멜로드라마는 사회적, 경제적이 아니라면 적어도 심리적으로, 보다 안전하게 만드는 도덕적 단순함과 명료성을 부여했다.

***

멜로드라마의 개량적인 측면은 종종 그 불안하고 편집증적 특징에 의해 대체로 가려진 것처럼 보인다. 도덕적 명료함은 시종일관 뚜렷이 나타나지만 응징과 보상은 극의 종반에 이르러서야 비로소 나타난다. 무대 멜로드라마의 전형은 각기 4장으로 구성된 4막으로 이루어지기 때문에 악과 응징 사이의 불균형은 본질적이다. 이런 불균형은 특히 16주, 혹은 그 정도 분량의 시리얼 필름 멜로드라마에서 두드러진다. 주인공들은 최종회 맨 마지막 5분 분량에도 시적 정의에 대한 한 점 힌트도 주지 않고 매주 습격들을 감내한다. 악당은 잇따라 유괴, 혹은 암살 기도에 착수할 뿐이다.

이런 불균형은 도덕적, 물질적 불안감뿐만 아니라 근대 자본주의가 도래함에 따라 시작된 (혹은 대단히 증폭된) 개인 간 상호작용의 전체 양상을 전한다. 1장에서 주목했듯 19세기 사회이론은 전통사회에서 근대 도시사회로의 이행과 밀접하게 연결된 역사적 발전으로서의 경쟁적 개인주의 현상에 집중하고 있었다. 예로 1844년 엥겔스는 근대 도시에 만연한 사회적 원자화에 대해 논평했다.

우리는 개인의 고립 — 편협한 자기중심주의 — 이 근대사회 도처를 지배하는 기초 원리라는 것을 충분히 알고 있다. 그러나 이런 이기적인 자기중심주의가 미친 듯 돌아가는 번잡한 거대 도시만큼이나 눈에 띄게 나타나는 곳은 어디에도 없다. 사회는 개인들로 분열되었고, 개인은 제각기 개인적 원칙에 의거하여 각자 스스로의 목적을 추구하게 되었는데, 런던은 그것이 최고 극한 상황에 몰린 곳이다. 정녕 이곳의 인간사회는 그 구성 원자들로 파편화되었다.[14]

4년 후 마르크스와 엥겔스는 이런 논지를 되풀이하며 (아이러니한 양

가성과 함께) 예로부터 내려온 인간적 결합을 해체하는 부르주아 개인
주의의 힘을 강조했다.

부르주아는 자신들이 지배권을 획득한 곳 어디서건 모든 봉건적, 가부
장적, 목가적 관계를 파괴했다. 부르주아는 사람을 '본래부터 우월한 자
들'에게 묶어놓았던 온갖 봉건적 속박을 가차 없이 토막 내어버렸다. 그
리하여 사람들 사이에는 노골적인 이해관계와 냉혹한 '현금 계산' 외에
아무 관계도 남지 않게 되었다. 부르주아는 종교적 광신, 기사도적 열광,
속물적 감상 등 성스러운 황홀경을 이기적 타산이라는 차디찬 얼음물 속
에 처넣어버렸다.[15)

자본주의는 사회를, 개인적 이해관계를 경쟁하는 무질서한 집성체로
재구성했다. 또한 사회적 반감은 결코 표면 밑으로 사라지지 않으며 사
소한 기폭제만 있어도 철저한 적개심으로 폭발하는 세계를 만들어냈다.
페르디난트 퇴니에스는 다음과 같이 논했다.

이익사회에서 모든 사람은 자신만의 이득과 관련된 것을 위해 고군분
투한다. (…) 그리하여 모두에 대한 모두의 관계는 아마도 잠재적 적의,
혹은 보이지 않는 전쟁으로 이해될 수 있다. (…)
각자 모두 혼자이며 고립되어 있고, 다른 모든 이를 대할 때는 긴장 상
태로 살아간다. (…)
적들에게는 언제나 합리적 의지(계산된 전략과 착취)가 허용되었고,
이것은 또한 훌륭한 것으로 여겨졌다. 하지만 오직 이익사회만이 이런 조
건을 일반적이고 필연적인 것으로 만들어낸다. (…) 그 기본적 관계들은

(…) 일어날 수 있는 적개심의 원천이 될 뿐만 아니라, 통상 자연스러운 것이지만 단지 감춰질 뿐인(그리하여 결과적으로 사소한 자극만 있어도 무척이나 도발이 확실해지는) 적개심의 원천이 된다. (…)

(이익사회는) 서로 접촉하고 교환하고 협력하는 자유로운 인물들로 구성되지만, 이들 가운데 어떤 공동사회나 공통 의지가 존재하는 것은 아니다. (…) 이러한 수많은 외부적 접촉들, 계약들, 그리고 계약적 관계들은 그저 그만큼 많은 내부의 적개심들, 그리고 적대적인 이해들을 모조리 은폐할 뿐이다.[16]

이와 유사하게 존 A. 홉슨도 1894년 그의 책 『현대 자본주의의 발달 The Evolution of Modern Capitalism』에서 적대적 적의를 자본주의 사회구조의 귀표로 파악했다. "반사회적 느낌들은 노동자들 사이의 경쟁, 사용자와 노동자 간, 구매자와 판매자 간, 공장과 공장 간, 상점과 상점 간의 적대에 의해 매 순간 접촉되고 자극된다."[17]

이런 유의 사회이론이 대략 대중 멜로드라마의 발흥과 동시에 발전했다는 것은 흥미롭다. 전형적인 초기 시리얼 필름 멜로드라마의 한 장면을 기술하는 것은, 경쟁이 자본주의 모더니티의 "자기 스스로를-위한-개개의-인간every-man-for-himself"(혹은 보다 정확하게 "다른-모든-이들에게-적대적인-개개의-인간every-man-against-all-others") 원리로 우세해지면서 사회적 적대 지점까지 나아가는 세계를 선정적 멜로드라마가 어떻게 극화하는지 보는 데 도움이 될 수 있을 것이다.

1919년 작품 〈잿빛 여인A Woman in Grey〉은 놀라우리만치 뒤얽힌 상태로, 멜로드라마의 비고전적 내러티브 역학(각 에피소드 당 클라이맥스에 이르는 선정적인 장면이 적어도 한두 개는 요구되는 주간 에피소드를 3, 4 개월 동안 유지시켜나갈 필요 때문에 시리얼 필름에서는 무척이나 악화된) 을 유지한다. 그 기본 요소만 추리자면 이렇다. 루스 호프는 가난하지만 정숙한 젊은 여인으로 실제로는 막대한 재산을 상속받기로 되어 있다. 그녀와 그녀의 구혼자 톰 서스톤은 콧수염을 기른 느끼한 악당 J. 하빌 랜드 헌터와 전쟁을 치르는데, 그는 번갈아 루스를 죽이려다가도 납치 하려 하고, 그녀로부터 보물을 찾는 비밀 코드를 훔쳐내려 한다. 그리고 그가 생각하기에 루스가 도망친 살인자라는 것을 폭로해줄 흉터를 덮고 있는, 그녀의 팔에 달린 커다란 보석을 떼어내려 한다. 사태를 더욱 복 잡하게 만드는 것은 완전히 다른 제2의 악당이자 변호사인 고든의 존재 다. 그는 원래 루스가 누명을 쓰고 살인죄를 선고받았을 때 성형수술을 통해 정체를 바꿀 수 있도록 도와주었다. 그 대가로 그는 그녀를 손아귀 에 넣으려 한다. 루스가 그의 요구를 거절하자 그는 몇 번이고 루스를 납치한다.

아홉번째 에피소드가 종반으로 치달을 때쯤 톰 서스톤은 고든이 그의 무자비한 노복에게 루스를 잡아다 버려진 저택에(노복과 그의 못된 늙다 리 마누라가 은신처로 사용하는 집) 가둬놓으라고 지시한 쪽지를 발견한 다. 노복은 루스를 포박하고 재갈을 물린 뒤 버려진 건물로 끌고 가서 고 든이 도착할 때까지 꼼짝 못 하도록 방 안 침대에 그녀를 묶어놓는다. 천 장 한가운데에는 마침 꼬챙이가 꽂힌 거대한 돌덩어리가 매달려 있다. 그는 마누라에게 먹잇감을 가지고 장난치지 말라고 이르면서 그의 훈계 에 콧방귀를 뀌는 마누라에게 손찌검을 한다. 늙다리 할멈(그림 5.1)은 묵묵히 따르는 척하다가 남편이 낮잠을 자러 간 사이 거대한 석재와 대 못 바로 밑에 침대를 가져다놓고 그것을 지탱하는 도르래 밧줄 아래에

그림 5.1 〈잿빛 여인〉의 간악한 노파(Serico, 1919~20, 비디오 확대 정지 화면)

초를 가져다놓는다. 초가 밧줄 가닥을 따라 타올라갈수록 루스는 어찌 해볼 도리 없이 몸부림치기만 할 뿐이다(그림 5.2). 그사이 남자친구 톰 은 은신처에 도착하고 악당 헌터 역시 바짝 뒤쫓는다. 열쇠구멍으로 들 여다본 톰은 시점 숏POV shot으로 루스와 그녀를 꿰뚫어 으깨버리기 직 전의 석재를 보게 된다.

톰이 막 문을 부수는 순간, 늙은 노파는 지렛대를 잡아당기고 함정문 에 빠진 그는 지하 동굴로 떨어지는데, 그곳에서 우리는 벽 쇠사슬에 매 여 그곳을 이미 수년 동안 점거하고 있던 미치광이 야만인을 발견하게 된다. 에피소드는 루스가 겁에 질린 채 이러지도 저러지도 못하고 꿈틀 거리고 있는 동안 계속해서 타들어가던 밧줄이 마침내 툭 하고 끊어지 면서 노파가 괴상하게 웃는 장면으로 끝이 난다.

열번째 에피소드는 시리얼을 특징짓는 일시적인 오버랩과 의아스러

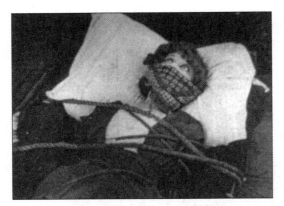

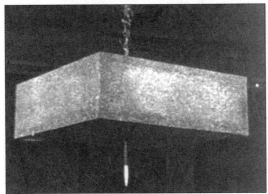

그림 5.2 위험에 처한 루스(확대 정지 화면들, Serico, 1919~20)

212

운 내러티브 고쳐 쓰기로 시작된다. 밧줄의 마지막 가닥이 타들어갈 때 우리는 겁에 질린 루스뿐만 아니라 창문을 따라 기어내려가서 루스를 비웃는 악당 헌터도 보게 된다. 도착한 톰은 열쇠구멍을 들여다본다. 시점 숏은 이제 화면에 헌터를 보여주는데, 그는 루스의 손에서 팔찌를 떼어내려고 애쓰는 중이다(그림 5.3). 노파는 지렛대를 내리고 톰은 30피트 아래의 동굴로 굴러떨어진다. 악당 헌터가 계속해서 루스를 공격하는 동안 거대한 석재가 마침내 낙하하여 바닥을 뚫고 지하까지 떨어진다. 그것은 루스와 헌터를 비껴가는데, 왜냐하면 어찌된 이유인지 그들은 더이상 석재 바로 아래에 있지 않았기 때문이다. 관대한 독해는 헌터가 공격중에 무심코 루스가 묶여 있는 침대를 이동시켰을 것이라 추측

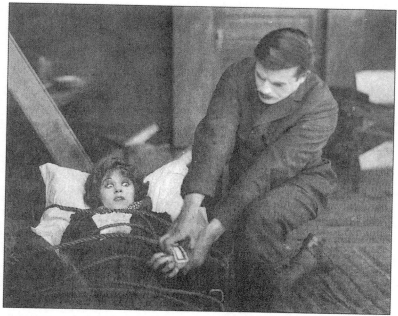

그림 5.3 〈잿빛 여인〉의 홍보 스틸사진 (Lahue, *Bound and Gagged*)

할 것이다. 하지만 이는 확인된 사실이 아니므로 이 영화는 아마도 그저 시청자들이 이 스릴 넘치는 사건들에 너무나 흥분한 나머지 이전 에피소드에서 마지막 순간까지 손에 땀을 쥐게 만들었던 위기가 어떤 세세한 공간에서 일어났는지는 기억할 수 없으리라 기대했을 것이다. 갑자기 나는 요란한 소리에 잠이 깬 노복이 등장하곤 헌터와 격렬한 말다툼을 벌인다. 그사이 동굴의 미치광이 야만인은 갖고 놀다 죽일 수 있는 새로운 놀이감을 발견했다는 데 흥분을 감추지 못하고 이리저리 뛰어다닌다. 중간 자막은 설명하길, 이 야만인은 그 추잡한 늙은 부부가 일종의 인간 처리용으로 데리고 있던 터였다. 노인이 망치로 헌터를 때려눕힌 뒤 그와 노파는 바닥의 커다란 구멍을 내려다보며 그들의 '새로운 하숙생'인 톰의 비참한 모습을 즐거워한다(대부감extreme high-angle/앙각 역시점 숏low-angle POV shot reverse shot은 스타일상 굉장히 화려하다). 한편 루스는 여전히 재갈 물린 채 대경실색하여 침대에 묶여 있다. 악당 헌터는 의식을 회복하지만 이제 그 역시 묶여 있어 오직 머리만 움직일 수 있을 뿐이다. 그러나 이런 상황에서도 그는 루스에 대한 공격을 재개하여 루스의 손목에 이를 갖다 대고 팔찌를 물어뜯어 떼어내려고 애쓴다.

이렇듯 섬뜩하리만치 과열된 짧막한 장면을 자본주의 근대의 알레고리로 읽음으로써 그것에 징후적 의미의 무게를 부여하는 것은 일견 부조리해 보일지도 모른다. 명백히 그 목적은 주로 흥분으로 발을 구르거나 고함을 지르며 폭력-유혈적 멜로드라마를 후원했던 밑바닥 내지 초짜 관객을 사로잡는 것이었다. 더욱이 시인해야만 하는 것은 이야기들이 존재하는 한 그 속에는 언제나 영웅과 악당 사이의 적대적 경쟁, 탐욕의 대상이 되는 물건들, 그리고 성적 착취에 관한 이야기가 있었다는 사실이다. 관객이나 독자들은 다양한 사회역사적 맥락에서 이런 주제들에 흥미를 보여왔다. 대체로 이런 장면의 극적 어필은 역사적으로 특수한 것이 아닌, 보편적인 것으로 보아야 한다.

하지만 이런 사실이 보다 특수한 징후적 해석을 방해하지는 않는다. 나는 마사 비시너스의 계통적 형식화가 타당하다고 보는데, 그녀는 "멜로드라마는 원형적, 신화적 (요소들) 그리고 특수한 문화적, 역사적 조건들에 대한 특정–시간time-specific 반응들의 결합으로서 가장 잘 이해될 수 있다"[18]라고 말했다. 반향을 일으키는 이 장면에는 이러한 액션에 관한 뭔가 — 범상치 않은 잔인함과 적대관계의 다가성polyvalence에 관한 뭔가 — 가 있는데, 이는 그 시대만의 특수한, 개인과 개인 간에 일어나는 역학의 정수로 해석된다. 도처에 편재하는 적의와 그 광포한 격렬함을 간과하는 것은 불가능하다. 그림 5.4에서 알 수 있듯 여주인공은 악당 고든에 의해(고든이 좌지우지하는 짐승 같은 그의 노복을 통해), 제1 악당인 헌터에 의해, 그리고 노파에 의해 공격당한다.

노파와 그 남편은 서로에게 적나라할 정도로 불쾌감을 드러내고 노파는 남자 주인공에게 위해를 가하는데, 게다가 그는 미치광이 야만인에게도 위협받는다. 노복과 노파는 미치광이 야만인을 쇠사슬에 채워 동굴에 둠으로써 학대한다.

이런 전방향의 적대관계 장면이 근대 외의 문화적 맥락에서 찾을 수 있었든 없었든, 그것은 의심의 여지 없이 근대 자본주의 사회 내의 특별한 힘에 공명한다. 이 장면은 멜로드라마식 과장의 낯설게 하기 능력을 통해 과격해져가는 경쟁적 개인주의 상황을 가까스로 인식되게 만든다. 〈잿빛 여인〉 같은 선정적 멜로드라마는 사회적 원자화와 모두가 모두에게 적대적인 관계의 진수를 포착한다. 모든 사람은 다른 모든 이들과 경쟁관계에 있다.

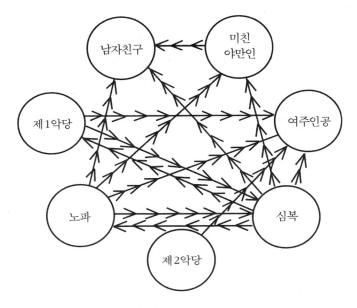

그림 5.4 〈잿빛 여인〉의 인물 관계(화살표는 공격 방향)

이러한 자본주의 근대의 하위텍스트적 재현은 필름 시리얼에서 특히 흥미로운데, 왜냐하면 시리얼은 자본주의처럼 사회의 원자들이 돈처럼 부와 권력을 상징하는 갈망의 대상(이 경우 숨겨진 재산으로 이끌어줄 서류들)을 독점하기 위한 경쟁으로 심하게 요동치기 때문이다(오락가락하며 교환되는 페티시 대상을 둘러싸고 구조화되는 내러티브 규칙은 7장에서 논의할 것이다). 게다가 자본주의 이익사회의 부상이 전통적인 가부장 권위(그것이 한 가족의 호주이든, 한 일가의 우두머리이든, 봉건 영주나 신이든 간에)의 소멸에 기초한 것처럼, 시리얼 필름 멜로드라마에서는 어김없이 그 적대적 경쟁의 광포함이 (역시 7장에서 상세히 다루어질 관습인) 아버지상像의 살해나 자격 박탈에 의해 촉발된다는 것은 눈여겨볼

216

만하다. 시리얼 필름 멜로드라마에서는 대체적으로 근대사회처럼 과격해져가는 개인주의와 반사회적 태도의 부상이 자비로운 온정주의의 몰락과 동시에 일어난다.

선정적 멜로드라마의 내러티브가 되는 이익사회는 여전히 근대에 적응중이던 사회에 각별한 의미를 지녔을 수도 있다. 19세기와 20세기 초반, 많은 사람들의 삶에서 근대사회와 경제적 삶의 공세적 개인주의는 아직 그다지 명료하고 주목할 만한 사실은 아니었다. 도시화는 계급 및 인종 분열과 전반적인 비인간화 풍조를 심화시켰지만, 급속히 진행중인 현상이었다. 이익사회의 시련은 농촌생활밖에 모르던 수백만 명의 도시 이주민들이 가장 강렬하게 느꼈을지도 모른다. 그러나 착취와 부당이득의 새로운 구조에 사로잡힌 노동자라면 누구나, 그리고 산업사회 특유의 변덕스러운 실업 한파에 직면한 사람들은 자본주의 근대의 가혹한 토대에 민감한 반응을 나타냈을 것이다. 이들은 대체로 선정적 멜로드라마가 염두에 두었던, 또한 그것이 새로운 현실의 반영이라며 동조했을 법한 사람들이었다.

***

멜로드라마와 근대 자본주의라는 사회적 맥락에 대한 고찰이라면 멜로드라마가 생겨나게 된, 그리고 지속적으로 두드러지게 만든 자본주의 계급화 구조의 기초가 되는 문화적 분열의 정도를 짚어내야 할 것이다. 물론 선정적 멜로드라마가 특히 도시 노동계급에 영합했던 대중오락이었음을 지적하는 것은 역사적으로 전혀 새로운 사실이라고 할 수는 없다. 그러나 우리가 당연하게 받아들이는 것이 정당한지 그리고 이전 세대들에게도 당연하게 받아들여졌는지 확증하기 위해, 또 중산계급이 멜로드라마와 그 고객들을 그저 얼마나 혐오했는지 강조하기 위해 이런 문화적 분열이 표현되었던 방식을 재현하는 것은 중요하다.

초창기부터 멜로드라마는 노동자 관객들과 제휴했다. 1914년 한 비평가는 이렇게 논평했다.

우리가 알고 있듯 프랑스대혁명이 멜로드라마를 낳았다는 사실은 놀랍지 않다. 픽세레쿠르는 "나는 읽을 줄 모르는 사람들을 위해 쓴다"라고 말했다. 이들과, 입에 풀칠이나 하는 계급들은 처음으로 무대의 강력한 후원자가 된다.[19]

1800년대 초 멜로드라마를 전문으로 상영하는 저가 극장들이 우후죽순으로 생겨나면서 이 극장들이 밀집한 파리의 한 지역은 '범죄의 대로'[20]라는 별명을 얻기도 했다.

멜로드라마의 계급적 제휴는 다음 세기가 지나도록 거의 변화가 없었다. 디온 부시코Dion Boucicault와 데이비드 벨라스코David Belasco의 '정통' 작품들 중에 멜로드라마적 스펙터클의 경향이 (정제된 정조와 순화된 폭력으로 완화되어) 나타나기는 하지만, 대개 멜로드라마는 프롤레타리아 오락으로 낙인 찍혀 문화적으로 분리되었다. 1911년 샌프란시스코 위클리San Francisco Weekly에 실린 한 논평은 멜로드라마 관객을 "단순한 생존 이후의 땅벌레들"[21]이라고 묘사했다. 1909년 한 잡지에 「멜로우드래머 Mellowdrammer」(하층계급의 발음을 흉내 낸 말)라는 암시적 제목을 단 기사는 공언하길 "멜로드라마는 혜택받지 못하는 계급의 주요한 엔터테인먼트 형식이다. 유력한 도시라면 어디든 이런 가정들이 여럿 있다. 모두 똑같이 고약한 냄새를 풍기면서 같은 부류의 많은 사람들과 똑같은 종류의 작품들을 담아낸다".[22] 작가 포터 에머슨 브라운Porter Emerson Browne은 이 관객들이 주로 입 안 가득 껌을 물고 있는 수다스러운 여점원들과 머리에 물을 축이고 녹색 클로버가 수놓인 노란 멜빵을 멘 족제비 같은 청년들, 그리고 호흡기에 문제가 있는 뚱뚱한 이주민들로 이루어져 있다고 기술했다. 다음 글은 빈민굴 탐사에 나선 전도유망한 화이트칼라에게 유용한 충고로 가득하다.

매표소에 다가가서 "혹시, 앞쪽에 아직 매매되지 않은 괜찮은 통로 자리가 있나요?"라고 말하지 말라. 아니! 절대로! 다음과 같이 질문해야 적절할 것이다. "빌, 저짝 앞에 남는 자리 있노? 어? 둘째 줄이라꼬? 걸로 줘봐!"[23]

같은 해에 하트도 대중 멜로드라마의 사정을 이와 매우 유사한 방식으로 묘사했다. "전통 극장들을 초라한 누더기 상태로 떨어뜨려라. 담배 연기나 간이 박물관(즉 괴기 쇼)의 풍취를 빌려와라. 그리고 그 극장을 사환이나 벨보이, 배달부, 일반 노동자, 여공, 여점원, 웨이트리스, 그리고 '잡부들'로 채워라."[24] 이런 모습은 몇 년 후인 1914년 아서 룰Arthur Ruhl에 와서도 보강되었는데, 그는 10-20-30센트짜리 멜로드라마 관객이 "허리 없는 블라우스를 입은 뚱뚱한 여자들, 껌을 질겅이는 경박한 처녀들, 막연하게 느끼기로 어디선가 일해야 할 것 같은 청년들과 남자들"[25]로 구성된다고 진술했다.

부유층은 값싼 멜로드라마를 혐오했는데, 이는 비단 하층계급에 대한 근원적 반감에서 비롯된 것만이 아니라 멜로드라마의 미학적 일탈에 대한 반감 때문이기도 했다. "불온한 문법 왜곡, 부패한 수사학 덩어리들, 이제껏 벌어졌던 일이나 앞으로 벌어질 일들과는 하등 관련이 없는 감정의 경련, 연발 권총, 고음의 잡음, 대형 톱, (…) 총미와 검은 콧수염을 매단 악당들, 난데없이 아편굴에서 발견되는 시골 처녀들, (…) 이것들이 멜로드라마가 뿜어내는 끔찍한 쓰레기 더미들이다."[26] 1919년 영국의 한 칼럼니스트는 다음과 같은 수사적 질문을 던졌다. "취향이나 교육의 티를 조금이라도 내는 사람들 중 오늘날 상연되는 보통 수준의 멜로드라마를 조롱하거나 경멸하지 않을 자들을 상상할 수 있겠는가?"[27] 그 대답은 뻔하다. 이미 10년 전 『월간 애틀랜틱Atlantic Monthly』의 한 기고가는 명쾌하게 답하길 "우리들 대다수는 물론, 대중 멜로드라마 하면 코웃음을 친다".[28] 문제는 하트에 의하면, 멜로드라마가 '신석기 지능'을 향해 간다는 점이다.

　　멜로드라마는 심리학자들을 위한 것이 아니다. 그 열광적 추종자들은 그 조야하기 짝이 없는 가장 잔인한 표현들을 제외하고는 내면 삶의 묘사 따위에는 관심조차 없다. 그들은 '머언가 벌어지길sump'n doin' 원한다. "그러므로 액션을 인간적으로 만드는 그 모든 기운들, 철학적으로 함축적인 의미가 깃든 그 모든 것들로부터 떼어내버려라. 그저 흘러가게 내버려두어라. 거기에 소음과 떠들썩함을 불어넣어라. 그것이 먼지폭풍과 튀는 불꽃 속에 미친 듯 질주하게 놔두어라. 그리고 그것을 단순하게 만들어라. (…) 인물과 사건, 구조, 그리고 생각들을 가장 저급한 표현으로 떨어뜨려라. 신석기 지성이 이해할 수 있도록. (…)"[29]

　　하트는 계속해서 멜로드라마의 스릴에 대한 프롤레타리아의 감흥이

"오직 현란하게 선정적인 것만이 그들의 우둔함의 갑옷을 뚫고 생생한 인상을 남길 수 있다"는 사실에서 연유한다고 설명한다.

신석기 지능은 단지 둔할 뿐만 아니라 저속하고 퇴보된 것으로 생각된다. 중산계급 월간지 『아메리칸 매거진American Magazine』의 드라마 평론가에게 배달된 오만불손한 편지는 반멜로드라마 연합의 대변임을 주장한다.

> 이것은 미국 멜로드라마 희생자들the American Victims of Melodrama을 뜻하는 A.V.M.이 도움을 청하는 탄원서이다. 멜로드라마 유의 맹공격, 그 악취 나고 유혈이 낭자한, 악당이-여자를-뒤쫓는 (…) 유의 소재들에 맞서 대변되는 긴급한 요구로 생각해주시라. (…) 우리는 이런 유의 장난에 질렸다. 그 기계적 구성과 판에 박힌 악당과 남녀 주인공, 그 인위적인 인간 미담과 그들의 쓰레기 같은 로맨스와 싸구려 흥분에 싫증이 난다.[30]

멜로드라마는 간략히 말해 문화 전쟁의 중심이었고 본질적으로는 계급 갈등이기도 했다. 물론 부유층은 그들만의 다양한 스펙터클을 데이비드 벨라스코의 2달러짜리 브로드웨이 쇼나 야외극, 상류층의 보드빌, 오페라, 그리고 웅장한 셰익스피어 저작물 같은 고급 멜로드라마 형태로 만들어냈다.[31] 하지만 이런 오락물들은 덜 폭력적이었고 전반적으로 '스릴을 위한 스릴'의 흥분에 덜 집착했다. 멜로드라마는 (크라카우어의 루카치 변용에 따르면) 근대 자본주의 안에 있는 보통 사람들의 물질적 취약성과 '이데올로기적 피난처의 상실'을 표현하기 위해, 또한 가공의 신화를 통한 구제를 위해 '밑바닥으로부터' 떠올랐다.[32] 이것은 자본주의 이익사회의 사회적 원자화를 극화했으며, 계급사회의 문화적 구분의 반영이었다.

...드라마와 모더니티, ...어는 그 의미가 명확 ...규정되지 않았음에 ...구하고, 아니 바로 ...기 때문에 정밀한 연 ... 지속적으로 요구되 ...중대하고도 애매한 개 ...을 상위 목표으로 둔 ... 있다. 이 책의 목적 ...멜로드라마, 특히 ...0년에서 1920년 사이 ...국 대중 연극과 영화 ...서도 선정적 멜로드 ...를 근대의 산물이자 ...근대의 경험론적 ...과 이데올로기적 반 ...문화적 불안, 텍스트의 ...교차 경험, 사회적 ...행계, 그리고 상업적 ...으로 위치시킴으로 ...그 둘 사이의 상호관 ...조망하는 데 있다. ...이 연구의 기본이 되 ...역사적 목적이라고 한 ...그것은 매혹적인 두 ...현상, 즉 폭력-유혈 ...10-20-30센트짜리 ...무대 멜로드라마와 ...에 유형했던 시리얼 ...을 발굴해내는 것이 ...그것들은 오늘날 상당 ...잊혀졌지만 새로 ...세기로 접어드는 미국

...분화된 사회적 환경과 경 ...쟁적 개인주의의 특징을 ...갖는다는 점. 여섯째 근대 ...는 전례 없이 감각적인 복 ...잡성과 강렬함을 지닌 지 ...각 환경이었다는 측면이 ...다. 이 모든 측면들이 나 ...의 멜로드라마 분석에서 ...똑같은 무게중심을 갖지 ...는 않는다. 내 논의에서 ...대다수의 측면 경로들은 ...근대성이라는 쟁점에 전 ...적으로 좌우되지 않는 특 ...정한 영화사적 문제들을 ...좇을 테지만, 내 분석의 ...주안점은 대개 멜로드라 ...마가 모더니티의 문화적 ...표현으로 강주될 수 있는 ...방식들을 탐구하는 데 있 ...다. 최근 영화학 연구들은 ...특히 마지막 국면, 즉 영

대중문화와 그 이상을 이 해하는 데 중요하다. 어쨌 든 비교적 최근까지 근대 성이란 개념은 영화학에 서 아무리 중요한 위치 를 차지하지 못했다 해도 무심할 것이다. 그러나 근 대성은 시회이론의 오래 된 근원적 테마로서 미로 크로스나 뮈르겐, 베버, 뒤니 에스, 지멜을 포함한 많은 이들의 저작 동기가 되었 다. '무엇이 서구의 근대 산업사회를 다른 것들과 구분 짓는가?'라는 핵심 질문이 주어졌을 때 근대 성이란 분필 것도 없이 시 회경제적, 인지적, 이데올 로기적, 도덕적, 그리고 경 험론적 쟁점들을 포함하 는 이해적이라만서 광범 위한 논제인 것이다. 내 작업의 첫 순서는 이렇듯 본래 널리 흩어져 있던 사 회이론의 집합물에 어느 정도 구조를 부여하려는 노력이 될 것이다. 1장에 서는 모더니티의 성격에 관한 주요 담론들을 개략 적으로 제시한다. 내가 제 안하는 분석 틀은 모더니 티의 여섯 가지 측면으로 분류된다. 첫째 (일반적으

로 '근대화'라는 라벨이 붙여지는 사회경제적, 기 술적 성장의 폭발적 증가 라는 측면. 둘째 '도구적 합리성의 지배'라는 점. 셋째 근대가 끊임없는 문 화적 불연속과 이데올로 기적 반성의 조건이라는 측면. 넷째 유동성의 증대 와 모든 사회체들 의 순 장이라는 측면. 다섯째 세

6

10-20-30센트 멜로드라마, 그 번영과 불황

화와 대도시 현상학의 경 계에 초점을 맞춰왔다. 이 점은 나 역시 두 장을 할애 한 중요한 주제이지만, 여 기서 전개되는 근대성의 도식화가 보다 폭넓은 범 위의 관계들을 고찰하는 방향으로 논의를 진천시 키는 데 일조하길 바란다. 모더니티와 견주어봉 때, 아니 실제로 그 어느 것과 비교하더라도 멜로드라마 란 주제는 훨씬 초라한 지 적 개보를 갖고 있다. 드 라마의 한 범주로 취급되 기 시작한 이래 두 세기 동안 멜로드라마는 비평 가들의 비웃음과 비아냥 거림의 표적이 되어왔다. 가령 1912년에 한 비평가 는 영화가 자기 무대 멜로 드라마를 도심 극장에서 몰아낸 지 한두 해 지난 후 냉혹할 만큼 속시원하 다는 반응을 보였다. 멜로 드라마는 그 모든 저질의 조잡하고 닮고돌은. 천박 함에다 무의미할 뿐만 아 니라 그아말로 터무니없 는 비예술적 드라마의 형 식 가운데 최악이었다. (…) 나는 10-20-30센트 수준의 멜로드라마가 그

무대 멜로드라마는 많은 즐거움 ─ 카타르시스적 파토스, 도덕적 확언, 풍부한 유머 등 ─ 을 제공해주었지만, 그것이 다른 드라마 형식과 구별되는 가장 두드러진 특징은 흥분의 측면이다. 즉 그것이 과시하는 폭력적 액션, 흥미진진한 서스펜스, 깜짝 놀랄 일, 그리고 주목할 만한 스펙터클이다. 이같은 흥분의 강조는 멜로드라마를 근대 도시와 질적 수준에서 ─ 둘은 모두 '초자극'과 관련되어 있다 ─ 그리고 결과적으로 실제적 수준에서 결합시켰다. 멜로드라마의 특장점이었던 야심찬 무대효과들은 기계-전기적 무대기법의 새로운 테크놀로지를 통해 성취되었다. 또한 멜로드라마와 테크놀로지의 결합은 디제시스적 모티프diegetic motif로 표현되었다. 멜로드라마의 액션-어드벤처 스토리들은 근대 기술의 경이로움을 전시하기 위해 고안되었다. 1910년 호러스 칼렌Horace Kallen은 다음과 같이 진술했다. "모든 드라마 양식 가운데서도 (멜로드라마는) 시대의 행진과 보조를 맞춰야만 한다. 전신술, 전화, 자동차, 비행선, 속사포, 그리고 북극은 다른 매체에 의해 확실히 세인의 주목을 끌기 훨씬 전에 멜로드라마 무대를 통해 대중들에게 친숙해졌다."[1] 칼렌은 보들레르의 모더니티 정의 "덧없고 일시적이며 우발적인 것"을 상기하며 "멜로드라마는 일시적이다"라고 결론지었다.

멜로드라마가 신기술의 힘을 이용해 덧없는 문화적 불연속성을 표현했다면, 그 상업적 역사는 더욱 그러했다. 1890년대와 1900년대 초기 10-20-30센트 산업이 호황을 누리면서 전국의 거대 극장들을 주름잡는 한편, 소수의 극작가들과 연출가들을 매우 부유하게 해주었다. 확실히 근대의 모든 기업들처럼 그 산업 조직은 고도로 합리화되고 중앙집권화되었다. 10-20-30센트짜리 멜로드라마 상품은 효율적이고 예측 가능한 운용체제를 통해 생산되고 운송되고 판매되었다. 하지만 근대 자본주의의 부침으로부터 안전해지기 위해서는 그것만으로 충분치 않았다. 1907년경의 전성기가 지난 지 불과 2, 3년 후 10-20-30센트짜리 멜로드라마는 믿기지 않을 만큼 순식간에 영화에 의해 기세가 꺾여 거의 절멸되었다. 바꿔 말해 10-20-30센트짜리 멜로드라마는 시장의 요구, 기술들, 그리고 문화 습속상 철저하게 근대적 변화에 의해 파괴되었다. 마르크스가 묘사했던 근대 자본주의의 특징 "생산의 끊임없는 대변혁, 모든 사회관계들의 부단한 교란, 영원한 불안과 동요"가 떠오른다. 근대 자본주의 아래 근본적으로 불안정하고 취약한 삶을 표현하는 것과 그토록 관련되었던 예술 형식 그 자체가 이런 자본주의적 불연속의 생생한 재난이 되어야 했던 것은 아이러니하다.

이 장은 전성기의 10-20-30센트 멜로드라마에 초점을 맞춰 그 관습들을 검토하고 5센트짜리 영화관 붐이 이는 동안 닥친 그 치명적 위기를 상술한다. 그런 다음 나는 곧 당면한 역사적 질문으로 방향을 바꿀 것이다. 영화에 의한 무대 멜로드라마의 돌연한 말살(혹은, 아마 보다 정확히 말하면, 그 동족 식인)을 어떻게 설명할 것인가? 나의 분석은 니콜라스 바르닥이 그의 선구적 저서 『무대에서 스크린으로: 초기 영화의 연극적 기원』에서 내놓은 대답을 지지하는 동시에 비판한다. 이후 7장에서는 영화 형식으로 전환된 이후의 선정적 멜로드라마의 흐름을 살펴본다.

선정적 멜로드라마의 역사적 궤적을 이해하는 데 있어 주의해야 할 것은 첫째, 그것이 19세기의 마지막 10년 동안 그 구조에 있어 중요한 변화를 겪었다는 점이다. 이런 변천은 요소들의 새로운 조합이라기보다 특정 요소 한 가지를 강조하는 급작스러운 대약진이었다. 도덕적 대립, 파토스, 극단적 감정, 그리고 구조적인 모순성 모두 이 장르의 두드러진 양상은 여전했지만, 1890년을 기점으로 사실적인 액션과 위험스럽고 강렬한 스펙터클은 점점 더 유력해져 멜로드라마의 주된 유인 요소가 되었다. 불타는 건물들, 폭발, 난파 같은 '선정적인 장면들'은 1800년대 초기 이래 무대 멜로드라마의 재료였다. 1883년 한 비평가는 저술에서 디온 부시코의 1860년 작 〈아일랜드 아가씨 본Colleen Bawn〉에 대해 다음과 같이 썼다. "멜로드라마의 신그래픽 학파가 도입되는 데 특히 커다란 영향을 미쳐 이후 '센세이셔널'이라는 칭호를 얻게 되었다. 이로써 배우와 작가는 화가, 목수, 그리고 소도구 담당자에게 종속되었고, 영화 장면은 상상효과 대신 무대효과에 의존하게 되었다."[2]

그러나 세기 전환기가 다가올 무렵 무대효과와 위험천만한 곡예 장면은 더욱 리얼해지고, 더욱 야심만만해지고, 더욱 놀라워졌다. 초기 멜로드라마에서 클라이맥스에 해당하는 스펙터클이 하나 정도 있었다면, 세기-전환기의 멜로드라마는 스릴을 겹겹이 쌓아놓았다. 멜로드라마의 전체적인 초점과 방향은 근본적 전환을 맞이한다. 1905년 아치볼드 해든Archibald Haddon은 다음과 같이 진술했다. "멜로드라마의 풍조와 정신에 놀랄 만한 변화가 닥쳤다. 단순하고 노골적인 인간적 요소는 더이상 호소하지 못한다. 드라마 순회공연은 오늘날 모든 장면에서 비명이, 모든 제목에서 고함이 터지지 않으면 제대로 구성되지 않는다."3) 역시 1905년 (추측건대 극단 홍보 담당에 의해) 씌어진 〈백인 노예들의 여왕The Queen of the White Slaves〉의 신문 논평은 해든의 주장을 지지한다.

처음부터 끝까지 시종일관 겹겹이 쌓인 흥분을 좋아하는 사람들은 (이 멜로드라마가) 자기들 입맛에 딱 들어맞는다는 것을 알게 될 것이다. 군더더기 없이 (…) 스릴 넘치고 놀랄 만한 사건, 이벤트, 클라이맥스들로 이루어진 연극이다. 매 (장면은) 스릴 넘치는 구출이나 적시에 저지되는 악행, 혹은 관객의 전적인 찬성을 얻어낼 다른 에피소드로 끝맺는다.4)

1914년 데즈먼드 매카시Desmond MacCarthy도 변화를 인식했음을 거듭 말했다(비록 이때쯤엔 대부분의 선정적 멜로드라마가 영화에서 나타났지만). "최근 멜로드라마의 발달은 고결한 도덕적 정조로부터 벗어나 독창적인 스릴과 파국으로 흘러가고 있다. 고상한 장광설은 더이상 그 본질이 아니며, 남녀 주인공의 미덕이 중요한 것이 아니라 모험과 테크닉이 도덕성을 거의 쫓아냈다."5)
10-20-30센트짜리 멜로드라마는 구조적 본질상 에피소드적 성격을

지니며 4막을 기준으로 15장에서 20장으로 이루어졌는데, 그 결말은 대부분 스릴 넘치는 '장면' 혹은 무대효과 같은 것들이었다. 예를 들어 1906년 링컨 카터 작품 〈목격자The Eye Witness〉가 연극 무대에 선보였던 것은,

> 시카고 강변, 부분적으로 열린 V자형 다리 사이로 거대한 자동차가 대담하게 돌진한다. 이후 남자 주인공이 호수에 뛰어들어서는 한 젊은 여자를 구출해낸다. 그러고는 비열하게 여자를 살해하려는 악당이 단단히 매어놓은 짐을 베어버린다. 머리털을 쭈뼛하게 만들었던 장면이 끝나고 거대한 회오리바람 장면으로 전환되면서 지붕이 날아가고 나무가 뿌리 뽑히더니 급기야 한 줄기 번개가 내리쳐 악당은 죽임을 당한다.[6]

1906년 시어도어 크리머Theodore Kremer의 연극 〈재봉틀 소녀 버사 Bertha, the Sewing Machine Girl〉에서는 모터보트 경주뿐 아니라 자동차 두 대와 기관차, 자전거까지 합세한 4자 레이스가 펼쳐지며 불타는 건물을 향해 달려가는 소방차, 그리고 다양한 고문 장면들이 포함되어 있다.[7] 찰스 블래니Charles Blaney의 〈소녀와 형사The Girl and the Detective〉(1908)는 고전적인 원형 톱 위기buzz-saw peril를 변주하는 데서 클라이맥스에 도달한다. "남자 주인공은 악당에 잡혀 증기 해머 테이블에 놓이고, 그가 엎드려 있는 동안 허옇게 달구어진 거대한 철금속이 흔들거리며 내려온다."[8] 1907년 오웬 데이비스Owen Davis의 멜로드라마 〈어여쁜 타이피스트 에드나Edna, the Pretty Typewriter〉에서는 여주인공이 건물 지붕에서 뛰어내려 달리는 고가철도 열차 위로 내려앉는다. 또다른 장면에서는 (반대 방향으로 급속히 움직이는 거대한 파노라마 배경막 앞의 트레드밀

에 놓인) 실제 자동차들 간의 경주가 벌어진다. 납치된 여주인공은 악당 차에서 남자 주인공의 차를 향해 뛰어드는데, 바로 그 순간 남자 주인공의 차는 한계에 도달하여 격렬한 폭발음을 일으키며 화염에 휩싸인다(그림 6.1).[9]

그림 6.1 〈어여쁜 타이피스트 에드나〉 연극 포스터, 1907(*Literary Digest*, 1912. 8. 10)

선정적인 장면들의 전형적인 예

이 자료들은 주로 하버드 시어터 콜렉션the Harvard Theatre Collection의 잡보란에서 수집된 것이며, 이외에도 뉴욕 공공 도서관의 빌리 T. 로즈 시어터 콜렉션Billy T. Rose Theatre Collection의 잡보란, 뉴욕 히스토리컬 소사이어티New York HIstorical Society의 포스터 청사진들, 르윈 고프Lewin Goff의 「미국의 저가 멜로드라마The Popular-Priced Melodrama in America」와 부스의 『빅토리아 시대의 대작들Victorian Spectacular Theatre』을 참고하였다.

◆가스를 채워넣은 실제 기구가 세 명의 승객을 태우고 크리스털 궁전의 군중들 위로 날아올라 영국 해협으로 하강, 여덟 명의 노 젓는 사람들과 함께 구명정으로 구조. ―〈주정主情, The Ruling Passion〉, 찰스 브로엄Charles Brougham(1882)

◆기차 두 대 난파, 피커딜리 서커스의 눈보라, 실제로 은행 유리 창문을 깨부수는 폭동, 불타는 건물. ―〈플럭Pluck〉, 헨리 프티Henry Pettitt, 오거스터스 해리스Augustus Harris(1882)

◆수학여행에 오른 250명의 어린이를 실은, 말이 끄는 짐마차, 뗏목을 타고 강(수조의 진짜 물을 이용) 아래로 도망치는 버마의 군대. ―〈은혼식Our Silver Wedding〉, 작자 미상(1886)

◆진짜 수면 위로 백조, 요트, 증기 모터보트, 경주용 소형 보트들이 떠 있는 강, 실제 물로 만들어진 폭풍우. ―〈음험한 비밀Dark Secret〉, 제임스 윌링James Willing · 존 더글러스John Douglas(1986)

◆나란히 달리는 두 대의 기관차, 미시시피 강 위에서의 증기보트 폭발, 흔들다리에서 바라보는 나이아가라 폭포 전경. ―〈급송 우편The Fast Mail〉, 링컨 카터(1889)

◆실제 널빤지, 그리고 하마터면 남자 주인공까지 베어버리는 진짜 원형 톱.—〈블루진Blue Jeans〉, 조지프 아서Joseph Arthur(1890)

◆바다에 몰아치는 폭풍우 가운데 돛을 감아올리는 선원들, (관객들을 향해) 전진하는 증기선, 두 원양여객선의 충돌, 토네이도, 시카고 조감도.—〈토네이도The Tornado〉, 링컨 카터(1892)

◆실제 향타기.—〈너트메그 매치〉, 윌리엄 하워스William Haworth(1893)

◆남자 주인공을 다이너마이트 폭발에서 구하기 위해 밧줄에 매달려 구렁을 건너는 여주인공, 불타는 마구간에서 경주마를 구한다. '여섯 마리의 순종 말이 무대를 나란히 둘로 잡아 찢는 경마 장면.—〈옛날 켄터키에서는In Old Kentucky〉, 찰스 데일리Charles T. Daley(1893)

◆거대한 스팀 드릴 네 대가 작동중인 채석장, 육중한 표석을 폭파시키는 다이너마이트, 수천 개의 돌들을 들어올리는 매머드급 기중기, 진짜 김이 뿜어져나오는 10마력짜리 수직 엔진.—〈휴전의 백기A Flag of Truce〉, 호러스 미첼Horace Mitchell(1894)

◆잠수복을 입은 남자 주인공과 악당 사이의 사활을 건 수중 격투.—〈화이트 헤더The White Heather〉, 헨리 해밀턴Henry Hamilton · 세실 롤리Cecil Raleigh(1897)

◆대형 철도 연락선, 사모아에 난파된 트렌턴 전함.—〈둥근 지붕 아래서Under the Dome〉, 링컨 카터(1897)

◆몇 마일 떨어진 곳으로부터 그 완충판이 오케스트라 자리로 비어져 나올 때까지 '눈부신 속도'로 다가오는 기관차, 대화재에 휩싸인 시카고 거리, 전력 가

동중인 소방차들, 폐허가 된 도시의 전경, 마천루에서 남자 주인공을 밀쳐내는 악당, 박람회 광경. ─〈하트 오브 시카고The Heart of Chicago〉, 링컨 카터(1897)

◆ (연기를 토하는 엔진을 매단) 고삐 풀린 기관차를 둘러싸고 스치는 풍경들을 보여주는 영화 스크린들(!). ─〈채터누가Chattanooga〉, 링컨 카터(1898)

◆해전, 마닐라의 폭격. ─〈메인 호를 잊지 말자Remember the Maine!〉, 링컨 카터(1898)

◆악당을 죽음으로 몰아넣는 알프스 눈사태. ─〈으뜸패는 하트Hearts Are Trumps〉, 헨리 해밀턴, 세실 롤리(1899)

◆불타는 대초원. ─〈불화살The Flaming Arrow〉, 링컨 카터(1900)

◆불타는 원양 정기선, 실제 말 위에서 벌어지는 구출 레이스. ─〈사막에서 길을 잃다Lost in the Desert〉, 오웬 데이비스(1901)

◆산불 속을 뚫고 달리는 기관차. ─〈99The Ninety and Nine〉, 램지 모리스Ramsay Morris(1902) (그림 6.2, 6.3을 보라.)

◆전신선 위에서의 격투, 하늘에서 본 파리의 광경. ─〈파리의 위험The Dangers of Paris〉, 힐 미첼슨E. Hill Mitchelson, 찰스 랭던Charles Langdon(1902)

◆불타는 화포공장, 연락선의 진입과 상륙. ─〈대도시의 탐조등The Searchlights of a Great City〉, 작자 미상(1902)

◆바다 한가운데에서 뗏목을 타고 떠도는 남자 주인공과 그를 구하기 위해 다가오는 전함, 남자 주인공을 거의 압사시킬 뻔하다 악당의 심복을 죽이게 되는

독방의 붕괴. ─〈백인 노예들의 여왕〉, 아서 램Arthur J. Lamb이라는 필명의 오웬 데이비스(1903)

◆날아오르는 열기구, 홍수. ─〈수마가 할퀴고 간 도시Just Struck Town〉, 로런스 러셀Lawrence Russell(1903)

◆급류 위의 카누. ─〈물불 가리지 않는 여자Through Fire and Water〉, 찰스 테일러Charles A. Taylor(1903)

◆절벽과 등대 사이에 걸린 빨랫줄 위로 아슬아슬하게 줄타기하는 여주인공과 그녀에게 총을 쏘고 밧줄을 끊어버리려 하는 악당들. ─〈바닷가의 등대Lighthouse by the Sea〉, 오웬 데이비스(1903) (그림 6.4를 보라.)

◆날아오르는 열기구 안에서 남자 주인공과 격투를 벌이다 결국 밖으로 내던져지는 악당. ─〈방황하는 마음Hearts Adrift〉, 랭던 매코믹Langdon McCormick(1903)

◆지하철 선로에 빠진 어린이를 구하기 위한 맨홀 속의 인간 사슬과 소녀를 향해 질주해오는 전차. ─〈뉴욕의 노예 어린이들Child Slaves of New York〉, 찰스 블래니(1903)

◆역에서 출발한 기관차, 증기선, 댐 폭발과 이에 따른 홍수. ─〈밀물The Flood Tide〉, 세실 롤리(1903)

◆샌프란시스코 지진 후의 화재, 잔해, 파괴된 건물들, 금문교 공원의 천막 도시. ─〈샌프란시스코의 화재While Frisco Burns〉, 링컨 카터(1905)

◆할렘 강의 모터보트 경주, 불타는 건물에서의 목숨을 건 낙하, 노동 착취 공

장, 새로운 철제 고문 장치, 자동차, 자전거, 기관차가 뒤얽힌 추격. — 〈재봉틀 소녀 버사〉, 시어도어 크리머(1906)

◆흔들다리를 질주하는 전차, 뉴욕 항의 전경과 함께 선착장으로 다가오는 요트. — 〈강도의 딸The Burglar's Daughter〉, 오웬 데이비스(1906)

◆기차와 실제 자동차 간의 레이스. — 〈베드포드의 호프Bedford's Hope〉, 링컨 카터 (1906)

◆무시무시하게 거센 폭포 아래서 물방아 바퀴에 묶인 여주인공. — 〈테네시 테스: 밀수업자들의 여왕Tennessee Tess: Queen of the Moonshiners〉, 존 리터John P. Ritter(1906)

◆두 주택 사이, 튼튼한 소녀들로 이루어진 인간 다리, 그 위로 탈출하는 여주인공, 돌진하는 지하철. — 〈차이나타운의 찰리Chinatown Charlie〉, 오웬 데이비스(1906)

◆벌어진 도개교 위로 뛰어오르는 자동차, 여주인공에게 악당이 묶어놓은 짐을 떼어내주는 남자 주인공의 수중 구출 장면, 광포한 회오리바람. — 〈목격자〉, 링컨 카터(1906)

◆눈을 뜰 수 없게 만드는 눈보라 속에서 브루클린 다리를 건너는 동안 다이너마이트에 의해 폭파되는 자동차, 공중으로 치솟았다 물 속으로 처박히는 승객들. — 〈아름다운 모델 넬Nellie, the Beautiful Cloak Model〉, 오웬 데이비스(1907)

◆건물 지붕에서 움직이는 기차 위로 뛰어내리는 여주인공, 여주인공이 한 자동차에서 다른 자동차로 도약하는 자동차 추격, 폭발. — 〈어여쁜 타이피스트 에드나〉, 오웬 데이비스(1907)

◆거대한 풍차 날개에 단단히 묶인 여주인공, 폭풍우가 휘몰아치는 바다 가운데에서 물이 새기 시작하는 보트, 그랜드 센트럴 역의 커다란 기관차 구내, 기타 각종 맨해튼의 현장들. ─〈넬이 떠나고 난 뒤Since Nellie Went Away〉, 오웬 데이비스(1907)

◆지붕에서 지붕으로 뒷골목을 가로지르는 위험천만한 점프, 원양 여객선의 폭발, 구조에 나선 경찰 보트들. ─〈뉴욕 코러스 걸의 행운A Chorus Girl's Luck in New York〉, 존 올리버John Oliver라는 필명의 오웬 데이비스(1907)

◆스팀 해머 아래 갇힌 남자 주인공을 향해 내려오는 하얗게 달구어진 거대한 쇳덩이. ─〈소녀와 형사〉, 찰스 블래니(c. 1908)

◆노스 강 바닥에서 벌어지는 잠수부들의 격투, 고가철도 열차 지붕으로 뛰어내려 탈출하는 여주인공, 다이너마이트로 날아가버리는 태리타운Tarrytown 브리지, 자동차에서 뛰어내려 나뭇가지에 매달린 남녀 주인공 아래로 떨어지는 다리의 잔해들, 불타는 주택 속에서 아기를 데리고 3층 유리창에서 뛰어내리는 경찰관. ─〈백만장자와 경찰관의 아내〉, 오웬 데이비스(1909)

◆네 대의 비행기 전투, 포탄이 터지는 참호에서의 전투, 공습, 폭탄 투하, 붕괴되는 건물들. ─〈아메리칸 에이스An American Ace〉, 링컨 카터(1918)

위의 열거 사례들이 보여주듯 대중 멜로드라마의 중심에는 실내 무대의 물리적, 시공간적 한계에 도전하는 장면들과 환경을 그려내려는 노력이 있었다. 실내 배경에 길들여지기를 삼가면서 멜로드라마는 그 극적 위기들을 실외에 배치시켰다. 경마장, 채석장, 협곡, 대양, 기타 등. 무대효과들은 엄청난 공간적 확장과 이에 따라 눈에 띄게 신속해진 움직임—깊이에 있어서나(예로, 관객들을 향해 더 가까이 달려오는 전함이나 기관차, 혹은 날아오르는 기구의 유리한 지점으로부터 서서히 사라지는 마을) 측면적으로 보나(예로, 마을을 가로질러 질주하는 소방차의 배경으로 날아가듯 스쳐 지나가는 도시 풍경)—을 만들어냈다. 자연의 힘, 즉 화재, 홍수, 폭풍우, 폭발, 토네이도, 눈보라, 눈사태, 그리고 희생을 증폭시키는 것 같은 그런 일은 멜로드라마에서 매우 중대하게 여겨졌다. 곡예 연기는 신체적 위험에 대한 표현을 더욱 강화시켰다. 밧줄로 바위 사이를 건너기, 전신주 사이로 외줄타기, 절벽에서 바다로 다이빙하기, 실물 원형 톱이나 항타기에서 불과 몇 인치 떨어져 있는 인물들.

10-20-30센트짜리 멜로드라마는 무대기법상의 기술 혁신을 개발하고 개척했다. 링컨 카터 작 〈베드포드의 호프〉의 훌륭한 효과—기차와 자동차 간의 경주—는 뉴욕 모닝 텔레그래프New York Morning Telegraph에 따르면 "근대적 창의력의 승리"였다. 그 기사는 다음과 같은 카터의 설명을 덧붙였다.

일곱 개의 파노라마와 지면의 종단면도는 각기 몇 피트 떨어진 두루마리로부터 한 방향으로, 그러나 시속 2마일에서 12마일에 이르기까지 다양한 속력으로 움직인다. 이런 식으로 전경은 신속하게, 중경은 그보다 느리게, 그리고 저 멀리 떨어진 곳은 훨씬 더 느리게 움직인다. 기차와 자

그림 6.2 1902년 〈99〉의 무대장면(사진: 바이런Byron, Museum of the City of New York 제공)

동차는 시속 14마일 속력으로 반대 방향으로 움직이는데, 정면에서 보면 그 두 배로 보인다. (…) 이런 구조에는 수천 파운드의 강철이 들어가고, 제일 큰 굴대를 움직이는 데는 20마력의 모터가 들며, 이로부터 다음 단계의 굴대들이 작동되어 전체가 통제된다. 이것은 시계, 기관차, 혹은 인쇄기의 기계적 정확함 내지 정밀함을 통해 만들어졌다. 여러분들은 또한 그것으로부터 아무런 소음도 나지 않는다는 것을 알아챌 것이다. (…) 내가 무슨 수로 이전의 그 어떤 경주 장면보다 두 배나 더 긴 경주 장면을 공연할 수 있겠는가? 나의 파노라마는 길이가 78피트에 지나지 않으며 계속 반복될 뿐이다. (…) 하지만 세 개의 주된 파노라마들은 모두 다른 속도로 움직인다. 그 덕분에 어떤 장면도 되풀이되지 않고 25개의 완전

그림 6.3 1902년 〈99〉의 포스터(Museum
of the City of New York 제공)

그림 6.4 1903년 〈바닷가의 등대〉 삽화 포스터(『아메리칸 매거진』, 1914. 9.)

한 회전운동을 만들어낼 수 있는 것이다.[10)]

　이런 기술은 절대 안전함과는 거리가 멀었지만(이것에 대해선 나중에 논의할 것이다) 왕왕 매우 효과적으로 흥분을 불러일으켰다. 〈베드포드의 호프〉의 한 논평은 이렇게 기록했다. "그 자동차가 마침내 기차를 따라잡았을 때 그 극장은 기쁨으로 들썩였다. 무대 장면, 그리고 자동차와 기차는 반대 방향으로 움직였고 관객은 열광했다."[11)] 〈톨레도 블레이드 Toledo Blade〉의 또다른 리뷰도 같은 장면(남자 주인공의 차가 악당이 탄 기차를 추격했는데, 이 악당은 여주인공에게서 훔친 금광 증서를 황급히 팔아치우려던 순간이었다)을 언급했다. "관객은 신경쇠약 직전에 놓여 있었다. (…) 기차를 향해 슬금슬금 다가가던 자동차는 조금씩 그것을 따라

잡고, 그러는 사이 관객들은 자기 자리에서 일어나 목이 쉬도록 소리를 질렀다."[12]

***

이런 유의 선정적 멜로드라마는 단순히 변경의 삼류 대중 엔터테인먼트가 아니었다. 그 상업적 구조에 있어서, 그리고 전 미국 도시의 대형 극장으로의 확장에 있어 '값싼 멜로드라마'는 대기업이 되어갔다. 저가 극장 연맹 및 조합은 1890년대 후반 전국 규모로 연합했는데, 이는 대규모 순회공연의 대량생산, 판촉, 예약, 그리고 자금조달을 체계화함으로써 사업을 안정시켰다. 비용과 이윤은 꽤나 예측 가능해졌다. 이러한 멜로드라마의 산업 합리화는 노동, 자본 집약이 점점 가중되는 선정적인 스펙터클 생산에 필수적인 재정 안전이라는 맥락을 제공했다. 극작가 오웬 데이비스에 따르면,

이런 극장들의 평균 매출은 확실히 주당 3500달러(오늘날엔 약 65000 달러) 정도로 고정되었다. 매출 변동은 미미했다. (…) 우리가 해야 했던 것은 오로지 주간 운영비용이 우리에게 돌아올 몫보다 500달러 적다는 것을 보고 나서 극장은 연간 40주 개봉하므로 그것을 40배 하여 각 공연마다 연간 2만 달러(371,000달러)의 이윤을 얻는 일이었다.[13]

가장 많은 10-20-30센트짜리 멜로드라마를 남긴 극작가 오웬 데이비스(그림 6.5)는 (다분히 과장을 섞어) 1906~7년 시즌 동안 23편의 새로운 멜로드라마를 써냈으며, 동시에 적어도 열 편이 재상연 순회중이

그림 6.5 다작의 일인자였던 극작
가 오윈 데이비스 (『아메리칸 매거
진』, 1914. 9.)

었다고 밝혔다.

10-20-30센트짜리 멜로드라마 사업은 본질적으로 공장 시스템으로서, 규격화된 공식에 따라 연극들은 '대량 생산'되었다. 멜로드라마 사업은 (적어도 동부 쪽에서는) 소도시를 중심으로 한 극장 체인이었던 저가 스테어 앤드 해블린Stair and Havlin 계열 극장들과 소수의 거물 제작자들과 연출-극작가들로 이루어진 독과점으로 지배되었다. 우즈A. H. Woods는 가장 유력한 제작자였다. 데이비스는 심리학자(이자 고전영화 이론가였던) 후고 뮌스터베르크Hugo Münsterberg의 수업을 들었던 하버드 대학교 졸업생이었다.[14] 시어도어 크리머와 찰스 포스터Charles Foster(1895년 사망하기 전까지)는 중요한 극작가였다. 할 레이드Hal Reid, 찰스 블래니, 링컨 카터, 그리고 찰스 테일러는 그중에서도 거물급 연출-극작가였다. 스테어 앤드 해블린 연맹은 1900년 털리도, 클리블랜드, 그리고 기타 북부의 호반 도시에 있는 극장들을 지배하고 있던 스테어E. D. Stair가 신시내티, 세인트루이스, 그리고 다른 도시에 극장 체인을 가지고 있던 존 해블린John H. Havlin과 손을 잡으면서 형성되었다.

그들은 자신들의 영역을 급속히 확장시켰다. 1903년 브루클린 데일리 이글Brooklyn Daily Eagle의 기사는 당시 뉴욕에 중앙지부가 있던 스테어 앤 해블린이 메인 주에서 캘리포니아 주까지 대략 150개에 이르는 저가 극장들의 예매를 좌우하고 있었음을 보여준다.[15] 저가 멜로드라마는 그것을 지배했던 독과점의 작은 규모를 고려했을 때 매우 수지가 맞는 산업이었다. 스테어 앤드 해블린 연맹의 순회공연만(이보다 적은 연맹들과 독립 제작사들을 계산에 넣지 않고도) 따져도 오늘날의 5600만 달러에 육박할 정도로 연간 순이익을 냈다(데이비스가 앞서 말했던 제작물당 이윤에 대한 논평을 잊지 말라).

값싼 멜로드라마의 전성기는 1907년에서 1908년 사이 혜성처럼 나타
난 5센트짜리 영화관의 등장으로 돌연 멈추게 된다. 1908년 봄 뉴욕 드
라마틱 미러New York Dramatic Mirror는 "무엇이 문제인가? 저가 연극들, 급격
한 인기 추락"이라는 표제의 기사를 시작으로 "1907~8년 극장가의 악
몽"에 대한 5회 연속 기사를 내보냈다. 이 기사의 논평자 대부분은 영화
의 발흥이 당면 문제의 배후에 도사리고 있는 핵심 요소라는 것을 인정
하기 꺼려한 반면(대신 그들은 이 토론란을 "유혈이 낭자한 멜로드라마를
제거"하고 "우리 아버지들이 보던 선량하고 유서 깊은 멜로드라마로 돌아
갈 것"을 요청하는 기회로 삼았다), 어떤 작가는 "저가 극장들은 영화에
의해 엄청난 타격을 받게 되었다"고 확실히 인정했다.[16) 1908년 11월이
되자 이런 상황은 의심의 여지가 없었다. 뉴욕 드라미틱 미러의 한 기사
는 멜로드라마에서도 "특히 거칠고 야만적인 유"는 극심한 난항을 겪고
있으며, 상연중인 것들도 관객 수가 최소 50퍼센트는 떨어져버렸는데
이는 "모두 영화관 때문이었다"라고 보도했다.[17) 또한 1년 후 드라마 평
론가 월터 프리처드 이튼Walter Prichard Eaton은 다음과 같이 썼다. "대중 멜
로드라마들은 영화들이 맹위를 떨치는 바람에 50퍼센트로 감소했다."[18)
1910년 봄에 간행된 잡지 『석세스Success』에 의하면, 뉴욕 시에서는 영화
가 모든 무대 멜로드라마 극장―총 열두 곳 정도 되는―을 밀어내거
나 접수해버렸다.

　　당신은 (…) 등골이 오싹한, 손-들어-안 그러면-쏴버릴 테다 식의 멜
로드라마가 우리 가운데 거의 사라져버렸다는 사실을 알아차렸는지?
(…) 12개월 전 뉴욕에 있는 열한 곳의 멜로드라마 극장에서는 〈가엾은
여점원 로티Lottie the Poor Saleslady〉〈백만장자와 경찰관의 아내〉〈재봉틀 소

녀 버사〉 그리고 이처럼 별스러운 이름과 비슷한 의미의 극적인 이야깃거리들이 늘 단골들을 끌어모았다. 오늘날 우리의 가장 큰 도시엔 멜로드라마 극장이란 것이 존재하지 않는다. 열한 곳 모두에서 영화들이 상연되고 있으며, 현재 미주 전역에서 예전의 폭력-유혈극 거래에 영합하는 곳은 몇몇 이류 극장들뿐이다. 영화 필름들은 메피스토펠레스의 악랄한 이야기를 털어놓을 수 있다는 것이 발견되었다. (…) 변변찮은 배우들로 이루어진 극단보다 더 나았으면 나았지 못하지는 않다. 게다가 갑남을녀들은 이제까지 내던 것의 반값만으로 박장대소하고 스릴감을 만끽할 수 있게 되었다. 상품에 대한 수요가 사라지고 이에 따라 공급이 쓸모없게 되자 멜로드라마 엔터테인먼트의 공급자들은 다른 분야를 모색하지 않을 수 없게 되었다. 1년 후 영화의 영향으로 멜로드라마와 이와 관련된 모든 인물들은 단지 추억에 지나지 않게 되었다.[19]

당시 수십 건의 기사들은 영화가 저가 무대 멜로드라마를 완전히 대체했음을 확증했다.[20] 신문광고 역시 이런 현상에 대한 증거를 제공한다. 르윈 고프에 따르면,

1902년에서 1910년 사이 브루클린 데일리 이글의 신문광고 조사는 저가 멜로드라마의 성쇠를 말해주는 듯하다. 1903년에서 1909년까지 광고들은 점점 더 노골적이고 대담해져갔는데, 특히 그랜드 극장과 폴리 극장이 그랬다. 1909년까지는 이 두 극장의 광고만이 거의 전면을 채웠다. 하지만 1910년을 지나면서 그것들은 크기 면에서 급격히 축소되었고, 점차 보잘것없는 연극 면에서나 찾을 수 있었다.[21]

위기는 멜로드라마에만 국한된 것이 아니었다. 영화는 대부분의 연극적 오락물들을 잠식해들어갔다. 일정한 시기에 뉴욕 드라마틱 미러가 전술한 유랑극단 회사에 대한 조사에서 밝힌 바에 의하면, 그 수는 1904년 420개 사로 사상 초유를 기록했다가 1908년에는 337개 사, 1910년에 236개 사, 1915년에 95개 사, 1918년에는 불과 25개 사로 급격히 떨어진다.[22] 이중 저가 멜로드라마는 성공하기 가장 어려운 연극 상품이었다. 거물급 스타나 유명 극작가, 명성 있는 타이틀이 동나자 멜로드라마는 영화에 의해 쉽게 대체될 수 있는 일반적인 생산품이 되었다. 1911~12년에 이르자 선정적 멜로드라마는 도심 극장에서 거의 사라졌다. 비록 지방 순회공연에서는 10년 이상 더 연명할 수 있었을는지 몰라도 말이다.[23]

링컨 카터 같은 몇몇 제작자들은 더욱 야심찬 특급 스펙터클을 내보내거나 내보내려 함으로써 영화와 경쟁하고자 했다. 1911년, 그리고 1913년에 카터는 한번 더 (때로 5천 마리, 때로 1만 마리에 이르는) 소떼들이 출몰하는 스펙터클 신극을 곧 제작하겠노라고 공언했다. 콜럼버스 저널Columbus Journal이 보도하길 "카터 씨는 이미 수없이 많은 조그만 수송 아지 모델을 만들었는데, 그것들에는 톱니가 달려 있어서 관객들에게 다가가는 것처럼 보일 수 있게 만들어졌다".[24] 내가 아는 한 이 제작은 실현되지 못했다. 그러나 1918년 카터는 〈아메리칸 에이스〉로 돌아왔는데, 전시 애국주의에 편승하여 선정적 멜로드라마를 되살려보려는 심사였으나 이 연극은 그리 환영받지 못했다.

일찍이 1910년부터 스테어 앤드 해블린은 무대 멜로드라마가 다시 소생할 거라는 희망을 버리고 그들의 극단 연맹을 저가 보드빌 쪽으로 방향을 틀었다. 10-20-30센트짜리 멜로드라마의 최고 거물급 제작자였던 A. H. 우즈 역시 그의 사업을 재편하지 않을 수 없게 되었다. 1918년 한 기사는 다음과 같이 상술했다. "그는 시어도어 크리머-오웬 데이비스의 멜로드라마에서 자기의 이윤을 챙긴 뒤 그것들을 '2달러짜리 게임'으로 끼워넣었는데, 그것은 보다 나은 문예적 속성과 더 느슨한 도덕성에 관한 연극의 제작을 의미했다." 그는 재빨리 '침실 익살극 조달의 대가'가 되었다. 오웬 데이비스는 놀랍게도 '진지한' 극작가로 변모했다. 1920년대 초반에 이르자 그는 유진 오닐Eugene O'Neill에 비견되었고, 1923년에는 드라마 〈얼음에 갇히다Icebound〉로 퓰리처상을 수상했다.[25]

그러나 멜로드라마가 완전히 사라지진 않았다. 몇몇 제작자들은 스펙터클한 선정적 장면들이 사라진 '응접실 멜로드라마'로 전환시킴으로써 새로운 상황에 적응했다. 표면상 더욱 고급화되고 확실히 더욱 수다스러워진, 이런 순화된 멜로드라마들은 중산층 관객을 노린 것이었지만 그럼에도 그들은 연극을 버리고 영화를 찾아갔다. 1915년 제작자 윌리엄 브래디William A. Brady는 이 새로운 공식을 다음과 같이 기술했다.

부와 사회적 우월감을 드러내는 배경이 언제나 눈에 들어오도록 유지하라. 극빈자나 빈곤, 결핍, 넝마주이들, 셋방들, 소용돌이치는 강변의 음울한 밤들 — 옛 재료들의 낌새가 나는 것은 어떤 것이라도 — 이 절대 있어서는 안 된다. 무슨 일이 벌어지든 간에 늘 매혹적인 것이 직접적으로 눈에 띄어야 한다. (…) 인물의 의상을 최신 유행으로 걸치게 하라. 그들이 얼마나 천박하든지 간에 얼핏 봐도 훌륭한 태생인 것처럼 치장시켜라. 그런 다음 원하는 만큼 범죄 요소들을 추가시켜라. (…) 멜로드라마 위상의 근본적인 변화라고 한다면 예전에는 대중들이 소박해도 받아들였던 것을 이제는 3중으로 금도금을 해야 한다는 점이다.[26]

이러한 전략의 재정적 성공 여부는 확실치 않지만 이런 연극들은 대부분 혹평을 면치 못했다. 평론가들은 정통 극장들이 중류층의 일상성 속으로 빠져들어간 것을 경멸했으며 실로 놀랍게도 젠체하지도, 실제 정체성을 숨기려 하지도 않던 '예전의 위풍당당한 야단법석' 멜로드라마에 대한 향수를 표현했다. 가령 1911년 클레이턴 해밀턴은 다음과 같이 기록했다. "최근 우리 무대 극장들에 나타난 새로운 유형의 멜로드라마 유는 스스로를 수치스럽게 여기는데, 그것은 비극인 척하지 않는 반면 동시대의 사회문제들에 대한 심각한 연구인 척한다. (…) 새로운 멜로드라마는 절대 예전의 영광에 필적하지 못할 것이다. 그것이 모든 궤변과 기만을 벗어던지기 전까지는."27) 1917년 조지 장 네이션George Jean Nathan은 새로운 '실내' 멜로드라마를 비웃었다.

우리 젊은 시절의 멜로드라마는 주로 삶의 중대한 위기들이 대부분 늘 철도 선로 부근이나 노스 강, 피어Pier 30 아래에서 벌어진다는 이론에 기초해 있었다. 이와 유사한 정도로 오늘날 탄생하는 멜로드라마는 삶의 중요한 사태들은 언제나 민간저택의 서재 한가운데에 놓인, 누름 버튼이 장착된 기다란 필기용 책상 근처에서 일어난다는 이론에 기초해 있다. 간단히 말해 멜로드라마는 실내로 옮겨왔다. (…) 멜로드라마는 본질상 '실외'의 것이다. 그것을 지붕 아래 '실내'로 옮기자 그것은 유약한 처녀처럼 되어버렸다. 등뼈를 구부려 맥박을 잃게 하는 것처럼 말이다. (…) 하버드는 예전의 멜로-작품들에다 가짜 경제적, 사회적 문제들을 주사함으로써, 짐짓 잘난 체하며 그 분리 부정사들을 결합시키고 일반적으론 대학교 2년생들의 미문美文을 투약함으로써 그것들을 망쳐버렸다.

네이선은 새로운 스타일 대 오래된 스타일이라는 멜로드라마의 전형적인 소품 목록들을 비교함으로써 그의 요지를 납득시킨다.

오래된 스타일 1막: 말괄량이 주인공을 위한 소형 소총. 젊은 주인공이나 비중 있는 역할을 위한 연발권총과 기병총. 막중한 역할을 위한 단도. 주요 역할에는 소총. 전화선이 끊기자 무대 한가운데로 떨어지는 전선. 조그만 전선 도구. 인솔하는 역할을 위한 곤봉. 아일랜드 희극배우에게는 가죽곤봉. 흑인 희극배우에게는 구식 탄환. 젊은 주인공에게는 전대와 돈주머니가 숨겨져 있는 혁대. 조연에게는 철 주먹. 화염 효과를 위한 벌건 불꽃과 횃불의 섬광. 문 잠그는 열쇠. 도끼. 도끼로 찌그러지도록 얇은 판자로 만들어진 문. 클라이맥스에 물탱크 뒤에서 뿜어져나오는 들통에 반쯤 찬 물. 소녀 주인공을 위한 권총 자루와 밧줄. 2막: 젊은 주인공과 조연을 위한 밧줄, 보트 갈고리, 그리고 도끼. 문에 부착된 볼트. 단역에게는 단검. 말괄량이 주인공에게는 편의를 위한 연발권총과 '경찰봉'. 발연통들. 징소리. 구명 기구와 커다란 게. 화재-그물. 괴짜 여성 배역에게는 우는 아기 모형과 우유가 든 젖병. 서류 꾸러미들. 지갑. 여섯 뭉치의 무대용 화폐. 원형 톱. 톱과 연결된 기계 장치. 주인공 젊은이를 위한 연발권총. 서로 부딪힐 때면 시끄러운 소리를 내는 두 벌의 나무 딱딱이: 한 벌은 유대인 희극배우, 다른 한 벌은 중국계 희극배우를 위한 것. 흑인 희극배우에게는 닭과 계란. 봉화. 두 벌의 솜방망이. '클로로포름'이라고 표기된 병. 뒤엎어져 박살나게 만들어진 등불. '다이너마이트'라고 표기된 나무통과 퓨즈. 바람 소리 내는 장치와 폭풍우 효과. 주인공 젊은이를 위한 이탈리아식 분장. 다리에 반쯤 톱질이 되어 있어 인솔하는 배역의 등에 부딪힐 때 쉽사리 부서질 수 있도록 만들어진 의자. 사다리 소방

차. 증기가 뿜어져나오는 소방차. 3막: 주인공 젊은이를 위한 권총 자루. 인솔하는 배역을 위한 연발권총과 말 채찍. 주인공 처녀를 위한 구식 소총. 채굴 기구들. 와인 잔과 맥주 잔, 여송연. 주인공 젊은이로 변장한 행상인. 주사위와 주사위 상자. 다섯 개의 에이스가 들어 있는 놀이카드 꾸러미. 탐조등. 두 마리의 경찰견. 여자 중견 배역을 위한 작은 단검. 깨지게 되어 있는 속임수 병. 중견 조연에게는 접는 칼과 재갈. 젤라틴으로 덮여 있는 창유리와 창문이 깨질 때 나는 소리를 내기 위한 유리 한 상자. 아일랜드 희극배우를 위한 모형 벽돌 두 개. 올가미가 달린 기다란 밧줄. 색깔 있는 화재. 조연 젊은이에게는 총과 수갑. 미국 국기. (…)

새로운 스타일 (탄창이 비어 있는) 연발 권총 한 자루. 필기용 책상.[28]

***

값싼 멜로드라마는 어째서 영화에 밀렸을까? 의심의 여지 없이 멜로드라마가 무대에서 스크린으로 옮겨간 이유는 특히 멜로드라마의 주 관객층이 상대적으로 빈곤했던 사실로 미루어 경제적 요소가 결정적이었다. 영화를 보는 데는 25센트에서 75센트에 이르던 무대 멜로드라마 극장 대신 5센트짜리 동전만 있으면 됐다(입장권의 가격차는 결정타였다. 1910년대의 5센트는 오늘날의 95센트에 해당하며, 그러므로 25센트에서 75센트라면 오늘날 약 4.75달러에서 14달러에 해당한다). 예일 대학교 영문학 교수 윌리엄 라이언 펠프스William Lyon Phelps는 1916년 연설에서 이런 상황을 요약했다. "그 '영화들'은 (…) 멜로드라마를 무대로부터 몰아냈는데 그 이유는 간단하다. (…) 똑같은 것을 5센트에 볼 수 있는데 당신이라면 굳이 2달러를 들여 〈아름다운 모델 넬〉이나 〈아내 없는 결혼Wedded, But No Wife〉을 보겠는가?"[29]

월터 프리처드 이튼은 한 달 전에 쓴 글에서 똑같이 경제적 인과관계를 확신했다.

고전 〈아름다운 재봉틀 소녀 넬Nellie, the Beautiful Sewing Machine Girl〉로 대표되는 값싼, 감상적 멜로드라마는 3번가 멜로드라마라고 불리곤 했다. 3번가에서는, 그리고 전국의 유사한 지역들에서는 지금 멜로드라마 대신 영화가 들어앉았는데, 그것은 정확히 똑같은 종류의 쓰레기를 훨씬 더 싼 가격에 제공한다.[30]

영화는 관객들뿐 아니라 극장 지배인이나 제작자들에게도 무대 드라마보다 나은 거래였다. 그들은 심지어 훨씬 더 낮은 입장권 가격으로도 더 많은 수익을 올릴 수 있었다. 무대 연극을 상연하는 것은 위험하고 값비싼 계획으로서, 세트를 짓고 배우와 무대장치 기술자들의 임금을 지불하는 것엔 엄청난 자본이 들어갔다. 링컨 카터의 〈아메리칸 에이스〉는 공연하는 데 무대 담당이 55명이나 필요했다고 보도하였다. 이는 통상적인 사례는 아니었지만 무대 멜로드라마가 얼마나 노동-집약적 산업인지 시사한다. 세기 전환기에 이르자 대부분의 무대 극장 경영인들은 나름의 공연을 제작하는 대신(사내-제작의 주식회사 체제가 1880년대에 대개 사라져버렸다) 순회극단에 의존하게 되었다. 이런 체계에서 이들은 통상 순회 공연 제작자와 수익을 50 대 50으로 나눠야 할 의무가 있었고, 그 다음엔 극장과 순회공연 제작자 간의 중개 역할을 했던 중앙집권화된 예약 에이전시에 그들에게 돌아온 몫의 3분의 1까지 줘야 했다.[31] 극장 경영인들은 쾌재를 부르며 이런 방식을 무너뜨렸다. 상영을 위해 필름을 빌리는 것은 훨씬 덜 복잡하고 저렴했다. 게다가 필름으로는 하루 동안에도 더 많은 상연(기껏 한두 번 하고 마는 무대 상연보다 열 번에서 열두 번도 가능했다)이 가능했고, 영화는 연중 계속해서 상연될 수 있었다. 대부분의 무대 멜로드라마(그리고 다른 드라마) 극장들은 전통적으로 극장이 문 닫는 시즌인 여름 동안 판자로 막혀 있었다. 영화는 극장주들에게 이런 대기 시간을 없애줌으로써 극장주들이 수익을 극대화할 수 있도록 도왔다.

그러나 남은 문제는 단순한 경제적 어용론pragmatics보다도 관객들의 미학적 선호도가 무대 멜로드라마의 죽음에 어느 정도로 책임이 있느냐 하는 것이다. 1912년 『매클루어스McClure's』에 실린 한 기사는 확실한 자신감으로 "영화는 오래된 '멜러드래머mellerdrammer' 형식을 밀어냈는데, 그것은 더욱 강렬한 리얼리즘으로 대중 관객들에게 호소한다"[32]라고 진술했다. 이런 단언이 영화의 상호텍스트적 기원들에 대한 고찰이라면, 이 열쇠가 되는 참고서인 바르닥의 고전적 연구 『무대에서 스크린으로: 초기 영화의 연극적 기원』의 주요 논증과 유사하다고 볼 수 있다. 바르닥은 경제적 요소를 거의 완전히 배제할 정도로 미학적 요소에 주목하면서, 영화는 낭만적 스펙터클과 픽토리얼pictorial 리얼리즘의 결합, 즉 믿을 수 있는 디제시스적 리얼리즘이 연출하는 믿을 수 없는 광경에 대한 수요로부터 생겨났다고 주장했다. 영화를 '출현시켰던 것은' 바르닥이 강조한 대로 "극장이라기보다 픽토리얼 리얼리즘을 요구하는 사회적 압력이 가중되는 데 대한 반응이었다".[33]

흥미롭게도 바르닥의 논증은 멜로드라마와 모더니티에 관한 견해를 그 출발점으로 삼는다. 예술, 문학, 그리고 대중문화 분야의 많은 위대한 역사학자들처럼 바르닥은 디제시스적 리얼리즘에 대한 애호가 사실상 19세기의 모든 예술과 오락물에 활기를 불어넣었음을 주목했다. 리얼리즘은 어째서 19세기의 중요한 미학이 되었던 걸까? 바르닥은 리얼리즘이 계몽운동에 의해 육성된 "근대의 객관적이고 과학적인 조망"의 표현이라고 넌지시 말한다. 서론에서 바르닥은 "영화가 18세기에 재탄생된 객관적 정신의 일부로, 19세기라는 발명의 시대를 통해 발달된 픽토리얼 리얼리즘의 연극 제작 사이클의 궁극적인 미학적 표현으로 여겨질 수 있을 것인가?"를 숙고한다(p.18). 그는 다음과 같이 상술했다.

> 19세기를 지배했던 이러한 정신은 18세기의 지적 대변동으로부터 생겨났다. (⋯) 리얼리즘적 반란과 엄정한 지적 탐색이 확산되고 있었다. 우주는 의문에 붙여지고 해부되었으며 그 구조는 검토대상이 되었다. 근대의 객관적, 과학적 견해가 탄생되고 있었다. 그것의 가장 직접적이고 놀라운 발현은 실로 몇십 년을 사이에 두고 두 대륙에서 타오른 혁명과 함께 정치 무대에서 일어났을 테지만, 18세기 사고의 지평에 널리 퍼져 있던 이런 새로운 정신의 파워는 미학적 영역에서 또한 즉각적인 반향을 일으켰다. 연극이라는 예술에서 이런 정신은 (⋯) 상연과 연기에 있어 새로운 리얼리즘의 발전을 북돋았다. 객관적이고 과학적인 관점이 사회를 지배하게 되고 19세기에 홍수를 이뤘던 과학 발명품들이 그 출로를 찾아내자 리얼리즘적 연극 상연 사이클은 (⋯) 빽빽한 보폭으로 진전되었다.(p.17)

바르닥은 아쉽게도 이런 계몽주의 합리성의 객관적 정신이 어찌하여 스펙터클 리얼리즘에 대한 취향으로 발현되었어야 했는지 적절한 해설을 제공하지 않았다. 경험적 분석을 통해 과학적 법칙들을 발견해내려는 욕망이, 어떻게든 선정적인 열차의 잔해를 보여주는 연극을 보려는 욕망을 촉발했다는 논리에는 확실히 비약이 있다.

멜로드라마를 계몽주의 합리성의 산물로 틀 지으려는 유혹적이지만 막연한 바르닥의 논의는 다행히도 영화에 의한 무대 멜로드라마의 전위를 다루는 그의 책의 주된 논점에서 그리 결정적이지는 않다. 바르닥은 강력히 주장하길, 영화는 무대 멜로드라마가 사라져버린 바로 그 순간(리얼리즘에 대한 당시 열망을 누군가 설명한다 하더라도) 그것이 낭만주의 리얼리즘 미학을 충족시킬 수 있는 한에서 부상했다.

무대 멜로드라마가 기관차 충돌, 맹렬한 화재, 자동차 추격, 해양 동굴, 돌진하는 폭포, 폭발하는 화산 등을 실감나게 하기 위해 고군분투하고 있을 바로 그때 나타난 영화는 무대장치 및 기계적 고안물들이 당혹스러우리만치 인위적으로 보이도록 만드는 고유의 사진적 리얼리즘으로 그 모든 것을 더욱 생생하게 제공했다. 이러한 논의에 따라, 영화가 무대 멜로드라마를 몰아낸 이유는 관객들이 믿을 수 없는 광경들을 리얼한 방식으로 보여주는 데 있어 영화가 본질적으로 우월한 매체임을 즉시 알아차렸기 때문이다. 그는 스펙터클 리얼리즘을 꾀한 무대극장의 시도들이 한번도 특별히 성공했던 적이 없었음을 시사했다. 무대 드라마가 '영화적'(바르닥의 사후post hoc 특징 묘사를 활용해)이 되려고 아무리 발버둥쳐도 근사한 환경과 아찔한 곡예를 설득력 있는 방식으로 연출하는 능력에 있어 극복할 수 없는 한계에 부딪힐 뿐이었다. 가스 조명장치에서 너그럽지 않은 밝은 전기무대 조명장치로 전환된 이후, 그리고 특히나 놀랍게 발전한 무대효과를 감당할 만한 규모와 시설이 부족한 지방 극장에서는, 한눈에 보기에도 인공 세트와 소품들(대부분 비축해둔 배경그림판)이 망상가적 몰두를 방해했다. 대규모 무대 멜로드라마 극장에서조차 기계나 전기장치들이 자주 오작동을 일으켰다. 많은 제작사들은 무대에서 실물(진짜 말과 자동차, 진짜 항타기, 진짜 나무, 진짜 물

등)을 사용함으로써 리얼리즘을 강화하려고 했지만, 이러한 리얼리즘적 시도는 페인트칠을 한 2차원적인 캔버스 세트와 소품들을 배경으로 부조화만 일으켜 전체적으로 무대장치의 인위성을 더 쉽게 알아채게 할 뿐이었다. 또한 무대 멜로드라마는 떠들썩한 액션을 따라잡는 데도 어려움이 있었다. 장면들을 신속히 바꾸거나 서스펜스를 일으키기 위해 배경을 앞뒤로 바꿔치려고 노력하긴 했지만, 배경그림판을 재배치하고 세트를 회전시키고 각광을 전환하는 관습적 기술들은 영화가 편집을 통해 훨씬 더 쉽고 효과적으로 할 수 있는 것에 비하면 어색하고 꼴사나웠다. 바르닥은 이렇게 썼다. "전통적인 상연 장비에 의해 만들어진 작품에선 고도의 영화적 구상이 제한되거나 저하되었다는 확실한 징후가 있다."(p. 24) 그는 영화가 등장하자마자 관객들은 그것이 실감나는 속사포 감흥을 위한 매체로 더 우월하다는 것을 알아챘다고 제안했다. 무대 멜로드라마는 영화와 함께 스펙터클한 디제시스적 리얼리즘 매체로 경쟁할 수 없었던 까닭에 급속히 사라져갔다.

당시 자료들로 미루어보건대 바르닥은 대부분 적중했던 것으로 보인다. 선정적 리얼리즘을 꾀한 무대 멜로드라마의 시도들이 수포로 돌아갔음을 보여주는 수많은 조짐들을 찾을 수 있다. 1906년 〈베드포드의 호프〉에 관한 한 논평은 다음과 같은 의견을 제시했다.

첫 50회 공연 중 매번 거의 한 번씩은 꼭 몇몇 약점들이 불거져나오고 만다. (…) 아마도 자동차가 제때 나타나지 않거나 회전그림 중 하나가 떨어지지 않거나 규정보다 느린 속도로 움직이거나 기차 연기가 일정하게 뿜어져나오지 않거나 하는 것들이다. 모든 공연은 어느 정도 약점들을 드러낸다.[34]

같은 해 〈재봉틀 소녀 버사〉의 한 논평은 전하길 "효과적인 기계적 클라이맥스가 예정된 가운데 일어난 불상사들은 몇 가지 사건들을 망쳐버렸고, 3막에 등장한 엄청나게 흔들리는 소방차는 그 장면의 리얼리즘을 해쳤다. (…) 갖은 기계적 효과들, 특히 모터보트 에피소드와 화재 장면은 작동이 순조로울 때 더욱 효과적일 것이다".[35] 1903년 〈백인 노예들의 여왕〉에 관한 한 논평은 무대 멜로드라마가 멀리 떨어진 물체들을 나타내도록 되어 있는 배경그림판들을 사용하여 먼 우주 공간이라는 환상을 설득력 있게 표현하지 못했다고 조롱했다. "남자 주인공이 대양 한가운데에 떠 있는 뗏목에 놓이자 어젯밤 관람석은 걱정하기 시작했다. 그것은 뒤집히기 쉬운 위치였지만 두려워 말라! 남자 주인공과 그의 널빤지보다 몇 배는 더 작은 원양 정기선이 보이기 시작했으니! 구조, 구조되었다!"[36] 1907년 해리 제임스 스미스는 「교수대 그림자 아래Neath the Shadow of the Gallows」라는 10-20-30센트짜리 상영물 탐구를 위한 빈민가 원정 보고서에서 상세히 밝혔다. "멀리서 희미하게 뚜우뚜우 소리가 들리는가 싶더니 동시에 가장 멀리 있는 버팀다리를 가로질러 기관차가 연기를 뿜어댔다. 그것은 몇 마일 떨어져 있는 것이 분명하지만 너무 작아 보인다. (가까이 앉아 있던 소녀는 친구에게 말하길) '어머, 저 기차 좀 봐! 너무 귀엽지 않니?'"[37] 그리고 1909년 전형적인 10-20-30센트짜리 작품에 대한 포터 에머슨 브라운의 묘사는 그 상연의 터무니없는 배경화법을 다음과 같이 역설했다.

　　남자 주인공은 선로에 묶여 있다. 하지만 그를 번개 같은 특급열차(마치 롱아일랜드 특급열차처럼 행세하는)가 치려는 찰나, 여주인공이 선로 보수용 수동차를 타고 나타나 그의 목숨을 구해주고, 바로 그때 기차가 시속 2마일의 속력으로 휙 지나간다. 배은망덕하지 않음을 보여주기 위해 남자 주인공은 여성의 옷가지로 연결된 줄을 타고 아찔한 낭떠러지를 건너 감나무와 월귤나무 교배형으로 보이는 나무에 발가락으로 겨우 매달린 채, 악당과 그 무리들의 손에 필시 죽음을 당하게 될 여주인공을 낚아챈다. 그는 또한 그녀가 갈려 죽기 바로 직전, 회전중인 캔버스 자동차 바퀴 아래에서 끌어내며, 그녀를 동가리톱 아래에서 빼내오고, 관객들이 보기에는 2분 23초라는 경이로운 시간 동안, 이전에는 승합마차였던 말을 집어타고 80마일을 질주하여, 전차선을 막 끊어놓은 악당이 여주인공의 엎드린 몸에 수천 볼트를 주입하려는 바로 그 순간 전류를 끊어버린다.[38]

1918년 〈아메리칸 에이스〉는 다음과 같은 열의 없는 리뷰와 맞닥뜨린다.

공중 전투 초반, 미국산 기계장치가 관객 머리 바로 위까지 윙 소리를 내며 높이높이 올라가면서 흥분을 일으키더니 그저 희끄무레하게 조그마한 비행기 한 대가 있을 뿐이었고, 그 아래로는 회전중인 전원 풍경이 상상력을 달래준다. 그후 전투기는 구름 속으로 뛰어드는데 그 결이 너무나 거친 나머지 비행기들이 순조롭게 운행되지 못했다. 액션은 대부분 뻔하디뻔한 배경그림으로 둘러싸인 비좁은 원 안에서 이루어졌고, 이는 하늘의 일부라기보다 양어장을 연상하지 않을 수 없는 것이었다.[39]

바르닥은 충분히 인식하지 못했던 것(그의 연구는 일반적인 정기간행물에까지 확장되지는 않았으므로)처럼 보이나, 무대 멜로드라마의 서거를 목도했던 일군의 평론가들은 그러한 현상의 직접적인 원인을 후에 바르닥이 제언했던 것과 정확히 똑같은 용어로 밝혔다. 즉 영화 멜로드라마는 그 미학을 바탕으로 무대 멜로드라마를 제압했다. 1910년 인디펜던트Independent의 한 필자는 진술하길 "(영화의) 놀라운 인기가 전적으로 낮은 입장료 때문이라고 추측한다면 오산이다. 오히려 영화 제작 기술은 처음엔 그것에 필적했던 값싼 (멜로드라마) 상연물뿐만 아니라 이전의 어떤 극예술 형식도 넘어서는 이점을 지니고 있다".[40]

많은 필자들은 영화 매체가 누렸던 미학적 이점들을 지적했다. 그들은 영화의 강력한 디제시스적 리얼리즘—극적 액션을 실제 세계의 배경과 어우러지게 만드는 능력—을 강조하고 움직임과 깊이, 그리고 스펙터클을 포착하는 데 있어 영화의 우월성에 주목했다. 또한 그들은 장면에서 장면으로 이동하고, 앞뒤 장면들을 교차 편집하고, 상이한 관점들을 한 장면 안에 보여주는, 근본적으로 새로운 영화의 힘을 인식했다. 인디펜던트의 평론가는 이런 영화적 이점들을 놀라울 만큼 기민하게 간추려냈다.

배경막인 색칠된 무대장면의 폐지는 (영화) 드라마에서 이전까지 한번도 느낄 수 없었던 현실감과 입체감을 부여했다. 산과 구름에서는 이제 배경그림이 드러나 보이거나 하지 않는다. 굽이치는 파도는 모래를 토해내지 않는다. 바위와 나무 들은 배우들의 접촉에 흔들리지 않는다. (…) 신식 매니저는 비용과 설치시간을 이유로 극작가들에게 무대장면의 변경을 3, 4회로 제한시킨다. 하지만 영화 제작 기술에는 이런 구속이 존재하지 않는다. (…) 배경은 눈 깜짝할 사이에 바뀌거나, 삐거덕거리거나 덜그럭거리지 않고 배우들을 따라 차례로 전환된다. 움직이는 무대장면인 바그너Wagner의 〈파르지팔Parsifal〉과 경주로 연극의 트레드밀은 우리 아버지들로부터 감탄을 불러일으키긴 했지만, 우리에게는 터무니없이 서투르고 유치하게 보일 뿐이다. 또한 분할된 무대는 그 부서진 칸막이 끝이 관객을 향하면서 헛간으로 보내질 것이다. 영화의 힘은 장면들을 교체함으로써 우리에게 다른 두 장소, 가령 집의 안팎이나 옆방에서 동시에 무슨 일이 벌어지고 있는지를 보여준다는 데 있다. (영화는) 무대 거리를 자유자재로 변주하면서 우리에게 위급한 순간들을 보다 가까이에서 보여준다. (…) 예술가는 우리의 욕망을 내다보고 돌연히 그 세목을 우리 앞에 넓게 펼친다. 그것이 배경에 가득 찰 때까지.[41]

세간의 언론은 재빨리 영화와 멜로드라마의 독특한 친화력을 감지했다. 1907년 『하퍼스 위클리Harper's Weekly』의 「5센트 광풍The Nickel Madness」이라는 논평은 영화에 관한 가장 발 빠른 일반 간행물 기사 중 하나였는데, 여기서 바턴 커리Barton W. Currie는 가속화된 속도와 스펙터클의 '멜로드라마적' 활력이 필름 편집에 의해 가능해졌음을 주목한다. "멜로드라마 애호가들이 즐거워하는 것이 놀라운 일인가? (…) 멜로드라마는 바우어리Bowery 극장들이 절대 따라잡을 수 없는 격렬한 속도를 선보인다. 내가 가본 어떤 곳에서는 해적 떼들이 머리끝이 쭈뼛 서게 만드는 모험의 미로 사이에서 질주하는데, 이는 멜로드라마의 본고장이라 할 수 있는 3번가에서 두 시간 내에는 일어날 수 없을 법한 일이다."[42] 편집을 통해 가능해진 시간적 압축은 '한 방' 날리는 멜로드라마의 주요 목적에 완벽히 부합했다.

평론가들은 영화라는 촬영 매체가 만들어내는 보다 큰 환상에 가장 감명받았다. 1908년 더 월드 투데이The World Today의 한 필자의 표현에 의하면 "영화는 현실에서 호기심 강한 외관을 가지며, 스크린으로 던져지면 실제 삶의 모토그래프motograph라 생각되었다".[43] 1909년 프랭크 우즈 Frank Woods는 뉴욕 드라마틱 미러의 「관객The Spectator」에서 유사한 어법을 구사한다. "우리는 진짜 삶의 실제 사건을 촬영한 걸 보고 있다는 착각을 일으킨다."[44] 두 논평은 모두 영화의 정교함에 흥미를 느끼는데, 이는 영화 매체가 촬영에 기반하고 있다는 자각에 달려 있는 리얼리즘 양식을 암시한다. 그들은 "영화는 우리에게 실제 삶을 보여준다"라고 말하는 것이 아니라 오히려 "영화는 우리에게 실제 삶의 촬영을 보여준다"라고 말한다. 보다 전형적인 예로, 필자들은 현실의 보다 직접적이고 강력한 환영을 강조했는데, 이는 정서적이고 운동감각적인 몰입을 극대화시킨다는 불신을 중지하는 데 의거했다. 1908년 『포토 시대Photo-Era』의 한 필자는 상술하길, 무대 멜로드라마의 관객들은 "이것은 단지 재현일 뿐"이라는 의식을 절대 놓지 않지만, 영화의 리얼리즘은 눈앞에서 진짜 사건들이 실제 펼쳐지고 있다는 환영을 훨씬 더 심원하게 창조해냈다.

나는 내가 대다수의 동년배들처럼 나이가 들었고 견실하며, 여행과 경험이 충분해서 삶, 책, 경험에서 참과 거짓을 구분해낼 수 있다고 믿는다. 나는 영화들이 어떻게, 어디서, 무슨 목적으로 만들어지는지 알고 있다. 하지만 나는 자유로이 말하건대, 내가 이전에 봤던, 어린아이가 유괴되는 극영화는 나를 꽤나 번민하게 만들어서 극장에서 집으로 돌아가는 것을 기다리기가 힘들 정도였다. (…) 나의 어린 소년에게로, 그 역시 희생된 건 아닌지 생각해보기 위하여. 강렬한 리얼리즘은 자연스러운 주위환경—널빤지에 대고 하는 최고의 무대 연극 장면들과는 완전히 다른—에서 힘을 발휘한다. 무대 위의 악한이 유괴한 아이를 무대 바위 사이로 끌고 가서 무대 문을 향해 내동댕이칠 때 배경그림으로 만들어진 그것은 무게를 못 이기게 되고, 당신은 아마 조금은 흥분될 수 있지만 당신의 감 각들은 언제나 '이건 단지 재현일 뿐'이라고 속삭일 것이다. 하지만 진짜 악한이 진짜 아이를 데리고 진짜 바위 위로 끌고 가서 진짜 물 속에 집어 넣는 것을 본다면 — 실생활에서 촬영했으므로 리얼할 수밖에 없다 — 당 신은 그 장면에 몰입할 것이고, 이에 따라 당신의 감정들은 더욱 고조될 것이다.[45]

수많은 평론가들은 영화의 평평함(활동사진의 평면성)과 칙칙함, 그 리고 침묵을 언급하면서 영화가 그 본질상 더욱 환상에 빠지게 만든다 는 생각에 반대했다. 하지만 많은 이들에게 영화의 디제시스적 리얼리 즘이 가져다주는 미학적 결과들은 감탄하지 않을 수 없는 심원한 것이 었다. 영화가 상대적으로 무대 멜로드라마를 우스꽝스러우리만치 인위 적으로 보이게 만들었다는 여론이 팽배했던 것이다. 1915년 조지 버나 드 쇼George Bernard Shaw는 이런 요지를 역설했다.

(영화는) 믿을 수 없는 구어체 드라마의 리얼리즘적 무대장면을 터무 니없는 것으로 전락시켰다. (⋯) 연극 무대장면이 만들어내는 환영은 그 자체가 언제나 환영이었다. 야외 장면이 포함된 연극 연습을 해본 사람이 라면 누구나 그 무대장면을 맨 처음 연습할 때 얼마나 낙담스럽고 우스꽝 스러운 환멸감이 생겨나는지 알 것이다. 반면 영화는 (⋯) 관객을 촬영된 바로 그 장소로 데려다놓는다. 이런 실제 재현의 힘과 경쟁할 때 연극은 실내 장면들 외에는 아무것도 할 수가 없다.[46]

이와 유사하게 1917년 『더 센추리The Century』의 한 기사도 실물과 배우

들이 단순히 배경그림판에 둘러싸여 있을 때는 현실이라는 착각을 납득
시키는 것이 불가능함을 강조했다.

엉터리가 아니고서야 극장에서 집을 불태우거나 기차를 파괴시킬 수
없는 노릇이다. (…) 그리고 무대 위에 실제로 설치할 수 있는 것의 한계
를 넘어서는 장면인 만큼, 진정 피와 살을 가진 배우들과 그들이 놓인 환
경, 즉 보이는 대로가 아니라 빛과 물감, 배경그림일 뿐인 그것들 사이의
부조화는 더욱 눈에 띄게 될 것이다.[47]

1914년 저작에서 이튼은 영화가 무대 멜로드라마를 소멸시켰을 뿐만
아니라 그 출현이 스펙터클 리얼리즘의 주요 매체로서 연극의 모더니즘
적 발전을 간접적으로 촉진했을 거라고 파악한다.

영화는 너무도 쉽게 저 멀리 날아가서는 산과 골짝, 강과 동굴, 사막과
정글을 보여주는데, 이는 모든 사람이 보고 싶어하는 것으로서, 그러한
카메라의 리얼리즘은 극장의 종이판지로는 1천분의 1도 기대하기 어려
우며, 구닥다리 스펙터클 연극은 점점 더 평판이 나빠지고, 드라마 장르
는 더욱더 지적으로 표류하는 모던한 리얼리즘적 연극들이나 시적 요소
에 집중될 것 같은데, 그 무대장면의 형식은 리얼리즘적인 것이 아니라
장식적이거나 암시적인 효과를 얻기 위해 계산된, 즉 의식적으로 인위적
인 것이다. 구닥다리 대중 멜로드라마는 이미 무대에서 사라져버렸고 영
화 스크린 위에 다시 출현했다.[48]

하지만 영화가 리얼리즘 매체로서 더 우월하다는 것이 누구에게나 그

리고 또 언제나 받아들여질 태세는 아니었다. 이튼은 언제나 훌륭한 논쟁에 몸을 사리지 않으면서, 특히 자기 자신을 반대하여 영화 리얼리즘에 대한 모든 이야기는 정도가 지나치다는 결론을 내리는데, 왜냐하면 영화들도 그저 극장 멜로드라마와 동일한 인공적인 무대기법을 썼기 때문이다.

"카메라는 어디든 갈 수 있다." 고로 영화가 신세계의 전망을 열어주었다는 가정은 허튼소리라는 것이 증명되었고, 예술의 확장 대신 우린 나약한 구닥다리 형식의 '리얼 펌프real pump' 리얼리즘을 얻게 되었다. 사막은 캘리포니아의 모래를 깔아놓은 것이고, 무어인 마을은 색칠한 나무로 지어진 것이며, 바빌론의 벽들은 리비어 비치Revere Beach(보스톤)나 코니아 일랜드 유원지의 뒤 풍경인데, 그곳에서 당신은 꾐목들과 깡통 조각들을 볼 수 있다. 가짜, 가짜, 가짜다! 무어인 마을이 포트 리Fort Lee에 지어지든 벨라스코 극장의 무대 위에 지어지든 뭐가 대수인가? (⋯) 카메라는 아마도 어디든 갈 수 있지만 사실은 여전히 그렇지 않다. 영화 작가에게는 구술 무대 작가만큼이나 진정한 리얼리즘의 기회가 주어지지 않는다.[49]

하지만 이튼은 비평담론에 있어 수적으로 훨씬 열세였다. 바르닥이 주장했듯 결국 무대 멜로드라마를 "가짜, 가짜, 가짜!"[50]로 보이게 만든 것은 바로 영화였다는 것이 여론의 대세였다.

***

무대 멜로드라마가 실패했던 것은 낭만주의 리얼리즘 매체로서 상대적으로 불충분했기 때문이라는 명제를 지지하는 데에 동시대의 비평담론이 풍부하고 명료하기는 하지만, 바르닥의 명제는 그것이 해명하는 것만큼이나 모호한 구석이 있다. 그것은 적절한 동시에 오해의 소지가 있는데, 그 오해의 정도는 바르닥이 중시하는 '픽토리얼 리얼리즘' 개념을 관객성의 본질nature of spectatorship과 관련시켜 어떻게 해석하느냐에 달려 있다. 디제시스적 리얼리즘에 관한 논의들은 다소 뒤범벅이 될 수 있는데, 왜냐하면 이 용어는 관객과 이미지, 혹은 관객과 미장센의 관련성에 대하여 적어도 세 가지의 다른 가정들을 시사하기 때문이다.

디제시스적 리얼리즘의 첫번째 의미는 '자연주의'와 어느 정도 대동소이하다. 그것은 핍진한 유사—다큐멘터리quasi-documentary 양식으로서 삶을 경험할 때의 일상적인 사건들을 재현하는 데 초점을 맞춘다. 문제는 주제와 스타일이다. 주제는 반드시 '실제' 장면들, 진짜로 일어났거나 적어도 일상 경험에서 진짜로 일어날 법한 인상을 주는 장면들을 재현해야만 한다. 동시에 장면들을 재현하는 방식은 겉보기에 장면들을 실물과 똑같이 만드는 데 방해가 될지도 모르는 주관적이거나 표현주의적인 장치들을 최소화하면서 경험적 관찰을 모사하거나 지각에 의한 실재를 모방해야만 한다. 이런 양식 혹은 리얼리즘은 전혀 낭만주의적 리얼리즘 같지 않다. 낭만주의적 리얼리즘은 표현 방식은 리얼리즘적으로 전달되는 반면, 주제 면에서는 파격적이고 놀라운데, 흔해빠진 진부한 경험 영역을 한껏 뛰어넘는 사건들을 제공해주기 때문이다.

'리얼리즘'의 두번째 의미는, 일정한 미학적 구성이 고도의 핍진성이나 설득력 있는 세부묘사로 세계를 표현하고 있음을 관객이 알아챈다는 것을 의미한다. 이는 일견 첫번째 정의와 유사하게 들릴지 모르나 낭만주의적 스펙터클(혹은 신화학적이고 우주적/초자연적 장면들 등)의 파격적인 사건들을 제외하지 않는다는 점에서 다르다. 이런 의미의 리얼리즘은 그것이 나타내는 주제의 종류와 관련하여 상이한 양상을 띤다. 그러나 그것을 정의하는 데에 더욱 중대한 또다른 논점은 묘사된 장면에 대한 관객의 태도와 관련된다. 작품의 묘사는 관객으로부터 그 실물 그대로임을 인식 혹은 인정해주기를 간청하지만, 핍진성은 재현된 공간에 디제시스적으로 몰입하는 강한 느낌을 만들어내진 않는다. 관객은 창작자가 배치한 어떤 미학적 테크닉의 결과로 그 장면이 '사실적'으로 보인다는 것을 알아챈다. 그러나 관객은 현실이라는 환영 속에 휩싸이는 것이 아니라 여전히 작품의 '밖'에 있다. 이렇듯 관객과 분리된 리얼리즘 양식을 나타내기 위해 나는 **통각적 리얼리즘**apperceptive realism이란 용어를 사용할 것이다. 어떤 이는 사진적 리얼리즘photographic realism이란 용어도 사용할 수 있겠지만, 이 용어는 연극, 회화, 기타 비사진적 재현 형식들을 기술하는 데 비유적으로 쓰일 뿐이므로 이상적이지 않다.

가장 강력한 의미에서 리얼리즘은 일종의 '환영주의illusionism' 양식을 의미하는데 이 안에서 관객은 디제시스 속으로 강력히 흡수되는 경험을 맛보게 된다. 내가 흡수적 리얼리즘absorptive realism이라 부르게 될 이 양식으로 인해, 관객들은 의심을 유보한 채 자신들의 눈앞에서 실제 세계에서 벌어지는 사건을 목격하고 있다고 상상하게 된다. 말할 필요도 없이 극단적 환영주의는 관객들이 실제로 그런 재현을 현실로 착각하는 것이므로 설사 이루어진다 하더라도 극히 드문 일이다. 하지만 구경꾼에게 무척이나 설득력 있는 디제시스 속의 현장감은 통각적 리얼리즘보다 흡수적 리얼리즘이 훨씬 강하다. 혹자는 흡수적 리얼리즘이 디제시스적 환영주의라고 부를지도 모르겠는데, 이것은 으레 효과적인 상업영화의 제작 목표로 여겨져왔다. 애초부터 시청자와 비평가 들은 인지하길,

1917년의 한 필자의 표현을 빌리자면 "영화는 근본적으로 가상 액션을 실제 일어나는 것처럼 시각화하기 위한 장치이다".[51]

바르닥은 '픽토리얼 리얼리즘'이 무대 멜로드라마의 궁극적 목표라고 주장했다. 하지만 그 의미는 확실치 않다. 그는 분명 첫번째 의미의 리얼리즘—자연주의—을 염두에 두지 않았지만 그가 생각했던 픽토리얼 리얼리즘이 통각적 리얼리즘의 차원이었는지, 흡수적 리얼리즘의 차원이었는지는 그의 논의에서 거의 나타나지 않는다. 영화가 멜로드라마를 같은 방법으로 격파했다는 바르닥의 논지로 미루어, 또한 영화의 흡수력을 넘치도록 중요하게 강조했다는 사실로 미루어, 나는 바르닥의 픽토리얼 리얼리즘이 본질상 흡수적 리얼리즘과 동의어라고 생각하는 편이다. 하지만 우리가 어느 쪽으로 결정하는지는 그리 중요하지 않다. 바르닥이 픽토리얼 리얼리즘을 어떤 식으로 구상했든지, 그의 근본적 가정은 리얼리즘이 멜로드라마의 결정적인 중대한 목표라는 것이었다. 이런 전제는 바르닥으로 하여금, 그의 표현을 빌리자면 '알맞은 영화적' 효과들을 찾아 더듬어나가면서 멜로드라마를 그저 운이 없었던 실패한 영화cinema manqué로 폄하하도록 만들었다.

***

무대 멜로드라마를, 리얼리즘을 성취하기 위해 고군분투했으나 결코 '모조'의, '장난감 같은 장치들'을 뛰어넘지 못했던 그저 원시적인 '질 낮은' 원시 영화로 보는 이런 목적론적 관점은 무대 멜로드라마의 미학적 기초와 그것을 작동하게 만들었던 연극적 관객성 양식을 지나치게 단순화한 개념으로 받아들인 데 따른 것이다.

대중 무대 멜로드라마의 많은 관객들에게 눈에 똑똑히 보이는 무대기술의 기계적 재간은 거슬리는 결함이라기보다 오락물의 한 핵심 유인 요소였을 수도 있다. 많은 예술적 눈속임의 형식들이 그러하듯 매체를 의식하는 통각적 미학, 테크닉과 기교가 가져다줄 수 있는 황홀함은 흡수적 리얼리즘의 미학과 함께 작동했다.

　멜로드라마와 눈속임 기법, 혹은 흡수적 리얼리즘 간의 밀접한 관련성은 멍청하고 속기 쉬운 노동계급과 촌뜨기 관객들을 놀려대던 부르주아 평론가들에 의해 특히 오랫동안 강조되어 왔다. 대중 관객들은 종종 무대 멜로드라마의 눈속임 기법에 아이들이나 바보들처럼 잘 속아 넘어간다고 언급되었다. 가령 롤린 린드 하트는 단언하길 "눈에 보이는 재현과 그것이 재현한다고 하는 것들을 구분하는 것은 (10-20-30센트짜리 멜로드라마 관객의) 신석기 지능을 벗어나는 것이다".[52] 포터 에머슨 브라운은 또다른 예를 보여준다.

　속된 말로, 무대 멜로드라마 관객은 연극을 선뵈기에 '알맞게 데워진' 구경꾼들이다. ―그들은 '공연'을 '먹어치운다'. 왜 그러지 않겠는가? 그들에게 그것은 리얼하다, 마치 삶 자체가 그러하듯 ―이다. 그리고 때로 삶 자체보다 훨씬 더 리얼하다. (…) 매너리즘에 빠진 배우들의 과장되고 부자연스러운 연기와 발화, 덜 떨어지고 싸구려 티 나는 엉터리 무대장면, 연출과 출전 모두에서 눈에 띄게 드러나는 모순들, 철저한 논리의 부재, 어찌할 도리 없는 상황의 불가능성은 그들에게 실제 존재하는 사물들, 실제 그들의 눈앞에서 바로 일어나는 사건이란 인상을 줄 뿐이다. 무대 멜로드라마 관객은 극장의 아이들이다.[53]

하지만 어쩌면 착각하고 있는 사람은 바로 브라운과 그의 동료들일 수도 있다. 대중 관객들이 무대의 리얼리즘 장치들에 속아 넘어갔다고 생각할 이유가 없는 것이다. 무대의 불완전한 모방을 끊임없이 의식하는 것이 그들을 반드시 실망시키거나 성가시게 하지는 않았다. 무대 멜로드라마의 미학적 호소는 바로 장치와 배경의 숨김없는 인위성으로부터 일부 획득된 것이다. 이런 즐거움은 흡수적 리얼리즘(혹은 어쩌면 그저 통각적 리얼리즘)과 공공연하게 과장된 연극성을 즐기는 것 사이의 유동성에 근거한다.

지나치게 몰입한 관객의 상태를 전하기 위해 가장 자주 쓰이는 전형적인 이미지는 허구세계에 너무나 빠져든 나머지 배우들에게 소리치지 않을 수 없는 관객들의 모습 ─ 무심코 여주인공을 향해 경고를 던진다거나 악당을 향해 저주를 퍼붓는 ─ 이다. 브라운이 상술하는 전형적인 10-20-30센트짜리 공연은 다음과 같다.

남녀 주인공이 악당이 준비해둔 치사량의 독을 막 마시려고 하는 순간 꼭대기 관람석의 한 소년이 돌연히, 그리고 당황스럽게도 "이봐, 거기들! 거 절대 마시지 말어! 검은 털이 북슬북슬한 남자가 그 안에 맛이 가는 약을 떨어뜨리는 걸 내가 봤단 말이여!"라고 큰 소리로 외침으로써 그 둘(남녀 주인공)의 목숨을 구해준다.

이렇듯 속기 쉬운 관객이란 이미지가 간과하는 것은 관객과 무대 사이의 무질서하고 소란스러운 상호작용이 멜로드라마 체험의 관습화된 부분이라는 점이다. 브라운 자신이 진술하듯 "일반석에서나 일등석에서나 관중들은 악당을 향해 맹렬히 야유를 퍼붓는 데 동참한다".[54] 일어나거나 야유를 부려서 공연을 훼방놓는 '꼭대기층 관객들'은 아마도 내러티브 디제시스 속에 지나치게 빠져들어서 그랬다기보다 이런 공연이 디제시스적 흡수의 계속되는 방해를 미리 예상했기 때문일 것이다. 관중들과 배우들 사이의 상호작용은(이는 양방향으로 진행됐는데, 가장 악명 높은 것으로는 악당이 디제시스를 뛰쳐나와 관중들을 향해 주먹을 휘두르며 욕을 되받아쳐줄 때이다.) 공연의 공공연한 재현적 속성과 명확히 인위적인 배경에 대한 관객들의 자각을 한층 강화시키지 않을 수 없었을 것이다(그림 6.6).

관중들이 무대 멜로드라마를 찾은 것은 단지 설득력 있는 낭만주의적 별천지에 도취되기 위한 것만은 아니었다. 또한 그들은 시끄럽고 떠들썩한 '거리감 있는'(그러나 매우 연관된) 관객성spectatorship을 향유하기 위한 목적이 있었다. 널찍한 무법지대를 허용하는 것은 관중들과 연출자들 사이의 암묵적 계약에서 핵심 조항이었다. 오웬 데이비스는 다음과 같이 진술했다. "막이 끝날 때마다 관중들이 소리를 내질러야만 하는 상황을 반드시 만들어야 한다. 멜로드라마 관중들은 함성을 지르고 소란 피우기를 좋아하기 때문에 그들에게 기회를 주어야만 하는 것이다."[55] 19세기 말 런던의 연극 연출가 존 홀링쉐드John Hollingshead는 '빅'이란 극장에서 〈올리버 트위스트Oliver Twist〉를 공연하는 동안 일어났던 의식적인 소동을 다음과 같이 기술했다.

낸시는 항상 머리채를 잡힌 채 무대 주변으로 끌려 다녔고, 이런 수고 후에 사이크스는 항상 꼭대기층 관람석을 무례하게 올려다봤는데, 이는 의심할 바 없이 밑줄 쳐진 대사에 나와 있는 그대로였다. 그는 언제나 시끄럽고 무시무시한 저주를 들었고, 모든 군중은 언제나 헨델 페스티벌 코

그림 6.6 1878년 뉴욕 시의 바우어리 극장(신문 스크랩, 하버드 시어터 컬렉션 소장)

러스처럼 고함을 질러댔다. 이런 저주에 대해 사이크스는 낸시를 무대 주변으로 두 번이나 끌고 다니는 것으로 화답했고, 그러고선 아약스처럼 번갯불에 맞섰다. 그 순간 고함 소리는 더욱 커지고 점점 표독스러워졌다. 마침내 애써 연습했던 클라이맥스로 접어들면서 사이크스가 붉은 황토로 낸시를 더럽혔고, 그녀의 머리채(가장 강력한 가발)를 잡고 무대 위로 내동댕이치려는 순간 폭발한 격노는 근대의 무정부주의자가 발명한 그 어떤 다이너마이트의 폭발과도, 정신병원에서나 들을 법한 소리와도 비교되지 않을 정도였다. 1천 명의 격노한 목소리는 열 배는 크게 들렸는데, 뛰쳐나온 수많은 짐승들의 포효와 함께 극장을 가득 메워 관객들의 귀를 멀게 했고, 악당이 미소를 띠며 걸어나와 절을 올렸을 때 그들의 목소리는 그의 피비린내 나는 몸뚱이를 찢어발기고야 말겠다는 흉포한 결심을 전혀 무람없는 영어로 표현했다.[56] (그림 6.7을 보라.)

그림 6.7 1870년 〈올리버 트위스트〉 포스터(하버드 시어터 컬렉션 제공)

이런 설명들로부터 흡수적 리얼리즘을 창조하는 것이 걸출한 목표는 아니었음을 추론할 수 있다. 다 함께 환영을 부숴버리는 것이 멜로드라마를 주목하는 체험에 있어 아마도 그만큼, 혹은 그보다 더 중요했을는지도 모른다.

　그러나 관중 참여의 문제는 아마도 부차적인 문제일지도 모르겠는데, 왜냐하면 바르닥의 논지는 관중과 배우 사이의 관계보다 관중과 유사-리얼리즘 배경화법 간의 관계에 집중하기 때문이다. 바르닥이 주장했던 대로 무대 멜로드라마의 배경화법의 인위성이 미학적으로 불리하기만 했던 것일까? 확실히 지금까지 인용했던 글들이 나타냈듯, 배경그림판의 어색함과 허위성은 많은 사람들에게 결정적인 단점으로 지적되었다. 하지만 인위성은 확실히 즐거움의 원천이기도 했다. 몇몇 관객들에게 통각적인 그리고/혹은 흡수적인 디제시스적 리얼리즘은 스펙터클의 미학적 재간에서 얻어지는 즐거움보다 덜 중요했을지도 모른다. 배경화법의 다채로운 반전과 현실과의 괴리로써 만들어낸 '초현실적' 혹은 '시적' 속성들 이상으로 낭만주의적 리얼리즘의 스펙터클은 또한 무대기술 트릭을 이용하여 어떤 무대효과들을 이뤄낼 수 있는지 감상하는 데서 오는 즐거움을 유발했을 수도 있다. 열기구가 날아오르는 광경이나 통나무배가 급류를 거슬러 올라가는 광경이 눈길을 끌었던 것은 그것이 관객들에게 의심 없이 진짜 세계에서 벌어지는 사건을 목격하고 있다는 상상을 하게 해주었기 때문이라거나, 이런 효과가 사진적 리얼리즘에 가까워서였다기보다, 이런 광경이 제아무리 정밀하지 못할지언정 해당 매체의 구속력에도 불구하고 연출될 수 있다는 기쁨을 불러일으켰기 때문이다. 드라마 화법이나 발화의 관점에서 보자면, 무대 멜로드라마가 제공했던 것은 '역사'가 아니라 '담화' 양식이었다. 그것은 '감춰진' 것의 재현을 추구했다기보다 "이봐, 우리가 여기서 무얼 하고 있는지를 보라고!"라며 큰 소리로 부르짖는 이야기의 동인agent을 지원했다. 무대기술 기제들이 작동중─전력 질주하는 말들 아래에 놓인 트레드밀, 공간 이동을 활발하게 만드는 회전 배경그림 막─이라는 의식은 통각적 리얼리즘이나 디제시스적 환영주의와는 다른 종류의 즐거움을 내포했다. 그것은 트릭이 주는 즐거움, 즉 매체의 도구들과 그것의 재현적 잠재력이 '얼마만큼'인지에 대한 흥미로움이다.

또한 무대 위에서의 실물 사용은 다른 종류의 스릴을 가져다주었을 수도 있다. 바르닥은 나무 그림판과 실물의 병치가 전체 무대장치의 허위성을 두드러지게 만듦으로써 상황을 더욱 악화시켰을 뿐이라고 주장했다. 하지만 이런 해석은 적어도 어느 정도는 요점을 놓친 것일 수 있다. 트레드밀 위에서 전력 질주하는 진짜 말이나 진짜 물, 혹은 진짜 소방차와 자동차, 진짜 항타기와 진짜 원형 톱 및 기타 광경이 흥분을 자아냈던 이유는 그것이 극장 너머의 또다른 시공간에 대한 환영을 심어줬기 때문이라기보다 (혹은 그랬기 때문만이 아니라) 진짜 극장 무대 공간에 어울리지도 않는 물건들을 태연자약하게 늘어놓는 반–환영적anti-illusory 진기함 때문이었다. 이런 디제시스의 파괴는 부르주아적 재현 코드와 단련된 평론가들을 불쾌하게 만들곤 했다. 올리비아 하워드 던바 Olivia Howard Dunbar는 다음과 같이 불평했다. "무대 위의 낯익은 물체나 인물을 인지하는 데에 단순 무식한 사람들이 체험하는 희열은 이제껏 해설된 적이 없다. (…) 가장 능란한 배우의 공훈보다 연극에 말이나 소를 끌어들이는 데서 관중들이 더욱 통렬한 즐거움을 드러낸다는 것은 익히 알 수 있었다."[57]

실내 무대와 분명히 다른 곳─탄광이나 농장, 경마장, 고속도로 같은 실외 — 에 속한 진짜-세계의 사물들 사이의 부조화는 스릴, 즉 그렇듯 생생한 '범주 오인category mistake'을 보는 데서 오는 야릇한 즐거움을 선사했음이 틀림없다. 이런 유의 화제성은 오늘날에도 여전히 이용된다. 브로드웨이가 개작한 〈사랑은 비를 타고Singin' in the Rain〉은 평론가들의 혹평에도 불구하고 무대 위의 진짜 호우가 만들어낸 스펙터클 덕분에 1980년대 중반 대표적인 히트작이 되었다. 이와 유사하게 뉴욕 시의 '괴물 트럭monster truck' 쇼들이 어필했던 것들 중 하나는 닉스Knicks 팀 경기가 벌어지는 바로 그 바닥에 수천 톤의 진흙을 쏟아부어 벽지의 수렁으로 변해버린 메디슨 스퀘어 가든을 볼 수 있는 기회라는 점이었다. 이런 유의 연극적 즐거움은 또다른 세계로 빠져드는 환영뿐만 아니라 진짜 연극적 배경의 비-디제시스적 시공간에 대한 고조된 의식으로부터 또한 기인한다.

역설적으로 반-환영주의적 속성을 지닌, 공공연한 리얼리즘이 만들어내는 즐거움이 어떤 것인지 이해하기 위해서는, 1890년 향후 20년간 10-20-30센트짜리 멜로드라마의 방향에 지대한 영향력을 미쳤던 조지프 아서의 멜로드라마 〈블루진〉이 뉴욕에서 개봉했을 때의 비평이 도움이 된다. 비평가는 다음과 같이 말했다.

〈블루진〉이 불러일으킨 엄청난 화제성은 원형 톱 덕분이지만, 그것은 마지막 장에 나오므로 나는 그전부터 차츰차츰 검토해나가야겠다. 리얼리즘은 모든 막에서 돋보인다. 무대 위에는 진짜로 헛간이 지어져 있고, 진짜 소녀(아니, 그녀는 진짜가 아니다. 진짜 삶에서는 그런 인물이 존재하지 않으므로)가 사다리 위로 올라가서 민무늬 판자 위에 진짜 빨간 페인트를 더덕더덕 칠하다가 브러시를 후딱 빼버리고 사다리 아래 서 있는 남자 얼굴에 페인트를 쏟아부어버린다. 이런 후반의 리얼리즘 수법은 우쭐하게 만드는 갈채를 받는데, 이는 그 비현실적인 소녀가 노끈을 풀러 그 남자 머리 위로 한 부대의 진짜 곡식들을 쏟아부을 때 (…) 그리고 때마침 지나가던 두 남자에게 구정물 한 바가지가 뿌려졌을 때 폭발하는 고함소리에 비하면 무척이나 양호하다. (…) 두번째 막에서는 진짜 관악대와 실제로 살아 있는 송아지, 실제로 죽은 송아지, 그리고 앞다리로 계속해서 파리 떼를 쫓아내려고 하는, 각반을 채운 진짜 말이 나온다. (…) 그 다음 만개한 복숭아나무가 나오는데, 누군가 건드릴 때마다 꽃잎이 분분히 떨어진다. 밥 힐러드는 준의 머리 위로 그 나무를 흔들고, 그녀는 "다시 흔들어봐"라고 하기 때문에 관중들은 떨어지는 꽃잎들이 지칠 줄 모르고 공급된다는 걸 본다. (…) 4막과 최종 막에서는 전속력으로 돌아가는 원형 톱을 보여준다. 톱이 윙 소리만 내는 것이 아니라 진짜라는 것을 보여주기 위해 두꺼운 판자들을 쪼개면서 관중 사이로 섬뜩한 전율을 전달하고, 관중은 그들 자신이 생각하는 것 — 희망이라고 말하지 않겠다, 아마도 진짜 비극이 될 — 을 즐기기 위해 마음을 가다듬는다. (…) (악당은) 얼굴에 악마 같은 미소를 머금은 채 원형 톱을 가리키고 관객들에게 윙크를 하고서 저항하는 힐러드를 그 잔인한 바퀴로부터 몇 피트 떨어진 곳에 데려다놓는다. 그는 자신의 운명을 향해 점점 더 끌려가고 우리는 원형 톱이 움직이는 매 순간, 엎드러져 있는 배우에게 솔로몬 왕이 분쟁 중인 아기에게 하려고 했던 짓이 눈앞에서 벌어지게 될 거라고 예상한다. 그가 두 동강 나기 직전, 준이 문을 부수고 들어와 그를 덮치려던 죽음으로부터 황급히 낚아챈다. 극작 예술이 이보다 더 앞으로 나아갈 수 있겠는가? 이 장면에서 관중들을 숨 막히게 하는 흥분과 뒤따르는 박수갈채로 판단해보건대, 그럴 수는 없을 것이다.[58]

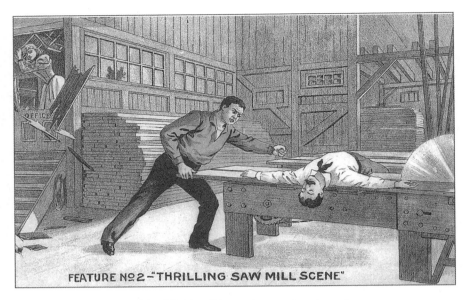

FEATURE N⁰ 2 - "THRILLING SAW MILL SCENE"

그림 6.8 〈블루진〉 포스터, 1895(데브라 클리퍼드 제공, www.vintageposterworks.com)

그림 6.9 〈블루진〉 상연 무대, 1890(뉴욕 시립 박물관 제공)

그림 6.10 1917년판 〈블루진〉 광고(모션 픽처 뉴스, 1917. 12. 8.)

이런 유의 리얼리즘은 절대 '세계로 향하는 창'을 제공하는 데 그 취지가 있는 것이 아니었음이 명백하다. 그것은 지극히 자의식적인 것으로서, 매체를 매우 잘 인식하고 있는 관객의 기쁨을 구걸한다(그림 6.8, 6.9, 6.10을 보라).

〈블루진〉에서 펼쳐지는 신체적 위험의 스펙터클에 대한 관중의 반응은 특히나 이를 잘 드러낸다. 그것이 자아내는 스릴은 주인공이 톱에 잘려 죽을 것이라는 데서 비롯되는 것이라기보다 그 역을 맡은 로버트 힐러드가 다칠지도 모른다는 데서 기인했다. 관객들을 격앙시켰던 것은 바로 이런 위험한 장면이 위험하다는 인식, 무언가 잘못될지도 모른다는, 혹은 타이밍이 빗나갈 수도 있다는 인식이었다. 그들이 공포를 느꼈던 것은 주인공에 대한 것이 아니라 그 배우의 육체이다. 이렇듯 스펙터클한 리얼리즘 형식은 관심의 구도를 믿을 수 있는 디제시스적 리얼리즘, 리얼리즘이 불러일으킬 거라고 예상할 만한 구도로부터, 극장의 물질적 환경으로 그 방향을 전환시킨다. 실로 이것은 스펙터클이 효과적인 스릴을 자아내기 위한 전제조건이 된다.

이런 사실은 더욱 강력한 스릴을 만들어내기 위해 공을 들이고 땀을 빼는 것에 대해 A. H. 우즈가 한 이야기에서 분명히 설명된다.

한 용감한 소방수가 화재에 휩싸인 건물 꼭대기에 있는 소녀를, 늘어진 전화선을 타고 건너편 지붕의 안전판으로 인도하여 구해냈다는 흥미로운 사건이 있었다. 그러나 이런 구출이 극화되었을 때는 김빠진 것이 되어버렸다. 우리는 기본적인 것은 괜찮았다고 믿었다. 하지만 어떻게 된 일인지 전체적으로 기대하던 센세이션을 일으키지 않았다. 우리는 원래 여주인공이 도망쳐 나올 때 보호용 가이드 와이어가 달린 묵직한 전선을 사용했다. 그것은 너무 쉬워 보여서 우리가 바라던 스릴을 제거해버린다는 것을 깨달았다. 우리는 더 가느다란 전선으로 그 장면을 시험해봤다. 아직도 뭔가 부족했다. 아마도 전선의 땅 위 높이가 충분히 엄청나 보이지 않아서였던 것 같다. 전선을 높여서 무대장면에 꾀를 내자 높이가 두 배는 엄청나 보였다. 여전히 별다른 효과가 없었다. 우리는 구조하는 사람이 매달렸던 위쪽의 가이드 와이어를 제거해서 그 묘기를 더욱 어렵게 만들었다. 하지만 스릴이 여전히 부족했다. 우리는 불타는 건물에서 전선 쪽으로 화염을 흩뿌려서 절연체가 언제 타버릴지 모르는 전선줄로부터 탈주자들에게 닥칠 화재와 전기 쇼크의 위험을 두 배로 높였다. 그래도 앞쪽의 등줄기(즉 등줄기를 오싹하게 만드는 스릴을 맞을 준비가 되어 있는 집단 관중)는 유감스럽게도 의도했던 만큼 감동받지 않았다. 이런 식으로 우리는 계속해서 달아나는 스릴의 비결을 고심하는 데 시간을 쏟았다. 어느 날 무대 매니저가 그동안 우리들이 구출의 중요한 스릴-요소를 간과했음을 알려주기 전까지. 그는 주장했다. "관중을 오싹하게 하는 건 화염이나 전기 쇼크, 혹은 자연 낙하가 아니라 전선줄이 배우들의 무게를 못 이기고 끊어져버려서 그들이 아래쪽 바닥으로 내동댕이쳐질지도 모른다는 공포라고요." 우리는 순식간에 그가 옳다는 것을 깨달았다. 우리는 전선줄 몇 개를, 마치 벌써 끊어져버린 것처럼 전신주에 늘어뜨려놓고서 화재 초반, 구출 장면 직전, 불난 집 안쪽에 사람을 배치해놓고 남몰래 전화선 중 하나를 툭 끊어버려 예의 쉿 소리를 내며 땅바닥으로 떨어지게 만들었다. 효과는 즉각적으로 일어났다. 등줄기들은 나머지 전선줄들도 언제 끊어질지 모른다는 것을 깨달았다! 그리고 그들은 매표소에 그들의 은빛 선물silver tribute을 퍼부어댔다.[59]

이런 스릴은 배우들이 실제로 추락할 수도 있고 무대 바닥으로 곤두박질치기라도 하면 진짜 뼈가 부러지는 고통을 겪게 되는 실제 위험이 있다는 사실을 연출가들이 관중들에게 확신시킬 수 있을 때에야 비로소 진정한 의미의 스릴이 되었다. 놀라운 효과는 그것이 납득할 만한 디제시스를 재생산했기 때문이 아니라 어떤 의미에서는, 정확히 말하면 그렇지 않았기 때문에 발생했다. 스릴을 획득하려면 환영은 차단되고 스펙터클의 질료적 연극성이 부각되어야만 했다.

역시 흥미롭게도 "대문자 R로 시작하는 리얼리즘"[60]을 추구했던 선정적 무대 멜로드라마의 영화적 계승에도 유사한 상황이 행해졌다. 1910년대 시리얼 멜로드라마의 홍보물은 실제 살아 있는 스타들이 촬영하는 동안 처하는 위험과 겪게 되는 부상들을 계속해서 강조했다. 감독들은 하나같이 리얼리즘을 위해 위험 장면들을 위조하는 일은 거의 없었다고 공언했다.[61] 시리얼이 보여주는 것이 실제 배우들을 진짜로 위태롭게 만드는 신체적 위험이라는 생각을 조장하기 위해(그리고 새로운 '스타 시스템'을 육성하기 위해) 감독들은 배우의 이름을 주인공 이름으로 사용했다(이에 대해서는 9장에서 자세히 다룬다).

무대 멜로드라마에서도 그러했듯 영화에서의 스펙터클 리얼리즘은 아이러니하게도 반-환영주의적 효과를 지닐 수 있었다. 그것은 정교하게 고안된 위험 장면들과 특수효과로 주의를 돌리게 함으로써 환영을 깨뜨렸다. 『디 에디터 The Editor』의 한 필자는 미래의 시나리오 작가들에게 다음과 같이 충고했다.

얼마 전만 해도 감독들은 여전히 불붙은 나무에 기차 몇 량을 처박는 수고와 비용을 감수하려 했다. 그들은 자기 관중들이 공포로 전율할 것을 기대했다. 대신 모든 사람들은 위조 잔해들을 무대에 올리는 비용이 얼마나 들었을까 궁금해했다. 천진난만한 사람들이 아니고서야 아무도 속지 않았다. 이런 리얼리즘의 시도는 단지 당면한 주제와 관련 없는 의문들을 일으켰다. 상상력은 반대 방향으로 움직여갔다. (⋯) 리얼리즘을 향한 이러한 분투는 모두 헛수고이다. (⋯) 실제-환영을 만들어내고 싶어하는 감독이라면 이러한 환영을 파괴시킬 만큼 너무도 빤한 방법을 써서는 안 된다. 이것이야말로 리얼리즘이 할 일이다.[62]

이런 진술의 기저를 이루는 것은 선정적 멜로드라마와 상반되는 부르주아 자연주의의 미학적 편견이다. 하지만 그외에도 디제시스의 흡수를 가로막는 영화매체 수단의 사용은 그 어떤 것도 잘못된 것이며, 그 매체 수단의 진정한 소명에 위배되는 것이라는 보다 기본적인 확신이 내포되어 있다.

흡수적 리얼리즘의 절대적 중요성에 대한 믿음은 영화에 대한—그리고 무대 멜로드라마에 대한—바르닥의 개념화를 도입했을지도 모른다. 혹은 바르닥은 어쩌면 영화의—그리고 무대 멜로드라마의—스펙터클 액션을 재현하는 데에 통각적 리얼리즘이 얼마나 중요한지 확언하는 것에만 관심이 있었을 수도 있다. 어느 쪽이든 무대 멜로드라마가 그저 미숙한 원시 영화—어설프게나마 영화가 '되고픈'—일 뿐이라는 바르닥의 묘사는 의심의 여지 없이 미학적 토대들이 더 복잡한 예술형식을 경시한다. 확실히 관중들은 설득력 없는 연극적 속임수보다 '녹화된' 것일지라도 진짜 기차 잔해와 폭발로 증대된 선정주의를 즐겼다. 하지만 무대 멜로드라마는 다른 종류의 즐거움들을 선사했다. 이는 무대 멜로드라마의 미학적 독특함을 정당하게 취급하기 위해서뿐만 아니라 경제적, 미학적 결정요소들 간의 균형을 논하면서 영화가 어떻게, 그리고 왜 저가 멜로드라마를 절멸시켰는지에 관한 역사적 의문에 답해준다는 점에서 주지할 만하다. 10-20-30센트짜리 멜로드라마가 정녕 독특한 즐거움, 영화들이 제공해줄 수 있는 것과 다른 즐거움을 보다 효과적으로 제공했다면, 이는 무대 멜로드라마의 급속한 소멸이 그 미학적 불완전성에 대한 관객들의 인식에서 비롯되었다기보다 영화가 챙길 수 있었던 중대한 경제적 이득 때문이었음을 시사한다.

그 중요성을 어디다 두었든, 1909년경 선정적 멜로드라마의 애호가들은 약간의 공돈과 자유시간만 생기면 예전에 드나들던 10-20-30센트짜리 극장을 지나치고, 그 대신에 필시 도시 전체에 우후죽순처럼 생겨난 수많은 5센트짜리 영화관 중 하나로 향했을 거라는 데에는 의심의 여지가 없다. 그곳에서 그들은 사실상 같은 종류의 스릴을, 아마도 어떤 측면에서는 보다 높은 완성도로, 그리고 훨씬 더 적은 돈으로도 볼 수 있었을 것이다. 10-20-30센트짜리 멜로드라마의 급속한 실종은 대다수 관중이 무대에서 스크린으로의 전환에 만족했음을 시사한다. 물론 무대 멜로드라마의 단골 고객들은 영화에 의한 10-20-30센트 멜로드라마 지위의 찬탈을 지켜보는 것이 안타까웠을 테지만 이런 변화를 훨씬 덜 반겼던 이들은 영화가 단순한 '멜러드래머'보다 '더 나은 것'을 열망할 거라 기대했던 수많은 영화산업 및 문화평론가들이었다. 궁극적으로 이들의 희망은 최소한 어느 정도 — 중류 교양 영화는 확실히 1910년대에 점차적으로 출현했다 — 충족되었을 테지만, 다음 장이 보여주듯 선정적 멜로드라마의 확고하고 영속적인 분투는 언제나 그 중간에 자리하고 있었다.

멜로드라마와 모더니티, 두 용어는 그 의미가 명확하게 규정되지 않았음에도 불구하고, 아니 바로 그렇기 때문에 진일한 연구가 지속적으로 요구되는, 중대하고도 애매한 개념들을 상위 목록으로 지니고 있다. 이 책의 목적은 멜로드라마, 특히 1880년에서 1920년 사이의 미국 대중 연극과 영화 중에서도 선정적 멜로드라마를 근대의 산물이자 반영—근대의 경험론적 속성과 이데올로기적 변동, 문화적 불안, 텍스트의 상호 교차 경향, 사회적 인구통제, 그리고 상업적 관행—으로 위치시킴으로써, 그 둘 사이의 상호관계를 조망하는 데 있다. 또한 이 연구의 기본이 되는 역사적 목적이라고 한다면, 그것은 매혹적인 두 문화 현상, 즉 폭력·유혈적인 10·20·30센트짜리 저가 무대 멜로드라마와 초기에 유행했던 시리얼 필름을 발굴해내는 것이다. 그것들은 오늘날 상당 부분 잊혀버렸지만 새로운 세기로 집어드는 미국

분화된 사회적 환경과 경쟁적 개인주의의 특징을 갖는다는 점, 여섯째 근대는 전례 없이 감각적인 복잡성과 강렬함을 지닌 지각 환경이었다는 측면이다. 이 모든 측면들이 나의 멜로드라마 분석에서 똑같은 무게중심을 갖지는 않는다. 내 논의에서 대다수의 측면 강로들은 근대성이라는 쟁점에 전적으로 좌우되지 않는 특정한 영화사적 문제들을 좇을 테지만, 내 분석의 주안점은 대개 멜로드라마가 모더니티의 문화적 표현으로 간주될 수 있는 방식들을 탐구하는 데 있다. 최근 영화학 연구들은 특히 마지막 국면, 즉 영

대중문화와 그 이상을 이해하는 데 중요하다. 어쨌든 비교적 최근까지 근대성이란 개념은 영화학에서 이렇다 할 중요한 위치를 차지하지 못했다 해도 무방할 것이다. 그러나 근대성은 사회이론의 오래된 근원적 테마로서 마르크스나 뒤르켕, 베버, 퇴니에스, 지멜을 포함한 많은 이들의 저작 동기가 되었다. '무엇이 서구의 근대 산업사회를 다른 것들과 구분 짓는가?'라는 핵심 질문이 주어졌을 때 근대성이란 사회경제적, 인지적, 이데올로기적, 도덕적, 그리고 경험론적 쟁점들을 포함하는 이례적이리만치 광범위한 논제인 것이다. 내 작업의 첫 순서는 이렇듯 본래 널리 흩어져 있던 사회이론의 집합들에 어느 정도 구조를 부여하려는 노력이 될 것이다. 1장에서는 모더니티의 성격에 관한 주요 담론들을 개략적으로 제시한다. 내가 제안하는 분석 틀은 모더니티의 여섯 가지 측면으로 분류된다. 첫째 (일반적으

화와 대도시 현상학의 관계에 초점을 맞춰왔다. 이는 나 역시 두 장을 할애한 중요한 주제이지만, 여기서 전개되는 근대성의 도식화가 보다 폭넓은 범위의 관계들을 고찰하는 방향으로 논의를 진전시키는 데 일조하길 바란다. 모더니티와 견주어볼 때, 아니 실제로 그 어느 것과 비교하더라도 멜로드라마란 주제는 훨씬 초라한 지적 계보를 갖고 있다. 드라마의 한 범주로 취급되기 시작한 이래 두 세기 동안 멜로드라마는 비평가들의 비웃음과 비아냥거림의 표적이 되어왔다. 가령 1912년에 한 비평가는 영화가 저가 무대 멜로드라마를 도심 극장에서 몰아낸 지 한두 해 지난 후 냉혹할 만큼 속시원하다는 반응을 보였다. 멜로드라마는 그 모든 저질의 조잡하고 닳고닳은, 천박한데다 무의미할 뿐 아니라 그야말로 터무니없는 비예술적 드라마의 형식 가운데 최악이었다. (…) 나는 10·20·30센트 수준의 멜로드라마가 그

로 '근대화'라는 라벨이 붙여지는) 사회경제적, 기술적 성장의 폭발적 증가라는 측면, 둘째 '도구적 합리성의 지배'라는 점, 셋째 근대가 끊임없는 문화적 불연속과 이데올로기적 탄생의 조건이라는 측면, 넷째 유동성의 증대와 모든 '사회체들'의 순환이라는 측면, 다섯째 세

상업의 총아!
예술의 서자!
초기의 영화 멜로드라마

영화가 10-20-30센트 멜로드라마의 지위를 빼앗은 것은 1907년에서 1909년 사이에 5센트짜리 영화관 붐이 일던 시기였다. 대중 멜로드라마는 새로운 국면, 즉 기술 복제라는 근대 테크놀로지에 따른 전례 없는 대량 유통 국면으로 접어들었다. 선정적 멜로드라마는 새로운 매체 수단─녹화된 흑백 무성영화─안에서 다시 고안 제작됨으로써 변형되었다. 그러나 더욱 두드러지는 것은 그것이 예의 남아 있는 정도였다는 점이다.

"당신, 깨달았는가?" 1910년 미네소타 주 덜루스의 한 영화팬이 『무빙 픽처 월드Moving Picture World』지에 다음과 같이 투고했다. "많은 (5센트짜리 영화관의) 토막극의 줄거리는 〈닉 카터Nick Carter〉나 〈다이아몬드 딕 Diamond Dick〉 스토리의 영화 판본이나 다름없다."1) 그보다 몇 달 전 뉴욕의 가장 큰 신문 뉴욕 월드에서는 같은 불평을 담은 사설을 실었다. 이런 규탄에 대해 뉴욕 드라마틱 미러는 다소 신기한 반응을 보였다. 혹자는 국내 최초, 최고의 선정적인 황색신문이었던 퓰리처의 월드World가 손가락질할 처지가 못 된다는 명백한 아이러니를 뉴욕 드라마틱 미러가 지적했을 거라고 예상했을 수도 있다. 해당 업계지는 그러기보다 싸구려 소설과 비교하는 것에 대한 정당성을 부정하는 대신, 이런 영화들이 정녕 본받으려 했던 것은 10-20-30센트짜리 무대 멜로드라마였다고 주장함으로써 공격에 반박했다. 이는 본질적으로 무의미한 반박인데, 왜냐하면 10-20-30센트 멜로드라마와 싸구려 소설 멜로드라마는 동일한 족보에서 나왔고, 평판이 나쁜 걸로 치자면 매한가지였기 때문이다. 유일한 추측으로는, 뉴욕 드라마틱 미러가 단순히 진창을 만드는 것이 최고의 반박 전략이라는 결론에 이르렀다는 것이다. 이런 반응은 (영화는 보다 폭넓은 관중에게 어필했고, 모든 영화 필름이 멜로드라마는 아니었다고 주장하면서) 영화를 10-20-30센트짜리 멜로드라마로부터 얼마간 떼어놓는 데까지는 나아갔으나, 영화가 상당 부분 선정적 멜로드라마의 새로운 변형이라는 데 대한 최초의 불만을 뉴욕 드라마틱 미러가 부정하지 못했다는 것은 의미심장하다.[2]

물론 초기 영화 멜로드라마들이 무대 멜로드라마를 그대로 따다 베끼지는 않았다. 적어도 간략할 수밖에 없는 무성영화는 무대 위의 일정한 구성요소들을 스크린으로 옮길 수 없었다. 그중 하나가 코미디였다. 1907년 한 평자에 따르면 무대에서는 "그 멜로드라마는 코미디로 충만하다. 파토스와 폭력 장면에는 항상 그것이 뒤따라온다는 것이 확실하다"[3]라고 했다. 영화 멜로드라마는 인종 유형, 부랑자, 촌뜨기, 산만한 장난꾸러기 같은 사람들에 대한 익살들이 발휘되는 희극적 이완의 에피소드에 무게중심을 훨씬 덜 두려 했다. 그것은 아마도 화법과 실용적 이유 때문이었을 것이다. 일반적으로 영화는 진지한 장면과 코믹한 장면이 거의 언제나 번갈아 일어나는 무대 멜로드라마와는 대조적으로, 전체 내러티브에 걸쳐 더욱 일관된 극적 방향을 유지하려고 노력했다. 무대 상연에서 눈길을 끄는 코믹한 동작들은 그림배경막이나 커튼 뒤로 장면이 전환되는 동안 무대 앞쪽에서 주의를 집중시키는 역할을 했다. 무대 멜로드라마의 무대효과가 더욱 선정적이 되고 복잡해져갈수록 이런 전환들은 장면 사이사이의 대기시간을 피하기 위해 필연적이 되었다. 그러나 영화에서는 이러한 목적을 달성하기 위한 코믹한 장면들이 더이상 필요하지 않았고, 한두 릴짜리 필름(한 릴의 러닝타임은 약 15분) 에는 세 시간짜리 연극보다 이런 요소를 위한 공간이 훨씬 적었다.

음성 대화의 부재와 더불어 영화의 시간적 구속은 또한 영화 멜로드라마들이 10-20-30센트 멜로드라마 상연들과 관련된 연극조 연기의 길게 늘어지는 웅변조 포즈에 두는 비중을 훨씬 줄어들게 했다(그림 7.1). 결연한 영웅주의, 결백한 이들의 절망, 교활한 악행에 대한 무대 멜로드라마의 (관객의 떠들썩한 반응을 위한 휴지기를 포함한) 웅장한 낭독은 영화 멜로드라마로 전해지지 않았고, 적어도 축약되거나 변형된 형식에 한에서만 옮겨졌다. 영화평론가들은 '멜로드라마' 스타일의 연기(표준화된 자세와 제스처에 기초하여 과장된 포즈를 취하는)가 모든 영화에 팽배해 있다고 불평을 늘어놓았으나, 보다 자연스러운 기법들이 점차 관습화되어갔다.[4]

무대 멜로드라마와 영화 멜로드라마가 스타일상, 구조상 어떻게 다르든 영화가 선정적 멜로드라마의 핵심을 성공적으로 포착했다는 데는 의문의 여지가 없다. 영화는 엄청난 양의 날쌘 액션, 자극적인 폭력, 스펙터클 광경들, 그리고 신체 위험과 유괴, 그리고 긴장감 넘치는 구조가 가져다주는 스릴들을 전달했다. 내러티브 수준에서 영화 멜로드라마는

"I WILL SAVE YOU FROM THEM FOUL FIENDS WHO IS STRIVIN' TO ENCOMPUSS YOUR ROON."

그림 7.1 "난 당신을 구할 것이오!" (*Everybody' s Magazine*, 1909. 9.)

악당의 극악무도함과 질투, 그리고/혹은 탐욕에 의해 촉발되는 영웅적 행위를 강조하는 한편, 종종 범상치 않은 우연의 일치, 갑작스러운 비밀 폭로, 예기치 못한 상황의 반전에 기대는 유사한 줄거리들에 의존했다. 이어서 나는 1914년에서 1920년경 사이의 영화 시리즈에 관한 보다 상세한 설명에 들어가기에 앞서, 1901년에서 1913년 사이의 한두 릴짜리 필름들에 관한 몇몇 견본들을 제시한다. 이러한 개괄의 목적은 체계적이고 포괄적인 데 있다거나 영화 촬영소들을 나란히 비교하기 위한 것이 아니라, 그저 선정적 무대 멜로드라마와 그것이 발현된 필름들 사이의 밀접한 텍스트적 관련성을 보여주는 전형적 사례들을 드러내는 데 있다.

***

최초의 영화 멜로드라마는 너무도 간략해서 스토리들이 전개될 수 없었지만 그럼에도 불구하고 놀라운 장면들을 보여주기 위한 인공적 무대 기술을 사용함으로써 무대 멜로드라마를 본떴다. 예를 들어 파테Pathé 사의 〈해저의 드라마Un Drama au Fond de la Mer〉(1901)는 시체와 보물이 흩어져 있는 해저로 내려간 두 잠수부 뒤로 침몰한 배의 수중 광경을 연출하기 위해 그림 나무판 배경을 사용했다. 바르닥이라면 이렇듯 태연자약한 인위성에 불만을 나타냈을 것이다. 이 필름은 단 하나의 멜로드라마적 폭력 사건으로 구성된다. 욕심에 눈이 먼 한 잠수부가 다른 잠수부를 뒤에서 공격, 그의 공기 호스를 잘라버리고 보물을 가로챈다. 비틀대던 피해자는 쓰러지고 살인자는 물 위로 올라간다. 리처드 아벨Richard Abel은 동일한 스펙터클이 1897년 〈화이트 헤더〉라는 제목의 영국 멜로드라마에서 인기를 끌었음을 주목한다(이는 또한 1909년 〈백만장자와 경찰관의 아내〉에서, 또한 의심할 바 없이 몇몇 다른 무대 멜로드라마에서도 등장한다).[5] 파테 사의 또다른 영화 〈방화범L'Encendiare〉(1905)은 스펙터클한 놀라운 장면, 거친 추격, 신체적 위험, 부당한 희생, 그리고 막판의 구출 같은 많은 멜로드라마 요소들을 결합시켰다. 임시로 지어놓은 통나무집에 한 집시 부부와 아기가 살고 있다. 남편은 담배를 피우다가 잠이 들고 우연치 않게 건초 더미에 불이 붙는다. 불타는 건초 더미의 수많은 촬영 화면들은 놀라운 장면을 제공한다. 스릴 넘치는 액션은 화난 폭도들이 방화 용의자를 잡으려는 추격 형식으로 등장한다. 실물과 실제 배경(기관차, 다리, 몇몇 외벽들, 용의자가 간신히 빠져나가는 얕은 늪)을 강조하는 연속 촬영 화면들이 지나간 후 폭도들은 용의자를 붙잡아 나무 위에 매단다. 폭도들이 흩어지자 집시 부인은 긴 자루가 달린 낫으로 밧줄을 잘라내어 자기 남편을 구해낸다.

고몽Gaumont 사 제작, 앨프 콜린스Alf Collins 감독의 1906년 작품인 영국 영화 〈만종, 오늘밤은 울리지 않으리The Curfew Must Not Ring Tonight〉가 선보인 클라이맥스 액션은 데이비드 벨라스코의 1895년 작품인 남북전쟁 멜로드라마 〈하트 오브 메릴랜드The Heart of Maryland〉에서 그대로 빌려온 것이었다. "크롬웰 시대의 로망스"라는 광고대로 이 영화는 왕당파 주인공의 생포, 재판, 그리고 사형선고를 극적으로 표현한다. 그는 그날 밤 통행금지 종이 울릴 때 처형될 것이다. 그의 연인은 자신의 목숨을 걸고 그를 구해내려 한다. 그녀는 아찔한 고탑의 덩굴을 타고 올라가서 종이 울리는 것을 막기 위해 추를 붙잡는다. 그녀는 종의 양 벽 사이에서 격렬히 진동하고, 조종弔鐘을 진압하는 데 성공한다. 벨이 울리지 않아 격노한 크롬웰은 불쌍한 귀머거리 종지기를 때리기 시작한다. 여주인공은 이를 차마 눈뜨고 지켜볼 수 없어 앞으로 나와 자신의 범죄를 자백한다. 크롬웰은 그녀의 용기에 너무나 감명받은 나머지 왕당파 주인공을 사면해주고, 커플은 행복하게 재결합한다.[6]

에드윈 포터Edwin S. Porter의 〈미국 소방관의 삶Life of an American Fireman〉(에디슨 사, 1903)은 멜로드라마로 간주될 수 있는데, 그 이유는 선정적인 두 장면 — 소방차들의 스릴 넘치는 추격과, 불타는 건물에 갇힌 여자와 아이의 믿을 수 없는 구출 — 을 바탕으로 이루어지기 때문이다. 〈대열차 강도The Great Train Robbery〉(1903)는 폭력적인 포박-및-재갈 물리기, 대담 무쌍한 약탈, 세 건의 충격적인 살인, 전속력으로 달리는 기관차, 말의 맹렬한 추격, 마침내 모든 강도들을 죽이고 마는 총격전을 보여줌으로써 선정적 멜로드라마의 주제들을 확장시킨다. 포터의 1906년 영화 〈트레이너의 딸, 사랑을 위한 레이스The Trainer's Daughter; Or, A Race for Love〉는 천진한 소녀와 그녀가 사랑하는 잘생긴 구혼자, 그리고 그를 질투하는 악당 사이의 상투적인 삼각관계를 다룸으로써, 또한 젊은 여인의 씩씩함과 관련된 스릴 넘치는 장면에서 클라이맥스로 치달음으로써 고전적 멜로드라마 형식에 더욱 가까워진다. 잭에게는 경주마가 한 마리 있는데 부유한 델마는 마사馬舍 전체를 소유하고 있다. 잭과 델마는 다음날 경주에 내기를 건다. 두 남자 모두가 욕망하는 천진한 소녀는 이를 엿듣고서 승자의 청혼을 받아들이겠다고 서약한다. 델마는 곧 그의 말이 잭의 말을 이길 승산이 없음을 깨닫는다. 그날 밤 델마와 그의 심복은 잭의 말에 약을 먹이려다가 잭의 기수에 의해 저지된다. 델마는 기수를 때려 기절시킨 뒤 폐가에 숨겨둔다. 다음날 잭의 말에는 탈 사람이 없는 까닭에 델마가 승리를 얻을 것처럼 보인다. 마지막 순간 잭의 기수가 비틀거리며 나타나 델마의 악행을 폭로한다. 여전히 자신의 서약에 묶여 있는 천진한 소녀는 끔찍한 결혼의 운명을 피하기 위해 기수를 대신해서 말에 오르기로 결심한다. 경마를 통해 서스펜스와 스릴 넘치는 액션이 펼쳐질 기회가 제공된다. 그녀는 겁 없이 말을 몰아 델마의 말을 간신히 앞지른다. 경마장 멜로드라마는 세기 전환기 무렵 대서양 양편에서 흔히 볼 수 있었던 선정적 무대 멜로드라마의 하위 장르였다. 포터의 영화는 그 줄거리가 1904년부터 몇 년 간 순회공연을 다녔던 시어도어 크리머의 10-20-30센트짜리 멜로드라마 〈목숨을 건 경주A Race for Life〉와 매우 흡사하다. 1911년 〈소녀와 모터보트The Girl and the Motor Boat〉라는 제목의 영화에서도 동일한 내러티브가 전개되는데, 차이점이라면 단지 말 대신 고속 모터보트가 경주에 쓰인다는 점이다.7)

『버라이어티Variety』의 한 비평에 따르면 파테 사의 1907년 영화 〈여자 스파이The Female Spy〉는 "무한한 액션"을 보여줬지만 "그 전개는 무질서했다". 비평가들은 멜로드라마에 대해 토로했던 익숙한 불평을 되풀이하며 다음과 같이 말했다. "상황들은 쉽게 따라갈 수 있도록 한데 뭉쳐지지 않고 산만해서 서평가들이 '에피소드적'이라 부르는 것들이다." 이 비평은 시놉시스를 포함하고 있지는 않지만 "사로잡힌 여자 스파이가 머리채를 붙들린 채 들판을 가로질러 야생마에게 끌려가는"8) 멜로드라마적 선정성을 확실히 언급하고 있다. 남아 있는 인쇄물에 부연된 아벨의 묘사는 그 여자 스파이가 카자흐 추장의 딸이라고 덧붙인다. 그녀는 자신의 연인인 젊은 타타르인 지도자에게 일급 정보를 넘긴다. 이 때문에 추장은 여섯 장정을 시켜 그녀를 찔러 죽이게 한 뒤 타타르 야영지로 끌고 가도록 만든다. 막판 구출 시도에 실패한 연인은 시체를 따라 들판을 달려간다.

1907년 서부 멜로드라마 작품 〈나쁜 남자The Bad Man〉에 대한 『버라이어티』의 한 비평 또한 '다수의 우발적 사건'을 언급한다. 어여쁜 역무원의 사랑을 차지하기 위해 벌어진 결투에서 '신출내기'(즉 어느 동부인)에게 패한 뒤 악당은 약탈을 결심하고 이 낭만적인 남녀를 공격한다. 고전 멜로드라마 형식으로 보면 "그 신출내기는 철로에 묶여 있고, 여자는 전신국 안의 탁자에 손발이 묶여 있다. 때맞춰 도망친 그녀는 연인을 빼내오는 데 성공하고 그 둘은 돌진하는 특급열차를 뒤로하고 서로 얼싸안는다".⁹⁾

그리피스는 통상 장편영화 시대의 가장 손꼽히는 멜로드라마 감독으로 주목된다. 〈국가의 탄생〉〈어머니와 법〉〈꺾인 꽃〉〈동쪽으로 가는 길〉〈풍운의 고아Orphans of the Storm〉〈세계의 심장Hearts of the World〉 그리고 기타 영화들은 멜로드라마적 파토스, 도덕적 불의, 그리고 선정주의 역학을 다루는 솜씨가 특출나다. 그리피스는 그의 경력에서 첫번째 단계였던 바이오그래프 사 재직 시절, 멜로드라마 전문가로서의 기량을 갈고 닦았다. 『바이오그래프 회보Biograph Bulletins』에 실린 줄거리 시놉시스를 보면 1908년 7월 그의 감독 데뷔작에서부터 1909년 2월경까지, 그의 초기 영화는 폭력-유혈적 멜로드라마 쪽으로 극심하게 쏠려 있다. 그 선정적 속성을 확증하기 위해서는 실제 영화들을 봐야겠지만 그 7개월 간 개봉되었던 약 70편의 시놉시스 중 약 절반(코미디를 제외한다면 약 3분의 2)이 극단적인 도덕적 양극성, 유괴, 폭행, 다툼, 만행, 포박-및-재갈 물리기, 살인, 그리고 '위장 폭파장치들'(서스펜스를 늘이는 데 사용되는 복잡 기묘한 죽음-연장 기구들) 중 몇몇을 결합하고 있다. 그리피스의 세번째 영화 〈검은 독사The Black Viper〉(1908년 7월 개봉)는 이러한 유혈과 폭력이 난무하는 경향을 잘 설명해준다. 여기서 내러티브는 여성에게 가해지는 만행, 다툼, 포박-및-재갈 물리기, 살해 시도, 두 번에 걸친 구출-돌진-

레이스, 위험하게 굴러떨어지는 돌무더기, 또다른 다툼, 지붕에서의 낙하, 그리고 척살을 포함한다.

어여쁜 방앗간 소녀 제니에게 홀딱 빠진 짐승 같은 녀석은 일이 끝나고 귀가하는 그녀에게 무례하게 말을 건다. 퇴짜를 맞고 난 그는 보복으로 그녀를 공격, 그녀를 때려눕혀 발길질을 하던 중 그녀의 애인 마이크가 달려와 그 불량배를 보기 좋게 때려눕힌다. 그뒤 마이크와 제인은 산책을 하게 되는데 그사이 그 독사 같은 녀석이 그가 드나들던 소굴로 돌아가 그의 일당에게 자기가 당한 일을 털어놓고 원한을 풀기 위해 도움을 요청한다. 그들은 짐차를 타고 마이크와 제인을 뒤따라가다가 한적한 길가에서 마이크를 붙잡아 묶은 뒤 짐차에 던져 넣지만 제니는 도망친다. 그들은 마이크를 바위투성이 절벽으로 끌고 올라간다. 제니가 위급함을 알리자 마이크를 구해내기 위한 무리가 즉시 다른 짐차를 타고 출발한다. 그들이 절벽 아래에 도착했을 때 약 반 정도 올라가 있는 상태였던 독사 일당은 그들이 올라오는 것을 막기 위해 커다란 돌들을 굴러떨어뜨렸다. 절벽 꼭대기에 이른 깡패와 마이크 사이에는 격렬한 격투가 벌어지고, 그 둘은 모두 꼭대기에서 아래 바닥으로 떨어져내린다. 여기서도 싸움은 끝나지 않는데, 독사의 단도를 손에 넣는 데 성공한 마이크는 그를 때려눕히고, 바로 그때 독사 일당들의 위협으로 다가올 수 없었던 제니와 그의 친구들이 나타난다.[10]

바이오그래프 사의 시놉시스는 확실히 그리피스가 이미 존재하던, 10-20-30센트짜리 멜로드라마와 싸구려 소설에서 익히 보아왔던 스릴 넘치는 사건들의 상호텍스트적 저장고에 의존하고 있음을 보여준다.

같은 맥락에서 "몹시 스릴 넘치는" "세상을 떠들썩하게 만든 중국인 인신 매매단 사건"이라고 묘사된 〈운명의 시간The Fatal Hour〉(1908년 8월)에는 중국계 악당과 그의 심복에 의한 두 건의 폭력적인 여성 납치 사건, 여형사의 포박과 재갈 물리기, 위장 폭파 장치(묶여 있는 형사 앞에는 시계가 12시를 가리키면 발포되는 피스톨이 놓여 있다), 구출을 위한 '무모한 승차' 장면이 포함되어 있다. 전형적인 멜로드라마 방식은 스토리가 우연한 사건 발생에 달려 있음을 또한 주지해야 한다. 즉 경찰이 그 심복을 붙잡아 위험에 처한 형사의 위치를 알아내는 것은 그가 시가 전차 사고에 부상당하고 나서이다.[11]

그리피스가 만든 가장 긴장감 넘치는 멜로드라마 중 하나는 1909년 1월 개봉된 〈생명줄The Cord of Life〉이다. 시칠리아 출신의 '아무짝에도 쓸모없는 불한당'은 사촌에게 돈을 요구했다가 단호히 거절당한다. 보복을 결심한 악당은 사촌과 그의 부인이 5층 셋방에 잠깐 아기를 내버려 두고 나올 때까지 기다린다. 아파트로 돌진해 들어간 악당은 아기를 바구니에 넣은 뒤 밧줄로 묶어서 창밖에 매달아놓고 창문에 밧줄을 연결하여 누구든 창문을 열면 아기가 떨어져 죽도록 만든다. 그런 다음 그는 남편을 뒤쫓기 위해 나선다. 그가 막 사촌의 등을 찌르려는 순간 경찰이 그를 붙잡아 체포한다. 성이 난 범인은 사촌을 동요시키기 위해 자기가 아기에게 저지른 일을 떠벌린다. 그리피스는, 집으로 달려가는 남편과 돌아와서 옷가지를 넣어 말리려고 창문으로 계속 다가가지만 그럴 때마다 주의가 흐트러지는 아내를 교차 편집함으로써 강력한 긴장감을 만들어낸다. 아내가 창문을 열기 시작하려는 바로 그때 말할 필요도 없이, 마침내 남편이 문을 박차고 들어온다. 어떻게 하면 창문을 열지 않고 아기를 구할 수 있을지, 그들은 어찌할 바를 모른다. 결국 남편은 아기를 문 안쪽으로 도로 들여오기 위해 위쪽 창틀을 내려 두 발만 의지한 채 위태롭게 머리를 내민다. 『바이오그래프 회보』는 "스릴의 강도가 높은 테마지만 소름 끼치는 구석이라곤 눈 뜨고 찾아볼 수 없다"라고 확언한다. 이런 부인은 의미심장한데, 왜냐하면 그것은 바이오그래프의 정책이 변화했음을 보여주는 전조로서, 이는 1908년 12월 말 착수한 영화특허권회사Motion Picture Patents Company와 1909년 3월 설립된 국립검열위원회National Board of Censorship라는 협회의 영향으로부터 자유롭지 않음을 확실히 보여주는 것이기 때문이다. 바이오그래프는 검열 문제를 피함과 동시에 영화의 도덕적 '향상'에 관한 영화특허권회사의 수사학을 호도하기 위해 애썼다. 그리피스는 이미 제작되고 있던 폭력-유혈적 영화 몇 편을 1, 2월에 개봉하고 난 후 전원적 로맨스, 코미디, 그리고 검열관, 개혁론자, 다중 계급의 관객들 입맛에 맞을 만한 다른 드라마들에 더하여 고결한 희생과 도덕적 재-각성에 관한 감상적이면서도 교훈적인 멜로드라마로 그 초점을 옮겨갔다. 〈목숨을 건 질주The Drive for a Life〉(1909년 4월)나 〈외딴 별장The Lonely Villa〉(1909년 6월) 같은 구출 레이스 스릴러들이 종종 섞여 있기는 했지만, 이런 영화들도 절대 저속하거나 천박하지 않았고 폭력적인 장면도 드물었다. 폭력적인 묘사가 있을 경우 도덕적 교훈의 일부로 조심스레 직조되었다.[12]

철로 서부극과 남북전쟁 이야기의 비중이 무척이나 높았던(물론 코미디에도 손을 대기는 했지만) 칼렘Kalem 사는 모든 멜로드라마 프로덕션 정책과 깊이 관련되어 있었다. 칼렘은 특히 용기 있는 젊은 여성의 영웅시를 그리는, 사실상 모든 멜로드라마 최초의 스튜디오를 건설한 것으로 유명하며, 그럼으로써 다음 장에서 논의될 '시리얼 퀸'의 전례를 세웠다. 1909년 제작한 〈스파이 걸Girl Spy〉 시리즈를 시작으로 1917년 초

칼렘이 문을 닫을 때까지 이 스튜디오는 일주일 간격으로 한두 릴짜리 필름을 수십 편 내놓았는데 모두 '용감무쌍한 소녀' 공식을 고수하는 것들이었다. 1913년 3월에 개봉된〈오픈 스위치The Open Switch〉는 그 단순한 도덕적 양극성, 시각적 액션, 여성의 활약에 있어 칼렘의 전형적인 철도 멜로드라마로 꼽힌다.

펀데일에 사는 교환수의 딸 그레이스 레인은 완행열차 엔지니어인 빌리 워렌과 사랑에 빠진다. 역 내 감독으로 고용된 짐 웨스트는 무력을 써서 그레이스를 자기 뜻대로 해보려다가 빌리에게 가차 없이 쓰러진다. 웨스트는 빌리의 기차를 탈선시킬 계획을 세운다. 그가 스위치를 조작하는 것을 발견한 그레이스는 도움을 청하기 위해 달려나가지만 웨스트에게 붙잡혀 가까운 철로에 묶이고 만다. 몸싸움을 벌이는 동안 웨스트의 주머니에서는 얼떨결에 연발권총이 미끄러지게 되고, 빌리의 기차가 산산조각 나는 것을 보기 위해 그가 떠나자 묶여 있는 그레이스는 있는 힘껏 권총을 손에 넣어 전신선을 향해 권총을 발사한다. 유리로 된 절연체 중 하나를 부수는 데 성공하자 끊긴 전선 하나가 그녀가 닿을 만한 거리에 떨어진다. 두 손이 여전히 묶여 있는 그레이스는 전선 끝을 철도에 대고 톡톡 두들기는데 그것이 아버지 역의 전신기계가 작동되는 회로로 전달된다. 경보를 받은 그레이스의 아버지는 아슬아슬하게 빌리의 기차를 정지시키고 딸을 풀어주는데, 그녀는 끔찍한 경험에도 불구하고 태연해 보인다. 빌리는 웨스트와 사투를 벌인 끝에 그를 감옥으로 끌고 간다.[13]

칼렘은 1914년 11월부터 1917년 3월까지 119주간 에피소드로 나왔던〈헬렌의 위험천만한 모험〉시리즈 속에 철도 스릴러를 통합시켜 마케팅을 능률적으로 끌어올렸다.

칼렘의 남북전쟁 멜로드라마들(그리고 멕시코 혁명 및 보어 전쟁을 배경으로 하는 몇몇 멜로드라마들)도 매우 흡사하게 다양한 종류의 스릴 넘치는 스펙터클과 여성들의 위험 연기 장면을 내세웠다. 〈오픈 스위치〉이후 2주 만에 개봉된 〈전쟁의 참상War's Havoc〉은 이러한 하위 장르의 대표 격이다. 나이 어린 여주인공은(주인공이 남쪽 편에 서는 남북전쟁 무성영화의 독특한 관습을 고수) 남부연합군의 스파이로 복무한다. 적진 가운데에서 그녀는 북부 연방주의자 전신국에 연결된 전선을 차단하고 교환수를 사살한다. 그런 다음 그녀는 기차를 습격하여 공격을 위해 집결한 북부 군용 기차와 충돌하게 만든다. 두 대의 기차는 다리 위에서 폭발해 스펙터클한 광경을 연출한다. 기차에서 뛰어내린 여주인공은 강 아래로 떨어진다. 이 모든 일에서 그녀는 (남부군을 위해 싸우는) 충실한 노예의 도움을 받는다![14)

칼렘은 또한 '여형사'와 '여기자'의 용기와 위트를 내세우는 수많은 멜로드라마들을 만들었다. 가령 〈여기자의 대단한 특종The Girl Reporter's Big Scoop〉(1912년 9월)에서는 여주인공이 갱단을 정찰하기 위해 가정부로 위장 잠입한다. 현장을 잡아내기 위해 그녀는 플래시-사진 촬영술을 마스터한다. 칼렘의 몇몇 작품은 10-20-30센트 멜로드라마에서 가장 고전적이고도 케케묵은 것들을 영화화했는데, 예를 들어 악당들이 미시시피 강 보트의 거대한 외륜에 남자 주인공을 붙들어 매어놓는 〈죽음의 수레바퀴The Wheel of Death〉(1912년 6월), 〈위기일발Saved by the Telephone〉(1912년 6월), 〈제재소에서 생긴 일A Sawmill Hazard〉(1912년 12월)이 있다.

***

(장편영화를 영화산업 고급화의 표상으로 지나치게 간소화하는 경향과 관련하여 명심해야 할 사실은) 1910년대 초반 장편영화가 등장했을 때 선정적 멜로드라마는 두드러진 장르로 남아 있었다(는 점이다). 하지만 사실 정말로 번성했던 장르는 시리얼 필름이었다. 선정적 멜로드라마가 통상적 단편영화나 장편영화 가운데 단지 하나의 장르에 지나지 않았던 반면, 시리얼에 있어 그것은 사실상 유일한 장르였다. 혹여 있을지도 모르는 몇몇 예외를 제외한다면 모든 시리얼 필름은 선정적 멜로드라마였다. 그 속에는 (추리물, 서부극, 중세풍, 애국주의, 그리고 근로-소녀 멜로드라마 같은) 다양한 하위 장르들이 포함됐는데, 그럼에도 그것들은 모두 여주인공, 혹은 편을 이룬 남녀 주인공과 악당 및 그의 공범들 사이에 벌어지는 내러티브상의 적나라한 갈등 속에서 폭력과 강도 높은 액션 — 납치, 함정수사, 다툼, 위험한 추격 시퀀스, 그리고 막판의 구출 — 에 전력을 기울였다. 시리얼 필름이 도상학적으로 10-20-30 멜로드라마와 그 문학적 사촌들의 충직한 후예라는 것은 한눈에도 알아볼 수 있었다.

〈폴린의 위기〉(1914), 〈일레인의 위업〉(1915), 〈증오의 집〉(1918), 〈위험이 도사리고 있다〉(1920), 〈선더 마운틴의 위험The Perils of Thunder Mountain〉(1919), 〈그림자의 절규〉(1920) 같은 제목이 보여주듯 시리얼은 스릴을 약속했다(그림 7.2를 보라). 1910년대 펜실베이니아의 까다로운 검열관장 엘리스 오버홀저Ellis Oberholtzer는 이런 시리즈를 가리켜 "주로 총기난사, 칼부림, 포박과 재갈 물리기, 익사시키기, 난파, 결투로 이루어지는 (…) 범죄, 그리고 유혈과 폭력이 난무하는데다 언제나 눈에 띄

그림 7.2 1919년 작 〈선더 마운틴의 위험〉의 홍보 스틸사진(『모션 픽처 매거진』, 1920. 9.)

게 불거져나오는 것은 성에 대한 환상이다"[15]라고 묘사했다. 1919년
『포토플레이Photoplay』 지에 실린 한 기사는 시리즈의 멜로드라마적 다이
너미즘을 강조하며 그 선조 격인 저질 문학과의 관련성에 주목했다.

　　액션, 액션, 끝없는 액션! 뭐, 중대한 장면들이 뒤따라올 수도 있지만
　　한번도 성공한 적은 없다! (…) 얼마 전 한 유명 시리얼 작가는 시리얼에
　　는 심리라는 것이 존재하지 않으며 액션으로만 구성될 뿐이라고 말했다.
　　시리얼에서는 뭔가가 계속해서 일어난다. 이러한 액션의 직접적인 동기
　　는 통상 결여되어 있으나 시리얼 관중들은 신경 쓰지 않는다. 그들은 분
　　석적이지 않다. 그들이 원하는 것은 갈등이며 시리얼 제작자들은 필름 길
　　이만큼 그것들을 제공한다. (…) 시리얼은 현대판 싸구려 소설이다! 그
　　것들은 간담을 서늘하게 만드는 스릴러 (…) 멜로드라마에 의해 충족되

던 요구를 충족시킨다! 물론 그것은 멜로드라마이다.[16]

(서론에서 지적했듯) 같은 맥락에서 뉴욕 드라마틱 미러는 유니버설 사의 1914년 작품 〈루실 러브: 미스터리 걸〉 시리즈를 "멜로드라마적 멜로드라마, 혹은 2급 멜로드라마"라고 묘사했다. 다른 에피소드에 관한 같은 필자의 논평을 살펴보자.

> 물론 이 영화는 있을 수도, 있을 법하지도 않은, 전혀 불가능한 것으로서 '그럴 순 없다'라는 뜻의 동의어라면 어떤 것이든 갖다 붙일 수도 있겠지만, 이런 신뢰도의 문제는 액션 추구의 열망 — 끝없는 액션 — 에 밀려 가볍게 무시되고 만다. (…) 플롯은 '아-이cheee-ild를 찢네 마네' 하는 문제이다. 무방비 소녀를 건드리는 일이 주의를 자극하기 쉽다는 것을 아는 까닭에 격렬한 다툼이 수많은 사람들을 즐겁게 해줄 것임을 깨닫고 (…) 연출가들은 이런 것들을 계속해서 찍어댄다. (…) 그 결과는 어쭙잖은 일관성을 바탕으로 얼기설기 얽혀 있는 히스테릭한 액션의 연속이다.[17]

"아-이를 찢네 마네"란 악당이 "아이를 내놔, 안 그러면 그 서류를 찢어버릴 테다!"라는 대사를 잘못 지껄일 정도로 연기 수준이 낮은 대중 무대 멜로드라마의 고리타분한 패러다임을 암시한다. 이러한 언급은 동시대 시청자들이 시리얼을 이전 무대 멜로드라마의 환생으로 인식했던 정도를 나타낸다. 〈실딩 섀도The Shielding Shadow〉(파테 사, 1916년 작)의 홍보용 기사는 자사의 영화가 무대 멜로드라마와 마찬가지로 실감나는 선정적 장면들을 보여주는 데 특별히 초점을 맞추고 있음을 강조한다.

수많은 스펙터클 가운데 각 에피소드에는 특히 커다란 사건이 벌어진다. 실감나는 스펙터클을 만들어내기 위해 모든 것들이 동원되었다. 첫 회에는 바다 위에 떠 있던 배에 불이 붙는다. 모형이 아니라 진짜 범선이 파괴되는데, 그 효과는 아무리 최소화시킨다 하더라도 깜짝 놀랄 만한 것이다. 두번째 편 〈심연을 향해Intro to the Depths〉에는 문어가 사람을 붙잡아 바다로 끌고 들어가는 섬뜩하고도 스릴 넘치는 장면이 들어 있다. 이를 뛰어넘는 리얼리즘적 사건은 이제까지 한번도 없었다. 세번째 에피소드의 극장 화재 장면과 네번째 에피소드의 지진 장면 또한 매우 잘 만들어진 스펙터클이다.[18]

예상되듯 사회적 정도正道의 수호자들은 선정적 시리얼들을 싸구려 오락의 가장 저질적인 형식으로 간주하는 경향이 있었다. 1920년 엘리스 오버홀저는 다음과 같이 주장했다. "오늘날 스크린에서 보게 되는 가장 해롭고 유해한, 그리고 전체적으로 불쾌한 종류의 범죄영화는 시리얼이다. 이는 의문의 여지가 없다. 시리즈는 예전의 싸구려 소설을 영화화한 것이다. (…) 이러한 범죄 시리얼보다 더 통탄할 만한 것도 없으나 그것들을 어떻게 없애야 하는지 나로서는 알 수가 없다."[19] 시리얼의 문화적 지위가 얼마나 낮았는지는 시리얼 전문 연출가조차 스스로 지위를 떨어뜨리는 식으로 말했다는 데서 즉각 알 수 있다. 시리얼 제작에 무척이나 열을 올렸던 유니버설 스튜디오의 칼 래믈Carl Laemmle은 자사의 장편영화들이 "'시리얼풍의 색채'에 물들지 않았다"며 영화관 경영자들을 안심시키는 편이 좋다고 여겼다(그림 7.3을 보라).[20]

그보다 훨씬 더 주목할 만한 예는 파테 사의 시리즈 황제 조지 자이츠 George B. Seitz가 1916년 업계지에 기고한 글 「시리얼은 말한다The Serial

Speaks」에 등장한다. 글은 이렇게 시작한다.

저는 시리얼입니다. 영화 가문의 말썽꾸러기이자 평론가들의 안주감
이지요. 제게는 영혼도, 도덕도, 인격도, 정신적 고양도 없답니다. 저는
수치스러워요. (…) 아, 나도 존경이란 걸 한번 받아볼 수 있다면. 위대한
평론가들이 내가 지나갈 때마다 머리칼을 곤두세우며 "수치스러운 것!
상업의 총아! 예술의 서자!"라고 소리치지만 않는다면![21]

1910년대 판촉기사가 일시적일망정 "우리는 더 괜찮은 계급들로부터
흥미를 끌고 있다. 우리는 영화를 고양시키고 있다. 우리는 지고의 도덕
적, 예술적 규범을 보존하고 있다"는 영화산업의 영원한 모토로부터 벗
어나는 일은 정녕 드물었다. 이런 단언들은 영화에 접근하는 문화가 온
정적 간섭과 적의가 뒤섞여 예측 불가능한 방향으로 확립되어가는 데
대한 반응으로, 이를 형식적인 장담 이상으로 받아들이는 독자들은 별
로 없었을 것이다. 그럼에도 불구하고 영화 스튜디오의 대변인이 이러
한 '고양' 운운하는 자부심을 모두 버리는 것이 낫다고 판단했다는 것
은 이례적인 동시에 인상적이다. 시리얼은 확실히 영화의 명예 회복이
라는 사회적 세평에 대해 어떤 역할을 하는 척하는 것조차 불가능했다.
시리얼의 상호텍스트적 배경은 불명예스러운 운명을 결정지었다.

시리얼이 '영화 가문의 말썽꾸러기'로 두드러지던 시기, 영화산업의
대세는 당시 건설되고 있던 대규모 극장들의 이질적 관객들에게 적합
한, 악의 없는 중류 교양 영화들을 생산함으로써 시장 확장에 애쓰는 분
위기였다. 시리얼은 '대중' — 부상중이던 할리우드 관습이 선호했던,
계급적 색채가 배제되었다고 가정되는 일반 관중 — 에 영합하기보다

그림 7.3 1915년 작 〈스카이 다이아몬드The Diamond from the Sky〉 광고(『무빙 픽처 월드』, 1915. 8. 21)

'무지몽매한 대중들' 즉 5센트짜리 영화관이 엄청난 붐을 일으킬 수 있도록 든든한 후원자가 되었던 노동계급과 하위 중산계급 그리고 이민자 관객을 주 대상으로 만들어졌다. 오버홀저는 시리얼의 평판과 그 분위기에 대해 또다시 신랄한 평가를 내놓았다.

범죄 시리얼은 가장 상스런 취향을 가진 인구의 가장 무식한 계급을 위해 만들어진다. 그것이 주로 번성하는 곳은 공장지대나 빽빽하게 밀집한 도시 빈민가 주택, 그리고 대도시의 외국인 주거지에 위치한 영화관이다. 내 생각에 연출자들이 이런 작품들을 부끄러워하지 않는 것은 아니지만, 기껏해야 한두 군데 대형 제작사들만이 회계연도가 끝날 때쯤 잔고를 두둑이 채울 수 있는 유혹을 용기 있게 뿌리칠 뿐이다.[22]

오버홀저가 시리얼을 천민들이나 보는 위독한 쓰레기로 특징짓게 만든 동기는 그가 속해 있던 보수적 부르주아의 고전적 속물근성에서 비롯된 것이 명백하다. 의심의 여지 없이 그는 시리얼과 그 관객들을 너무나 협소한 장에 가두어버렸다. 시리얼의 관중들은 필시 때로 모든 계급을 망라했으며, 그 선정주의는 다양한 관객들에게 어필할 만한 것이었다.

그럼에도 불구하고 시리얼이 속해 있던 선정적 멜로드라마라는 상호텍스트적 무대가 노동계급 관객과 가장 밀접하게 얽혀 있다는 데는 의문의 여지가 없다. 『버라이어티』의 한 평론가는 1916년 시리얼 〈황색 위협〉에 대해 다음과 같이 논평했다. "이러한 시리얼은 그 영화가 대중적 취향에 영합하려는 생각으로 제작되었다는 인상을 만들어낸다. 이제까지 그스토리는 가장 광적인 '멜러드래머' 유형이다."[23] 대형 극장에서 최초 개봉된 적이 거의 없었던 시리얼은 동네 소규모 극장들의 주된 수입원으로, 도심의 싸구려 영화관에서 2차로 상영되었다. 이런 극장들 중 몇몇 군데는 장편영화가 부상한 뒤에도 비용이 적게 드는 '다양한 프로그램'을 고수해 매주 다섯 편 정도 되는 색다른 시리얼 — 대개 슬랩스틱 코미디나 서부극과 함께 — 에피소드들을 보여주었다.[24] 시리얼과 싸구려 극장 및 노동계급 관객들 간의 관련성은 미국에서만큼이나 영국에서도 분명히 나타났다. 1918년 『뉴 스테이츠먼New Statesman』의 한 필자는 영국 영화팬들이 미국인들보다 훨씬 더 비싼 입장료를 지불한다는 것을 지적하면서 이러한 법칙의 예외에 주목했다. "시끄러운 개구쟁이들이 닳고 닳은 '대서양 건너편 시리얼' 대작의 다음 에피소드를 기다리는 빈민굴, 그곳에 위치한 쓰러지기 직전의 '오락장'에서야 비로소 2페니 혹은 4페니 좌석에 초대받은 프롤레타리아를 만나보게 된다."[25]

대서양 양 끝에서 '시끄러운 개구쟁이들'은 영화가 상영되는 동안 야단법석을 떨었다. 오버홀저가 유감스럽게 표현했듯 〈황동 탄환The Brass Bullet〉 같은 그렇고 그런 영화가 '다음 주 화요일 이 극장에서 상영될 것'이라는 공고만으로도 미국의 거친 젊은이들을 큰 소리로 웃고 떠들게 만들기에 충분했다".[26] 이렇듯 떠들썩하게 소란을 피우는, 특히 젊은층 중심의 관객들 유형은 벌집을 쑤셔놓은 듯했던 10-20-30센트 멜로드라마 관중들과 닮아 있었다. '일반석 관객들'은 발을 굴러댈 만한 새로운 장소를 발견했던 것이다. 그들이 초래했던 소란은 식자층 감수성을 지닌 이들에게는 노동계급을 무질서하게 이끌어온 대중오락의 오랜 전통으로 인해 참을 수 없는 것이었던 반면, 사실상 시리얼의 인기 요인 중 하나였다. 1917년 펄 화이트Pearl White의 시리얼은 노스캐롤라이나 주 윌밍턴에 위치한 비주 극장의 매니저가 파테 배급사에 보낸 전보를 업계지에 광고로 실었다. 그 내용은 "오늘 이곳에서 〈운명의 반지Fatal Ring〉

상영 ― 관중들의 환호가 어찌나 컸는지 머치슨 빌딩 10층에서, 그리고 한 블록 떨어진 곳에서 들릴 정도였음!"27) (그림 7.4를 보라.) 이는 영화 산업이 영화 관람에 있어 더이상 계급적, 인종적, 지역적 차이가 영향을 미치지 않는 대중 관객을 만들어내기 위해 여러 방법들을 모색하던 1910년대 초, 당시 학자들이 새롭게 등장한 '통일화된' 관객 특징으로 묘사했던 길들여진 예의 바름과는 아주 다른 것이다.28)

시리얼과 관련된 떠들썩함은 아마도 대개 (계급이나 인종과는 대립되는) 젊은 세대의 정체성으로부터 비롯된 것일 테지만 통일화된 관객이란 패러다임이 결코 전체적으로 적용될 수 없음을 상기시켜준다.

시리얼 제작자들은 언제나 방어 태세를 갖추고 있었다. 그들이 공통적으로 사용했던 수사전략 중 하나를 꼽자면, 시리얼을 비웃는 사람들이 실제로는 시리얼 애호자라고 주장하는 것이다. 이에 대한 단서는 앞서 언급했던 『포토플레이』의 1919년 기사에서도 나타난다.

어떤 영화팬들은 당신에게 시리얼에 대한 낡은 논의들을 몽땅 늘어놓으려 할 것이다. 그것들은 바보 같고 우스꽝스러우며 비논리적인데다 관객들을 우롱할 뿐만 아니라, 그 상상력이 뻗어나가는 정도는 회복 불가능할 정도라고. 이런 사람들은 스스로 할당한 5분의 1을 스타가 울고 웃는 모습이나 장미를 바라보며 감탄하는 모습을 클로즈업하는 데 쏟아붓는 훌륭한 장편들을 보기 원한다. 그런 다음 그들은 3번 애버뉴나 메인 스트리트로 몰래 숨어 들어가 최신 시리얼 에피소드에 사로잡힌 채 앉아 있다.29)

메인 스트리트란 동네 극장을 가리킨다. '3번 애버뉴'는 저가의 2차,

그림 7.4 1917년 작 〈운명의 반지〉의 영화잡지 광고(무빙 픽처 뉴스, 1917. 10. 27.)

3차 상영관을 말하지만 더 명확하게 말하면 10-20-30센트짜리 멜로드라마의 거점임을 암시한다. 뉴욕의 3번 애버뉴 극장은 저가 멜로드라마 극장으로 유명한 곳이었다. 선정적 멜로드라마는 일반적으로 대개 '3번 애버뉴 멜로드라마'라고 불렸다.

시리얼 제작자들이 공통적으로 보다 많이 써먹었던 방어 전략은 자신들이 만드는 영화와 여타 저질 시리얼 멜로드라마와의 관련성을 부인하는 것이었다. 예로 비타그래프 사의 1916~17년 시리얼 〈비밀스러운 왕국The Secret Kingdom〉의 업계지 광고는 "이제까지 나온 시리얼 중 유일하게 모든 계급의 취향에 맞는 것으로서 이전의 시리얼들을 거부했던 관객들에게 기쁨이 될 것"이라고 굵은 글씨체로 공표했다. 이런 주장은 평범한 동네 극장 이상의 계약을 따내려는 심사에서, 또한 아마도 제작자들 사이의 상승 욕구가 담긴 사회적 태도에서 유발된 것이다. 동시에 이 광고는 세련되게 다듬어졌다는 이 시리얼이 절대로 "모험이라면 사족을 못 쓰는 이들을 극장으로 끌어모으는, 사선을 넘나드는 상황들, 미스터리, 팽팽한 재미와 그 모든 스릴"[30]을 망치지 않을 거라며 소형 극장 상영자들을 안심시켰다. 그럼에도 불구하고 (몇몇 예외들을 제외하고) 이 시리얼이나 다른 시리얼들이 사회적 장벽이나 극장 간 장벽들을 넘어설 수 있었는지는 의심스럽다. 파테 사의 한 중역이 회상했듯 "〈폴린의 위기〉 〈캐슬린의 모험The Adventures of Kathlyn〉 〈밀리언 달러 미스터리〉 같은 초창기 시리얼들이 나왔을 때 대다수 대형 극장들은 경멸하는 태도를 감추지 않았다".[31]

시리얼 제작자들이 자신들의 작품을 옹호하고 극장주들에게 호소하는 데 사용한 세번째 전략은 진지한 자기-비판을 펼쳐 보이는 것이었다. 이런 수사적 제스처에서 제작자들은 그들의 영화가 응당 존경받을 만하

지 못했음을 시인하고 시리얼에서 즉각적인 향상을, 혹은 적어도 내러
티브적 설득력의 기본 관습에 보다 더 접근할 것임을 약속했다. 이런 수
사가 얼마나 지루하게 반복되었는지는 『필름 데일리 연감Wid's Year Book』
의 1919~20년 판과 1920~21년 판에 실린 시리얼 제작자들과 배급업
자들의 진술을 얼핏 보기만 해도 알 수 있다.

시리얼은 개선되고 있고, 개선될 것이며, 개선되어야만 한다.
— 시드니 레이널드Sidney Reynolds, 수프림 픽처스Supreme Pictures

우리는 이제 변덕스러운 줄거리와 불가능한 상황들이 횡행하던 값싼
멜로드라마 시리얼 시대를 통과했다.
— 조 브랜트Joe Brandt, 국립영화협회National Film Corp.

나는 확실히 이런 부류의 영화들이 낡은 규범들로부터 벗어나 보다 높
은 수준으로 올라갈 때가 되었다고 느낀다.
— 윌리엄 폭스William Fox

오늘날 시리얼은 이전보다 나은 수준의 극장에서 상영되고 있다. (…)
(시리얼이 훌륭하게 만들어질 때) 이럴 때야 비로소 한 번도 시리얼을 상
영하지 않았던 최고의 극장에서도 흔쾌히 그것들을 보여주려 할 것이다.
— 해리 그로스먼Harry Grossman, 그로스먼 픽처스Grossman Pictures

시리얼의 수준은 보다 나아지고 높아질 것이다. 그럴 수밖에 없는 것
이, 그것들이 진출하려고 하는 대형 극장들은 이제까지 시리얼이 자기네

고객들에게 적합하지 않다고 생각했기 때문이다.

— 칼 래믈, 유니버설

우리는 시리얼 스토리의 질을 계속 개선시켜왔으며, 그 결과 우리 작품은 오늘날 최고 수준의 극장에서도 충분히 받아들여질 만한 수준에 이르렀다. (하지만 우리) 시리얼은 저가 영화관에서도 이전의 폭력 – 유혈적 시리얼 유형만큼이나 크게 호소하고 있다.

— 폴 브루넷Paul Brunet, 파테 배급사

나는 통상적으로 알려져 있는 시리얼을 만드는 일을 오래전에 그만두었다. 과거 시리얼은 세상을 놀라게 하는 사건의 연속으로서 그것들을 서로 이어주는 줄거리는 그저 위험 장면과 스릴의 무대배경으로 구성된 빈약하기 짝이 없는 것이었다. 앞으로 나는 스토리에 주안점을 두는 연작들을 만들 것이다. 결국 문제는 스토리이다. (…) 영화에서 시리얼의 시대는 이제 막 시작되었다. 그리고 우리가 들어선 분야의 가능성은 무한하다.

— 시어도어 와튼Theodore Wharton, 와튼 사Wharton Inc.

시어도어 와튼(뉴욕 주 이타카에 위치한 그의 스튜디오에서는 파테 사의 〈일레인의 위업〉과 그 후속편들, 그리고 허스트 서비스Hearst's International Film Service가 지원하고 파테 사가 배급한 수많은 시리얼들을 만들어냈다)은 이런 전망이 활자화된 지 불과 몇 주 지나지 않아 문을 닫았는데, 이는 시리얼의 밝은 미래에 대한 예언이 그림의 떡에 지나지 않는 수사였음을 시사한다.[32]

***

시리얼이 폭력-유혈적 멜로드라마를 얼마나 강조했는지에 대한 예로 나는 1919년에서 1920년 사이에 만들어졌던 촌스러운 어드벤처 로맨스 〈잿빛 여인〉의 두번째 에피소드를 상세하게 기술할 것이다. 5장에서 언급했듯이 이 시리얼은 오랫동안 버려진 아모리 저택에 숨겨진 재산에 관한 것인데, 그 위치는 고문서 두 장을 맞춰봐야만 파악할 수 있다. 그 암호문을 발견한 루스 호프와 그녀의 전사 톰 서스톤은 악당 하빌랜드 헌터와 전쟁을 치른다. 왜냐하면 그가 문서를 훔쳐 재산을 가로채려 하기 때문이다. 2차적인 줄거리는 루스의 정체성에 관한 비밀을 다루는데, 그녀의 왼손 등을 덮고 있는 특이한 팔찌는 손가락마다 끼워진 반지들과 단단히 연결되어 있다. 15편으로 이루어진 이 시리얼은 암호문을 빼앗겼다 되찾았다 하면서 엎치락뒤치락하는 이야기를 펼쳐 보인다. 그러는 가운데 악당이 여주인공을 납치, 살해하려 하거나 혹은 그녀가 차고 있는 팔찌를 잡아떼려고 하는 위기들이 계속 닥친다.

두번째 에피소드 '죽음의 비수The Dagger of Death' 편은 가슴을 졸이게 만들었던 전편의 마지막 장면을 반복하는 것으로 시작된다. 악당에게 납치된 루스는 달리는 차에서 뛰어내려 가까스로 길가에 떨어진다. 차를 세우고 그녀를 뒤쫓아간 악당은 곧 그녀를 붙잡게 되고 몸싸움을 벌인 끝에 그녀를 다리 아래로 밀어뜨린다. 마침 다리 아래 선로 위를 지나가던 석탄 운반 기차가 굴러떨어진 루스의 충격을 완화시켜준다. 달리는 기관차에서 뛰어내린 그녀는 가파른 제방 아래로 굴러떨어진다. 정신을 잃은 루스에게 전속력으로 차를 몰아 납치범을 뒤쫓던 톰이 도착하고, 그녀가 기운을 되찾았을 때 톰은 당혹스러운 표정으로 그녀의 팔찌를 만지작거리고 있다. 이후 차를 타고 아모리 저택으로 올라간 루스는 때마침 창문을 넘어가는 악당을 발견하게 된다. 그러나 암호문 중 하나를 훔쳐낸 악당은 2층에서 내려오는 톰과 마주친다. 두 사내가 거친 몸싸움을 벌이는 동안 저택 외부를 찬찬히 훑어보던 루스는 자신의 권총을 빼어 들고 2층의 한 방으로 들어간다. 가까스로 톰을 난간으로 밀쳐낸 악당은 계단을 날듯이 뛰어 내려가지만, 루스가 총구를 들이밀며 실랑이를 벌이면서 극적으로 그의 가면을 벗기는 한편 암호문도 되찾게 된다. 악당은 루스를 제압하고 그녀를 닫혀 있는 2층 창문 사이로 던져버린 후 권총 개머리판으로 또다시 톰을 사정없이 가격한다. 창문으로 다시 기어올라간 루스는 톰을 일으키기 위해 무릎을 굽히던 중 악당이 실수로 떨어뜨린 암호문을 발견한다. 악당은 되돌아와서 암호문을 찾으려고 샅샅이 뒤진다. 루스는 방 안에 바리케이드를 치지만 악당은 결국 문을 부수고 들어와 그녀를 붙잡고서 팔찌를 잡아떼기 시작한다. 마지막 장면에서 악당은 벽에 걸린 기다란 비수를 꺼내 책상 위에 팔다리를 늘어뜨린 채 엎드려 있는 루스의 목을 향해 천천히 갖다 댄다.

미국 시리얼은 그것을 대신한 무대 멜로드라마처럼 터무니없을 정도로 틀에 박힌 제작물이다. 몇몇 예외를 제외하고 남녀 주인공팀과 악당 사이의 갈등은 (악당이 쉼 없이 납치하거나 죽이려 하는) 여주인공의 육체와 더불어 무척이나 값나가는 물건—파테 사가 배출한 발군의 시리얼 퀸인 펄 화이트가 '연장weenie' 이라 불렀던(그리하여 펄 화이트는 아마 자신도 의식하지 못한 채 세계 최초의 정신분석학적 영화평론가가 되었다)—을 차지하기 위해 엎치락뒤치락하는 싸움으로 드러난다. 이런 물건을 가리키는 데 다른 적절한 단어가 없어 보이므로—가령 부적이라든지, 물체, 거대한 대상, 페티시, 맥거핀, 상품 등—나는 펄 화이트의 용어를 그대로 사용할 것이다. 연장이 취하는 형식은 다양하다. 그것은 매장물의 열쇠가 들어 있는 칠흑의 신상神像이 될 수도 있고, 신형 어뢰의 청사진, 숨겨진 재산의 위치를 알아내는 데 필요한 암호책, 파나마 운하의 방어시설 윤곽이 그려진 비밀문서, 사람들을 파괴시키는 기계를 작동시키는 데 쓰이는 특수 연료, 진흙을 다이아몬드로 변환시키는 화학 공식, 등등이 될 수 있는 것이다. 연장을 둘러싼 내러티브 갈등에 기초하는 것은 무대 멜로드라마에서 넘겨받은 관습이다. 1909년 한 칼럼은 10-20-30 공식을 빈정거리며 '파파스the Papahs' (즉 'papers'의 노동계급 어투 혹은 연극조의 발음)를 언급했다. "이제 파파스는 악당 두목이 훔쳐서 위조된 것과 바꿔치기당한 노인의 유언이나 유서, 혹은 여주인공이 손에 넣기만 하면 평생 남부럽지 않을 만큼 부유하게 살 수 있게 만들어줄 테지만 도난당하고 만 부동산 문서일지도 모른다. 하지만 어떤 종류의 파파스라도 없어서는 안 된다."[33]

시리얼 퀸 멜로드라마에서 연장은 반드시 아버지라는 인물과 관련되어 있는데, 왜냐하면 거의 모든 시리얼에서 (무슨 이유에선지 대개는 입양된) 여주인공의 아버지는 능력 있는 사내(백만장자 실업가, 언론계의 거물, 외교관, 법무장관, 기타 등등)이며, 첫 회에서 악당에게 '연장'을 빼앗기거나 살해당하거나, 혹은 그저 납치, 협박당하는 경우도 있다. 아버지가 죽거나 무력해지자 그 딸은 자신의 유산을 상속받기 위해, 혹은 아버지를 구하고 그의 오명을 씻기 위해 연장을 두고 다투게 된다. 이런 모범적인 시나리오에는 말할 것도 없이 프로이트적 해석의 기운이 감돈다. 내가 찾아본 이런 공식의 유일한 예외는 뮤추얼Mutual 사의 〈벌목업의 여왕〉(1916~17)인데, 여기서는 좋은 아버지가 악한 아버지로 대체된다. 벌목계의 무자비한 거물 달러 홈스는 아내가 딸을 낳자 아들이 아니라는 이유로 그녀를 학대한다. 남편이 누군가를 살해하는 장면을 목격한 아내는 목숨에 위협을 느낀 나머지 어린 딸을 데리고 도망간다. 시리얼은 20년 후로 옮겨간다. 소녀는 어떤 이유에서인지 거대한 삼림지대를 장악하게 되고, 아버지 사업의 최대 라이벌로 성장한다. 아버지는 자신이 딸을 상대로 전투를 벌이는지도 모르고 멜로드라마에 없어서는 안 될 납치, 살해 기도, 그리고 연장 강탈을 획책한다.[34]

시리얼의 가장 기본이 되는 내러티브 구조—계속되는 연장 쟁탈전, 이와 더불어 함정에 빠졌다 구출되기를 반복하는 여주인공—는 단순하고 예측 가능할 뿐 아니라 연장 가능한 일련의 스릴들을 15주 이상 만들어내는 얼개를 충분히 제공할 수 있었다. 초창기 멜로드라마 형식과 마찬가지로 시리얼은 서사 엔진의 양날, 즉 엎치락뒤치락하는 선악 운동에 기댄 단순함을 그 특징으로 한다. 하지만 엔진이란 비유를 장황하게 논하자면 그 역시 복잡하고 특이한 내적 구조를 지니고 있었다. 선인과 악인의 투쟁이라는 그 기본적 전제는 단순하지만 시리얼 줄거리는 회를 거듭할수록 이리 얽히고 저리 설키는 경향이 있었다. 많은 시리얼 멜로드라마의 특징은 한눈에 들어오는 지형도를 그릴 수 없게 만든다는 점이었다. 1917년 작품 〈세븐 펄The Seven Pearls〉에 대한 한 논평은 이렇게 밝히고 있다. "파테 사가 최근 내놓은 이 시리얼에는 일당들과 귀중품들이 너무나 많은 나머지 시청자들이 누가 누군지, 뭐가 뭔지, 어디가 다른지 완전히 어리둥절해질 때가 한두 번이 아니다."[35] 이렇듯 내러티브가 다루기 버거워진 데는 아마도 여러 요인들이 있었을 것이다. 멜로드라마적 위기 상황들을 매번 다르게 설정하는 데 내재된 어려움, 상대적으로 주먹구구식이었던 초기 통속 영화의 제작 과정, 그리고 고도의 서사적 복잡함과 단절을 묵인했던 멜로드라마의 장르적 유산 등.

비록 그 혼란스럽고 비고전적인 구조가 부르주아 평론가들을 당황하게 만드는 한편, 스튜디오 홍보 담당자들로 하여금 그것을 부인해야 하는 고통을 안겨주긴 했지만, 대중 멜로드라마의 연출가와 관중들은 자연스럽게 그 핵심이 서사적 정확함과 연속성이 아니라 생생한 스릴에 있다는 것을 인식했다. 필름 시리얼이 장편영화를 위한 일종의 훈련장으로서, 확장된 스토리와 세밀해진 캐릭터로 향하는 길목의 중간 단계로 기능했다는 논의가 있어왔다.[36) 이런 견해는 보다 진척된 연구를 필요로 하겠지만 근본적으로 오해의 소지가 있는 것으로 생각된다. 왜냐하면 시리얼 캐릭터들은 상투성 그 자체였고 고전적 내러티브들과 관련된 인과적 연속성은 개별 에피소드나 그것들을 연결하는 전체 스토리에서도 모두 찾아보기 힘들기 때문이다.

***

멜로드라마적 시리즈 필름—서사적으로는 각기 완결되어 있으나 인물 및 주위환경은 연결되는—은 1908년 초 에클레어 스튜디오Eclair Studio의 〈닉 카터〉 시리즈와 함께 시작되었는데, 그것은 유명한 싸구려 추리소설과의 텍스트적 연관성을 한껏 이용했다.[37) 1912년 중반에서 1914년 초 사이에 만들어진 초기 시리얼은 첫 회에 제시된 제일의 중요한 전제(여주인공의 유산을 둘러싸고 벌어지는 갈등 같은)가 회를 거듭하면서 일련의 모험들을 유발하는 동기가 되기는 했지만, 각 에피소드는 내러티브상 독립적인 경향을 띠었다. 하지만 시리얼은 애초에 그 자체로 독립적이지 않은 에피소드들을 포함했다. 한 평론가는 〈메리에게 생긴 일What Happened to Mary〉의 아홉번째 에피소드 '저승길A Way to the

Underworld'에 대해 불평하길 "이야기들이 계속 점점 더 멜로드라마틱해진다. 무척이나 섬뜩했던 이번 이야기는 게다가 마무리도 되지 않아 액션이 공중에 붕 떠 있는 채 끝나버렸다". 셀리그 스튜디오Selig Studio가 제작한 〈캐슬린의 모험〉(1914)의 제5, 6화 홍보 기사는 그 "분통을 터뜨리게 만드는 클라이맥스들은 스크린에 '다음 회에 계속'이라는 자막을 내보내며, 우리로 하여금 온갖 추측으로 어쩔 줄 모르게 만들 정도"라고 분명히 밝혔다. 하지만 이런 예들이 오늘날 통용되는 의미의 — 주인공이 까딱 잘못하다가는 아찔한 죽음으로 치닫게 되는 위태로운 상황에서 끝나는 — 진짜 클리프행어라고 불릴 수 있는지는 불확실하다.[38]

1914년 8월에서 11월까지 상영되었던 파테 사의 〈폴린의 위기〉는 과도기 시리얼이라 할 수 있는데, 몇몇 에피소드에서는 모험이 완결되는 한편, 다른 에피소드에서는 스토리가 — 대개 여주인공과 관련하여 — 다음 편에까지 이어졌기 때문이다.[39] 1914년 후반, 혹은 1915년 초에 이르렀을 즈음에는 사실상 모든 에피소드들이 긴장감 넘치는 클리프행어 엔딩으로 완결되었다(그림 7.5). 이런 식으로 시리얼은 두터운 단골 고객층을 확보했고, 전편에서 보류된 서사적 종결에 대한 갈망을 감칠맛 나게 만들었다. 이렇듯 욕망을 인위적으로 영속화시키는 체계 속에서 시리얼은 근대적 소비주의라는 새로운 심리에 대해 기민함을 보였다. 실제 이런 구상은 '다음' 편이 이 클리프행어에 이르기 직전의 상황을 짤막하게 재생시켜주는 클리프행어의 내러티브 오버랩 방식으로 인해 보다 정교해진다(그림 7.6).

영화산업이 시리얼에 손을 대기 시작한 데는 몇 가지 이유가 있다. 무엇보다 그것은 연재의 관행을 받아들인 상업적 논리에서 비롯되었는데, 그것은 이미 대중잡지나 신문의 대세였다. 문예 모델은 영화산업에 엄

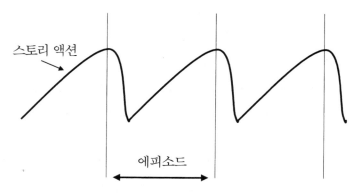

그림 7.5 연재물 내러티브상의 클리프행어 구조

청난 영향을 미쳤다. 왜냐하면 대중소설은 세기 전환기 즈음의 몇십 년 동안 지배적인 엔터테인먼트 매체의 하나로 자리 잡았기 때문이다.

　이 시기 포화 상태에 이르렀던 단편 및 연재소설의 출간은 믿을 수 없을 정도로 상상을 초월했다. 1915년 당시 미국의 인구는 오늘날의 5분의 2에 지나지 않았는데 비해 전국적으로 적어도 57종의 잡지, 즉 '스토

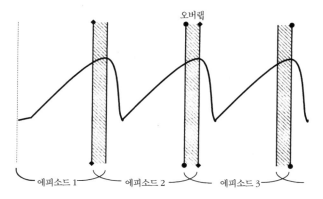

그림 7.6 연재물 내러티브상의 오버랩 구조

리 페이퍼story paper'와 단편소설 및 연재물을 특집 부록으로 발행하는 일요신문 그룹이 있었다(오늘날에는 대중시장을 겨냥하여 간행되는 소설 관련 정기간행물이 불과 다섯 종에 지나지 않는다). 그 유통량을 합치면 7900만 부 이상으로서 9900만 명이라는 전체 인구의 5분의 4에 해당되는 것이었다(이는 심지어 잡지 한 권당 독서 인구 1인을 기준으로 했을 때의 통계이다). 출간되는 소설 대다수는 연재물이었다. 잡지와 신문에 연재되던 소설의 인기와 파급력은 이런 형식적, 장르적 규범들 ― 서사의 분할과 확장 ― 을 무척이나 친숙하게 만들었고, 그것은 이와 비슷한 영화가 생산될 수 있었던 전제조건이자 자극요인으로서 기여했다.[40]

시리얼 필름이 1910년대 초에 부상했던 또다른 이유는 그것이 '버라이어티 포맷'의 극장주들과 에디슨이나 셀리그, 칼렘 같은 제작사들 눈에 매력적인 대안으로 비쳤기 때문인데, 그들은 한두 릴짜리 단편에서 대여섯 릴짜리 장편영화로 전환시킬 능력이나 의도가 없었다. 과도기(대략 1912~16년)에 많은 극장주들은 대여료가 훨씬 많이 들어가는 장편영화에 반감을 갖고 있었다. 제일 잘나가는 장편영화의 일일 대여료로 단편들을 일주일 내내 틀 수 있었다. 장편은 또한 극장주들에게 익숙한 버라이어티 포맷을 파괴했다. 공연 프로그램의 영화 비율에 대한 개별 극장주의 권한이 늘어나면서 전통적인 버라이어티 포맷이 더 안전한 것으로 여겨졌는데, 왜냐하면 인기 없는 단편영화라 하더라도 곧 끝날 것이고 프로그램의 다른 영화들에 의해 메워질 수 있었기 때문이다.[41] 장편영화에 대한 극장주들의 저항, 그 이면에는 프로그램 중간에 아무 때나 들이닥치는 관객들의 버릇, 두 대의 프로젝터가 미처 구비되지 않은 대다수 극장, 그리고 관객들이 긴 이야기에 지루해할 거라는 생각이 깔려 있었다. 영화 배급사와 극장주들로 하여금 장편영화 개봉을 꺼리게 만드는 데는 아마도 타성에 젖은 사업 관행들이 가장 강력하게 작용했을 것이다. (영화특허권회사의 배급로였던) 제너럴 영화사General Film Co.가 도입하여 틀을 갖춘 배급 시스템은 그 운용의 규칙성 및 안정성에 득을 본 개별 경쟁자들과 함께 배급사와 극장주들의 지속적인 주문에 근거하여 필름을 (1천 피트의) 단일-릴로 정했다. 다양한 길이의 릴이 도입된다는 것은 이런 시스템에 대한 일대 혼란을 의미했다.[42] 한 번에 한두 릴씩, 12회 이상의 분량이 개봉되었던 시리얼은 상대적으로 여전히 간소했던 스튜디오의 제작 인프라와 이미 확립되어 있던 단편 배급 시스템을 지나치게 위압하지 않으면서도 또한 '빅' 타이틀 수준이 될 수 있었다. 1917년 후반까지 시리얼은 '특집' 프로그램으로 짜였다. 단편영화 혹은 '버라이어티' 프로그램의 꽃으로 말이다.[43] 이후 장편영화가 진정한 의미의 특집으로 자리 잡게 되자 시리얼 에피소드는 짤막한 코미디나 뉴스영화와 더불어 프로그램의 막간을 때우는 데 이용되었다.

***

통상 최초의 필름 시리얼로 여겨지는 에디슨 사의 〈메리에게 생긴 일〉은 1912년 7월부터 열두 달 동안 매달 한 '편'씩 개봉되었다. 이 시리얼은 (자신에게 상속될 재산이 있다는 것을 까맣게 모르는) 한 시골처녀가 대도시 생활의 즐거움과 위태로움을 발견하면서 동시에 사악한 삼촌과 각종 악당들을 피하면서 겪게 되는 모험을 중심으로 전개된다. 이 이야기는 스크린에 등장했던 수많은 스틸 컷과 더불어 『레이디스 월드Ladies' World』에 동시 연재되었는데, 이는 대중시장을 겨냥해 발간된 여성용 월간지로 발행 부수가 전국에서 세번째였으며, 독자층은 주로 노동계급이었다.[44] 극장에서 무척이나 인기를 끌었던 이 시리얼은 (메리 데인저필드 역의) 여배우 메리 풀러Mary Fuller를, 다소 수명이 짧기는 했지만 미국 영화상 최초의 빅스타 중 하나로 만들었다[45](영화산업에서 최초의 파생상품 마케팅은 1914년 9월호『포토플레이』뒤표지에 실린 "스크린으로부터의 포옹"이라는 메리 풀러의 향수 광고이다). 뉴욕 드라마틱 미러의 한 기사는 이 시리얼이 처음에는 어느 정도 '인간적 도리'와 공감 가는 인물을 구현했으나 곧장 10-20-30센트 멜로드라마를 연상시키는 '단순한 멜로드라마' '억지로 짜내는 스릴러'로 변질되어버렸다고 불평했다. "이 영화들은 인물을 구현하는 드라마라기보다 액션 중심의 멜로드라마로 치닫고 있다. 메리는 그저 꼭두각시가 되어버렸다. 메리 풀러는 자기 역을 위해 할 수 있는 모든 것을 하고 있지만, 그래 봤자 메리 데인저필드는 그리 인간적이지 않다. 그녀는 마지막 커튼이 내려올 때까지 '악당에 쫓기는' 구닥다리 멜로드라마의 여주인공을 회상하게 만든다."[46]

〈메리에게 생긴 일〉의 상업적 성공은 셀리그 사와 시카고 트리뷴 Chicago Tribune을 〈캐슬린의 모험〉의 제작, 홍보에 함께 뛰어들도록 고무시켰으며, 이 시리얼은 1914년 전반기 내내 2주일에 한 번씩 극장과 신문으로 진출했다. (9장에서 상세히 다룰) 주인공의 본래 이름을 사용하는 초창기 스타 시스템의 규약에 따라 캐슬린 윌리엄스Kathlyn Williams가 캐슬린 헤어 역을 맡았는데, 그녀는 매혹적인 미국 처녀로서 납치된 아버지를 구하기 위해 어쩔 수 없이 인도에 있는 알라하Allahah 공화국의 왕비가 된다. 캐슬린의 빅 히트가 명백해지자 당시의 주요 스튜디오들은 사실상 모두 (유독 바이오그래프 사만 빼고) 한 회당 한두 릴 분량의 12~15편에 이르는 액션 시리즈를 만들기 시작했다. 그리고 이것들은 대부분 (역시 9장에서 논의될) 산문 형식의 동시발행 신문들과 연결되어 있었다.

탄하우저Thanhouser 스튜디오가 제작한 〈밀리언 달러 미스터리〉(1914)
는 무성영화 시대에 가장 큰 상업적 성공을 거둔 영화 중 하나였다. 테
리 램지Terry Ramsaye는 다음과 같이 기록했다.

영화 상영관을 휩쓴 〈밀리언 달러 미스터리〉는 전례 없는 성공을 거두
었다. 제23편은 약 18000여 개 극장이 있던, 당시 7천여 지역에서 상영되
었다. 〈밀리언 달러 미스터리〉의 제작비는 125,000달러(오늘날 약 200만
달러)에 가까웠고, 총 수입액은 거의 150만 달러(오늘날 2500만 달러)에
달했다.[47]

그러나 잇따라 개봉한 탄하우저의 차기작 〈주도라―2천만 불의 미스
터리Zudora – The Twenty Million Dollar Mystery〉는 대실패였다는 후문이다. 예매
액은 (오늘날 1200만 달러에 달하는) 총 75만 달러였으나 영화가 개봉되
자마자 '극장주들은 서로 예매를 취소하려고 기를 썼다'. (9장에서 분석
할 서사적 어색함 이외에) 문제점 중 하나를 지적하자면 탄하우저가 〈밀
리언 달러 미스터리〉의 남자 주인공을 '동양'의 사악한 악당으로 캐스
팅하는 실수를 범한 것이었다.[48]

1910년대를 주름잡던 시리얼 제작사로는 유니버설, 뮤추얼, 비타그
래프, 그리고 '시리얼의 전당' '소형 극장주들의 친구'를 자처했던 파테
의 미국 지사를 꼽을 수 있다.[49] 파테 사를 먹여 살렸던 것은 히트 제조
기였던 펄 화이트의 출연작들이었고, 대부분 조지 자이츠가 각본 및 감
독을 도맡았던 것들이었다. 〈폴린의 위기〉(1914)의 총 수익은 백만 달러
에 가까웠다고 알려져 있는데, 의심할 바 없이 허스트 서비스의 동시발
행물 덕을 보았다. 〈일레인의 위업〉(1915) ― 즉각 제작된 두 개의 속편,

혹은 '연장'에 의해 36화까지 늘어났던 — 역시 '엄청난 수입원'이었다는 후문이며, 역시 허스트의 홍보 공세가 뒷받침되었다. 이 일레인 시리즈는 〈뉴욕의 미스터리Les Mystères de New-York〉(그림 7.7을 보라)라는 제목으로 리메이크되어 유럽 및 세계 다른 지역에서도 사업적 성공을 거두었다.[50]

화이트, 자이츠의 다른 시리얼로는 〈아이언 클로〉(1916), 멜로드라마 소재로 제1차 세계대전을 이용한 '전시 대비' 시리얼 〈펄 오브 아미Pearl of the Army〉(1916), 〈운명의 반지〉(1917), 예이젠시테인이 영향 받았다고 인용했던[51] 〈증오의 집〉(1918), 〈라이트닝 레이더The Lightning Raider〉(1919), 〈블랙 시크릿The Black Secret〉(1919~20), 〈플런더Plunder〉(1923)가 있다. 헬렌 홈스Helen Holmes가 박스 오피스의 최강자로 등극했다고 주장하는 뮤추얼 사와의 홍보 전쟁에서 파테 사는 자사의 시리얼이 4편에 이르는 동안 입장료만으로 (오늘날의 약 3억 2천만 달러에 맞먹는) 2457만 달러를 벌어들였다는 통계 수치를 내놓았다.[52] 이런 통계가 과장일지라도 펄 화이트 시리얼이 무척이나 성공적이었다는 데는 의문의 여지가 없다. 1916년 후반 『모션 픽처 매거진』이 우편으로 실시한 인기도 조사에서 펄 화이트는 155,685표를 획득함으로써 업계에서 가장 인기 있는 여자 스타이자 남녀 통산 두번째로 인기가 많은 것으로 집계되었다(워렌 케리건Warren Kerrigan은 186,895표를 얻었다). 이에 비해 릴리언 기쉬Lillian Gish는 54,365표를 얻는 데 그쳐 가장 있기 있는 여자 스타 가운데 21번째를 기록했다. 이런 사실은 초기 영화사에 대한 우리의 믿음이 얼마나 규범적인 '정전'에 기울어져 있는지를 드러내준다. 2년 후 실시된 똑같은 조사에서 펄 화이트는 또다시 선전하여 메리 픽퍼드Mary Pickford와 마거리트 클라크Marguerite Clark에 이어 3위에 올랐다. 릴리안 기쉬는 35위에 랭

크됐다. 2년 후 1920년대 후반에도 펄 화이트는 또다시 3위에 올랐는데, 부동의 1위를 고수하고 있던 픽퍼드와의 차이가 극적으로 벌어진 상태이기는 했다. 기쉬는 상당히 도약하여 8위에 올랐으나 그 격차는 엄청났다. 펄 화이트는 기쉬의 다섯 배, 픽퍼드는 기쉬의 스물한 배나 되는 표를 얻었던 것이다.[53]

1910년대 내내 파테 사는 다른 '시리얼 퀸'들—루스 롤런드Ruth Roland, 그레이스 다르먼드Grace Darmond, 몰리 킹Mollie King 등—도 배출했는데, 펄 화이트 출연작 중 어떤 것을 내보내든 동시에 다른 시리얼을 늘 내보내는 식으로 했다. 〈해군 닐Neil of the Navy〉(1915)은 릴리언 로레인Lillian Lorraine이 분한 여주인공 대신 남자 주인공 이름이 제목이 되었으나 내러티브상 그 젠더 역학에는 별다른 차이가 없었다. 또다른 전시 대비 시리얼 〈패트리아Patria〉(1917)는 주역에(남편 버넌 캐슬Vernon Castle과 함께) 유행을 선도하는 볼룸 댄서였던 아이린 캐슬Irene Castle을 캐스팅하여 "미국에서 가장 유명한 여성" "뉴욕의 베스트 드레서"라고 광고했다. 파테 사가 이런 스타를 선택했다는 것은 시리얼의 상호텍스트적 관련성에서 10-20-30 멜로드라마와 저가 멜로드라마를 넘어설 수 있는지에 대해 관심을 기울였음을 시사한다. 이 스튜디오는 "이 나라에 영화적 소양을 갖춘 너무나 '고급스러운' 관중은 존재하지 않는다"라고 주장했다. 업계지 광고는 〈패트리아〉가 "1, 2달러짜리 관중들"에게 선전할 수 있을 거라면서 그것이 영화관 대행업소를 통해 "예약 완료"되었다고 전했다. 애국주의적 테마는 조국이 곧 유럽에서 발발한 전쟁에 휘말릴 거라는 예측에 편승하여, 보다 여성스런 여주인공을 등장시키긴 했지만, 그 의도나 목적 어느 면에서도 그저 전형적인 폭력-유혈적 스릴러물을 합리화하는 것을 조장했을지도 모른다. 그 플롯은 추측건대 (자신의 인터내

그림 7.7 프랑스에서 개봉된 새로운 〈일레인의 위업〉 포스터, 1916(*Manifesti del Cinema Muto*), (Turin, Italy: Museo Nazionale del Cinema, c. 1983)

셔널 필름 서비스로 제작 스튜디오를 후원하고, 자신이 소유한 신문에서 연재물을 발행했던) 윌리엄 랜돌프 허스트William Randolph Hearst의 정치관을 반영하는 것으로서 멕시코와 일본 연합군대에 의해 공격당하는 미국에 초점을 맞췄다. 칼턴 라후Kalton Lahue에 의하면, 윌슨 대통령은 그들 정부로부터 항의를 받고 파테와 허스트 사에 가장 호전적인 장면들을(예로, 적의 정체가 드러나지 않도록 멕시코와 일본의 국기가 나오는 장면을 없앤다든지) 삭제해달라고 요청했다.[54]

다소 다른 맥락에서, 파테 사는 또한 〈패트리아〉처럼 상투적인 멜로드라마에 먹물 티를 입힌 듯한 14회 분량의 시리즈도 몇 번 시도했다. 〈플레이어는 누구?Who Plays?〉(1915), 〈누구의 죄인가? Who's Guilty?〉(1916), 그리고 〈재앙의 손길〉(1916)은 "현대사회의 습성과 관습을 고발하는 소름 끼치는 문제극"이라는 교훈적 평계를 빌미로 섬뜩한 스릴러를 적당히 버무려놓았다. 이 시리즈들은 모두 시종일관 불행한 결말로 끝난다는 점에서 다른 시리얼과도, 또한 일반적인 미국 영화와도 구별된다.[55]

유니버설 사도 파테 사와 마찬가지로 1910년대 내내 어느 때라도 적어도 두 편의 시리얼을 내보냈다. 유니버설 스튜디오는 그리 자랑스럽게 여기지 않았을지도 모르지만 1910년대 후반 시리얼은 그 어떤 제작물보다 더 많은 돈을 벌어다줬다. 유니버설 사의 수많은 시리얼들은 (존 포드John Ford의 형) 프랜시스 포드Francis Ford 감독과 포드, 그레이스 큐나드Grace Cunard 공동 주연으로 제작되었다. 루이 브뉘엘Luis Buñuel이 처음 본 영화 중 하나로 기억하는 것은 〈루실 러브: 미스터리 걸〉(1914), 〈브로큰 코인The Broken Coin〉(1915), 〈펙의 모험The Adventures of Peg o' the Ring〉(1916), 〈퍼플 마스크The Purple Mask〉(1917) 등[56]이다. 유니버설 사의 또다른 개봉작들로는 〈패트리샤The Pursuit of Patricia〉(1914-시리즈), 〈트레이 오브 하트The Trey o' Hearts〉(1914), 〈블랙박스The Black Box〉(1915), 〈마스
터 키The Master Key〉 (1914~15), 〈그래프트Graft〉(1915), 〈미스터리 보트The
Mystery Ship〉(1917–1918), 〈회색 유령The Gray Ghost〉 (1917), 예이젠시테인이
언급했던 또다른 시리즈 〈레드 에이스The Red Ace〉(1917~18), 〈리버티:
USA의 딸Liberty: A Daughter of the U.S.A〉(1916)이 있다. 1917년 1월에 상영을
시작한 〈레드 에이스〉는 여러 면에서 기념비적이다. 그것은 내가 알기
로 피 튀기는 격투 장면을 보여주기 시작한 첫번째 시리얼이다. 이전의
모든 시리얼에서는 (비록 시청자들은 알아채지 못하겠지만) 핏기를 찾아
볼 수 없었다. 유혈 장면은 시각적 폭력의 도를 더 격렬하게 만들었는
데, 이는 선정적 멜로드라마 비평가들이 무척 반대할 만한 것이었다.

뮤추얼 사가 처음으로 도전한 멜로드라마 시리즈는 릴라이언스 스튜
디오Reliance Studio가 뮤추얼 사를 위해 제작한 〈뮤추얼 걸Our Mutual Girl〉이었
는데, 1914년에 시작하여 연속 52주 동안 개봉되었다. 몇몇 에피소드는
쇼핑중이거나 유명인들을 만나는 스타(노마 필립스Norma Phillips, 이후에는
캐롤린 웰스Carolyn Wells)를 뒤쫓기도 했으나 대다수는 전형적인 멜로드라
마 스토리를 엮어 넣은 것이었다. 1916년 뮤추얼 사는 칼렘 사의 (〈헬렌
의 위험천만한 모험〉으로 유명해진) 인기 스턴트 여배우 헬렌 홈스와 그
녀의 감독 맥고완J. P. McGowan을 꾀어냈고, 그들은 계속해서 철도 위에서
벌어지는 스턴트 스릴러물을 시리즈로 만들었는데 〈걸 앤드 게임The Girl
and the Game〉(1916), 〈벌목업의 여왕〉 (1916~17), 〈로스트 익스프레스The
Lost Express〉(1917), 〈레일로드 레이더The Railroad Raiders〉(1917) 등이 해당된
다. 칼렘 사가 원조 〈헬렌의 위험천만한 모험〉을 제작했던 까닭에 뮤추
얼 사는 대개 그 시리얼을 상대적으로 저렴하게 극장에 대여해주었다.
하루에 최고 15달러(오늘날의 195달러) 수준으로 말이다. 이 가격은 시

리얼의 멜로드라마적 내용과 함께 동네 소형 극장과 도심의 2, 3차 상영 관에 안성맞춤이었다.

비타그래프 사도 일찍이 시리얼에 투자했다. 처음에 이 스튜디오는 '보다 나은 수준의 관객'을 위해 '업그레이드된' 시리얼을 제공하겠노라고 장담했다. 그 첫번째 시리얼 〈여신The Goddess〉은 1915년 랠프 인스Ralph Ince가 연출했는데 "가볍고 섬세하며 청아한, 상쾌하고 신비로운—전원적 랩소디" 같은 "시리얼의 백미"로 선전되었다. 스토리는 무인도에서 자라나 갈 곳이 없는 아리따운 아가씨에 관한 것이다. 부유한 사업가들은 자본주의 착취 이데올로기에 호의적인 방향으로 여론을 조성하기 위해 그녀를 도구로 써먹으려 한다. 그 계획은 자신을 천국에서 보낸 예언자로 생각하며 자라난 소녀가 (추측건대 구경꾼들이 그녀의 말에 수긍하리라는 가정하에) '무정부주의자와 사회주의자의 문제들, 노동 문제, 근대 기독교에 맞서' 사랑과 인정의 복음을 전하려 하면서 수포로 돌아간다. 제작자들은 확실히 '매력적인 숲속 배경을 맘껏 맛볼 수 있는 기회들'과 더불어 이 시리얼이 자부하는 사회학적, 인도주의적 요구들을 통해 어느 정도 식자층에게 어필할 것을 열망했던 듯하다. 안타깝게도 남아 있는 에피소드가 없는 까닭에 그것이 그저 또다른 멜로드라마적 스릴러의 겉치레에 불과했는지, 그 정도는 어떠했는지를 알아내기란 쉽지 않다. 비타그래프 사의 후기 시리즈, 가령 〈비밀스러운 왕국〉(1916~17), 〈파이팅 트레일The Fighting Trail〉(1917), 〈수백만을 위한 싸움A Fight for Millions〉(1918), 〈맨 오브 마이트Man of Might〉(1919), 〈스매싱 배리어Smashing Barriers〉(1919), 〈선더 마운틴의 위험〉(1919) 등은 그 경쟁작들만큼이나 세련되지 못했다.[57]

파라마운트 사는 최초 상영 극장들을 대상으로 장편영화를 전문으로 다루는 스튜디오이기는 했지만 1917년 〈후 이즈 넘버 원?Who is Number One?〉이라는 제목의 시리얼을 제작했다. 확실히 그 실험은 파라마운트 사가 기대한 만큼 성공적이지는 않았는데, 왜냐하면 이후로 다시는 시리얼을 만들지 않았기 때문이다. 이상하게도 필름 시리얼 형식의 선봉에 섰던 두 스튜디오인 에디슨과 셀리그는 초반의 히트작에도 불구하고 멀찌감치 떨어져 나갔다. 그러나 에디슨 사는 〈메리와 결혼할 사람은?Who Will Marry Mary?〉(1914)이라는 메리 후속편을 만든 이후 수많은 코믹 시리즈와 더불어 매주 혹은 매달 〈클리크 연대기The Chronicles of Cleek〉(1913~14), 〈파출부 소녀 돌리Dolly of the Dailies〉(1914), 〈소녀 가장The Girl Who Earns Her Own Living〉(1915), 〈사선 아래서Below the Deadline〉(1915), 〈영로드 스탠리Young Lord Stanleigh〉(1915)같이 용감무쌍한 소녀가 등장하는 추리 시리얼을 내놓는 데 주저하지 않았다. 1914년을 통틀어 시리즈 필름은 에디슨 사 월간 산출량의 3분의 1을 차지했다(통상 한 달 24편의 개봉작 중 8편). 그러나 시리즈 정책은 에디슨 사에 유리하게 돌아가지 않았고, 1915년 초에 이르러 이 스튜디오는 시리즈를 모두 포기했다. 스튜디오의 중역들은 막대한 홍보 캠페인이 받쳐주는 시리즈나 시리얼만이 성공할 수 있다는 것을 깨달았는데, 에디슨 사는 이런 대량 광고에 투자할 능력도, 의향도 없었다. 또한 극장주들도 에디슨 사의 시리즈 필름을 원치 않는다는 것을 분명히 했다. 그 이유는 부분적으로 그것들이 서툴게 만들어진 데다 충분한 '스릴 한방'을 날려주지 못했기 때문이다.[58]

칼렘은 시리얼을 만들진 않았지만 앞서 언급했듯 1914년 시리즈 필름을 특화한 이후 다른 어떤 스튜디오보다 더 많이 내놓았다. 가장 유명한 것으로는 〈헬렌의 위험천만한 모험〉이 있는데, 이 성공으로 1915년에는 적어도 〈소녀 형사The Girl Detective〉〈그랜드 호텔의 미스터리Mysteries of the

Grand Hotel〉〈마거리트의 모험The Ventures of Marguerite〉〈가오리Stingaree〉(승마 멜로드라마)를 비롯한 다섯 편의 시리즈와 여배우 앨리스 조이스Alice Joyce 를 주축으로 만들어져 간단히 '앨리스 조이스 시리즈'라고 불리던 시리 즈가 시작되었다. 칼렘 사가 1916년에 내놓은 시리즈로는 〈프리스코에 서 온 소녀The Girl from Frisco〉〈경찰서 출입기자 그랜트Grant, Police Reporter〉 그 리고 〈강낭콩The Scarlet Runner〉이 있다. 칼렘 스튜디오는 1917년에도 단편 영화 정책을 고수하여 〈아메리칸 걸The American Girl〉 시리즈와 더불어 또다 른 헬렌 깁슨Helen Gibson 시리즈 〈대담무쌍한 처녀A Daughter of Daring〉를 만 들었다. 하지만 그뒤 얼마 지나지 않아 칼렘은 장편영화를 제작하는 재 정적 위험을 무릅쓰기보다 제작을 중단하는 쪽을 택한다. 장편 전에 상 영되는 단편영화 쪽으로는 아직 시장이 남아 있었지만 스튜디오들이 단 편들만 만들면서 생존하기란 확실히 어려운 일이었다.

히트를 칠 때면 대박이 나긴 했지만 미국 시리얼들의 상업적 성공은 변덕스러운 역사를 지니고 있다. 박스 오피스 수입액에 관한 정보는 손 에 넣기 어려웠지만 업계지의 배급사(대여 사무소) 조사는 시리얼이 관 객들 사이에서 얼마나 인기가 있었는지 알려줄 수 있을 것이다. 1914년 에서 1917년 사이에 『모션 픽처 매거진』은 '영화 배급자들'을 대상으로 수차례 면밀한 투표를 실시했다. 1914년 10월 "시리얼은 계속 인기가 있는가?"라는 질문에 60퍼센트가 "그렇다"라고 대답했으며, 20퍼센트 가 "아니오"라고 말했다(나머지는 "그럭저럭"이라고 답했다). 그러나 일 년 후 아니라는 대답이 70퍼센트까지 치솟았다. 하지만 일 년 후 1916 년 말, 시리얼의 인기는 회복세로 돌아서서 긍정적인 대답과 부정적인 대답이 각기 65-35퍼센트로 나타났다. 1917년 여름에 대답은 정확히 50 대 50으로 균형을 유지했다. 이런 투표는 그리 신뢰도가 높지 않다는 것을 잊어서는 안 되는데, 가령 여덟 번에 걸친 모든 조사에서 오하이오 캔턴의 응답자들은 시리얼의 인기가 떨어졌다고 한 반면, 세인트루이스의 응답자는 언제나 인기가 높다고 답했다. 관객 취향의 지역적 차이에 대한 가설을 세우는 것만큼이나 솔깃한 것은, 특정 배급사 관리자들의 개인적 편견이 아마도 훨씬 더 강력한 요소로 작용했을 거라는 점이다.[59]

만일 시리얼이 실제로 극장주와 관객들 모두에게서 인기 있는 것이었다면 아마도 여러 요소들이 작용했을 것이다. 적어도 어느 정도는 남아 있던 '5센트짜리 영화관' 시네마 — 삼류 극장주와 하류층 관객들의 입맛에 맞춘 — 와 중류층의 대중 엔터테인먼트로 떠오르던 할리우드 모델 사이의 간극이 점점 벌어지고 있음을 반영하는 것일 수 있었다. '언제나-그렇게-스릴이 넘치지는-않는' 고도로 틀에 박힌 시리얼의 스토리, 그리고 매주 개봉 일정에 맞추려고 서둘러 제작되는 데서 비롯되는, 상대적으로 질이 떨어지는 상연물에 싫증을 느끼게 된 관객들이 생겨났을 수도 있는 것이다.

시리얼 멜로드라마는 비록 매년 제작되던 영화 중 일부에 불과했고, 그 상업적 성공 역시 불투명하기는 했지만, 그럼에도 1910년대에 상업적으로, 그리고 문화적으로도 중요한 위치를 차지했다. 광범위하게 퍼져나갔던 시리얼 멜로드라마는 선정적 멜로드라마의 대중적 전통을 가장 잘 이어받은 전승물로서 그 저급한 문화적 지위와 관련하여 물의를 일으키기도 했지만, 대중 광고의 새 장을 선도했으며, 그리고 보다 넓은 층위에서 새로운 문화적 욕구, 혹은 적어도 새롭게 강조되기 시작했던 강력한 자극을 찾는 문화적 욕구를 한눈에 보여주었다.[60] 아마 무엇보다도 다음 장에서 다루어지듯, 그것들은 전통적 젠더 이데올로기의 혁

신적 동요를 표현했다는 점에서 그 의의가 크다. 신여성의 출현에 의해
촉발된 불안과 흥분은 시리얼의 에너지였다.

로드라마와 모더니티,
들어는 그 의미가 영화
에 규정되지 않았음에
불구하고, 아니 바로
기 때문에 절실한 연
가 지속적으로 요구되
중대하고도 애매한 개
들을 성찰 목록으로 지
고 있다. 이 책의 목적
멜로드라마, 특히
90년에서 1920년 사이
국 대중 안국과 영화
서도 선정적 멜로드
를 근대의 산물이자
경―근대의 강점론적
성과 이데올로기적 변
문화적 불안, 텍스트의
교 교차 경장, 사회학
팽개, 그리고 상업적
정―으로 위치시킴으로
그 둘 사이의 상호관
을 조망하는 데 있다.
이 연구의 기본이 되
역사적 목적이라고 한
면, 그것은 매혹적인 두
화 현상, 즉 폭력·유혈
빈 10·20·30센트짜리
무대 멜로드라마와
에 유행했던 시리얼
종을 발굴해내는 것이
그것들은 오늘날 상당
히 잊혀버렸지만 새로
세기로 접어드는 미국

대중문화와 그 이상을 이
해하는 데 중요하거나 어떻
든 비교적 최근까지 근대
성이란 개념은 영화학에
서 어떻다 할 중요한 위치
를 차지하지 못했다 해도
무방할 것이다. 그러나 근
대성은 사회이론의 오래
된 근원적 테마로서 마르
크스나 뒤르켐, 베버, 뒤나
에스, 지멜을 포함한 걸은
이들의 저작 동기가 되었
다. "무엇이 서구의 근대
산업사회를 다른 것들과
구분 짓는가?"라는 핵심
질문이 주어졌을 때 근대
성이란 농밀 것도 없이 사
회경제적, 인지적, 이데올
로기적, 도덕적, 그리고 경
험론적 쟁점들을 포함하
는 이해적이리만치 광범
위한 논제인 것이다. 내
작업의 첫 순서는 이질도
본래 널리 흩어져 있던 사
회이론의 집합들에 어느
정도 구조를 부여하려는
노력이 될 것이다. 1장애
서는 모더니티의 성격에
관한 주요 담론들을 개략
적으로 제시한다. 내가 제
안하는 분석 틀은 모더니
티의 여섯 가지 측면으로
분류된다. 첫째 (일반적으

영화인 사회적 환장과 경
쟁적 개인주의의 특징을
갖는다는 점, 여섯째 근대
는 전에 없이 갑작적인 복
잡성과 강렬함을 지닌 지
각 환경이었다는 측면이
다. 이 모든 측면들이 나
의 멜로드라마 분석에서
똑같은 무게중심을 갖지
는 있는다. 내 논의에서
대다수의 측면 경로들은
근대성이라는 쟁점에 전
적으로 좌우되지 않는 특
정한 영화사적 문제들을
좋을 테지만, 내 분석의
주안점은 대개 멜로드라
마가 모더니티의 문화적
표현으로 긴주될 수 있는
방식들을 탐구하는 데 있
다. 최근 영화학 연구들은
속히 마지막 국면, 즉 연

로 '근대화'라는 라벨이
붙여지는 사회경제적, 기
술적 성장의 폭발적 증가
라는 측면, 둘째 '도구적
합리성의 지배'라는 점,
셋째 근대가 끊임없는 문
화적 불안속과 이데올로
기적 변신의 조건이라는
측면, 넷째 유동성의 증대
와 모든 '사회메물'의 순
환이라는 측면, 다섯째 새

시리얼 퀸
멜로드라마의
위력과 위기

화와 대도시 현실학의 관
계에 초점을 맞춰왔다. 이
는 나 역시 두 징을 들여
한 중요한 주제이지만, 여
기서 전개되는 근대성의
도식화가 보다 폭넓은 범
위의 관계들을 고찰하는
방향으로 논의를 진전시
키는 데 일조하 바란다.
모더니티의 견주어볼 때,
9나 실제로 그 어느 것과
비교하더라도 멜로드라마
란 주제는 훨씬 초라한지
적 계보를 갖고 된다. 트
라마의 한 별주로 취급되
기 시작한 이래 두 세기
동안 멜로드라마는 비평
거들의 비웃음과 비아냥
거림의 표적이 되어왔다.
가정 1912년에 한 비평가
는 영화가 거가 무대 멜로
드라마을 모심 극장에서
몰아낼 지 한두 세 지남
후 냉소할 만큼 숙시원하
다는 반응을 보였다. 멜로
드라마는 그 모든 저질의
조잡하고 달고많다. 천박
한데다 무의미할 본긴 아
니라. 그야말로 터무니없
는 비예술적 드라마의 형
식 가운데 최악이었다.
(…) 나는 10·20·30센트
수준의 멜로드라마가 그

만일, 근대가 "모든 토대들을 미친 듯이 산산이 부숴버리고 뒤엎는" 것으로 특징지어지는 시대, 모든 전통적 신념 체계가 "대기 속으로 사라지는" 시대를 의미한다면, 전통적 젠더 이데올로기의 약화는 확실히 근대의 이데올로기 증발작용 중 가장 두드러진 예의 하나일 것이다. 선정적 멜로드라마는 근대적 상상력을 통해 여성성에 대한 새로운 개념이 탐색될 수 있는 뛰어난 매체의 하나였다. 20세기 초반 신여성의 활력과 참신함을 '시리얼 퀸 멜로드라마' 만큼이나 생생하게 공개했던 대중문화 상품은 설사 있다 하더라도 손에 꼽을 정도였다.

1910년대 시리얼 퀸 멜로드라마에서 가장 흥미를 자아내는 요소는 영웅적 여성에 대한 강조가 유난스러웠다는 점이다. 이 시리얼들의 서사적 결출함은 통상 영웅적인 남성과 관련된 선정적인 액션-어드벤처의 틀 속에서 전통적으로 '남성적' 속성들을 가지각색으로 드러내는 용맹스러운 젊은 여주인공에게 부여되어 있었다. 그것은 체력과 지구력,

자기 의지, 용기, 사회적 권위, 그리고 가정이라는 본령 바깥에서 새로운 경험을 탐색할 수 있는 자유 등이다. 〈도로시 대어의 모험The Adventures of Dorothy Dare〉〈대담무쌍한 처녀〉〈일레인의 위업〉〈헬렌의 위험천만한 모험〉〈루스 오브 더 로키Ruth of the Rockies〉〈펄 오브 아미〉〈벌목업의 여왕〉〈스파이 걸〉〈소녀 형사〉〈여기자의 위험The Perils of Our Girl Reporters〉 같은 표제들은 이런 진기함을 즉각적이고도 집중적으로 전달한다.

이런 여성 파워를 재현하는 원천들을 조명하기 위해서는 시리얼 퀸 페르소나를 사회학적 수준—세기 전환기 즈음, 여성성의 문화적 구성에 불어닥친 주요 변화들을 둘러싸고 일어난 흥분 및 불안감의 반영으로서—이나 상호텍스트 간의 관련성 정도, 즉 선정적 멜로드라마에 이미 스며들어 있던 대중적 테마의 확장으로서 검토할 필요가 있다.

이 장르는 역설적이게도 여성 파워를 그려내는 방식이 종종 여성을 사디스트적인 스펙터클에 희생시키는 것을 수반한다. 따라서 전체적으로 모순된 양 극단, 용맹스러운 여성과 비탄에 잠긴 여성, 능력 있는 여성과 위험에 처한 여성 사이를 왔다 갔다 하면서 활기를 띠는 것이다. 이런 역설에 대해 나는 장르의 기능에 초점을 맞춰 해석할 것이다. 그것은 여성 해방의 지표이자, 동시에 권력 성취에 대한 판타지—사회적 해방이 실제로 얼마나 불확실하고 불완전한지를 드러내는—일뿐만 아니라 근대의 사회학적, 이데올로기적 격변 속에 사회적 변화와 열망들이 생성해냈던 불안의 지표이기도 했다. 시리얼 퀸 멜로드라마는 근대사회의 가장 기초적인 규범들이 얼마나 불안정하고 유동적인지를 표현하는 전형적인 예시이다.

***

우리는 가정 멜로드라마를 여성 장르로 분류하는 것처럼, 폭력적인 액션-어드벤처 스릴러를 남성 장르라고 생각하는 데 익숙하다. 따라서 이러한 젠더 구조 틀에서 크게 동떨어진 일련의 영화를 맞닥뜨리게 되면 어떤 놀라움이 다가온다(그림 8.1을 보라). 시리얼 퀸 멜로드라마를 엄격하게 여성 장르로 분류한다면 이는 오류이다. 그것은 확실히 폭력-유혈적 액션이 불어 넣어주는 활기, 그 안에 담긴 남자 영웅-호걸들, 그리고 희생당하는 여성상 덕분에 남자 관객들에게도 어필했다. 또한 남자 관객들은 그들 스스로 영웅적 행위자인 시리얼 퀸과 손을 잡았는지도 모른다. 잔혹한 영화의 터프하기 짝이 없는 '최후의 그녀'가 젊은 남성들의 이상적 정체성 확립을 위한 대역 구실을 한다는 캐럴 클로버Carol Clover의 가설을 매우 쉽게 적용시킬 수 있을 것이다.[1] 더 널리 보면, 시리얼 퀸 여주인공은 대개 젠더와 상관없이 관객들의 충성과 동일시를 촉진시킬 만한, 즉 문화적으로도 긍정적인 행동적 특징들 — 명랑함, 자신감, 그리고 도덕적 결연함 — 을 보여주었다. 그럼에도 불구하고 이런 영화들이 특별히 여성 관객들에게 호소할 판타지를 위해 텍스트의 장을 구성하는 데 비상한 노력을 기울였다는 것은 확실해 보인다. 시리얼 퀸 장르의 여성 지향성은 본 장르의 텍스트 분석에서만이 아니라 상업적인 상호텍스트적 관련성을 검토할 때도 드러난다.

영화산업이 여성 대중소설, 특히 1890년대 초부터 월간 여성지와 일간 신문에 연재되는 한편, 1905년 이래로는 (〈낸시 드루Nancy Drew〉의 전조가 되는) 소녀 시리즈로 출판되었던 어드벤처, 또는 로맨스-어드벤처 스토리의 대중 독자층을 개척하려고 노력했다는 것은 여성 관객을 표적

그림 8.1 〈샘 아저씨의 딸A Daughter of Uncle Sam〉의 업계지 광고, 1917(모션 픽처 뉴스, 1917. 12. 19.)

으로 삼았음을 보여주는 중요한 징후이다.[2] 수많은 시리얼의 산문판들이 전국 규모의 여성지뿐만 아니라 일간 신문이나 일요 신문의 '여성 코너'에 실렸다. 9장에서 검토하겠지만 이런 관행은 최초의 필름 시리얼 제작사였던 에디슨이 1912~13년에 만든 〈메리에게 생긴 일〉이 전국 규모의 메이저 여성지였던 『레이디스 월드』에 '소설화'되면서부터 시작되었다.

시리얼 퀸 멜로드라마의 여성 관객 지향성은 영화의 판촉 전략에서도 나타난다. 예로 릴라이언스 사의 1915년 시리얼 〈런어웨이 준Runaway June〉 홍보를 위한 콘테스트에서는 48명의 젊은 여성들이 '상상할 수 있는 모든 사치품들'이 구비된 기차를 타고 캘리포니아로 떠나는 무료 여행을 거머쥐었다. 이 콘테스트는 여성들만 참가할 수 있었으며, 재봉 관

338

련 월간지와 여성지에만 광고가 나갔다.³⁾

　시리얼 퀸 멜로드라마의 여성 지향성을 보여주는 또다른 증거는 그것이 유도했던 '패션에 대한 관심'인데, 이는 시리얼의 미장센에서뿐만 아니라 고급 양장점과 손을 잡고 판매했던 파생상품에서도 분명하게 드러났다. 다소 예외는 있었지만 시리얼은 사치스러운 패션을 무척이나 강조했다. 시리얼 제작자들은 확실히 1916년 『무빙 픽처 월드』의 한 기사에 묘사된 진부한 문구를 잊지 않았다. "여자들 마음에 옷이나 모자, 신발, 그리고 사실상 모든 종류의 화려한 장신구만큼 강력히 어필할 수 있는 것은 아무것도 없다."⁴⁾ 카메라는 여주인공이 차려입은 화려한 최신 의상들 — 모피 목도리와 실크 프릴 일체 — 을 여러 각도에서 조심스레 잡는 데 시간을 아끼지 않는 편이었다. 〈도로시 대어의 모험〉 광고는 "근사한 패션 디스플레이를 중심으로 펼쳐지는 스릴과 흥분의 영화 (…) 눈부신 패션쇼이자 생생한 드라마"라는 표현을 통해 패션 디스플레이와 내러티브 액션을 대등하게 선전했다(그림 8.2).⁵⁾

　세련된 의상에 대한 강조가 대담한 여주인공에 대한 시리얼 퀸 특유의 묘사와 모순된 것처럼 보일지 몰라도, 이 장르의 여성 지향성은 이렇듯 별개로 보이는 나르시시즘적 쾌락의 양상들을 '인식'과 '권력'이라는 두 가지 형태의 판타지 속에 얼키설키 엮어놓은 것이 사실이었다. 여성의 성적 매력에 대한 판타지는 여성을 주목성의 수동적 중심, 감탄을 일으키는 장식적이고 매혹적인 자성체磁性體로 위치시키는 한편, 여성 권력의 판타지는 여성을 서사의 능동적 중심, 남성적 환경의 영웅적 행위자로 위치시킨다. 그리하여 여성 관객은 양쪽 세계 모두의 극단을 누릴 수 있었다. 관습적으로 여성적인 허영 및 과시 벽의 모습들을 만족시키는 재현 구조는 동시에 여성의 용맹을 그리는 액션들로 가득 차 있어서 장식적인 여성스러움에의 강요를 거부했다.

***

시리얼 퀸의 여성 관객 지향성을 드러내는 가장 명확하고 흥미로운 징후는 그것이 지지했던 여성 파워 판타지이다. 모든 시리얼 퀸 멜로드라마는 예외 없이 여성의 독립과 지배력에 관한 공공연한 논쟁을 테마 구상의 핵심에 위치시켰다. 여성 권력에 대한 묘사는 여주인공이 여러 '남성적' 속성, 역량, 그리고 특권들을 전유함으로써 전통적인 젠더 위치를 자의식적으로 해체시키고, 때로는 완전히 역전시키기까지 했다. 이런 영화들은 한편으론 여주인공의 '남성적' 독단과 자립성을, 다른 한편으론 '여성적' 매력(요염함)과 남자 기사도에 대한 의존성 사이에서 절묘한 균형을 잡는 데 있어 상당히 파란만장했음을 강조해야 할 것이다. 하지만 시리얼 퀸이라는 장르는 최소한 남성적 세계로 진출한 해방된 여성 — 새로운 경험의 기회를 놓치지 않고 가정에 충실한 여성 이데올로기에 도전하는 — 을 그려냈다. 시리얼 퀸 장르는 젊은 여성이 전통적으로 남성들에게 한정되어 있던 공적 영역을 넘나들며 느끼는 쾌락과 위험을 찬양했다. 여주인공들은 '여자 스파이' '여형사' '여기자' '여자 전신기사' 혹은 결혼 전에 모험을 갈망하는 활기찬 상속녀로서, 여성 경험의 관습적 경계들을 뛰어넘었다.

예로, 잘 알려진 1914년 작품 〈폴린의 위기〉는 폴린의 체력적 충만함, 위험천만한 경험에 대한 지칠 줄 모르는 열정을 강조했다. 스토리는 자신을 흠모하는 구혼자에게 안착하기 전에 일 년 동안 파란만장한 모험을 하게 해준다는 조건으로 결혼을 허락한 상속녀를 중심으로 전개된

그림 8.2 〈도로시 대어의 모험〉의 업계지 광고, 1916(모션 픽처 뉴스, 1916. 10. 21)

다. 폴린이 계획한 새로운 경험들은 그녀를, 위험한 비행기 경주, 말 타기, 기구 비행, 자동차 레이싱, 잠수함 탐험, 차이나타운의 범죄 소굴 원정으로 인도한다(이런 탈선 행위들을 벌일 때마다 폴린을 암살하려는 악당은 새로운 기회를 얻게 된다). 많은 시리얼 퀸 멜로드라마들은 금지된 세계를 탐험하는 여성의 스릴과 위험을 단순히 나열하는 수준에서 멈추었다. 이런 영화들은 젠더 위치에 대한 시각에서 가장 보수적 경향을 취했는데, 여주인공에게 부여했던 발랄함과 호기심의 속성들은 통상 바깥 세계에 놓인 여주인공의 취약성을 강화시킴으로써 남성에 의한 구출을 필요케 하고, 궁극적으로는 독립적인 여주인공의 성격을 모호하게 만들어버렸기 때문이다.

하지만 많은 시리얼들은 이런 수준을 넘어 공적 영역의 파워풀한 여성의 전조가 되었다. 시리얼 퀸 여주인공들은 관습적으로 남성들이 차지했던 권위 있는 전문직의 사회적 파워를 부여받았다. 〈헬렌의 위험천만한 모험〉의 헬렌의 경우, 위험한 야간 근무를 서는 전신기사로 나온다. 〈걸 앤드 게임〉의 헬렌 홈스는 주요 철로의 책임자이다. 〈귀신 들린 계곡The Haunted Valley〉(파테 사, 1923)의 루스 레인저는 거대한 댐 건설 프로젝트를 지휘한다. 〈패트리아〉(그 이름 자체가 남녀 양성구유의 기표로서 원조가 된)의 여주인공은 대형 군수공장을 소유, 공군을 포함한 상당한 크기의 사설 군대 최고 사령관이다. 중간 자막은 패트리아와 애정관계에 있는 도널드 파르 대위가 부사령관이라는 것을 솔직히 말해준다.

특히 관습적으로 남성적 레퍼토리였던 과감한 위험 장면에서 여주인공이 보여주는 신체적 용맹성, 민첩한 반사작용, 그리고 근육운동의 조화로움은 여성 파워를 결정적으로 과시했다. 여주인공들은 흉악범들과의 주먹다짐을 망설이지 않았으며(그림 8.3), 연재 전반에 걸쳐 여주인

그림 8.3 펄 화이트의 〈플런더〉 (Museum of Modern Art Stills Archive 제공)

공이 이리저리 총구를 겨누는 실력을 보여주는 것은―고속열차에서 추
격하는 자동차 위로 뛰어내린다거나, 빌딩에서 뛰어내려 3층 아래에 있
는 인근 채광창을 뚫고 들어오는 묘기를 부려 민첩성을 보여주는 것 등
등―피할 수 없는 규칙이 되었다(그림 8.4, 8.5, 8.6, 8.7).

　이렇듯 용맹스러운 여성의 판타지가 극에 이를 때에는 젠더 위치가
완전한 역전으로 이끌렸다. 〈걸 앤드 게임〉의 몇몇 자동차 추격 장면에
서 운전대를 잡은 헬렌은 늠름한 세 장정들을 한낱 승객으로 전락시킨
다. 이와 유사하게 〈펄 오브 아미〉에서도 펄과 남성 동지는 함께 말 등
에 올라 포화 속을 뚫고 나오는데, 앞에 앉아 말을 모는 펄의 모습에 반

그림 8.4 〈메리에게 생긴 일〉의 확대 정지 화면

그림 8.5 〈헬렌의 위험천만한 모험〉 '페이 트레인The Pay Train' 편의 헬렌 홈스(칼렘 칼랜더, 1915, 6.)

그림 8.6 〈잿빛 여인〉의 확대 정지 화면

그림 8.7 〈펄 오브 아미〉의 홍보 스틸사진(Lahue, *Bound and Gagged*)

그림 8.8 〈벌목업의 여왕〉의 안내 카드(Lahue, *Bound and Gagged*)

해 남자는 그저 죽을힘을 다해 매달려 있다. 같은 에피소드 후반에 펄은 그리 능란하지 못한 일군의 남자들을 내버려둔 채(1916년 치고는 무척이나 참신했다) 비행기 위에 올라타고 혼자 힘으로 날아오른다. 도움을 기다리는 여자와 그녀를 구해주는 기사의 고전적 주장들은 종종 〈벌목업의 여왕〉의 '헬렌, 톰을 구출하다Helen's Rescue of Tom' 편처럼 간단하게 뒤집힌다(그림 8.8).

뮤추얼 사의 〈걸 앤드 게임〉(1916)은 남서부 철도 구간에서 벌어지는 (말할 필요도 없이 도덕적으로 양극화된) 경쟁자 간의 갈등을 다루는 시리얼인데, 그 최종회 전에 제공된 시놉시스는 정도와 방식은 달라도 모든 시리얼 퀸 멜로드라마의 특징이었던 여주인공의 '남성화'를 생생하게 보여준다.

오늘까지의 이야기 헬렌 홈스는 아버지와 스톰을 실은 기차가 충돌하는 것을 막고, 화염에 휩싸인 기차에서 스톰을 구해낸다. 재정 지원이 차단되는 것을 막으면서, 우연찮게 복사해둔 선로 차단장치 지도를 되찾는다. 헬렌은 위험을 무릅쓰고 뛰어올라 도둑들에게서 임금대장을 되찾는다. 시그루에게 납치당한 헬렌은 스톰과 스파이크에 의해 구출된다. 헬렌은 경쟁자 캠프의 격전지에 부관들을 데리고 가서 죽음을 면한다. 헬렌은 스톰과 라인랜더, 그리고 스파이크를 폭주 화물 트럭으로부터 구해내는데, 이를 위해 필사적인 자동차 추격전을 벌이며 충돌을 최소화하려고 차를 도랑에 빠뜨린다. 뭇매를 맞는 스파이크를 구출하고 광석 도둑들을 붙잡는다. 함몰된 광산에 갇힌 라인랜더와 스톰의 목숨을 구하고, 시그루의 졸개가 훔쳐갔던 돈을 되찾는다. 헬렌은 스톰의 프로포즈를 받아들인다. 대담하게 기차에 뛰어오른 헬렌은 화물 열차를 분리시킴으로써 끔찍한 사고를 막는다.

이 시리얼에서 단호하게 긍정되는 여주인공의 '남성적' 능력은 감동을 줄 만하다. 헬렌의 남성 동지들이 헬렌을 구출하는 것보다 헬렌이 그들을 구하는 경우가 열 배 이상이니까 말이다.

서부의 철도 구간과 광산 캠프를 배경으로 전개되었던 〈걸 앤드 게임〉에는 수백 명의 사내들 가운데 여자는 문자 그대로 단 한 명이다. 이렇듯 여자 하나 없는(가끔 등장하는 보조 악당을 제외하고) 사회적 영역에 독신 여주인공을 배치하는 전략은 다수의 시리얼 퀸 멜로드라마에서 찾아볼 수 있다. 이처럼 명백한 인구통계적 불균형은 성차를 두드러지게 만들며, 이질적인 세계에 놓인 '눈에-띄는-여성'이라는 인식을 강화한다. 하지만 이런 강조는 역설적인데, 왜냐하면 영화의 여주인공이 남성적 세계의 변칙적인 인물로 비치는 만큼 젠더가 더이상 이슈가 될 수 없다고 주장하는 것이기 때문이다. 젠더는 더이상 행동과 경험을 경계 짓지 못한다. 동료들에게 둘러싸인 헬렌은 '그저 그 녀석들 중 하나'일 뿐이다. 남자들 가운데 움직이는 그녀는 이후의 할리우드 영화에서처럼 에로틱하거나 페티시화되는 속성을 지니지 않는다(물론 '사디즘'은 로라 멀비의 정신분석학적 가설에 따르면 남성 관객들이, 여성 신체가 가하는 위협에 대항하기 위한 방도 중 하나로, 확실히 적지 않은 예를 찾아볼 수 있는데 이에 대해서는 이후에 간단히 논의할 것이다).[6] 시리얼 퀸의 여주인공들은 보란 듯이 남자 옷으로 가장함으로써 남성적 페르소나를 극단적으로 전유했다. 〈더블 크로스 미스터리The Mystery of the Double Cross〉(파테 사, 1917)의 여주인공은 화면에 등장하는 시간 중 약 3분의 2를 짙은 빛깔의 남성용 스리피스 플란넬 슈트와 모자로 위장한 채 나온다. 〈루스의 모험The Adventures of Ruth〉(파테 사, 1920)의 여주인공은 심부름꾼 소년과 글로스터의 어부로 첩보활동에 임하며, 〈일레인의 로맨스The Romance of Elaine〉(파테 사, 1915)의 펄 화이트는 콧수염을 단 불량배로 위장한다(그림 8.9).

시리얼 퀸 멜로드라마는 가정에 충실한 여성이라는 이데올로기를 일축하는 한편, 집 안에 틀어박힌 감상주의 멜로드라마 혹은 가족 멜로드라마의 영역에 반감을 가졌는데, 이는 어머니의 형상 — 할리우드 여성 영화의 표상 그 자체 — 을 완전히 추방해버리는 데서 더욱 강조된다. 자비로운 아버지-형상은 변함없이 고정되어 있는 반면(비록 내러티브상 중심 갈등을 이루기 위해 제거될 수밖에 없기는 하지만), 여주인공에게는

그림 8.9 〈일레인의 로맨스〉의 펄 화이트(Museum of Modern Art Stills Archive 제공)

항상 어머니가 없으며 그런 인물이 언급되지도 않는다. 이런 영화들이 묘사하는 세계에서 어머니라는 사회적, 생물학적 실재란 어디서도 찾아볼 수 없다. 어머니의 부재가 상업영화에서 그리 드문 현상은 아니더라도, 그것을 장르의 절대적 규칙으로 삼는 것은 시리얼 퀸 드라마가 여성성에 대한 반전통적 개념 — 어머니 세대의 세계관과 차별화되기를 열망하는 젊은 여성들에게 호소하는 — 을 재현하고자 했음을 암시한다.

***

시리얼 퀸 멜로드라마가 묘사하는 여성 파워를 기술하기 위한 시도는, 이런 동기가 상당 부분 여성 관객들의 이목을 끌기 위한 상업 전략으로 쓰였음을 인식하는 데서부터 시작해야 할 것이다. 여성 영화팬, 특히 젊은 미혼 여성들의 경제적 중요성을 인식한 영화산업은 그들의 입맛에 맞춘 흥분과 승리의 판타지를 마케팅함으로써 보다 크고 안정적인 수익을 얻고 싶어했다. 시리얼 퀸 멜로드라마는 영화산업이 통상 추정되는 것보다 훨씬 일찍부터 여성 관객 지향의 노력을 기울였음을 보여주는 중요한 지표이다. 시리얼 퀸 장르는 해당 스튜디오 제작사들이 1920년대 발렌티노 열풍이 불기 10년 전, 영화산업이 상업적으로 팽창하기 시작하던 바로 그때부터 여성 영화팬들의 경제적 중요도를 인식했음을 보여준다.

하지만 이런 경제적 결정요소 이상으로 시리얼 퀸 페르소나는 또한 사회학적 견지에서 여성성의 문화적 경험상 독특한 역사적 순간의 반영으로 보아야만 한다. 시리얼 퀸 멜로드라마가 집중했던 여성의 강력한 이미지들은 젠더의 관습적 정의에 대한 여성의 좌절과 환멸을 표현했다(그리고 이는 동시에 세기 전환기 이후 명백히 변화된 여성의 지위를 찬양했다). 시리얼 퀸 멜로드라마는 여성에게 권력을 부여하는 유토피아적 판타지로서 가부장적 사회가 강제하는 여성 경험의 구속에 대한 도피주의적 반응을 시사했다. '남성화된' 여주인공의 판타지는 캐런 호니Karen Homey가 간파했듯 "아마 우리 문화가 남성적인 것으로 여기는 특성 및 특권 들, 가령 힘, 용기, 독립심, 성공, 성적 자유, 배우자를 선택할 권리 같은 것 모두에 대한 소망의 표현일 것이다".[7]

호니의 목록에 강한 체력이 추가될 수 있을 듯하다. 여성들은 몸의 근육운동 작용이 미흡하다는 이유로 종종 비웃음을 샀다. 예로 세기 전환기 즈음, 여자들은 이동중인 트롤리에 제대로 올라타고 내리는 법을 배울 수 없다는 등의 문화적 농담은 평범한 것이었다. 1898년 스탠더드The Standard의 표지에 실린 우스꽝스러운 사진(그림 8.10)은 (속옷이 보일락 말락 감질 나는 장면을 연출하며) 부득불 트롤리에 오르려고 고생하는 여성의 모습을 포착했다. 그 설명문을 보자. "젊은 여자들은 왜 움직이는 차에 부당하게 올라타려고 고집을 피우는 것일까? 그녀는 다리와 속옷을 드러낼 뿐 아니라, 보석을 박아 넣은 가터로 차장의 눈을 멀게 하는 바람에 결국 그 불쌍한 남자를 실업자로 만들어버렸다." 이런 우스갯소리는 10년 후 1908년 에사네이Essanay 사의 〈꼭 여자같이Just Like a Woman〉라는 한 릴짜리 코미디의 주제로 다시 나타난다. 『버라이어티』의 한 비평은 이 영화를 "부녀자들이 삐거덕거리는 모습을 남성적 카메라를 통해 보여주는, 일상생활에서 볼 수 있는 장면들의 총결산"이라고 묘사했다. '차 뒤로 내리는' 여자는 이 영화에서 묘사하듯 남을 성가시게 만드는 기이한 취미 중 하나였다(여기에는 파라솔로 보행자 눈을 찌른다든지, 매표소를 가린다든지, 바겐세일에서 1센트를 아끼기 위해 1달러를 더 쓴다든지, 잠든 남편의 주머니에서 돈을 슬쩍 한다든지 등이 포함된다).[8] 3년 후인 1911년 인디펜던트는 「여성과 시가 전차Women and the Street Cars」라는 특집기사를 실었다. 그녀들의 어리석은 처신들에 질린 필자는 소녀들을 위해 공립학교 교과목 필수과정에 시가 전차 승하차에 관한 수업을 포함시켜야 한다는 계획에 찬성했다. "여자들 역시 어떻게 해야 할지 모른다는 것은 굳이 증명할 필요도 없이 흔히 관찰할 수 있는 사실이다. (…) 여자들은 왜 전차가 완전히 정지하지 않았을 때, 승차할 때건 하차

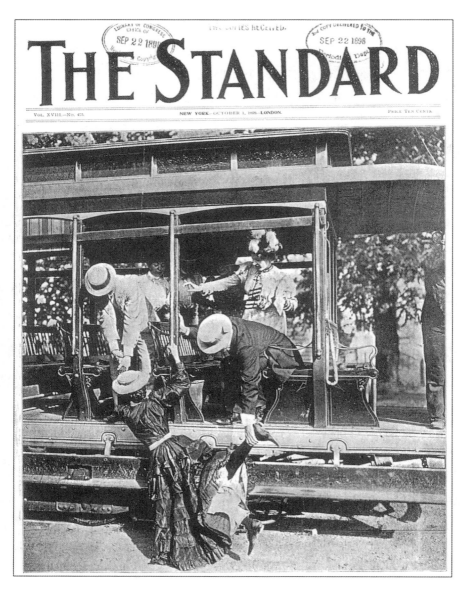

그림 8.10 "차를 세워라!" (스탠더드, 1898. 10. 1.)

할 때건 머리로 아스팔트에 피해를 입히는 절박한 위험을 무릅쓰지 않
을 수 없는 것인지, 심지어 그러고 나서도 왜 분통 터질 정도로 신중에
신중을 기해야만 겨우 가능한 것인지, 아직 인증을 받은 바는 없으나 심
리적 이유 때문이라는 것이 자명하다."⁹⁾

시리얼 퀸 멜로드라마는 이런 고정관념에서 벗어날 수 있는 유토피아
로 (그리고 때로 실제로는 어설픈 신체의 근육운동 작용으로부터 벗어나는
판타지로) 작용했다. 〈헬렌의 위험천만한 모험〉과 다른 철도 스릴러물의
위험 장면들은 여자들이 그저 서 있는 시가 전차 위로 머뭇거리며 발을
내딛는 것보다 훨씬 더 잘할 수 있음을 분명히 보여주었다(그림 8.11,
8.12, 8.13, 8.14).

그림 8.11 〈헬렌의 위험천만한 모험〉, 미확인 에피소드의 홍보용 스틸사진(Academy of Motion Picture
Arts and Sciences 제공)

그림 8.12 〈헬렌의 위험천만한 모험〉 '담력 테스트A Test of Courage' 편 홍보 스틸사진(칼렘 칼랜더, 1915. 10.)

이와 유사한 맥락에서 시리얼 퀸 멜로드라마는 핸들 잡는 수준을 넘어선 여주인공의 운전 기량을 강조함으로써 널리 유포되어 있던 또다른 편견—서투른 여성 운전자—을 깨뜨리게 만들었다(이와 관련하여 그들은 그림 3.35와 3.36이 보여주듯 무모한 자동차 묘기의 전통을 계승했다). 여성이 형편없는 운전자라는 고정관념은 여자들이 신체적 근육 작용뿐만 아니라 인지 능력이나 지능 또한 부족하다는 추측에 근거했다. 1904년 "여자들이 어째서 훌륭한 혹은 형편없는 여자 운전자가 되는 것인지"에 대한 기사는 이렇게 단언했다.

자동차 모는 여자들 가운데 가장 흔한 결점은 집중력이 부족하다는 점이다. 일상적인 것들에 집중하지 못하는 여성이라면 차를 몰 때도 집중하

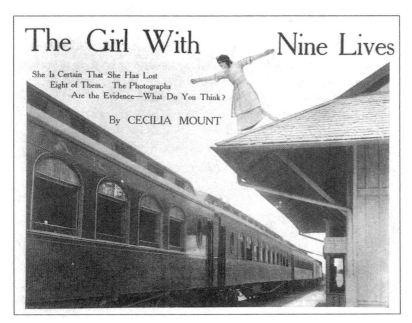

그림 8.13 〈헬렌의 위험천만한 모험〉 '소녀의 선물A Girl's Gift' 편 홍보 스틸사진(『모션 픽처 매거진』, 1916. 2.)

그림 8.14 〈헬렌의 위험천만한 모험〉 '소녀의 선물' 편 홍보 스틸사진(칼렘 칼랜더, 1915. 10.)

지 못한다. 책을 볼 때 의미를 파악하기 위해 같은 쪽을 두 번씩 읽도록, 방금 막 공들여 설명해준 이야기를 꼬치꼬치 물어보도록, 대화의 주변부에 놓인 시답지 않은 것들에 신경 쓰도록 만드는 여성의 약점은 운전할 때도 똑같이 매혹적인 풍경에 너무 오랫동안 눈길을 주거나, 방금 들은 말에 순간 완전히 정신을 팔거나, 잠시 브레이크에서 손을 떼게 만든다. 그녀는 집중을 못 한다. (…) 대부분의 자동차 사고는 그저 집중하지 못하는 데서 오는 부주의 때문에 발생한다. 이는 남성적이라기보다 여성적인 실수이다.[10]

5년 후 1909년에 쓰여진 기사도 여자들의 선천적인 어리석음이 그녀들을 형편없는 운전자들로 만든다는 식의 논지를 이어갔다.

여자들이 평상시 받은 훈련으론 비상사태가 닥쳤을 때 자동차를 적절히 조작할 수 있는 방향으로 이끌지 못한다. 여자는 한꺼번에 두 가지를 생각하도록 훈련되지 못했다. 붐비는 인도를 걸어가다가 깜빡 잊은 일이 생각나서 갑자기 되돌아가려는 여자를 살펴보라. 그녀는 눈 깜짝할 사이에 돌아서서 가까이 걷던 뒷사람과 곧 충돌하고 말 것이다. 먼저 한쪽으로 비켜선 뒤 되돌아가는 일은 결코 벌어지지 않는다. 또한 똑같이 붐비는 인도에서 그녀가 얘기하고픈 사람을 만나게 되면 그녀는 한쪽으로 비켜서기보다 대개 열이면 열 통행을 방해한다. 소년은 (스포츠를 통해) 비상사태에 재빨리 행동하게끔 훈련받는다. (…) 그것은 그가 하는 모든 게임의 목적으로, 그가 자라나 사업가가 되어도, 그의 훈련은 또다시, 말하자면, 동시에 두 가지를 생각하는 것이다. 몇몇 예외를 제외하고 여자는 운전할 때 시간에 시간을 요하는 이런 특수한 정신활동의 단계에 이르지

못한다. (…) 여자들의 타고난 히스테리는 확실히 이런 문제와 매우 밀접한 관련이 있다.[11]

이처럼 본질적으로 반페미니즘적인 문화적 편견들에도 불구하고, 시리얼 퀸 멜로드라마는 뭇 여성(과 남성)에게 일종의 이데올로기적 해방 공간을 제공했다. 여자들은 근본적으로 경솔하고 맥을 못 추는데다 히스테릭한 본성이 있어서 형편없는 운전자가 될 수밖에 없다는 고정관념에 맞서, 여성 관객들은 펄 화이트의 마지막 시리얼 〈플런더〉(1923)가 보여주었던 것과 같은 위험 장면들을 즐길 수 있었다. 이 여주인공(월스트리트의 잘나가는 증권 중개인)은 붕 소리를 내며 전차와 자동차, 그리고 보행자들을 재빨리 피하면서 빗물로 미끄러운 맨해튼 거리를 전속력으로 질주한다. 두 눈을 감은 채로!

여성 해방에 대한 시리얼 퀸 멜로드라마의 유토피아적 판타지는 여성의 수동성과 허약함 같은 이데올로기로부터 석방시켜주었다. 그것은 또한 관습으로 굳어져온 물질적 혹은 경제적 속박으로부터 해방된 여성을 그려냈다. 당시의 경제적 맥락을 숙고해보라. 1910년 정부 통계를 보면 (시리얼 퀸 멜로드라마의 핵심 관객이었던) 21세 이하 여성 임금 생활자의 약 80퍼센트가 월급봉투를 통째로 가장, 즉 대개 아버지에게 넘겨주었다고 나와 있다. 젊은 여성 100명 가운데 자신의 소득을 맘대로 쓸 수 있는 사람은 불과 한 명에 불과했다.[12] 이런 사회적 사실과 대중오락물의 문화적 표현 사이에 결정적 연결고리가 있는 것도 아니고, 그 관계가 지나치게 단순화되어서도 안 되겠지만, 재정적으로 독립할 수 없었던 젊은 여성들과 시리얼 퀸 멜로드라마—부권과 그 통제력이 졸지에 제거된 허구세계, 여성의 행위를 강조했던—사이의 관련성은 구미가 당기는 가설이다. 여주인공의 아버지가 암살당하거나 납치당함으로써 — 장르의 필연적 요소였던 — 가부장의 직접적인 권위로부터 자유로운 환상적인 세계가 펼쳐지는 것이다.

시리얼 퀸 멜로드라마는 여성운동 및 참정권 운동으로 고무되어 1910년대에 극에 달했던 광의의 페미니즘 담론에 무척이나, 그리고 공공연하게 기대 있었다. 시리얼 퀸 장르는 이런 운동에 내재된 논쟁적 추진력을 의식적으로 활용했다. 예로, 1919년 파테 사의 시리얼 〈라이트닝 레이더〉의 한 장면은 호전적 여주인공을 가부장적 쇼비니즘을 공개적으로 거부하는 페미니스트로 그려낸다. 용감무쌍한 젊은 여주인공 — 남자 슈퍼 히어로처럼 그저 '번개Lightning'라고 이름 붙여진 — 은 악당이 치명적인 세균통을 숨겨둔 장미 꽃다발을 가로채기 위해 애쓴다. 그녀가 탐색하는 첫번째 장소는 때마침 일 년에 한 번 열리는 인류학회 만찬회장이다. 은발에 턱수염을 기른, 안경 긴 일군의 학자들이 널따란 탁자를 사이에 두고 앉아 있다(동시대 시청자들은 그들의 외양이 프로이트처럼 보인다는 인상을 받을 수 있을 텐데, 기조 발표자의 이름이 유대계를 암시한다는 사실에서 직접적인 암시를 의도했던 것은 아닌지 의구심을 불러일으킨다). 또한 탁자에는 젊은 축에 속하는 학자도 앉아 있는데, 네덜란드 소년풍 헤어스타일에 해럴드 로이드 안경을 쓴 나약한 모습이 한눈에 보기에도 동성애 코드가 다분하다. 의장이 자리에서 일어나 "이제 압솔롬 교수가 '여성 뇌강의 열등함'에 대한 논문을 낭독해주시겠습니다"라고 말한다. 그사이에 무척이나 아이러니하게도 번개는 건물 측면으로 밧줄을 타고 위험천만하게 내려오는 중이다. 교수가 막 "나의 추론은 여성의 타고난 소심함으로부터 (…)"라는 말을 내뱉는 순간, 번개가 발코니 문을 단숨에 박차고 들어와 총을 겨눈다. 놀란데다 겁을 집어먹은 남자들은 몸을 구부린 채 의자들을 바닥에 뒤집어엎으며 다가오는 번개에게 말 그대로 길을 터준다. 남자들을 구석으로 몰고 간 그녀는 남자들이 벌벌 떨며 서 있는 동안 세균통을 찾아내기 위해 꽃들을 마구 헤집어놓는다. 떠나기 전 그녀는 만면에 웃음을 띠며 "잘 살아라, 얼간이들아!"라는 식의 말을 내뱉는다.

시리얼 퀸 멜로드라마가 페미니즘 담론을 공공연히 활용한 예는 1916년 칼렘 사가 제작한 시리즈 〈프리스코에서 온 소녀〉에도 비슷하게 나온다. 서부의 큰손을 아버지로 둔 바버라 브렌트는 씩씩한 상속녀이다. 사랑하는 아버지는 그녀에게 "앞으로 넌 나의 재산—목장, 유전, 광산—을 물려받게 될 거야"라고 말한다. 하지만 이웃의 야만적인 땅주인이 그의 소유권(내러티브의 '연장' 기능)을 강탈하기 위해 목장 일꾼들을 선동하여 용병 군대를 조직하고 있음을 알게 되자, 도시에 위치한 자신의 저택에서 연회(이는 거친 남성복을 걸치기 전, 세련된 이브닝드레스를 입은 여주인공의 모습을 보여줄 기회를 제공한다)를 베풀고 있던 아버지는 자신의 딸을 데려가기엔 목장 상황이 너무 위험하다고 단호히 경고하면서 서둘러 빠져나간다. 바버라의 항의에도 불구하고 브렌트는 그녀를 놔둔 채 황급히 가버린다. 연회의 주빈이었던 미 국회의원은 누군가 '여성 평등'에 대한 의견을 물어오자 이렇게 대답한다. "솔직히 난 여자들이 남자 일을 해낼 수 있다고 생각하지 않소. (내각을) 임명하는 나의 책임은 막중한 것이오. 여자들을 요직에 앉히는 데 영향력을 행사할 생각이 내겐 없소." 그때 바버라가 끼어든다. "전 월리스 의원님 생각에 동의하지 않아요. 전 여자들도 남자들이 할 수 있는 일이라면 어떤 것이든 해낼 수 있다고 믿거든요. 여기 적절한 사례를 들어드리죠. 전 제가 아버지를 도울 수 있다는 걸 알아요. 아버지가 경고하시긴 했지만

저는 아버지를 도우러 갈 거예요!" 국회의원은 그녀를 말린다. "그런 위험 속에 뛰어드는 건 어리석은 짓이오, 바버라. 게다가 당신은 아버지를 도울 수 없소. 아버지에겐 남자가 필요하니까." 다음 장면은 목장으로 전환된다. 바버라는 총상을 입고 정신을 잃은 채 진흙 속에 얼굴이 파묻힌 아버지를 발견한다. 시체로부터 나 있는 발자국을 뒤쫓아 범인의 덜미를 잡은 바버라는 들고 있던 커다란 소총을 쏴 처치해버린다. 그러는 동안 목장에 도착한 국회의원은 오자마자 발목을 접질린 채 아무것도 못 하고 누워 있는데 그 주위로 산불이 붙기 시작한다. 악당의 심복을 쏴 죽이고 난 후 바로 연기 냄새를 맡은 바버라는 불이 나는 곳으로 말을 몰고 가서 힘없고 운 없는 사내를 구해낸다.

여성 파워에 대한 시리얼 퀸 멜로드라마의 신화는 당시 여성들이 경험하던 가부장적 구속과 성차별 이데올로기에 대한 유토피아적 판타지로 보일 수 있다. 그러나 이 장르는 여성성이라는 문화적 제약으로 인한 여성들의 좌절을 전달할 뿐만 아니라 세기 전환기 무렵 그들을 둘러싼 사회적 현실이 긍정적으로 변화하고 있음을 간략히 보여주기도 한다는 점에서 역설적이다. 시리얼 퀸 여주인공에 대해 "그들의 공훈은 어떤 의미에서 실제 사회에서 새롭게 부상하던 여성들의 지위에 필적한다"[13]라고 말한 루이스 제이콥스Lewis Jacobs의 평가는 적절하다. 역사적인 관객이라면 의심할 바 없이, 시리얼 퀸이 사회적으로 반사적reflexive 전형임을 인식하고 이해했을 것이고, 혹자는 이미 인접한 각종 엔터테인먼트 형식들에 익숙해져 있을 수도 있다. 시리얼 퀸 페르소나는 미국이 산업자본주의 및 도시 소비자 경제로 전환되던 것과 맞물려, 여성다움을 문화적으로 구성할 때 일어난 결정적인 변화들을 반영하고 구현했다. 이런 변화의 폭은 실로 막대했다. 어찌 되었든 그것들은 모두 여성들의 경험 영역을 가정이란 범위가 둘러싼 경계 너머로 확장시키는 데 일조했다.

빅토리아 시대에는 여성들이 동행인을 대동하지 않고 경험할 수 있는 공적 양식들이 거의 허용되지 않았던 반면, 1880년에서 1920년 사이에는 여성들의 합법적 범위에 대한 새로운 개념이 생겨났다. 눈에 띄게 감소한 출산율과 노동-절감 기계 및 상품의 확산은 하층 및 중산 계급 여성들 모두에게 가사노동 외의 활동을 누릴 만한 자유를 확대시켰다. 1880년에는 유급 노동에 종사하는 여성이 약 10퍼센트에 불과했으나 1910년에는 그 수치가 두 배로(혹은 도시 인구만 본다면 세 배까지) 늘어났다. 1910년에 이르자 40퍼센트 이상의 젊은 미혼 여성들이 결혼 전 수년 간 직장생활을 했는데, 도시 지역에서 그 비율은 60퍼센트를 상회할 정도였다.[14] 백화점의 엄청난 발전은 주부들의 쇼핑을 너그럽게 봐줄 수 있는 활동으로 만들었고 그들이 공적 영역에 출현하는 것을 부추겼다. 1889년 제로에서 출발한 백화점 매출은 1899년에는 1억 6100만 달러, 1909년에는 6억 7600만 달러, 1919년에는 25억 8800만 달러로 급증했다.[15] 새로운 교통수단이 확산되자 독립과 이동의 수준은 전례 없이 강화되었다. 특히 전기 트롤리는 1890년에서 1902년 사이 북동부 노선의 길이가 245퍼센트나 증가했고, 자전거는 1890년대 중반 여성해방의 표상으로서 그 사회적-상징적 중요성을 고조시키는 인기를 누렸다.[16]

여성들의 친목 모임은 여권적 자각과 참정권 활동의 근원으로 기능했는데 그 놀라운 증가 추세는 중산층 여성들에게 공적 경험에 있어 중요한 새로운 형식을 제공해주었다. 심지어 전기 가로등조차 여성들의 세계를 확장하는 데 일조했다. 1896년 메리 험프리스Mary Humphreys는 '뉴욕의 독신남 여성Women Bachelors in New York'이란 제목의 기사에서 이렇게 말했다. "전기 가로등의 따사로운 광선 말고는 다른 어떤 보호자도 대동하지 않고 밤 외출을 나서는 여성들이 증가함에 따라 거리는 새롭고 흥미로운 곳이 되었다. 그들의 모습은 한때 부적당하다고 언급된 시간에도 시가 전차에서 찾아볼 수 있으며, 극장의 주 고객층을 형성한다."[17] 이 기사는 "독신남 여성"이라는 모순 형용이 나타내듯, 도시의 근대를 경험하는 여성의 특징이 새로운 남성화의 측면에서 접근될 수 있음을 제언한다.

대중문화는 여성성의 사회적 지형상 일어난 이런 변화들이 '신여성'이라고 지칭된 문화적 구성을 통해 종합적으로 상징화되었다. 이렇듯 들뜬 이미지는 수년간 활자 미디어와 대중 엔터테인먼트를 점령하면서 다양한 차원들이 끊임없이 정의, 평가, 풍자, 신화화되었다. 신여성이라는 상투적인 문구의 문화적 파급력은 19세기를 지배했던 여성다움의 패러다임이었던 '진정한 여성성의 숭배Cult of True Womanhood' ― 그 핵심 용어는 바버라 웰터Barbara Welter의 주요 저작에서 명료하게 설명했듯 "경건하고 순결하며 순종적이고 가정적인"[18] 것이라 할 수 있는 ― 와 전면적으로 대치되는 데서 야기되었다. 웰터는 19세기 중반 '진정한 여성'의 본질을 정의했던 핸드북 『여성의 본분, 여성의 영역The Sphere and Duties of Woman』의 한 단락을 인용한 바 있다. "그녀는 자신이 약하고 소심하다고 느낀다. 그녀에게는 보호자가 필요하다. 그녀는 다소 의존적이다. 그녀는 지혜와 지조, 단호함, 그리고 인내를 필요로 한다. 그리고 그녀는 이 모든 것을 자신이 가진 애정에 푹 빠짐으로써 되갚으려 한다."[19] 이런 견해와 극히 대조적으로 1902년의 한 잡지 기사는 신여성 이미지의 핵심을 다음과 같이 포착했다. "활기차고 독립적인 여성문화는 종종 '신여성'으로 묘사된다. (…) 이런 캐릭터의 바탕은 자립심과 추진력이다. 그녀는 현실에 직접 뛰어들어 이에 대해 자신만의 판단을 내리려 한다."[20]

근대로 이행한 미국은 여성의 본원적 의존성에 대한 이데올로기를 (비록 완전히 떨쳐내지는 못했지만) 자립 가능한 여성의 문화적 이미지로 전환시키기 시작했다. 1825년 한 극작가는 여성을 특유의 "장엄한 떡갈나무에 다정하게 매달려 있는 담쟁이 덩굴"에 비유하기도 했지만, 1911년 한 잡지에선 「소녀들의 남성화The Masculization of Girls」라는 글에서 "어제는 덩굴식물에 지나지 않던 소녀들이 오늘은 떡갈나무에 가까우리만치 이상하게 변신"했다고 말한다. 이런 논지가 되풀이되어 1911년 한 영화 비평은 "예정된 진로를 택하는 대신 자신의 길을 스스로 쟁취하는 여성, 남자들에게 지나치게 의존적인 여성들보다 미국 관중들이 더욱 찬탄해 마지않는 최신식 여주인공"에 대한 묘사를 호평했다.21) 민나 토머스 앤트림Minna Thomas Antrim의 글은 '오늘날의 남자다운 소녀'를 다음과 같이 묘사했다. "그녀는 자신이 (거의) 남자 형제나 같다고 의기양양하게 중얼거린다. (…) 그녀는 걷는 것도, 배나 차, 말을 타는 것도, 뛰어노는 것도 좋아한다. 우아하게 하이힐을 신고 비단옷을 입은 채로가 아니라 남자들이 걷고, 뛰고, 노 젓고, 말 타고, 운전하고, 달리는 것처럼."22) 이런 '여성다움'에 관한 새로운 지형에 대해 매스미디어는 지칠 줄 모르고 흥미를 보였다. 그 전형적인 예는 1902년 『라이프』지에 실린 찰스 다나 깁슨Charles Dana Gibson의 패러디 삽화 '씽씽한 소녀와 사랑에 빠질 때의 불이익 중 한 가지'(그림 8.15)이다. 이 삽화는 이러한 흥미가 유발시킨 어느 정도의 과대망상과 호기심, 찬양 등 다양한 모습들을 요약해냈다.

신여성의 특징들 — 활기, 자립심, 가정 바깥 세계와의 직접적 대면 — 은 확실히 시리얼 퀸 멜로드라마에서 찬양되고 과장되었던 '개정판 여성다움'에 관한 용어들이었다. 이 장르의 토대에 관한 어떤 고찰도 그것이 이미 코드화되고 유포되어 있던 신여성에 대한 대중 담론에 자의적으로 무척이나 기대고 있었음을 강조해야 할 것이다.

더 구체적으로 보면, 시리얼 퀸 멜로드라마의 발전은 신여성의 모습을 액션-지향적인 내러티브로 옮겨놓았던 이전의 몇몇 대중 엔터테인먼트 — 주로 노동계급 독자와 영화팬들을 겨냥한 — 에서 시작되었다. 19세기의 마지막 10년 동안, 싸구려 소설들과 이야기 신문, 대중 신문, 그리고 저가 멜로드라마들은 모두 소녀 근로자인 여주인공들에게 닥친 위험과 그들의 위업을 둘러싸고 만들어진 하위 장르들을 발전시킨 것이다. 예를 들면 어거스틴 댈리Augustin Daly의 〈가스등 아래서Under the Gaslight〉(1867)에서 여주인공은 목재 헛간을 뚫고 나와 기차 선로에 묶인 남자를 구해낸다(이는 그림 8.8에 나오는 '헬렌, 톰을 구출하다'를 즉각 연상시킨다. 그림 8.16을 보라). 구출된 남자는 소리치길 "이겼다! 살았다! 만세! 이건 다 투표권 없는 여자들이 해낸 일이다!"[23]

이같이 여주인공이 남자 주인공을 구출해내는 클라이맥스는 10-20-30센트 무대 멜로드라마에서 흔히 등장한 모티프였다. 앞서 언급했듯 조지프 아서의 〈블루진〉(1890)에서 여주인공은 잠긴 문을 박차고 나와, 원형 톱으로 무참히 잘리기 직전의 남자 주인공을 구출해낸다(그림 6.8, 6.9, 6.10을 보라). 〈옛날 켄터키에서는〉(1893, 1907년에 재상영됨)에서 여주인공은 다이너마이트 폭발로 산산조각 날 위험에 처한 남자 주인공을 구하기 위해 밧줄을 타고 무대 사이를 가로지른다. 이후 불타는 외양간에서 구해낸 레이스용 암망아지를 타고 애슐랜드 오크스 경마대회에서 우승한다.

찰스 블래니의 〈여공The Factory Girl〉(1903)에서 커다란 유리창을 뚫고 들어온 여주인공은 남자 주인공의 목이 일종의 산업용 재단기에 잘리기 전

그림 8.15 찰스 다나 깁슨의 '씽씽한 소녀와 사랑에 빠질 때의 불이익 중 한 가지' (『라이프』, 1902. 5. 20)

에 구해낸다. 찰스 테일러의 〈물불 가리지 않는 여자〉(1903)에서 여주인 공은 마침 남자 주인공을 태운 카누가 폭포에 휩쓸려 내려가버리는 찰나 또다시 남자 주인공을 아슬아슬하게 구해낸다. 〈여인의 기개A Woman's Pluck〉(1905)에서 '장갑을 낀 여주인공은 악당에게 그녀의 복싱 실력을 숨김없이 발휘한다'. 〈소녀와 형사〉(1908)에서 여주인공은 증기 해머 아래에 쓰러져 있는 남자 주인공이 백열판에 타버리기 전에 구해낸다(한 비평에서는 "그녀는 여배우 여섯 명이 해도 버거울 일들을 혼자서 해치운 다"라고 썼다). 〈그녀에게는 조언을 구할 어머니가 없다No Mother to Guide Her〉(1905)에서 이보다-더-용감무쌍할 수 없는 젊은 여주인공(그녀의 이름은 '속임수Bunco'이다)은 "연극 내내 용사 중의 용사로 등장하는데 다, 충분히 약삭빨라서 멜로드라마라면 사족을 못 쓰는 관객들이 만족 할 수 있도록 모두를 구해낸다".[24] 이렇게 선정적 연극들은 시리얼 퀸 멜

그림 8.16 〈가스등 아래서〉 포스터(Harvard Theatre Collection 제공, c. 1870)

로드라마에게 직접적인 '원형'을 제공했다. 시리얼 퀸 멜로드라마 관객들은 이런 상호텍스트적 관련성의 계보를 이해하고 있었다. 그들은 이런 시리얼들(그리고 이전의 수많은 비연재 영화들)이 기본적으로 새로운 매체로 변주된 10-20-30센트 연극임을 제대로 인식하고 있었던 것이다(그림 8.17을 보라).

1890년대 중반까지 활기찬 신여성의 재현은 대도시 신문에서도 비중 있게 다루어졌는데 이는 "봇물처럼 쏟아져나오는 신문, 잡지"[25]의 출현과 맞물려 있었다.

초지일관 엔터테인먼트에 충실했던 대중신문은 자극적인 석판화와 신기한 사건, 재앙, 스캔들, 위험한 곡예, 그리고 사고들에 대한 선정적인 기사들을 접목시켰다. 이러한 새로운 형식의 대중 엔터테인먼트에는 여성 독자들이 중요했는데 그 수익이 대부분 여성 소비자를 겨냥한 백

그림 8.17 무대 멜로드라마 〈톰보이 걸My Tom-boy Girl〉 포스터(Museum of the City of New York 제
공, c. 1905.)

화점 광고에 의존했기 때문이다. 여성 편향주의의 필요성은 선정주의 방침과 맞물려 두 가지 형식으로 나타났다. 그 하나는 실제 여성들의 용감한, 혹은 관습을 뛰어넘는 공훈에 열을 올리는 칼럼들, 다른 하나는 '용감무쌍한 여기자' 특집을 통해서였다.

뉴욕 월드의 1896년 3월 23일 월요일 판의 제1면 머리기사는 집에 든 강도를 가차 없이 때려눕힌 저지시티의 가정주부 이야기를 다루었다. 그 (실제 기사 본문을 읽기 전에 눈이 먼저 가는) 표제와 부제들— 으레 과장법이 섞이게 마련인 — 은 다음과 같다. "강도를 붙든 그녀/길리건 부인, 강도를 붙잡은 채 계단을 구르다/바닥에서 계속된 몸싸움/코트를 붙잡는 바람에 놓칠 뻔했으나 다시 달려든 그녀/다 잡고 나서야 남편 돌아와."

'도둑 잡는 용감무쌍한 소녀' 기사는 이 시기 신문의 중심 테마로 자리 잡았다(그림 8.18을 보라). 이런 관용적 표현의 예로는 1896년 뉴욕 선데이 월드New York Sunday World의 칼럼 "이 주의 여성 기록"을 들 수 있다.

참으로 그 이름에 준하는 (…) 블루머 여사의 탁월한 기록으로 차례가 돌아와 기쁘다. 블루머 여사는 뉴욕 주 포트 저비스에 사는 명망 있는 여성이다. 그녀는 여느 신중한 주부들이 그러하듯 남자를 위해 침대 아래를 살펴보는 습관이 있는데, 이런 세심한 주의 덕분에 며칠 전날 밤 그 밑에 있던 사내를 발견할 수 있었다. 블루머 여사가 비명을 지르며 쓰러지기라도 했단 말인가? 그렇지 않다. 권총을 거머쥔 그녀에 의해 사내는 수치스럽게도 앞으로 끌려나와 총도 빼앗기고, 주머니 속에 든 것도 그녀 앞에 모두 내놓아야만 했다. 그녀는 마침내 기꺼이 나선 법의 품 안으로 그를 넘겨준다. 누구의 도움도 받지 않은 채 이 세상에서 가장 멋진 방식으로.[26]

BURGLARS ARE
PIE FOR HER

그림 8.18 "그녀에게 강도 따위는 식은 죽 먹기"(만평 「신여성이란What the New Woman Is Coming To」의 일부, 뉴욕 월드, 1896. 3. 29.)

1895년 3월 9일자 뉴어크 데일리 어드버타이저 1면에도 비슷한 '뉴스거리'가 등장했는데 '담 큰 여자와 만나다'라는 표제를 단 이 기사는 겁 없는 여성에 대한 문화적 흥미를 보여주는 또다른 예라 할 수 있다. 특히 흥미로운 점은 마지막 구절만 제외하고는 15년 후 그리피스의 전기영화 시놉시스로 착각하기 쉬울 정도라는 것이다.

미네소타 주 덜루스 브레이나드 근처의 간이역 킴벌리에서 근무하는 노던 퍼시픽 사의 직원 리처드 부인은 자정 직전, 창문 너머로 동쪽 방향

급행을 강탈하려는 2인조 강도의 계획을 엿듣게 되었다. 그중 한 명은 철로로 뭔가를 던지길 원했으나 다른 강도가 다리 동쪽 끝에서 기차를 탈선시키는 것이 가장 좋다는 의견을 냈다. 그런 식으로 하면 특급 차량을 강으로 떨어뜨리지 않고도 일을 성사시킬 수 있다는 것이었다. 그들이 그렇게 하기로 결정짓자마자 부인은 경보를 울리기 위해 침상에서 빠져나왔다. 그녀의 손이 전신기의 키에 닿기 전, 강도 중 하나가 기차가 오려면 시간이 좀 남았으니 역 안에 들어가서 기다리는 것이 어떻겠냐고 제안했다. 그들이 문을 부수고 들어가려는 순간 권총을 잡은 여자는 문 사이로 총알을 몇 발 발사, 무법자들이 놀라 줄행랑치게 만들었다. 이야기는 전신을 통해 전달됐지만 그들의 흔적은 찾을 수 없었다.[27]

이런 기사들로 이루어진 고정 칼럼은 1895년 8월 뉴욕 선데이 월드에서 시작되었다. 가장 빈번히 등장했던 표제는 '일상 속의 신여성 : 해방된 여성들의 기이한 취미와 일탈, 호기심 어린 흥미들, 그녀의 위력과 위업들'이었다.[28]

용감한 행위에 대한 기사—강도를 붙잡거나, 화재나 익사, 혹은 심지어 성난 사자들로부터(그림 8.19) 사람들을 구해내는 여자들—와 함께, 이런 신여성 칼럼 중 가장 흔한 주제는 전통적으로 남성들의 직종에 종사하는 여성들을 이야기하는 것이었다. 가령 증기선 엔지니어나 부보안관, 은행장, 검시관, 석탄 광부, 제분소 경영주, 자전거 수리공, 순회 사진사, 목수, 석공, 변호사, 치과의, 내과의, 보험 중개인 같은 직업들이다.

1890년대 중반 신여성 기사 다음으로 눈에 띄게 부상했던 신문 형식은 '스턴트 기사'라고 불릴 만한데, 대담한 여기자들의 위업을 열거하는 것

그림 8.19 "성난 사자에게서 구출된 두 남자"(뉴욕 월드, 1896. 5. 3)

이었다. 소수의 '용감무쌍한 여기자' 그룹은 일인칭 시점의 모험 이야기 들을 통해 마치 시리얼 퀸처럼 불굴의 친숙한 인물이 되어갔다. 이런 여기자들에게 유일한 목적은 여성의 경험 영역을 확장시키는 '참신하고 스릴 넘치는 체험들'을 추구하는 것이었다. 스턴트 기사들은 위험하다거나 상스럽다는 이유로 여성들에게 제한되었던, 그녀들이 접할 수 없는 경험과 장소를 선명하게 그려냈다. 그 말인즉, 문화적으로 남자에게만 통용되던 활동 영역을 여성들에게도 탐험할 수 있도록 해준 것이다.

다수의 스턴트 기사들은 겁도 없이 신체적 위험이 선사하는 운동감각적 흥분을 추구하는 데 몰두했다. 대담한 여기자 케이트 스완은 단지 스릴을 느끼기 위해 할렘 리버 브리지를 오름으로써 "여자의 발길이 단 한 번도 닿은 적 없는 곳"을 정복했다(그림 8.20). 그녀는 한밤중에 카약을 타고 이스트 강의 격렬한 소용돌이를 건너, 레슬링 챔피언과 승부를 겨루고, 노스 강 연락선의 활활 타오르는 용광로에 석탄을 떠 넣는 화부로 일하다가, 시속 75마일로 기관차를 몰고 B&Q 터널을 통과, 전기 기관차를 움직인 최초의 여성이 된다. 도로시 대어는 시속 30마일의 아찔한 속력으로 '말 없는 마차(자동차)'를 몰아 뉴욕 거리를 돌아다닌 첫번째 여성'이 된다. 샐리 메던은 부실한 철도 차량에 올라탄 채 위험한 산비탈을 쏜살같이 내려간다(그림 8.21). 그밖의 기사들은 신체적 액션이 덜하긴 했어도 대담한 정도는 비슷해서 여성들을 전통적 경험 지대 바깥―아편굴, 집단 매장지, 나환자촌, 사형집행실, 정신병원, 도박장, 경찰 순찰차, 시체 안치소, 싸구려 여인숙, 괴기 쇼―으로 데려다주기는 마찬가지였다. 그중에서도 가장 큰 반향을 일으켰던 위험 장면은 아마도 남성 복장의 도로시 대어가 뉴욕을 자유롭게 탐험하는 것이었다. 이런 스턴트 기사와 신여성 칼럼, 그리고 시리얼 퀸 멜로드라마 사이에는 직접적이고도 명백한 상호텍스트 간 연결고리가 존재한다. 이런 관련성은 뮤추얼 사의 1917년 작품 〈여기자의 위험〉(사진 8.22) 같은 제목들에서, 그리고 인터내셔널International 사의 〈도로시 대어의 모험〉(1916)에서 시리즈 주인공으로 다시 태어난 도로시 대어를 보면 노골적으로 드러난다.

모험을 찾아 나선 귀족 출신 여성에 대한 기사는 여기자의 변형이었다. 1904년 허스트 신문은 마담 드 개스트Mme. de Gast에 대한 기사를 대대적으로 내보냈다. 그 표제와 부제는 '지구에서 가장 주목할 만한 여

성: 부유한 마담 드 개스트가 어떻게/그날 그녀의 모터보트에서 익사 직전 끌려나온 사람은/목숨이 경각에 달린 모험을 찾아 시간과 돈을 털어 넣어'라고 되어 있다. 이 프랑스 여성의 사진에는 "1분에 1마일로 달리는 차의 운전자" "기구 안의 그녀" "달리는 보트, 키를 잡고 있는 그녀"라는 설명이 실려 있다.[29]

시리얼 퀸 멜로드라마는 대중 엔터테인먼트라는 도시적 신화가 이미 구축해놓은 이미지를 명백히 확장시켰다. 이런 담론들을 구성하는 원천들이 사실상 수사학적으로 복합적임을 놓치지 않는 것이 중요하다. 신여성에 대한 시리얼 퀸의 묘사는, 상호텍스트적 선구자들이 그러했듯이 사회적 반영, 유토피아적 판타지, 단순한 호기심이 뒤섞인 혼합체였다. 앞서 제시했듯 이 장르는 무엇보다 여성성의 문화적 구성에 있어 구체적인 사회학적 변화들을 기록하고 찬미했다. 다시 말해 사회적 사실들과 문화적 재현 사이에 확실한 연결고리가 존재했던 것이다. 사회는 그 자체가 어느 정도 충실하게 스스로를 재현했다. 하지만 또한 내가 주장했듯이 시리얼 퀸이란 장르는 여성 판타지와 도피주의 수준에서 작용했다. 여성의 무용과 해방을 그리는 유토피아적 이미지는 여성들이 공적 영역에 새롭게 노출되는 만큼이나 그들의 경험에 계속해서 가해지는 문화적 제약을 말해준다. 시리얼 퀸 장르가 여성의 영웅적 행위에 초점을 맞췄던 것은 여성의 경험 영역이 실제로 확대됐음을 기념하는 동시에, 하나의 대리적 환상으로서 젠더의 관습적 정의들로 인해 계속 행해지는 구속들을 암시했다.

마지막으로, 신여성의 이미지는 그 비길 데 없는 참신함과 진기함 덕분에 세기 전환기 남녀 모두의 눈길을 끌었다. 사회적 반영이나 유토피아적 판타지라는 두 가지 작용 이상으로 (그러나 둘 중 어느 것과도 분리

374

그림 8.22 〈여기자의 위험〉 광고(모션 픽처 뉴스, 1917. 1. 13.)

시킬 순 없지만) 광범위하게 퍼져나갔던 신여성이라는 문화적 매혹은 젠더 그 자체를 단지 유희의 대상으로 삼는 것이 대중들에게 먹혔음을 시사한다. 예로 〈헬렌의 위험천만한 모험〉에서 헬렌 홈스가 선보이는 파격적이고 무모한 위험 장면의 진정한 이해관계는 여성해방이라는 진보 이데올로기에 있다기보다 죽음을 무릅쓴 신체적 위험, 추악한 세계로의 영락, 진흙투성이의 강둑에서 악한들과 벌이는 몸싸움 ─ 요컨대 남자같이 행동하는 여자 ─ 같이 '범주 오인'에 기초한 스펙터클이 가져다주는 참신함과 진기함 그 자체에 있을 수 있었다.

***

여성 파워가 시리얼 퀸 멜로드라마의 핵심 테마를 형성하기는 했지만, 그렇다고 해서 그것이 아마존 여전사의 용맹함을 보여주는 데만 치중했던 장르였다고 규정한다면, 이는 오해의 소지를 불러일으키기 쉽다. 비록 모든 시리얼 퀸 멜로드라마에서 표면적으로 드러나지는 않았지만 실제 등장했던 영화들에서 무척이나 두드러진 역할을 담당했던 또 다른 측면이 있기 때문이다. 그것은 바로 남성 악당들이 신체적 크기와 힘, 그리고 사디스트적 계략으로 여주인공을 처참하게도 겁에 질린 무능한 희생양으로 그려내는 경향이다. 모든 시리얼 퀸 내러티브들은 아주 자명하게도 여주인공을 위험한 장소에 위치시킨다. 이는 그녀의 해방과 '남성적' 행동력의 필수 조건이다. 하지만 수많은 시리얼 퀸 영화들은 더 나아가 여성의 재난과 무능, 그리고 절망스러운 공포를 그려내는 스펙터클을 극단적인 수준으로 증폭시켰다. 〈폴린의 위기〉〈일레인의 위업〉〈운명의 반지〉〈잿빛 여인〉 같은 영화에서 여주인공은 계획적으로 폭행당하고, 재갈이 물린 채 포박당하며, 고문 및 절단 도구들로 협박당하는 한편, 창밖이나 다리 밑으로 던져지고 무수한 암살 수단으로 위협당하게 되어 있다. 그리하여 시리얼 퀸 장르의 여성 파워 이데올로기는 무방비 상태에 놓인 허약한 여성을 생생하게 묘사하는 것과 동일선상에 놓여 있다(그림 8.23).

시리얼(비록 후반에 나온 것들이긴 했지만) 스틸사진들이 성인 카탈로그의 외설스러운 사진 가운데 실렸다는 것은 주목할 만하다.[30] 시리얼 퀸 멜로드라마—적어도 이 장르의 이러한 변종들—는 이후 사이코-킬러 범죄 스릴러, 공포 영화, SM 포르노그래피—주류 영화 가운데 많은 페미니스트 비평가들이 그 본질상 남성-지향적인 것으로 여겼던 예들로 가장 눈에 띄는 것만 언급하자면—로 구체화되었을 법한 변태적 계통의 자극들을 체계적으로 개발하고 이용했던 초기 장르 중 하나로 간주할 수 있다. 여성혐오적 사디즘 색채가 농후한 시리얼의 스펙터클은 확실히 정신분석학적 해석을 위한 으뜸가는 후보일 것이다. 그러나 시리얼 퀸 멜로드라마에는 남성적 사디즘 외에 많은 논제들이 산적해 있다. 시리얼 퀸 장르는 정신분석학적 독법을 위해 특히 매혹적인 텍스트인데, 왜냐하면 그것은 구조적으로 남녀 양측의 주체성과 관련하여 이질적인 심리적 판타지와 불안 사이의 복잡한 상호작용을 다룰 수 있기 때문이다.

최대한 간단히 말해서, 시리얼 퀸 멜로드라마는 다음과 같은 의문들을 유발한다. 여성 관객들이 남성화된 여성을 그리는 판타지에 느꼈던 흥미를 어떻게 설명할 것인가? 희생당하는 여성을 보면서 느꼈던 흥미는? 마찬가지로 여성의 무용과 희생에 대한 남성 관객들의 흥미는? 정신분석학은 이러한 관객 현상들에 대해, 그리고 그것들이 심리적/텍스

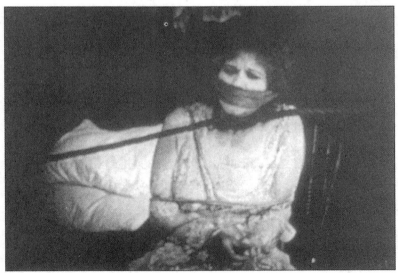

그림 8.23 〈잿빛 여인〉의 확대 정지 화면(1919~20)

트적 경제psychic/textual economy 내에서 이루는 역설적인 결합에 대해 여러 가지의 설득력 있는 가설들을 제시한다. 혹자는 시리얼 퀸 멜로드라마가 남녀의 주체성 양쪽 모두에 개별적으로 관여한다는 데 착안하여, 그것을 정신분석학 이론들이 다루는 사디즘과 마조히즘, 남근 선망, 팔루스적 나르시시즘, 성차의 부인, 오이디푸스 궤적oedipal trajectory과 관련된 남녀 모두의 판타지와 불안에 비교할 수도 있을 것이다. 시리얼 퀸 멜로드라마에 잠재된 정신분석학적 저의를 더욱 상세히 설명하는 것은 우리에겐 곁길로 벗어나는 일이긴 하지만, 내가 강조하고 싶은 바는 역사적 맥락상의 접근을, 문화적 텍스트를 형성하는 다른 세력들에 대한 고찰과 함께 병행하는 것이 반드시 들어맞지 않는 일은 아니라는 생각 — 실제로 이런 고찰 없이는 정말이지 충분해질 수 없다 — 이다.

그러나 그 반대의 경우, 즉 순전히 정신분석학적으로만 접근할 경우, 훨씬 더 자명한 사실은 위험에 처한 여성을 보여주는 것 이상으로 중대한 상호텍스트적 관련성, 사회학적 근원들을 미처 보지 못하게 될 수 있다는 점이다. 시리얼 퀸 멜로드라마가 여성들을 위험에 빠뜨리게 만드는 데 집착했던 직접적이고 명백한 기원은 온갖 저질스러운 무대와 싸구려 소설이라는 변종에서도 나타나듯 선정적 멜로드라마의 기본적인 도상학적 공식으로부터였다. 1800년대 이후 사실상 모든 선정적 멜로드라마의 중심에는 극악무도한 악당에게 박해당하는 지고지순한 여주인공이 자리하고 있다(그림 8.24). 세기 전환기 무렵 활동했던 문필가들과 평론가들은 10-20-30 멜로드라마에서 이런 고전적 대치 — 악당과 희생양 사이 — 가 나타났을 때 이를 정형화하는 데 아무런 어려움이 없었다.

악당은 아무 이유도 없이 여주인공의 코에 주먹을 휘두르거나 다리를 향해 발차기를 날린다.(1903)

악당은 자신이 근친近親이라는 것과 자신의 구혼을 포기하게 만든 여자가 죽기만 하면 수백만-수백만-수백만 달러를 상속받을 수 있게 된다는 것을 알게 되고, 여주인공과 그녀의 유일한 수호자의 몸에 위해를 가하기 위해 알려져 있는 모든 수단, 때로는 보도 듣도 못한 수단들을 동원한다.(1909)

뉴욕에서 열둘 내지 열다섯 군데에 이르는 예술의 전당 어디에 들어가더라도 브루클린 다리에서의 추락, 익사, 사지 절단, 총격, 안구 분리, 온갖 방식의 질식사, 전기의자, 독약, 폭발물, 톱질 등 위험에 처한 여인을 볼 수 있으리라 확신한다.(1909)

소시지 기계가 여주인공을 토막 내기 직전, 혹은 원형 톱에서 두 동강 나기 직전, 혹은 철로에 묶여 급행열차에 치이기 직전, 그것도 아니면 퓨즈가 조금씩 타들어가는 화약통이 폭파되기 직전 (…) 남자 주인공이 뛰어든다.(1909)

당신은 여주인공을 사자 굴에 던져넣을 수도, 브루클린 다리 아래로 떨어뜨릴 수도, 전철 선로에 묶어둘 수도, 거센 바람이 부는 싱어 타워 꼭대기에 밧줄로 매달 수도 있다.(1911)[31]

납치와 폭력적 위험이 만들어내는 스펙터클은 (그것의 당연한 결과인 탈출, 혹은 신사의 개입이 만들어내는 스펙터클과 더불어) 선정적 멜로드라마의 장르적 도상학에 있어 결정적인 요소였다. 시리얼 퀸 멜로드라마에서 희생당하는 여성의 이미지는 확실히 시리얼의 상호텍스트적 모태matrix에 의해 이미 확고히 코드화되어 있던 공식을 따랐다.

희생당하는 여성이 시리얼 퀸 장르에서 그토록 핵심적인 관습으로 자리 잡게 된 이유는 우선 그것이 명백히 사회적 알레고리라는 측면에서 비롯되었을 것이다. 예로, 토머스 엘새서는 새뮤얼 리처드슨Samuel Richardson, 요한 실러Johann Schiller, 고트홀트 레싱Gotthold Lessing이 본질적으로 멜로드라마적 비극이나 감상주의 소설에서 "계급 갈등이 성적 착취나 강간으로 비유되는 해석"에 매달렸으며, 그리하여 (5장에서 논의되었듯이) "잔존한 봉건제도에 맞서 도덕적으로 그리고 감정적으로 해방된 부르주아 의식의 분투"를 표현한다고 주장한다.[32] 세기 전환기 미국의 대중 멜로드라마는 계속해서 희생되는 여성의 위기들을 계급적 분화 및 불의라는 테마를 강조하는 데 사용했다. 비록 그 대립과 충돌이 사악한 귀족 대 선한 부르주아가 아니라, 타락한 부르주아와 가난하지만-고결한 노동계급을 대치시키는 층위로 순화되었지만 말이다.[33]

이런 사회적 알레고리의 맥락에서 시리얼 퀸 멜로드라마는 흥미로운 전환을 기록하는데, 왜냐하면 이런 영화들은 사회적 불의를 직접적으로 언급하거나 인물들을 전체 사회경제적 계급의 상징적 대역으로 배치한 적이 거의 없기 때문이다. 남녀 주인공은 늘 태평한 상위 계급이나 견실한 전문직 중산계급에 속해 있는 것으로 묘사되었다. 시리얼은 무대 멜로드라마가 '근로 여성'만을 미화했던 것을 덜어내고 종종 그녀의 희생에 더했던 금욕주의적 결핍의 파토스를 완전히 배제시켰다(시리얼에는 여주인공이 돌봐야 하는 병든 어머니나 눈먼 자매가 등장하지 않는다). 또

그림 8.24 〈아일랜드 아가씨 본〉 포스터(Harvard Theatre Collection 제공, c. 1870)

한 시리얼 퀸 멜로드라마에는 무대 멜로드라마의 전형적인 '블루칼라 주인공(선한 남성 근로자)'이나 그 주변에서 길거리 생활을 코믹하게 드러내는 인물들이 나설 자리가 존재하지 않는다. 정 많은 술꾼 전령사나 몸종, 구두닦이, 이민자 출신의 행상인들—길거리표 재치, 도덕적 꿋꿋함, 그리고 사회의 엘리트주의에 맞서는 넉살로부터 품위가 배어나오는—은 완전히 삭제되었다.

시리얼 퀸 멜로드라마의 알레고리적 전환은 명확했다. 그것이 은유한 사회적 역학은 계급적인 것이 아니라 젠더적인 것이었다. 시리얼 퀸 영화들이 계획했던 사회적 불안정이나 압제는 '도덕적, 감정적으로 해방되었던' 최하층의 두려움이 아니라, 마찬가지로 해방을 누리게 된 신여성이 공공 영역에서 느끼던 두려움이었다. 시리얼 퀸 장르는 근대의 주

요한 시기, 속성상 본질적으로 역설적인 여성 경험을 포착해냈다. 가정
생활에 대한 거부와 권력 부여의 판타지를 통해 시리얼 퀸 멜로드라마는
여성들이 가정이란 영역을 벗어나 미증유의 이동가능성mobility을 향유할
수 있게 된 데서 느끼는 흥분을 찬미했다. 하지만 시리얼 퀸 장르는 이에
상응하여 희생당하는 여성을 묘사함으로써 이런 이탈이 초래할 수 있는
위험들도 그려냈다. 폭행, 납치, 고문, 강간을 암시하는 장면들은 여성이
성적, 계급적, 인종적으로 뒤섞인 근대 도시 환경의 혼돈 속에 들어섰을
때 맞닥뜨릴 수 있는 최악의 시나리오를 제시했다(사진 8.25, 8.26).

이 시기의 대중지들은 도시화된 미국에서는 이제 더이상 사회적 예법
이라는 빅토리아 시대의 구속력에 의해 보호받지 못하는, 보다 독립적
인 여성들의 출현과 동시에 일반 대중의 교양이 전반적으로 붕괴되었다

그림 8.25 〈폴린의 위기〉의 확대 정지 화면(1914)

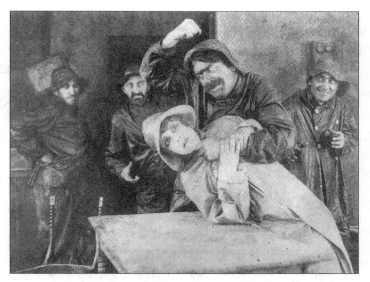

그림 8.26 〈폴린의 위기〉의 홍보 스틸사진(1914, Museum of Modern Art Stills Archive 제공)

고 써대기 시작했다. 1906년 『코즈모폴리턴 매거진Cosmopolitan Magazine』에 실린 엘리너 게이츠Eleanor Gates의 기사 「혼자 돌아다니는 소녀The Girl Who Travels Alone」는 새로운 — 특히 뉴욕이 심하기는 하지만 전국의 모든 도심에서 발생하고 있는 — 사회문제를 기술했다. 즉 동행자 없는 여성에게 쓸데없이 계속해서 들이대는 낯선 남자들의 희롱, 센트럴 파크에서 무례하게 지껄이는 소수민족 패거리들(특히 본토박이 '외국인 아들들'), 전철에서 "키스를 강요하는" 대학생 난봉꾼들, 짐마차꾼들의 음담패설, "뉴욕에서 우후죽순으로 늘어나고 있는" 타입으로 "혼자 있는 어린 소녀들에게 의도적으로 접근한 뒤 무례하고 외설스러운 말들을 닥치는 대로 내뱉으면서 덜그럭대며 지나가는 남성 운전자들" 혹은 어느 젊은 여성의 내과의였던 "S박사"처럼 급기야 신체적 해악을 끼치는 경우 "작은

그림 8.27 〈플런더〉의 홍보 스틸사진(1923, Museum of Modern Art Stills Archive 제공)

가방을 들고 42번가 전철역 입구를 향해 걸어가고 있는 아가씨에게 한 번도 본 적 없는 남자가 팔을 붙잡는다. 그녀는 그의 파렴치한 말에 못 이겨 일격을 가하지만 남자는 되받아칠 뿐 아니라 드레스를 찢는 것도 모자라 그녀를 층계참에서 때려눕힌다. 구경꾼들이 모여들었지만 어느 누구도 도움을 주지 않았다(그림 8.27)".[34] 게이츠는 자신이 든 사례들이 "수천 건이 될 수도 있다"면서 "차마 입에 담지도 못할"—추측건대 강간을 의미하는—사건들은 제외했다고 덧붙였다. 이 모든 문제들은 익명성과 이질성, 이동성이 놀라우리만치 집중된 근대적 도시, 게이츠의 표현에 의하면 "여성들에게 가장 폭넓은 자유를 허락한 이 나라의 사회적 조건들"에서 야기되었다.

그림 8.28 맨해튼 남쪽에 있는 바우어리 가의 전형적 풍경(c. 1899, Zeisloft, ed., The New Metropolis, 1899)

하버드의 저명한 심리학자 후고 뮌스터베르크는 1913년 뉴욕 타임스 New York Times에 기고한 글에서 "가족이라는 범주 밖에 위치한 미국 여성"의 혁신에 내재된 근본적 양가성을 추려냈다. "남성과의 접촉은 증가되었고, 새로운 독립성에 대응하여 가능한 한 모든 방식을 통해 즐거움을 추구할 수 있는 권리가 생겨났으며, 그녀의 위치는 더욱 노출되고 더욱 위험해졌다."[35] 뮌스터베르크의 판단은 흡사 〈폴린의 위기〉와 같은 시리얼의 시놉시스라고 해도 믿길 정도였는데, 폴린은 거의 그 시기에 등장했다(뮌스터베르크가 글을 쓰고 있을 무렵 촬영중이었다).

역시 이 당시 등장했던 (납치, 감금, 그리고 순결한 여성들에게 강요됐던 도시 매춘을 그려낸) '백인 노예' 영화에 대한 논쟁이 불거졌던 것처럼, 시리얼 퀸 장르는 혼성화된 사회의 공공 영역에서의 여성해방과 독립이 초래한 결과에 대해 남녀 모두가 느꼈던 광범위한 사회적 불안을 형상화했다(그림 8.28).[36]

근대는 여성에게 사회적 활동이라는 새로운 자유를 가져다주었다. 혹은 더 정확히 말해, 그것은 근대의 필수조건이었다. 여성의 이동성은 근대 자본주의를 위해 필수적이었다. 여성들은 기술이 필요치 않거나 단순 노동, 또는 사무직의 값싼 노동으로써 공장제 대량생산과 관료제 합리화의 발전에 혁혁한 공을 세웠다. 상품 구매자로서 (또한 백화점이나 기타 상회의 저임금 '여점원'으로서) 여성들은 자본주의가 기대고 있는 소비자 경제에 연료를 공급했다. 근대 자본주의의 여성 참여는 사회에 에너지를 불어넣어주는 동시에, 새롭고 강도 높은 위험에 노출시키는 결과도 가져왔다. 여성적 힘과 취약성 사이를 오갔던 시리얼 퀸의 진동은 도시적 근대성에 직면한 여성들의 새로운 위치에 대한 역설과 모호함을 표현하는 것이었다.

로드라마와 모더니티
용어는 그 의미가 명확
히 규정되지 않았음과
들구하고, 아니 바로
기 때문에 절실한 연
ㅏ 지속적으로 요구되
중대하고도 애매한 개
들을 상위 목록으로 지
ㅐ 있다. 이 책의 목적
ㅔ 멜로드라마, 특히
0년에서 1920년 사이
ㅐ국 대중 연극과 영화
ㅐ서도 선정적 멜로드
ㅐ를 근대의 산물이자
ㅐ—근대의 경험현상
ㅐ과 이데올로기적 반
문화적 불안, 텍스트의
ㄱ, 교차 경향, 사회적
통계, 그리고 삽입적
ㅇ…으로 위치시킴으로
ㅐ 그 둘 사이의 상호관
ㅐ 조망하는 데 있다.
ㅔ 이 연구의 기본이 되
ㅐ사적 목적이라고 한
ㅏ. 그것은 대표적인 두
현상, 즉 폭력·유혈
10·20·30센트짜리
무대 멜로드라마와
에 유행했던 시리얼
ㅐ 발굴해내는 것이
ㄱ 그것들은 오늘날 상당
ㅣ 잊혀버리지만 새로
ㅔ기로 접어드는 미국

대중문화와 그 이상을 이
해하는 데 중요하다. 이병
문 비교적 최근까지 근대
성이란 개념은 경험학에
서 이렇다 할 중요한 위치
를 차지하지 못했다 해도
무방할 것이다. 그러나 근
대성은 사회이론의 오래
된 근원적 테마로서 이론
ㅋ스나 뒤르켐, 베버, 퇴니
에스, 지멜을 포함한 많은
이들의 저작 동기가 되었
다. '무엇이 서구의 근대
산업사회를 다른 것들과
구분 짓는가' 라는 핵심
질문이 주어졌을 때 근대
성이란 놀랄 것도 없이 사
회경제적, 인지적, 이데올
로기적, 도덕적, 그리고 경
합혼적 쟁점들을 포함하
는 이론적이리만치 섬뜩
위한 논제인 것이다. 내
작업의 첫 순서는 이렇듯
본래 널리 흩어져 있던 사
회이론의 집합들에 어느
정도 구조를 부여하려는
노력이 될 것이다. 1장에
서는 모더니티의 성격에
관한 주요 담론들을 개략
적으로 제시한다. 내가 제
안하는 분석 틀은 모더니
티의 여섯 가지 측면으로
분류된다. 첫째 일반적으

로 '근대화' 라는 라벨이
붙여지는 사회경제적, 거
울적 성장의 쾰쾰적 증가
라는 측면. 둘째 '도구적
합리성의 지배' 라는 점.
셋째 근대가 끊임없는 문
화적 분연속과 이데올로
기적 반성의 조건이라는
측면. 넷째 유동성의 증대
와 모든 '사회세톨' 의 순
화라는 측면. 다섯째 세

멜로드라마 마케팅
—시리얼과 상호텍스트적 관련성

분화된 사회적 환경과 경
쟁적 개인주의의 특징을
갖는다는 점. 여섯째 근대
는 전례 없이 감각적인 폭
집성과 강렬함을 지난 지
각 환경이었다는 측면이
다. 이 모든 측면들이 나
의 멜로드라마 분석에서
똑같은 부게중심을 갖지
는 않는다. 내 논의에서
대다수의 측면 경우들은
근대성이라는 쟁점에 전
적으로 좌우되지 않는 특
정한 영화사적 문제들을
좋을 테지만, 내 분석의
주안점은 대개 멜로드라
마가 모더니티의 문화적
표현으로 간주될 수 있는
방식들을 탐구하는 데 있
다. 최근 영화학 연구물들은
특히 마지막 국면, 즉 강

화와 대도시 현상학의 관
계에 초점을 맞춰봤다. 이
는 나 역시 후 장을 할애
한 중요한 주제이지만, 여
기서 전개되는 근대성의
도식화가 보다 폭넓은 범
위의 관계들을 고찰하는
방향으로 논의를 진전시
키는 데 일조되길 바란다.
모더니티와 견주어볼 때,
아니 실제로 그 어느 것과
비교하더라도 멜로드라마
란 주제는 결코 초라한 지
적 계보를 갖고 있다. 드
라마의 한 범주로 식급의
기 시작한 이래 두 세기
동안 멜로드라마는 비평
가물의 비웃음과 비아냥
거림의 표적이 되어왔다.
가령 1910년대에 한 비평가
는 영화가 시가 무대 멜로
드라마를 도심 극장에서
몰아낸 지 처우 해 지난
후 넘쇠찰 만큼 속시원하
다는 반응을 보였다. 멜로
드라마는 그 모든 저질의
조잡하고 닭고닮은, 천박
한데다 두리미침 뿐만 아
니라 그이말로 터무니없
는 비예술적 드라마의 형
식 가운데 하약이었다.
ㄴ···니 나는 10·20·30센트
수준의 멜로드라마가 그

근대문화를 이전 시대와 다르게 규정짓는 요소 가운데 하나는 풍부하고 복잡하게 얽힌 텍스트 간의 교차 및 상호작용이다. 대도시가 등장하면서 인간 상호작용의 장이 눈코 뜰 새 없이 분주해지고 더욱 다채로워진 것과 함께 근대의 개막은 텍스트 간의 상호 접속망을 훨씬 더 복잡하고 활발하게 만들었다. 이는 지금까지 시각예술, 연극, 음악, 그리고 문학 간의 텍스트적 관련성이 형성된 적이 없었다는 말이 아니라(지난 1500년간 성서가 미친 영향을 생각해보라), 근대 자본주의 사회에 와서 널리 퍼진 텍스트 간의 상호작용이 신기원을 이룰 만큼 이례적이었다는 의미다. 이런 현상은 무엇보다 미디어 테크놀로지와 커뮤니케이션 네트워크, 그리고 상업적 오락의 팽창에 빚진 바 크며, 그 중심에는 1장에서 기술했듯 전례 없이 늘어난 모든 '사회체들'의 이동과 순환이 자리하고 있다. 말할 필요도 없이 모더니티의 이런 측면은 지난 세기 동안 계속해서 급증해왔다(이런 사실에서 포스트모더니티의 '포스트'란 접두사에 의

문을 제기하는데, 왜냐하면 현대사회의 이런 양상은 모더니티와의 단절을 나타낸다기보다 일종의 플러스 효과임을 보여주기 때문이다).

멜로드라마의 텍스트 간 관련성이 다른 문화 형식들보다 뿌리 깊다고 단언하는 데는 무리가 따를지 모르겠으나, 그 어떤 장르도 선정적 멜로드라마, 특히 초기 시리얼 필름의 상호텍스트성에 비길 수 없다고 말하는 것은 무방할 듯하다. 가장 원초적인 수준에서 시리얼은 본래부터 상호텍스트적이다. 각 에피소드는 앞뒤 편과 연결되어 있고, 클리프행어가 오버랩되는 구조상 모든 에피소드들은 실제 다른 에피소드의 일부로 편입되어 있다. 그 구조는 머릿속에서 분리된 텍스트들을 찾아내어 맞출 수 있게끔 유도한다. 보다 넓은 층위에서 시리얼 필름의 형성은 이전 장에서 논의했듯 10-20-30센트짜리 무대 멜로드라마(뿐만 아니라 싸구려 소설, 이야기 신문, 그리고 다른 종류의 대중소설, 특히 연재소설)와 긴밀한 상호텍스트적 연결고리를 지니는데, 이는 또한 결과적으로 시리얼들을 값싼 멜로드라마의 사회적, 미학적 지위에 관한 비평 담론의 텍스트 망 속에 걸려들게 한다. 시리얼 퀸 멜로드라마는 나아가 선정적인 신문의 스턴트 기사와 같은 특수 양식, 그리고 보다 일반적으로는 신여성과 페미니즘의 출현을 둘러싸고 널리 퍼지고 있던 문화적 동인들에 의존했다. 가장 광범위한 수준에서 선정주의와 초자극에 관한 담론은 시리얼 멜로드라마와 영화 전반을 맴돌고 있었다.

이 장은 필름 시리얼들을 둘러싼 각종 홍보 텍스트에 치중함으로써 선정적 멜로드라마의 상호텍스트적 맥락을 구성하는 또다른 차원을 탐구한다. 나의 주된 관심사는 동시발행 소설들인데, 이것은 영화와 단편소설들을 보다 넓은 층위에서 멀티미디어 텍스트 단위를 구성하는 양축으로 서로 잇는 직접적이고 열띤 상호텍스트 형식이다.

***

시리얼은 영화산업이 근대 소비주의 시대로 진입하는 데 선구적인 역할을 담당했다. 시리얼이 도입한 사업 모델은 초기 영화 시대의 다른 어느 상품보다 광범위한 마케팅에 기초했다. 1915년, 초기 영화 평론가 로버트 그라우Robert Grau는 이렇게 진술했다. "시리얼이 홍보 전문가의 수요를 창출한 정도는 (…) 근대 영화 업계에서 광고부의 중요성이 거의 제작부에 맞먹을 정도였다."[1] 이는 물론 세기 전환기 무렵 모든 경제 부문에서 생겨난 패러다임이었다. 이때까지 자본주의는 상품이 판매되는 수준 이상으로 생산하지 않았다. 상품이 요구되는 만큼만 생산했던 것이다.

1910년대 중반 영화산업은 공격적인 '시장 개척'의 중요성을 인식하기 시작했지만 그것은 상대적으로 광고효과를 무용지물로 만들어버리는 짧은 상영기간으로 인해 좌절되었다. 1916년 한 주 내내 똑같은 프로그램들을 상영했던 극장은 서른세 곳 가운데 오로지 한 군데에 지나지 않았다. 상영작이 매주 다섯 작품까지 변경되었고, 극장 세 곳 가운데 하나는 일주일에 여섯 편의 필름을 갈아치웠다. 예상과 달리 3년 후의 보고서는 짧은 상영 시기가 더욱 보편화되었음을 보여준다. 일주일 내내 같은 영화를 상영한 극장은 백 군데 중 하나에 지나지 않았고, 5분의 4 이상이 필름을 매일 갈아 끼웠다.[2] 이렇듯 신속한 재편성은 광고의 비용효과를 저하시켰을 뿐만 아니라 입소문이나 신문 리뷰 같은 부수적인 홍보효과도 떨어뜨렸다. 이 문제는 1916년 『매클루어 매거진』의 한 기사에서 역설되었다.

단편 극영화는 소모품이다. 오늘은 여기, 내일은 저기에서, 그 양과 질이 어떻든 간에 그 제작물의 총수입을 보면 시리얼처럼 수십만 달러를 투자할 근거가 없는데, 왜냐하면 제작자는 결코 단편 극영화의 특질이나 주제와 관련하여 대중 교양을 높이기 위해 들여야 하는 광고비용만큼 벌어들일 수 없기 때문이다.

이 글이 보여주듯 시리얼은 당면 문제를 해결해주었다. 그것들은 대량 광고를 위한 이상적인 매체였다. 어떤 제목이든 똑같은 극장에 서너 달은 걸려 있을 것이므로.[3]

시리얼 제작자들과 상영관 극장주들은 신문, 잡지, 업계지, 광고판, 시가 전차, 낱장 악보, 신제품 증정, 현상공모, 쿠폰, 엽서, 기타 등을 이용한 광고에 막대한 투자를 했다. 파테 사는 1916년 다섯 편의 시리얼을 개봉하는 데 신문과 광고판 홍보비로만 (오늘날 770만 달러에 상당하는) 50만 달러를 지출했다고 알려진다.[4] 파테 사는 〈폴린의 위기〉를 위해 뉴욕 시에만 52개의 광고판을 세웠다고 주장했다(그림 9.1). 파라마운트 사는 그 첫번째 (그리고 마지막) 시리얼 〈후 이즈 넘버 원?〉(1917)을 홍보하기 위해 "150여 도시를 뒤덮을 만한, 그리하여 총 5천만 인구 — 미국인 절반 — 의 거주 구역을 망라하는 대규모 광고판 캠페인"을 떠벌렸다. 비타그래프 사는 〈파이팅 트레일〉(1917)을 위해 엄청난 광고판 공세와 함께 '24쪽의 인쇄물' 12000부를 뿌렸고, 한 달 후 또다른 인쇄물을 12000부나 배포했다. 광고판이 시리얼 홍보 수단으로 각광받기 시작한 것은 1910년대 이런 광고 형식의 급속한 성장과 맞물려 있다.[5] 이미 1915년에는 『퍽』지의 만평이 보여주듯(그림 9.2) 시리얼 멜로드라마의 광고판은 도시 빈민가에 드리운 도심의 전형적 구성요소가 되어 있었다.

그림 9.1 뉴욕 브루클린에 걸린 〈폴린의 위기〉 광고판, 1914(모션 픽처 뉴스, 1914. 6. 13.)

그림 9.2 "아름다운 미국—평범한 미국 마을이나 도시로 들어서는 전경"(시리얼 필름 광고판에 대한 패러디 만평, 『퍽』, 1915. 5. 15)

현상공모는 시리얼 홍보의 비근한 방식이었다. 이 수법으로 현상금을 통해 무척이나 인상적인 공세를 펼칠 수 있었다. 이런 유행은 파테 사와 연계된 허스트 지가 〈폴린의 위기〉에 현상금으로 25000달러(오늘날의 약 385,000달러)를 내건 데서 시작되었다.

시청자들은 내러티브상의 예상 시나리오—가령 '그 미라가 했던 말은?'—를 찍어 맞춰야 했다. 탄하우저 사는 시카고 트리뷴에 〈밀리언 달러 미스터리〉(1914)의 마지막 장에 쓰일 1백 단어 상당의 결말에 1만 달러(오늘날의 약 165,000달러)를 내걸었다.

시카고 트리뷴과 아메리칸 필름American Film Manufacturing Company은 1만 달러 고료 30회 분량의 시나리오를 공모하여 〈스카이 다이아몬드〉(1915)를 제작했다. 당시 시카고 트리뷴 편집자이자 시나리오 심사위원이었던 테리 램지는 19003편의 아이디어가 접수됐다고 공표했다. 수상자는 첫 번째 에피소드가 끝난 후 발표되었고, 이로 인해 엄청난 사전 홍보효과를 거두었다. 그후 제작자들은 7개월 반이라는 이례적으로 긴 상영기간 동안 시청자들의 관심이 떠나지 않게 하기 위해 시리얼의 베스트 엔딩과 관련하여 또다시 1만 달러를 내걸었다. 이후 시카고 트리뷴과 아메리칸 필름은 〈스카이 다이아몬드〉 속편에 가장 잘 어울리는 콘셉트에 5천 달러(오늘날의 83550달러)를 내걸었다. 칼턴 라후에 의하면 그 상당한 금액은 테리 램지라는 분에게 돌아갔다(라후가 틀리지 않았다면). 이러한 사기 행각은 말할 것도 없이 『무수한 밤A Million and One Nights』에 언급되지 않았을 것이다.[6]

낱장 악보는 시리얼 필름 홍보에 있어 또다른 비근한 방식을 낳았다. 리사이틀과 노래 모임은 집과 영화관, 그리고 보드빌 극장 어디서나 인기를 끌던 오락 형식이었고, 이에 발맞춰 영화 홍보 담당자들은 악보 제작자들과 손잡고 메리, 폴린, 루실 러브, 주도라, 런어웨이 준, 로맨틱 루스, 헬렌, 그리고 다른 시리얼 여주인공들의 모험에 대한 노래들을 발표했다. 낱장 악보의 표지에는 언제나 영화 속 여주인공의 커다란 초상이 등장했다. 추측건대, 이런 노래들은 시리얼 상영 프로그램의 일부로 연주되었을 것이다.[7]

스타 시스템 ― 스튜디오나 장르, 감독, 혹은 영화의 가장 중요한 특징으로 기록될 만한 다른 잠재 요소들보다 스타들을 활용하는 선전 방식 ― 은 1910년대 부상했던 마케팅 전략의 핵심이었다. 스튜디오들이 소속 배우들의 이름을 내세우기 시작한 것은 1910년경부터이다. 이로써 리처드 드코르도바Richard deCordova의 표현을 빌리면 "영화 퍼스널리티 picture personality" 시스템이라 불릴 만한 것이 개시되었다. 스타 시스템은 본래 드코르도바가 상술했듯 두 가지 현상을 수반했다. 첫째는, 실제 배우의 퍼스널리티와 스크린상의 허구적 페르소나 사이의 경계를 희미하게 만듦으로써 팬들로 하여금 그 둘을 동일하게 여기도록 하는 것이고, 둘째로 홍보 기구를 창설하여 배우들이 최근 직업적으로 펼친 활동뿐만 아니라 그들의 실-생활과 관련된 토막기사 '정보'들을 유포시키는 방식이었다. 배우의 역할에 초점을 맞췄던 1910년대 초반의 홍보 방식은 배우들의 일대기를 통해 그들이 왜 그 역할에 안성맞춤인지를 보여주는 것이었다. 반면 1910년대 중반 이후의 홍보물은 스타의 사생활과 로맨스, 실내장식, 패션 취향, 화장술 팁, 휴가 활동 등 잡다한 세목들까지 동원했다.[8]

시리얼과 스타 시스템은 찰떡궁합이었다. 며칠이 아니라 몇 달까지 늘어나는 시리얼 상영기간은 팬 매거진 및 여타 판촉물에 홍보 특집들이 실릴 기회를 크게 증가시켰다. 1916년 『모션 픽처 매거진』이 실시한 스타 인기투표에서 여자 부문 1위에서 3위까지가 시리얼에만 등장했던 스타였고 4위 역시 이런 체제 속에서 심심치 않게 등장하는 인물이었다는 사실은 우연의 일치가 아니다.[9] 더욱이 똑같은 배우가 똑같은 역할을 매주 선보이는 시리얼은 스타의 페르소나를 고정시키고 배우와 그녀의 역할이 본질적으로 동일하다는 신화를 널리 퍼뜨리는 과정을 훨씬 더 수월하게 만들었다. 이런 목표에 부합하는 손쉬운 전략은 바로 스타의 이름을 주인공 이름으로 사용하는 것이었다. 메리 풀러는 〈메리에게 생긴 일〉(에디슨 사, 1912~13)에서 메리 데인저필드 역을, 캐슬린 윌리엄스는 〈캐슬린의 모험〉(셀리그 사, 1914)에서 캐슬린 헤어 역을, 플로렌스 라 바디Florence La Badie는 〈밀리언 달러 미스터리〉(탄하우저 사, 1914)에서 플로렌스 그레이 역을 맡았다. 마거리트 코트오트Marguerite Courtot는 〈마거리트의 모험〉(칼렘 사, 1915)의 동명 여주인공으로, 루스 롤런드는 〈팀버 퀸The Timber Queen〉(파테 사, 1922)에서 루스 리딩으로, 또한 〈귀신 들린 계곡〉(파테 사, 1923)과 〈루스 오브 더 레인지Ruth of the Range〉(파테 사, 1923)에서는 루스 레인저로, 뿐만 아니라 〈루스의 모험〉(파테 사, 1920)과 〈루스 오브 더 로키〉(파테 사, 1920)에서 루스라는 이름을 가진 또다른 여주인공으로 등장했다. 펄 화이트의 경우 〈펄 오브 아미〉(파테 사, 1916)의 펄 데어로, 〈운명의 반지〉(파테 사, 1917)의 펄 스탠디시로, 〈플런더〉(파테 사, 1923)의 펄 트레버스로 분했다. 베벌리 배인Beverly Bayne은 〈위대한 비밀The Great Secret〉(메트로 사, 1917)에서 베벌리 클라크 역을 맡았으며, 헬렌 홈스는 〈헬렌의 위험천만한 모험〉(칼렘 사, 1913~17)과 〈로스트 익스프레스〉(뮤추얼 사, 1917)의 여주인공 헬렌 역으로 출현했고, 〈벌목업의 여왕〉(뮤추얼 사, 1916~17)과 〈걸 앤드 게임〉(뮤추얼 사, 1916)에서 헬렌 홈스가 맡았던 배역 이름은 실제로 '헬렌 홈스'였다. 홈스가 칼렘 사를 떠난 후 엘렌 깁슨Ellen Gibson이라는 여배우로 대체되었으나, 그녀는 이름을 헬렌 깁슨으로 바꾸어야 했다.

***

아마도 시리얼 홍보의 가장 중요한 양식은 최소한 1917년까지는 전국 규모 잡지와 신문에 동시 게재되었던 산문판 동시발행물 — "아침엔 이곳에서 읽고 저녁땐 화면으로 보시라!"고 외치며 소비자들을 들쑤셨던 — 이었을 것이다. 동시발행물들은 필름 시리얼의 원조가 값싼 소설이었음을 재차 긍정하면서 엔터테인먼트 시장을 파고들었는데, 그 엄청난 수준은 이전의 싸구려 소설이나 문예란이 결코 기대할 수 없는 정도였다. 조직적으로 배급되는 산문판 동시발행물은 대량 유통되던 대중지는 물론, 전국적으로 수백(스튜디오들의 주장에 따르면 수천) 개에 달하는 신문에 등장했으며, 그 추정 독자층은 1천만 명에 이를 정도였다. 동시발행물은 사실상 전국의 모든 메이저급 신문에 등장했다. 이런 시스템으로 인해 영화 홍보의 영역 — 몇 년 전만 하더라도 그 수준은 낱장 홍보 카드나 스크린 슬라이드, 그리고 이따금씩 소형 신문에 내보냈던 소개에 그쳤던 — 은 증폭되었으며, 영화를 우리가 오늘날 이해하는 대중 매체로 발전시키는 데 공헌했다. 동시발행물은 메가톤급 홍보의 최초 사례로 꼽힐 수 있는데, 이런 마케팅 패러다임은 곧 할리우드 시스템의 특징이 되었다.

우리는 일반적으로 영화와 TV가 엔터테인먼트 수단이었던 독서의 지위를 빼앗은 정도에 대해서는 잘 알고 있지만, 세기 전환기 무렵 값싼 단편소설들이 얼마나 중요한 대중오락으로 부상했는지에 대해서는 무

지한 편이다. 이 시기에 단편소설들의 선풍적 인기는 상상을 초월할 정
도였다. 7장에서 밝혔듯 오늘날 소설을 출간하는 정기간행물은 소수에
불과하지만, 1915년에는 거의 60여 개에 이르는 전국 메이저 잡지와
'신문 소설들' 그리고 일요일 부록에 단편소설과 연재소설들이 실렸다.
월별 간행부수를 합치면 거의 8천만 부에 육박하는데, 이는 미국 전체
인구에 맞먹는 수치였다. 여러 대도시 신문 역시 매일같이 단편소설 특
집을 내보냈다. 그것은 수백만의 판매부수를 올려주었던 유인물이었다.
단편소설은 영화가 대중 시장으로 손을 뻗치려고 노력하던 시기, 일상
생활에 깊숙이 침투해 있었다. 그리하여 영화제작자들과 싸구려 소설
출판업자들이 인접한 동종-매체 경쟁자들에 맞서기 위해 미디어-간 동
맹을 조직하는 방식의 상업적 논리를 간파했다는 것은 놀라운 일이 아
니다. 동시발행물을 통해 영화제작자들은 전국적 홍보라는 득을 볼 수
있었고, 신문과 잡지들은 '모방' 작과 판매량 증폭제를 획득했다.

　동시발행물은 확실히 필름 시리얼(그리고 나중에 살펴보겠지만 다른 단
편영화들까지도)의 홍보를 극대화시키는 데 일조했다. 이 장의 나머지는
또다른 기능의 가능성을 살펴보고자 한다. 동시발행물은 어쩌면 1910
년대 초반의 '과도기' 동안 감독들이 맞닥뜨렸던 곤경들에 대해 말해주
는 것인지도 모른다. '원시적' 영화가 고전적 내러티브 양식으로 전환
되는 대변신은 결코 즉석에서 일어나지도, 문제가 없는 것도 아니었다.
대략 1908년에서 1916년 사이에 제작된 많은 필름 샘플들을 봤던 사람
이라면 눈치 채겠지만 이 시기 영화에는 스토리상 정확히 무슨 일이, 왜
벌어졌는지, 헷갈리게 만드는 부분이 종종 등장한다. 이 시기에 관객들
이 내러티브를 이해하는 능력이 훨씬 더 뛰어났으리라고 생각할 이유는
어디에도 없다.[10]

문제는 초기 관객들이 동시발행물을 영화 내러티브 언어—그 자체만으로 충분히 이해하기 어려운—를 보충하는 방식으로 읽었느냐 하는 것이다. 관객들이 동시발행물을 찾은 이유는 아리송한 영화 내러티브를 이해하기 위해서였는가? 영화 관객들—그리고 영화제작자들—이 동시발행물에 의존했던 것은 원시-고전 영화에 증대되었던 기호학적 수고를 덜기 위한 방안이었는가? 이는 좀체 답하기 어려운 질문인데, 왜냐하면 무엇보다 영화를 보러 가기 전 얼마나 많은 관객들이 실제로 동시발행물을 읽었는지, 그리고 독자들이 산문판을 어떻게 활용했는지에 대해 알 길이 없기 때문이다. 이런 쟁점을 해명하기 위해서는 동시발행물 체제의 범위를 살펴보는 것과, 특히 까다로운 동시발행물 한쌍(1914~15년 시리얼 필름 〈주도라〉처럼 영화의 각 에피소드가 단편소설화되었던)을 분석하는 일이 도움이 될 듯하다.

비타그래프 사의 공동 창립자이자 회장이었던 스튜어트 블랙턴J. Stuart Blackton은 내가 아는 한, 동시발행 소설 아이디어를 처음으로 시행했던 사람이다. 1911년 2월 그는 미국 역사상 최초로 영화팬 매거진이라 할 수 있는 『모션 픽처 스토리 매거진』을 발간했다(그림 9.3). 매달 브루클린에서 발행했던 이 잡지에는 매 호마다 많게는 20편의(그러나 대개는 15편가량의) '극영화 스토리'가 들어 있었으며 약 10쪽 분량이었던 각 스토리에는 영화 스틸사진이 여러 장 포함되어 있었다(그림 9.4). 처음 6개월 동안 이 잡지는 '스토리화'된 영화의 스튜디오를 밝히지 않았는데, 의심할 바 없이 그 이유는 블랙턴이 비타그래프의 경쟁사들을 판촉하기 꺼렸기 때문이다. 마침내 이 잡지는 오로지 '특허받은' 영화들(즉 영화특허권회사의 배급사였던 주식회사 제너럴 영화사에서 개봉한)의 스토리만 출간한다는 것이 분명해졌다. 상업적으로 성공을 거둔 『모션 픽처 스토리 매거진』은 1913년까지 발행부수가 215,000부에 이르렀는데, 이는 『포토플레이』(오늘날 우리가 생각하기에 이 시기 가장 두드러지는 팬 매거진이라 할 수 있는 잡지)가 1920년에 이르러서야 비로소 달성했던 수치였다.[11] 이 잡지는 1915년 『모션 픽처 매거진』이란 이름으로 변경하면서 스타들의 성격과 할리우드 가십, 흥미를 자아내는 스페셜 특집에 더욱 초점을 맞추는 등 보다 일반적인 팬 매거진으로 변화되었다.[12] 동시발행 소설이 차지하는 비율은 차츰 줄어들었는데, 1918년에는 각 호마다 서너 편의 극영화 스토리들이, 그리고 1920년대에는 한두 편이 실렸을 뿐이었다.

『모션 픽처 매거진』에 이어 1910년대 초중반 대부분의 영화 팬 매거진들은 동시발행 소설을 특집으로 다루었는데, 그중 『무비 픽토리얼Movie Pictorial』(1913~16)이나 『모션 픽처 클래식Motion Picture Classic』(1915~)도 속해 있었다.[13] 1911년부터 시카고에서 매월 발간되었던 『포토플레이』역시, 원래 의도는 동시발행물로만 구성된 잡지였는데, 각 호마다 약 12편의 동시발행물을 싣는 식이었다. 『포토플레이』의 모든 스토리들은 독립(non-MPPC) 스튜디오들이 제작한 두세 릴짜리 필름들과 관련된 것이었다. 1910년대 중반 이후로 접어들면서 이 잡지 역시 『모션 픽처 매거진』과 마찬가지로 동시발행 소설의 비율을 줄여나갔다. 1915년에는 각호당 일곱 편의 극영화 스토리들이, 그리고 1917년에는 두 편만 실렸을 뿐이다.

극영화 동시발행 스토리의 가장 풍부한 출처는 아마도 주간지였던 『무빙 픽처 스토리Moving Picture Stories』였을 것이다(『모션 픽처 스토리 매거진』과 혼동하지 마시길. 설상가상으로 이는 종종 『무빙 픽처 스토리 매거진』이란 제목으로도 회자되었다). 프랭크 투시Frank Tousey(통속소설 잡지계

The Motion
PICTURE STORY
Magazine

APRIL · FIFTEEN CENTS

Scene from Dickens' · PUBLISHED FOR THE PUBLIC · Tale of Two Cities

그림 9.3 『모션 픽처 스토리 매거진』 표지

The IRON STRAIN

by NORMAN ·BRUCE·

·K·B· TRIANGLE

This story was written from the Photoplay of C. GARDNER SULLIVAN

"Y ou TALK," observed Adele Van Ness with cold fury, "like a stock farmer instead of the head of a great house." Her delicate nostrils contracted fastidiously, and a network of nerve-etched wrinkles that careful massage could not wholly eradicate sprang web-like across her skin.

Her father laughed grimly. "It is as the head of a family that I would keep great that I speak, daughter," he said; "the Whitney blood is thin-

ning out, and we need a newer, sturdier fluid in our veins. Octavia is the last of my race. God help her children if she marries one of those brainless, spineless misfits that I saw at your ball tonight."

"Octavia," said Octavia's mother coldly, "is not an animal. She is, I am happy to say, quite sensible of her duty in marrying a refined, educated gentleman of her own station in life. I am afraid, father, that your Alaska experiences have hardly fitted

39

그림 9.4 〈아이언 스트레인(The Iron Strain)〉의 동시발행 소설 (『모션 픽처 스토리 매거진』, 1913. 12.)

의 거물 출판업자)에 의해 뉴욕에서 간행되었던 『무빙 픽처 스토리』(그림 9.5)는 적어도 초창기 몇 년 동안은 뮤추얼 사내의 개별 제작자들로부터 스토리들을 독점적으로 사용했다. 매주 여섯 편의 극영화 스토리들이 실렸던 이 잡지는 1913년 1월 3일에 나온 창간호부터 1929년 발행이 중단될 때까지 약 5천 편에 달하는 동시발행 소설을 찍어냈다.[14]

이런 팬 매거진들은 지독한 영화광들 사이의 틈새시장을 잠식했으나, 일반 대중을 사로잡았던 것은 독점배급 신문syndicated newspaper의 특집란과 대중시장 잡지에 실린 동시발행물이었다. 이런 유행을 주도했던 시카고 선 트리뷴Chicago Sun Tribune은 1912년 1월 7일부터 일요일판 한 면 전체를 '영화-스토리'에 할애했는데, 그것들은 시카고의 메인 스튜디오들(셀리그 폴리스코프 사, 에사네이 사, 아메리칸 사)이 제작한 영화들에 기초했다. 이런 동시발행물의 특색은 영화-스틸 삽화에 주안점을 뒀다는 데 있다. 많게는 열여섯 개에 이르는 스틸 컷들이 상대적으로 짧은 지면에 덧붙여짐으로써, 일종의 사진소설 효과를 자아냈다(그림 9.6). 10주 후, 시카고 선 트리뷴 지는 이렇다 할 이유 없이 시리즈를 중단했다가 이후 시리얼 필름이 부상하자 동시발행 소설로 다시 돌아갔다.[15]

또다른 시카고 지역신문인 레코드 헤럴드Record-Herald(이후 '헤럴드'로 약칭함)는 1914년 내내 폭넓은 동시발행물 시리즈를 실었는데, 이는 유니버설 사가 배급했던 두세 릴짜리 필름들을 독점한 데서 가능했다. 헤럴드에는 '사진 스토리'들이 일요일만 빼고 매일같이 등장했다. 이것이 두세 컷의 스틸사진을 포함하여 신문 전면의 3분의 1을 차지했고, 그 옆에는 그날 해당 영화가 상영될 지역 극장들의 목록이 공개되었다. 이 신문에 실린 스토리들은 독점배급 형식으로 전국의 타 지역 신문사까지

HARRY BID IRENE FAREWELL. "The Coward's Atonement."

그림 9.5 『무빙 픽처 스토리』 표지(1913. 3. 14.)

그림 9.6 에사네이 사가 제작한 〈사랑 대 천재Love versus Genius〉의 동시발행물, 1912 (시카고 선 트리뷴, 1912. 2. 25.)

유포되었다.

몇몇 대중시장 잡지들은 개별 단편영화에 기초한 동시발행물들을 내보내기도 했다.[16] 하지만 동시발행물이 실제 대중들에게 접촉하기 시작했던 것은 1912년 필름 시리얼이 부상하면서부터였다. 에디슨 사는 『레이디스 월드』(판매부수 110만 부에 달하는 전국 4위의 월간지)와 제휴하여 〈메리에게 생긴 일〉(1912~13)의 에피소드를 잡지 스케줄에 맞춰 개봉했다. 이런 전략을 통해 양측은 모두 적지 않은 수익을 올린 것으로 알려졌다. 에디슨 사가 대중 홍보 타깃을 적중시켜 해당 시리얼은 대박을 터뜨렸고, 잡지는 판매고를 현저하게 끌어올렸다.

〈메리에게 생긴 일〉의 성공은 어느 정도 자극이 되었다. 셀리그 사는 시카고 트리뷴 지와 손잡고 1914년 1월 1일 즈음부터 6개월 간 이어진 〈캐슬린의 모험〉의 동시발행물을 내보냈다. 4월에 이르러 파테 사와 허스트 지가 선례를 따라 〈폴린의 위기〉 홍보에 나섰을 때, 시카고 헤럴드 지는 이미 내보내고 있던 유니버설 사의 동시발행물에 〈루실 러브: 미스터리 걸〉을 덧붙였고, 이로써 유행이 시작되었다(그림 9.7, 9.8). 사실상 1917년 이전 미국의 모든 시리얼은 통상 12주에서 15주에 걸친 동시발행물과 함께 제작되었다.

동시발행물은 전국적으로 약 50종에서 100종에 이르는 신문에 등장했던 것으로 보인다(이런 신문이 5천 종에 달한다고 호언장담했던 영화업계지 광고들도 있었으나, 이는 전국의 모든 신문을 다 합친 숫자를 뛰어넘고도 남는다). 몇 년 후 시리얼 동시발행물들은 어느 곳에서나 볼 수 있게 되었다. 1915년 예닐곱 개에 이르던 뉴욕의 메이저 신문들은 매일같이 혹은 일요일 판마다 동시발행물을 수록했고, 보스턴에서는 메이저 신문사 네 곳 모두가 동참했다.[17] 파테 사에 따르면 〈폴린의 위기〉 동시발행물은 매주 2천만 명의 독자를 사로잡았다. 독점배급 형식으로 동시 발행물을 내보냈던 소규모 신문사들뿐만 아니라, 허스트 네트워크의 규모를 감안한다면 이 수치가 그리 과장된 것만도 아닐 듯하다(적어도 잠재 독자층 수치로서는).

극장 로비의 포스터들과 슬라이드, 그리고 에피소드가 시작되고 끝날 때마다 등장하는 자막 타이틀들은 모두 관객들에게 지역신문의 동시발 행물들을 읽도록 부추겼다.

이 엄청난 공세에도 불구하고 시리얼 동시발행물의 전성기는 극히 짧았다. 1918년에 이르자 그것들은 거의 자취를 감춰버렸다. 처음에는 신문사들이 동시발행물을 따내려고 안달이었다. 시카고 트리뷴 지는 1913년 셀리그 사로부터 〈캐슬린의 모험〉 동시발행물 판권을 얻기 위해 실제로 12000달러(오늘날의 약 20만 달러)를 지불했는데, 이는 기본적으

그림 9.7 파테-허스트 사 합작 광고 (무빙 픽처 월드, 1914. 2. 28.)

그림 9.8 〈폴린의 위기〉의 동시발행 소설, 1914(허스트 사 배급, 1914. 11. 22.)

로 셀리그 사와 지역 극장주들의 광고를 얻기 위한 것이었다. 그러나 몇 달 후 영화제작자들은 무료 홍보에 대한 기대감에 모두가 너무나 흔쾌히, 그것도 거저로 스토리 텍스트들을 신문사에 넘겨줬다. 주도권이 자기 쪽에 있음을 깨달은 신문사들은 어떤 경우엔 시리얼을 상영하는 지역 극장으로부터 순이익의 25퍼센트를 받아냈으며, 제작자와 배급사에 일정량의 디스플레이 광고를 요구하기 시작했다. 신문사들이 청구하는 광고비 부담은 급속히 증가했는데, 영화업자들은 동시발행 칼럼을 위해 광고비와 맞먹는 비용을 지불할 정도였다. 이런 제도에서 얻을 만한 것이 없어지자 대부분의 제작자들은 동시발행물 대신 종래대로 광고하는 쪽을 선호하게 되었다.[18]

제작자들과 극장주들 가운데는 단순히 동시발행물이 시청자들의 흥미를 증가시키는 데 효과적이지 않다고 느끼는 이들도 있었는데, 스토리를 미리 누설함으로써 실제 입장료 매상에 차질을 빚을 수 있다는 것이었다. 1917년 9월 모션 픽처 뉴스에 실린 한 기사는 이런 상황을 다음과 같이 요약했다.

시리얼 게임이 시작되었을 때 유니버설 사는 전국에서 내로라하는 신문사들이 자사 시리얼의 여러 장을 스토리로 출간하게끔 제공했으나, 이런 계획은 폐기되었고 현재는 이런 출간이 시리얼에 보탬이 되지 않는다는 입장을 취하고 있다. 뮤추얼 사 역시 같은 입장으로, 챕터별 스토리 출간을 확보하는 데 아무런 노력도 기울이지 않는다. 비타그래프 사는 (스토리) 에피소드를 극장에 배급, 극장주가 원할 경우 알아서 출간하게끔 하고 있다. (…) 극장 지배인 중 몇몇은 상영 전에 미리 출간되는 스토리가 손님을 끌어모으는 데 저해가 된다고 지적했으며, 제작자들 가운데 적

어도 한 명은 소설화되지 않고도 더 큰 성공을 거두었던 시리얼을 만들었
노라 공언했다.[19]

게다가 제1차 세계대전 중 공급 부족으로 백지 종이의 가격이 폭등하
자 신문사들은 인쇄용지 사용을 대폭 축소했고, 스튜디오나 제작자, 혹
은 극장주들이 동시발행물을 싣는 일은 더욱 어려워졌다.

경우에 따라서 뮤추얼 사는 타블로이드판을 모방한 자체 신문을 제작
하여 극장주들이 상영관에서 나누어줄 수 있도록 했다. 루이 푀이야드
Louis Feuillade의 〈흡혈귀들Les Vampires〉(고몽 사, 1915, 아메리칸 사 배급,
1917)은 이런 형식의 읽을거리를 제공했다(그림 9.9). 허스트 재단과의
긴밀한 제휴관계 덕택에 파테 사는 1918년 중반까지 동시발행물을 간
행할 수 있었다. 그후 1923년까지 허스트 신문에 실린 동시발행물은 파
라마운트 사와 인터내셔널 필름 서비스(허스트의 자회사로, 매리언 데이
비스Marion Davies의 출연작을 특화시켰음)의 개별 장편영화에 기초했다.
이런 전환에 있어 허스트의 우선권은 의심할 바 없지만 파테 사 역시 시
리얼의 동시발행 텍스트를 쓰는 데 들이는 비용이 무가치해졌음을 깨닫
고 공급을 중단했을 것이다.

***

1910년대 후반 신문사 및 팬 매거진의 동시발행물이 쇠락하는 데 한
몫했을 법한 또다른 요소가 등장했다. 단순히 동시발행물의 필요성이
사라져버린 것이다. 고전적 할리우드 스타일이 발전할수록 영화제작자
들은 영화 화법 코드를 자유자재로 구사할 수 있게 되었고 (그 한계에

그림 9.9 뮤추얼 사가 자체 제작한 〈흡혈귀들〉 동시발행물의 업계지 광고, 1915(아메리칸 사 배급, 1917, 모션 픽처 뉴스, 1917. 3. 3.)

대한 이해도 늘어났으며), 동시발행물의 내러티브 안내 역할은 더이상 중요치 않게 되었을 것이다. 영화가 더욱 명료해지고 또한 길어지자 영화제작자들과 관객들은 파악하기 어려운 줄거리나 동기, 심리 등을 밝혀주는 보조 텍스트의 필요성을 덜 느끼게 되었다. 하지만 영화제작자들이 여전히 고전적 화법의 관습들을 내재화하기 위해 고군분투하고 있는 동안 그리고 여전히 두 릴 내에 담아내야 하는 시간적 제약을 받고 있는 동안, 영화제작자들과 관객들은 똑같이 영화적 스토리텔링의 한계를 벌충하기 위해 동시발행물에 의존했을지도 모른다. 〈폴린의 위기〉 판촉 기사에 실린 인터뷰에서 파테 사의 부사장 L. P. 본빌레인L. P. Bonvillain은 이런 논지를 매우 공공연하게 피력한다.

우리는 이제 전국의 인구밀집 지역 대부분을 망라하는 이러한 모든 신문 매체를 통해서 영화의 스토리를 만족스러우리만치 완결된 형식으로 만들 수 있게 되었다. 우리는 자막들이 하고자 하는 바를 충분히 소화할 수 있다. 우리는 극에서 일어나는 모든 일들을 명료하게 만들 수 있고, 인물을 분석할 수 있으며, 동기를 설명할 수 있다. 우리는 여러분이 원한다면 액션을 확대하여 스크린으로 볼 수 없는 것들을 내보낼 수도 있다.[20]

이것이 홍보 담당자의 이야기라는 것을 잊어서는 안 되겠지만 그럼에도 불구하고 적어도 동시발행물의 기능에 대해 스튜디오가 가지고 있던 견해 중 일부를 드러내는 것일 수 있다.

영화를 바싹 쫓아갔던 동시발행 소설은 관객들이 내러티브를 이해하는 도구로 사용하는 데 안성맞춤이었다. 동시발행물의 통상적인 집필 방식은 단편소설과 영화 사이의 불일치를 최소화하는 방향으로 구상되었다. '스토리화'는 작가가 스크린을 통해 완성된 영화를 봄으로써, 또한 영화 시나리오와 함께 작업함으로써 이루어졌다.[21] 역사적 거리로 인해, 관객들이 실제로 동시발행물을 어떻게 활용했는지 알아내기란 쉽지 않다. 혹자에게는 내러티브 이해를 돕는 용도로 사용됐을 수 있고, 다른 목적으로 읽히는 경우도 있었을 것인데(가령 두 가지 판본을 연결 짓는 인지적 즐거움을 위해서라든지, 혹은 그저 여느 단편소설과 다를 바 없는 것으로), 확실히 동시발행물이라고는 한번도 접하지 않고 영화 구경을 가는 사람들도 많이 있었다. 셸리 스탬프Shelley Stamp가 경험적 가설 검증으로 보여준 놀라운 예처럼, 동시발행물과 영화 시청을 결합시키는 단일 패턴은 있을 수가 없었는데, 복합적인 상영 시스템상 외진 곳에 위치한 소형 극장들은 첫 회가 상영되고 이에 수반하는 동시발행물이 간행되고 난 뒤, 몇 주 심지어 몇 달 동안 시리얼 한 회 분을 보여줄 수도 있었기 때문이다. 더욱이 몇몇 2차 상영관들은 종종 여러 편을 함께 보여주는 방식을 택했는데, 동일한 표로 몇 번이고 연속 관람이 가능했다.[22]

그럼에도 불구하고 동시발행물을 간행했던 특정 영화들을 들여다보면 관객들이 텍스트적 해설 없이 영화를 이해했으리라고는 거의 상상할수 없을 정도이며, 영화제작자들은 아마도 청중들이 이런 부차적인 소개의 도움을 받을 것이라고 추측했을 것이다. 이런 예로 탄하우저 사가 1014~15년에 제작한 시리얼 〈주도라〉의 세번째 에피소드 '치즈 가게의 미스터리The Mystery of the Dutch Cheese Maker'를 들 수 있다. 이 영화는 동시발행물(그림 9.10) 없이는 도저히 파악할 수 없다. 이어지는 비교는 이 영화가 자족적인 것이 아니라 확실히 인쇄물에 의존해서 스토리를 전달했음을 암시한다.

그림 9.10 〈주도라〉의 동시발행 소설, 1914~15(시카고 선 트리뷴 배급, 1915. 12. 15)

우선 '치즈 가게의 미스터리'는 스토리 상황이나 주요 인물들에 대한 어떤 소개도 제공하지 않는다. 기본 정보가 들어 있을 거라 추측되는 첫 회를 보지 않은 시청자라면 여주인공 주도라와 하삼 알리—그녀와 함께 사는 험악한 인상의 나이 많은 사내—사이의 역학을 이해하는 데 속수무책일 것이다.

반면 신문의 동시발행물(영화와의 비교를 위해 괄호 안에 요약)은 아래 시놉시스에 살을 붙여 만든 스토리다.

주도라는 일찍이 부모를 여의었다. 아버지는 자신이 발견한 금광에서 죽임을 당한다. 남편의 부고를 접한 주도라의 어머니—서커스단의 줄타기 곡예사—는 30분 뒤 현기증으로 줄 아래로 추락하여 사망하고 만다. 주도라와 금광에서 나온 2천만 달러에 달하는 재산은 곡예사이자 주도라의 외삼촌인 프랭크 킨의 보호를 받게 된다. 주도라는 빼어난 미인이 될 징조를 보이며 열여덟 살이 된다. 욕심에 눈이 먼 삼촌은 하삼 알리라는 이름을 가진 인도 출신 신비주의자를 자처하며 주도라가 재산을 상속받기 전에 죽이기로 결심하는데, 그렇게 될 경우 그녀의 재산은 다음으로 가까운 친척인 자신에게 돌아오기 때문이다. 그리하여 그는 질녀를 설득하여 보관중인 상속 재산을 3년 후 물려받게끔, 또한 이런 일을 아무에게도 발설하지 않게끔 만든다. 그의 음모는 주도라가 마음에 들어하는 존 스톰이라는 젊은 변호사 때문에 난관에 부딪히게 된다. 삼촌은 질녀에게 그를 잊으라고 명하지만 스톰은 하삼 알리에게 찾아와 질녀를 넘겨달라고 부탁한다. 처음에 수정 점쟁이는 그의 프로포즈에 꿈쩍도 하지 않지만 주도라는 그가 아니면 어느 누구와도 결혼하지 않겠다고 우겨댄다. "그래, 알았다." 하삼 알리는 다음과 같이 대답한다. "그렇게 버틴다면 조건을 제시하지. 내가 내는 스무 개의 문제를 풀도록 해. 성공하면 그와 결혼 시켜주마. 하나라도 틀리면 그를 단념해야만 해."[23]

'치즈 가게의 미스터리'는 어두침침한 지하 작업장에서 얼기설기 갖춰놓은 과학 장비들을 갖고 신나게 일하고 있는 이상하게 생긴 노인(확실히 유대인처럼 보이는)에서부터 시작된다. 중간 자막은 그의 정체를 '다이아몬드 제조업자'라고 밝힌다. 그는 커다란 다이아몬드 하나와 예닐곱 개의 다이아몬드를 찬장 선반에 얹어둔 뒤 침대 위에 앉는다.

(동시발행물은 다이아몬드 제조업자가 침대맡에 앉아 생각하는 바에 대해 실마리를 제공한다. 그는 인조 다이아몬드를 만드는 방법을 발견하고 곧 엄청난 부자가 될 거라는 생각에 들떠 있었는데, 다른 한편으로는 다이아몬드로 등록 절차를 밟지 않은 자신의 보석을 내다 팔려고 할 경우 도둑이나 밀수업자로 체포되지 않을까 염려하고 있었다. 동시에 그는 자신의 발명에 대해 털어놓는 것도 두려워했는데, 공공 재산이 되면 자신은 망하기 때문―추측건대 그는 특허법에 무지한 인물이거나 아니면 인조 다이아몬드를 만드는 것이 얼마나 쉬운지 모두가 알게 되면 그 값어치가 떨어질 거라고 예상하는 것 같다―이다. 그는 보석을 처분할 동업자를 구하기로 결심하고 알리에게 도움을 요청한다.)

그 다음 "주도라를 지켜보기 위해 변장한 하삼 알리"라는 중간 자막이 떠오른다. 주도라는 집을 떠나고 알리는 밀실로 들어가 가짜 턱수염을 붙이는 등 분장을 마친 뒤 다른 옷으로 갈아입는다.

(동시발행물은 알리의 탐욕스러운 간계를 상세히 설명함으로써 인물에 심리적 깊이를 더한다.)

주도라는 연인 존 스톰을 만난다(동시발행 스토리에서 스톰은 주도라에게 알리에 대해 꼬치꼬치 캐묻는다. 그녀가 그에게 왜 그리 헌신적인지, 도통 이해할 수 없는 스톰으로서는 바야흐로 알리가 어쩌면 자신을 제거하려 할지도 모른다는 의심을 품게 된다). 때마침 나타난 알리는 저만치서 그들을 염탐한다. 그가 왜 이 남녀의 뒤를 밟는지 우리로서는 알 길이 없다(동시발행물의 설명에 의하면 알리는 이 둘이 남몰래 결혼을 계획하는 것은 아닌지 알아내고, 그럴 경우 두 명 다 즉시 제거해버리려는 심사다).

우리는 한 남자가 치즈 가게로 들어가는 것을 보게 된다. 지나가던 알리는 가게 유리창을 들여다본다(그 남자는 알고 보니 스톰이었고 알리는 그를 뒤쫓던 중이었다. 이전 화면에서 전환되는 시간이 얼마나 흘렀는지 일절 언급되지 않는 까닭에 이는 무척이나 헷갈린다). 스톰은 치즈업자 및 가족들과 정답게 이야기를 나눈다. 그런 다음 우리는 다이아몬드 제작자가 방문을 걸어 잠그고 떠나는 장면을 보게 된다. 그는 아마도 치즈 가게 아래에 살고 있는 듯하다. 알리는 길을 지나가는 그의 어깨를 두드린 뒤 제스처를 섞어가며 어떤 이야기를 하는데, 그동안 다이아몬드 제작자는 턱수염을 어루만지거나 손을 떨거나 고개를 끄덕인다. 혹자는 이런 대응을 신기하게 여길 수도 있는데, 왜냐하면 두 사람이 마치 처음 만난 것처럼 보이기 때문이다. 알리는 다이아몬드 제작자에게 명함을 건넨다(스토리 버전에서 알리와 다이아몬드 제작자는 이미 알고 있는 관계이다). 중간 자막에는 "다이아몬드 제작자 벵골은 다이아몬드 처분을 도와줄 공모자를 찾는다"가 뜬다. 뜻 모를 제스처를 열광적으로 늘어놓던 벵골은 건물 안으로 들어가 지하 작업장으로 안내한다. 벵골은 알리에게 용광로를 보여주며 자신의 다이아몬드 제작 시스템을 시연한다. 알리는 머리를 가로저으며 이런저런 제스처를 보이고, 벵골은 손을 부들부들 떨면서 맹렬히 캐묻는데 도통 이해할 수가 없다. 알리는 고개를 끄덕이며 새로 만들어진 다이아몬드를 손수건에 싼 뒤 떠나버린다. 남겨진 벵골은 오싹한 표정의 얼굴을 두 손으로 움켜쥔다.

알리는 다이아몬드 전문가에게 찾아가 가져온 다이아몬드의 순도를 검증받는다. 알리는 다시 작업장으로 돌아오는데, 자물쇠를 채워둔 찬장에 놓아둔 다이아몬드 두 개 중 하나가 사라진 것을 알게 된 벵골은 병적으로 흥분해서 무릎을 꿇은 채 알리의 코트를 난폭하게 뒤진다. 알리는 벵골의 멱살을 잡고 거칠게 흔들면서 그가 축 늘어질 때까지 목을 조른다. 하지만 그는 죽은 것이 아니었고, 알리는 곧 벵골이 다시 스스로 일어설 수 있게 해준다. 둘은 마치 아무 일도 없었던 것처럼 방을 나온다. 이는 어리둥절한 장면이다(동시발행물에서 벵골은 흥분에 휩싸여 위층의 치즈업자가 벽에 구멍을 뚫고 훔쳐간 것이 틀림없다고 고함친다. 알리는 "만일 그놈이 범인인데 네가 한 얘기를 듣는다면, 네 보석들한테 작별 인사나 해두시지!"라고 말하면서 그를 잡아 흔들어 입을 다물게 만든다).

이윽고 모르는 남자가 들어와서 작업장에 덫을 설치한 뒤 베개 밑에 눈에 띄지 않는 전신 장비를 넣어둔다(동시발행물은 우리에게 알리와 벵골이 범인을 잡기 위해 '도청기'를 설치하기로 했음을 알려준다).

"그날 밤"이라는 자막이 뜬다. 스톰이 치즈 가게로 들어간다. 변장한 알리는 입구에서 스톰을 지켜본다. 그러다 알리는 "불이야! 불! 불났다!"라고 외친다. 치즈 가게에 있던 모든 사람과 겁에 질린 여러 입주민들이 너나없이 입구로 몰려나왔다. 스톰이 몸짓을 섞어가며 뭐라고 이야기하자 군중들은 곧 평정을 되찾고 흩어진다. 그 난리통에 스톰은 조금 전 구입한 치즈 봉지를 떨어뜨리는데, 그가 떠난 뒤 알리가 접수한다. 허둥지둥 올라온 벵골은 눈이 휘둥그레져서 필사적으로 알리의 옷깃을 부여잡는다.

이 장면은 도저히 이해할 수가 없다. 알리가 "불이야!"라고 소리친 이유는 무엇인가? 스톰이 군중들에게 한 말은 무엇인가? 알리가 스톰의 치즈 봉지에서 무엇을 얻어내려는 것인가? 벵골은 무엇 때문에 그리 흥분하는가? (알리가 소동을 일으킨 이유는 치즈 가게 안을 비워서 가게 주인이 다이아몬드 도둑인지 아닌지에 대한 실마리를 찾기 위함이었다고 동시발행물은 설명한다. 알리는 스톰이 거기 있을 것이라고는 미처 예상하지 못했지만 그가 봉지를 떨어뜨리는 것을 보자 그와 관련된 것이라면 언제든 유용하게 쓰일 수 있을 거라는 생각에서 그것을 집어둔다. 이전 이야기에서 그는 스톰을 독살시킬 수도 있다는 생각을 했었다. 벵골의 흥분은 그저 그의 건강이 좋지 않다는 것을 전달하기 위한 것으로 보인다. 스토리 버전에서 그는 "그것 때문에 몸이 아프게 됐어. 심장이 좋지 않아"라며 숨을 헐떡인다.)

지하 작업장에서 벵골과 알리는 더 많은 다이아몬드가 사라진 것을 발견한다. 벵골은 알리의 옷깃을 더욱 필사적으로 주물럭대고, 알리는 갑자기 (아무런 이유도 없이) 스톰의 봉지 안을 살펴보기로 한다. 놀랍게도 사라진 다이아몬드들이 치즈 속에 박혀 있는 것이 아닌가. 그사이 스톰은 치즈를 두고 왔다는 것을 깨닫고 다시 구입하기 위해 가게로 돌아온다. 알리와 벵골은 스톰이 치즈 가게 안에 있는 것을 발견하고, 벵골은 뛰쳐나가 경찰 두 명을 데려온다. 얼핏 뭐가 뭔지는 모르겠지만 어쨌거나 스톰과 치즈업자, 그리고 그 가족 일부가 모두 체포되어 경찰서로 이송된다. 스톰은 주도라에게 전화를 건다.

주도라는 집을 몰래 빠져나온다. 그녀가 나가는 것을 본 알리(어떻게 했는지는 몰라도 그사이 집에 도착해서 변장도 말끔히 제거했다)는 그녀의 뒤를 따른다. 주도라는 다이아몬드 제조업자의 작업장을 향한다. 벵골은 어떤 이유에서인지 계단 아래에서 기다리고 있다가 그녀를 뒤에서 공격한다. 하지만 곧 다른 방에서 알리가 나타나자 벵골은 그녀를 풀어준다(비록 스토리 논리상, 알리는 주도라가 해를 입길 바라야 하지만). 그녀는 알리를 못 본 채 도망친다(이 장면은 동시발행물에 나오지 않는다).

다음 장면에서 주도라는 또다시 알리를 지나 집을 몰래 빠져나온 뒤 다이아몬드 제작자의 동굴로 되돌아온다. 방금 전 그런 일을 겪고도 왜 바로 그곳에 돌아가려 하는지는 불분명하다. 벵골은 이번엔 이해할 수 없지만, 주도라가 작업장 주변을 배회할 때조차 침대 위에 침착하게 앉아 있다. 그는 심지어 그녀가 용광로에 다가갈 수 있도록 덮까지 제거한다. 갑자기, 그러나, 그는 미친 듯이 날뛰면서 "너는 내 비밀을 발견해버렸어!"라고 소리치며 그녀에게 돌진하고, 그 둘은 용광로 가까이에서 몸싸움을 벌인다. 중간 자막은 선수를 쳐서 "주도라를 죽이려고 난리치던 벵골은 우연치 않게 추락하게 되고 주도라는 목숨을 건진다"라고 밝힌다. 벵골의 '추락'은 당황스러움을 자아내는데, 그것이 자살에 가까워 보였기 때문이다. 열린 용광로를 향해 곧장 뛰어드는 그의 모습은 마치 훈련된 개가 굴렁쇠 사이로 들어가는 것 같다. 주도라는 번뇌에 휩싸여 방을 빠져나온다. 그곳엔 때마침 하삼이 기다리고 있다가 그녀를 위로해준다(동시발행물은 이 장면을 더욱 간단하고 논리적으로 다룬다. 벵골은 그녀가 나타나자마자 공격을 가하지만 심장마비로 죽게 되는데, 이는 그 스토리상 이미 조짐이 보이고 있던 것이었다. 알리는 여기서 등장하지 않는다).

다음날 주도라와 알리는 검사관과 함께 작업장으로 돌아온다. 주도라는 찬장에서 여전히 다이아몬드가 사라지고 있음을 알게 된다. 희미한 소리를 들은 그녀는 찬장을 한번 더 열어보게 되고 코에 다이아몬드를 걸친 생쥐를 발견한다. 그녀가 범인을 잡은 것이다! 그들은 주인 아내에

422

게 보여주기 위해 위층 치즈 가게로 올라간다. "쥐들이 어떻게 *끈끈한* 치즈를 코에 묻히게 됐는가"라는 중간 자막이 뜬다. 이 영화는 초기 시네마에서 가장 불가사의하고 초현실적인 순간 중 하나로 꼽힐 만한 장면으로 끝을 낸다. 검사관은 선반에서 부드러운 백색 치즈로 가득 찬 주발을 집어든다. 주도라가 그 안에 *빠뜨린* 생쥐는 부드러운 백색 치즈 속에서 이리저리 돌아다니는데, 그러는 동안 모두(여기엔 치즈업자와 그 아내도 포함되는데, 그들은 확실히 자신들의 제품에 쥐털이 묻는 것을 신경 쓰지 않는다)는 꿈틀대는 설치류를 쓰다듬어주고 실컷 웃음을 터뜨린다.

'치즈 가게의 미스터리'의 감독 대니얼 카슨 굿맨Daniel Carson Goodman은 확실히 그리피스가 아니었고, 탄하우저 사 역시 비타그래프가 아니었다. 공명정대하게 말해서, 이 영화는 영화 내레이션의 기본 원리를 파악하는 힘에 있어 그 당시에조차도 평균치에 미달됨을 보여주었으며, 그것은 아마도 〈주도라〉의 흥행 실패 이유를 설명하는 데 도움이 될 것이다.[24] 하지만 그리피스만큼 명확하게 이야기를 전달했던 감독들은 매우 극소수였으며, 영화 언어를 표준화하는 데 있어 그를 기준으로 삼는 것 또한 오해의 소지를 불러일으킬 것이다. 고전적 화법 코드들은 고르게 발전한 것이 아니었다. 많은 영화제작자들은 1910년대 내내 수많은 관객들과 함께 불명료한 내러티브 속에서 허우적거렸다.

'치즈 가게의 미스터리' 사례는 동시발행 소설이 단순히 혁신적인 홍보 양식 이상이었을 수도 있음을 시사한다. 그것들은 어쩌면 영화제작자들과 관객 모두가 의존했던 내러티브 이해의 열쇠였을지도 모른다. 최근 학자들은, 관객들의 선-이해에 과중하게 의존했던 원시 영화와 달리(관객들은 이미 초기 영화들이 그려냈던 촌극과 이야기들에 익숙한 상태였다) 1908년경 이후의 영화들은 그 자율성이 증대되어 이제 이미지와 제한된 중간 자막들만 갖고서도 즉각 이해될 수 있으며, 완전한 스토리를 구사하는 데 더욱 숙련되었음을 강조해왔다. 동시발행 소설들은 이런 일반화에 대한 재평가를 촉구한다.

결론

1920년 지크프리트 크라카우어는 게오르크 지멜의 저작들을 안내하는 방법론을 기술하려 시도하면서 한 비평글을 썼다. 그는 여기서 "지멜 사상의 핵심 원리는 아마도 다음과 같이 나타낼 수 있을 것"이라며 말을 꺼낸다.

정신적/지적 삶의 표현들은 모두 무수한 방식으로 서로 연관되어 있다. 그 어떤 것도 이런 관계망으로부터 빠져나올 수 없는데, 왜냐하면 모두 다른 표현들과 함께 그 그물망에서 엉클어져 있기 때문이다. (⋯) 이런 총체성으로부터 끄집어낼 수 있는 (⋯) 그 자체로 설명될 수 있으며 그 자체로 관측될 수 있는 (⋯) 개별 존재라든지 개별적 사건이란 존재하지 않는다. (⋯) 지멜의 근본적인 목표 중 하나는 모든 정신적/지적 현상이 그 자체로 존재한다는 거짓을 제거하고, 그것이 삶의 보다 넓은 맥락 가운데 뿌리박고 있음을 보여주는 데 있다. 이런 식으로 그의 사고방식은 결속과 해체의 기능을 동시에 수행한다. 전자를 통해 그는 서로 동떨어져 보이는 모든 것들 사이에 접점이 있음을 드러내며, 후자를 통해 우리로 하여금 간단한 대상, 또는 문제들로 추정되는 많은 것들의 복잡성을 깨닫게 해준다. (…) 지멜은 분리된 것들을 서로 결합시키며 흩어진 것들을 한데 모으고 (…) 대개 사물들 사이의 연계를 모호하게 만드는 베일을 걷어 젖힌다. (…) 그는 각 현상에 깃들어 있는 무한한 속성들을, 그리고 그것들이 각기 서로 다른 법칙들의 지배를 받는다는 것을 인식한다. 하지만 그가 발견하는 사물의 다면성이 늘어나면 늘어날수록 그것들을 서로 더 연관시킬 수 있게 된다. 그에게 정체를 드러낸 몇몇 현상의 많은 결정인자들 가운데 하나는 또다른 현상으로 귀착될 수도 있다. 그가 바라보는 곳 어디에서든 현상들 사이의 관계망은 그 자체로 그에게 부과된다. (…) 언제나 문제가 되는 것은 (…) 사물을 그 소외 상태로부터 해방시키는 것이다. 그는 우리가 도처에서 동시에 체현되는 법칙성이 그 안에서 달성되는 것을 인지하게 될 때까지, 그럼으로써 우리가 그것을 광범위한 관계망 속에 짜넣을 수 있을 때까지 그것을 이리저리 뒤집어본다.[1]

이런 진술이 얼마나 현대적으로 들리는지 혹자는 놀라지 않을 수 없을 것이다. 뒤얽힌 관계망, 사물들의 다가성, 어느 것이든 '그 자체로 존재'하는 것으로 지각하는 것의 오류, 크라카우어의 지멜 해석은 다가올 후기구조주의를 내다보는 듯하다. 하지만 동시에 그 기본적 견해가 평범함에 가깝다고 말하면서 정당화하는 이도 있을 것이다. 모든 것은 궁극적으로 다른 모든 것과 연결되어(혹은 연결될 수) 있다 — '정신적/지적'(혹은 그저 문화적이라고 부를 만한) 현상들을 모두 포함하는, 관계의 6단계 법칙을 어느 정도 확장시킨 관념 — 는 상투적인 문구에서 특별히 나타나는 바가 없다는 것이다.

그러나 지멜과 크라카우어가 매우 이질적인 현상 혹은 현상군 가운데의 상호관계를 방법론적으로 인식하는 자의식적 과정을 강조하는 정도는 확실히 비범해 보인다. 이렇듯 상호 관련된 항목, 특성, 개념의 지형 배치에 초점을 맞추는 것은 아마도 '맥락적' 접근이라 불릴 만한데, 여러 은유적 어구들('성좌적constellational' '분자의molecular' 등) 역시 그런 경향이 있는 듯하다. 이런 접근에 내재된 함정은 사물들을 '이리저리' 끼워 맞추는 재주가 있게 되면 어떤 현상에서든 적어도 유사한 점 몇 가지는 발견할 수 있다는 사실이다. 하지만 이런 접근은 또한 어떤 현상을 탐구하든지 그 속에 뿌리박힌 역사성과 구조적 체제를 훨씬 더 폭넓게 이해할 수 있다는 강점도 있다.

이 책이 연구한 주된 현상은 '멜로드라마'라 불리는 문화적 대상으로서, 그것은 하나의 장르로 분석되며, 그 자체가 일군의 복잡한 요소들로 이루어진 덩어리라 할 수 있다. 다양한 장르적 분석이 가능하겠지만, 나는 상이한 멜로드라마를 형성하는 다양한 형태들을 결합시키는 차원에서 다섯 가지 핵심 요소—강렬한 파토스, 과잉된 감정, 도덕적 양극화, 비고전적 내러티브 역학, 그리고 스펙터클한 선정주의—에 역점을 두는 방식을 제시했다. 확실히 몇몇 예외를 부정할 순 없겠지만 통상 할리우드 멜로드라마로 여겨지는 것—가족 멜로드라마와 여성 영화—에서는 첫째, 둘째 요소가 두드러지고 네다섯번째는 보기 힘들다. 멜로드라마의 또다른 중요한 형태—폭력-유혈적 혹은 선정적 멜로드라마—는 잠재적으로 다섯 가지 요소를 모두 포함하지만, 도덕적 양극화와 센세이션을 일으키는 효과들을 절대적으로 요구한다.

멜로드라마 현상은 또한 그것에 형체를 부여하는 서로 다른 미디어

혹은 문화적 형식과 관련시켜 분류할 수도 있다. 본 연구가 조명하고자 했던 것은 10-20-30센트짜리 무대 멜로드라마와 초기 영화 멜로드라마 간의 중요한 상호 관련 및 상호작용들인데, 예를 들어 그들은 공통적으로 저급한 최하층에 속했고, 내러티브 주제들(가장 눈에 띄는 것으로는 여성의 영웅담과 여성의 희생화)을 공유했으며, 둘 다 폭력적인 액션과 스펙터클한 디제시스적 리얼리즘을 강조한다. 나는 1910년대 시리얼 필름들을 집중적으로 다루었는데, 이는 부분적으로 미국 영화의 역사적 내러티브에서 상당 부분 공백으로 남아 있는 공간을 채우려는 욕망에서 비롯되었다.

그 의의는 시리얼 필름이 저가 대중 멜로드라마 연극의 중요한 전통을 가장 직접적으로 물려받았다는 점에서 찾을 수 있다. 시리얼 연구의 보람은 내가 『디킨스와 그리피스, 그리고 현대영화Dickens, Griffith, and Film Today』에서 인용했던 예이젠시테인의 표현과 정확히 일치한다.

우리의 영화가 부모도, 혈통도 없고, 과거도 없으며, 지난 시대의 풍부한 문화적 유산과 전통도 없는 것이 아니란 사실을 곱씹을 때마다 언제나 유쾌하다. 영화가 처녀로부터 잉태된 믿을 수 없는 예술이라는 전제에서 출발하여 그 법칙과 미학을 정립하려는 사람들은 그저 경솔하고 뻔뻔할 뿐이다![2]

무대에서 스크린으로 이동했던 멜로드라마의 변천사를 연구하는 것은 특히 흥미로운데, 예이젠시테인의 은유를 논박하자면, 그것은 극악무도한 모친살해 사건이기 때문이다. 5센트 영화관 붐이 일어나면서 영화 멜로드라마는 놀라운 속도로 무대 멜로드라마를 절멸시켰다. 10-

20-30 멜로드라마가 그렇게나 빨리 그리고 완전히 소멸될 수 있었던 이유를 이해하기 위한 노력 가운데, 이 책은 경제적 요인 대 미학적 요인(그래서 아마도 다른 것들은 간과되었을지도 모른다)의 상대적 중요성에 도달한다. 경제적 요인들을 강조했던 니콜라스 바르닥은 멜로드라마가 파산했던 이유가 영화 특유의 장기長技, 즉 훨씬 더 인상적이고 수긍할 만한 현실의 스펙터클 환영을 제공함으로써 무대 멜로드라마를 손쉽게 앞질렀다고 주장한다. 당시 자료에 관한 조사는 이런 추이를 직접 지켜봤던 많은 사람들 또한 그러한 설명을 받아들였음을 보여준다. 당시 논평들이 바르닥의 논의에 힘을 실어주기는 하지만, 나는 미학적 설명에도 검증이 요구되어야 함을 피력했다. 바르닥이 특징지었던 것과 대조적으로 연극적 멜로드라마가 그저 서투른 실패작, 즉 오로지 스크린상에서만 가능했던 것들(즉 폭발, 홍수, 토네이도, 열차 충돌, 구출 레이스 등)을 무대에서 보여주려 했던, 그러나 비참하게 실패했던 원시 영화만은 아니었다. 당시 많은 기록들은 10-20-30센트 멜로드라마 관중들이 왕왕 이런 무대효과에서 극도의 스릴을 맛보았음을 보여준다. 보다 중요한 것은 10-20-30센트 멜로드라마의 연극성과 관객의 떠들썩함이 시사하는 바이다. 선정적 멜로드라마의 중요한 미학적 작용은 리얼리즘적 환영주의의 다양성에 있었다기보다 즐겁게 상호작용하는 반-환영주의 형식에 있었을는지도 모른다. 선정적 멜로드라마는 디제시스적 흡수에 반대되는 쾌락을 제공했다. 그리하여 보다 설득력 있는 영화 리얼리즘이 10-20-30 멜로드라마의 절멸을 초래했다는 주장은 아마도 지나친 단순화일 것이다. 이런 수정으로 인해 경제적 설명들이 중심 무대로 등장하게 된다.

이 책은 또한 멜로드라마와 모더니티라는 용어 아래 엉켜 있는 복잡하고 광범위한 현상들 사이의 여러 관계들을 집중 조명하려고 애썼다. 역시 수많은 개념적 분석들이 가능하겠지만 나는 모더니티를 형성하는 여섯 국면들 — 근대화라는 이름의 사회경제적 발달, 기계적 합리성의 중추성, 문화적 불연속이란 조건, 사회적 이동과 순환의 활력, 경쟁적 개인주의의 헤게모니, 그리고 감각 자극의 강화 — 에 기초한 모델을 제시해왔다.

모더니티의 마지막 국면은 도시 근대라는 환경과 선정적 오락물 — 무대 위 그리고 스크린상의 폭력-유혈적 멜로드라마나 통상 쏜살같이 지나가는 강렬한 인상들, 동역학적 신속함, 계속되는 병치, 본능적 자극의 매개 수단으로 보이는 영화 같은 오락물 — 의 출현 사이에서의 인과적 관련성에 관한 논쟁의 중심에 있다. 나는 '충격과 충돌의 연속'이라 할 수 있는 새로운 대도시 현상학에 관한 세기 전환기 담론을 삽화 언론이나 기타 자료들을 통해 꼼꼼히 살펴보았다. 이런 담론을 액면가 그대로 대도시 경험을 공평하고 꾸밈없이 기록한 것 — 그것은 확실히 어느 정도 수사적 포즈를 취하고 있으며 상업적 동기에서 비롯된 과장을 포함한다 — 으로 받아들일 수는 없으나 그렇다고 해서 뜬금없이 나온 것도, 근거 없이 조작된 것도 아니다. 이런 담론의 중재 혹은 굴절 정도가 어느 정도든지 간에, 그것은 근대 대도시가 주관적 경험으로 인식되는 측면을 짚어낸다. 더욱이 1890년대 대중 오락물들이 파격적일 만큼 선정화되었다는 데는 의문의 여지가 없다. 무대 멜로드라마나 보드빌 같은 기존 오락물들은 자극적인 스펙터클이 강화되었고, 새롭게 도입된 기분 전환물 — 유원지의 탈것이나, 무모한 쇼, 영화 같은 — 에는 강렬한 감각 자극이 내재되어 있었던 것이다.

핵심 문제는 도시적 대사건들과 대중적 선정주의 간의 유사점들이 단순히 피상적이고 동시발생적인 것 이상이냐 아니냐 하는 것이다. 모더니티 테제를 떠받치고 있는 개념은 대도시가 지배적인 '지각 양식'상의 변화들을 초래했다는 것인데, 그것이 어떻게든 영화와 다른 대중 오락물의 형식상 특질들과 부합하는 변화들을 유발시켰다는 식이다. 문화적 표현들이, 그것들이 생산된 사회의 맥락을 반영할 수밖에 없다는 생각은 당연하게 받아들여질 수 있을지 모르겠으나, 인간의 지각처럼 근본적인 무언가가 단기간의 사회적-환경적 상황으로 인해 바뀔 수 있다는 생각, 혹은 이런 변화가 발생했다는 가정하에 이런 지각적 변화들이 영화 스타일에 실체적 영향력을 행사했을 거라는 생각에는 그 어떤 것도 정해진 것이 없다. 모더니티 테제는 순전히 사변적인 논의이기는 하지만, 나는 그것이 어찌할 도리가 없을 정도로 받아들이기 힘든 것이 아님을 보여주려고 애썼다. 단기간의 지각적 변화에 대한 생각을 이해하는 데는 신경학적, 경험론적, 인지적, 생리적 관점에 기초하여 수많은 실행 가능한 방식들이 존재한다. 도시 경험의 지각적 특질들과 초기 영화(심지어 중대한 미학적 변화를 겪었던 초기 영화까지도)의 형식-스타일 요소들 사이에 엿보이는 외관상의 상호 관련성 너머로, 적어도 어느 정도는 인과적 관계가 존재할 거라 추론하는 것이 그리 비합리적이지는 않다. 남겨진 문제는 사회-환경적 경험이 문화적 표현으로 변형되는 적확한 메커니즘들과 관련되는데(나는 1세대 모더니티 이론가들에 의해 윤곽이 그려진 몇몇 가설들을 제시했지만, 이들은 보다 면밀한 검토가 필요하며 다른 가설들이 요구될 수도 있다), 이런 메커니즘들이 다른, 아마도 보다 직접적인, 영화를 형성하는 요인(경제학, 산업적 관례, 인기 등)들과 어떻게 결합하는지 이해하기 위해서는 더 많은 연구가 진행되어야 한다. 하지만 그럼에도 불구하고 초기 영화와 근대 도시의 감각 환경을 비교하는 일은 구미가 당기지 않을 수 없다. 적어도 더 많은 연구를 진행시킬 정도는 된다.

보다 구체적으로 멜로드라마와 관련해서 최근 학계에서 상당한 이목을 끌고 있는 연구 경향과, 멜로드라마 장르를 연구 적절한 논제로 복권시키는(혹은 단순히 그러한 권리를 부여하는) 데에 상당 부분 책임이 있는 연구 동향은 그 초점을 감각 경험뿐만 아니라, 근대 질서의 사회심리학적 측면까지 확대시킴으로써 모더니티와의 또다른 연결고리를 제시한다. 멜로드라마의 발생은 근대 자본주의의 출현과 더불어 종교적이고 봉건적인 권위가 지배하던 전통적 사회체계와 세계관의 침식을 반영한다. 멜로드라마가 인기를 끈 이유는 여러 가지가 있겠지만, 전례 없는 문화적 불연속과 사회적으로 원자화되어 가는 세계에서 대중들이 경험하는 취약성과 격변의 느낌을 포착하는 능력이 어느 정도 일조했다. 멜로드라마는 근대의 불안들을 표출하는 한편, 궁극적인 신의 보호를 재확인하고, 단순하고 변치 않는 도덕적 진리에 대한 믿음을 공고히 함으로써 개선의 기능도 수행했다. 멜로드라마는 순진무구한 이들이 억울하게 희생되는 최악의 시나리오와 걷잡을 수 없이 퍼져나가는 경쟁적 개인주의를 그려낸다는 점에서 디스토피아적인 동시에, 위안을 주는 도덕적 감시의 긍정과 시적 정의의 필연성을 제공한다는 점에서 유토피아적이다.

대부분의 징후적 해석이 그러하듯 멜로드라마에 대한 이런 접근은 증명이 어려우며, 비판을 면키 어렵다. 예로 다음과 같은 이의들이 제기될 수 있다. 선악의 갈등이 해피엔딩으로 마무리되는 스토리들은 딱히 19~20세기 산업사회에만 한정되는 경향이라고 보기 어렵다, 또는 징후적 해석의 선택적 독해는 개념적으로 들어맞는 것들은 강조하고 모순

되는 것들은 은근슬쩍 넘어간다, 또 그것은 매우 서로 다른 주제들로 인해 양립 불가능한 해석으로 귀결될 수 있는 같은 시기의 내러티브들을 간과한다 등등. 이러한 이의들은 명심해야 할 매우 중요한 측면이지만 인문학 연구자들이 자발적으로, 문화적 산물이 그 창작자와 수용자들을 둘러싼 사회적, 역사적, 이데올로기적 상황들에 전혀 좌우되지 않는다는 입장을 받아들일 때까지는, 혹은 재래의 해석 전략들이 수정되어 사회적 반영의 예측 불가능한 변동 및 메커니즘들을 훨씬 더 잘 이해할 때까지는, 내러티브 주제들과 사회적 맥락, 그리고 관중들 사이의 명백한 관련들을 주시할 만하다. 멜로드라마의 주제들과 모더니티의 변형, 그리고 근대 자본주의 아래 대중들의 상황은 중요하게 인식되어야 하며, 확실히 계속해서 분석이 요구되는 바이다.

이는 최근 몇몇 중요한 영화 연구 저작들로 판단해보건대, 근대가 사회적, 이데올로기적으로 변형되던 시기에 여성들이 처한 상황 역시 마찬가지다.[3] 독립적이고 활동적인 여성 —신여성— 의 새로운 이미지는 세기 전환기의 미국을 매혹시켰으며 근대적 삶에 있어 그 진기함에 견줄 만한 것들은 그리 많지 않았다. 이런 매혹은 여러 층위로 이루어져 있었는데, 단순하게 눈길을 끄는 진기함만 전달했던 것이 아니라, 찬미와 소원-충족, 그리고 염려의 감정 또한 얽혀 있었다. 이런 흥미의 깊이는 신여성이, 문화적 상징이자 실제 뼈와 피를 지닌 사회적 실재로서, 근대성의 몇몇 핵심적 면면들을 담아냈던 정도를 가늠하게 했다. 신여성은 전통적 젠더 이데올로기의 동요를 재현했으며, 특히 이런 점에서 근대의 특징이라 할 수 있는 문화적 불연속을 보여주는 두드러진 예라 할 수 있다. 모든 경우는 아니라 하더라도 문화적 불연속에 대한 이런 표현은 사회경제적, 기술적 근대화가 초래한 구체적 발전들과 밀접히 연관되어 있었다. 여성들은 이전의 어느 때보다도 적극적으로 공적 공간에서 활동하게 되었는데 그 이유들 가운데, 여성들을 제1구매자로 두드러지게 만들었던 도시 소비경제의 출현, 교통체계의 확대로 인한 이동성의 증가, 저임금 여공 및 여성 사무직 노동자의 고용, 가사노동 절감 기구들의 도입, 핵가족화 경향, 여성 취향에 영합하는 대중 오락물의 부상을 들 수 있으며, 이들은 여성들을 극장이라는 공적 공간으로 이끄는 동시에 대중적 페미니즘의 도상학을 제공했다.

대중 멜로드라마는 처음부터 바깥 세계로 나선 여성들의 파란만장에 초점을 맞췄다. 감상적 멜로드라마는 왕왕 세상에 내던져진 여성들이 불공평하고 편협한 위압적 세력들에 인해 겪는 고통을 연대기적으로 기록했다. 세기 전환기에 이를수록 모더니티의 역학이 점점 증대되자 그 초점은 영웅적 행위 능력과, 때로 위험한 모험에 대한 열정을 가지고 세상 속으로 자발적으로 나가는 여성들을 강조하는 쪽으로 이동했던 것처럼 보인다. 여성의 대담함을 그려내는 스펙터클은 어느 정도 일종의 유토피아적인 소망-충족물로 기능했는데, 이는 페미니즘적 상상력과 근대사회의 실제 상황 사이에 가로놓인 틈새를 드러냈다. 그럼에도 불구하고 이런 주제는 또한 미국 여성들이 경험하는 실제 변화들을 사회적으로 반영하는 것이기도 했다. 순환과 이동의 자유가 증가하자 여성들은 새로운 힘과 쾌락을 부여받게 되었다. 1910년대 시리얼 퀸 멜로드라마는 10-20-30센트 멜로드라마와 마찬가지로 이러한 변화들을 선보이는 동시에 그것들을 찬미했다. 하지만 그것은 동시에 이와 관련된 염려와 새로운 위험 또한 전달했다. 여성적 용감무쌍함이라는 주제가 증가할수록 폭력에 희생되는 여성을 그려내는 스펙터클 또한 그러했다. 선정적 멜로드라마의 중심축은 여성들에게 부여된 위력과 그들이 처한 위험 사이를 오가며 확립되었다. 이런 측면에서 그것은 사회적 혼성성이 증가하고 이데올로기적으로 불안정한 근대세계에서 느껴지는 흥분과 불안이 내적으로 연결되어 있었다는 사실을 드러낸다.

전례 없이 활기찬 이동과 순환이 도시 근대의 사회적 환경을 특징짓는 것이라면, 그 영향력은 사람들 사이에서뿐만 아니라 모든 사회체들 간에 일어났던 운동 및 교차 지점에까지 미쳤으며, 여기에는 온갖 종류의 텍스트도 포함된다. 상호텍스트적 관련성의 연쇄는 근대에 들어와 급격히 증가되었다. 이런 차원은 필름 시리얼과 관련된 폭넓은 홍보 전략들에서 집약적으로 드러나는데, 특히 동시발행되었던 산문-소설은 인접 미디어를 넘나드는 상호텍스트성 시스템의 전형이라 할 수 있다. 동시발행물은 근대의 문화 환경에 스며들어 있는 텍스트적 상호 연계망을 구체적으로 증명하였으며, 영화산업이 채택했던 새로운 대중-홍보 모델의 출현을 보여주었다. 이 책은 그것들이 구경꾼 관객들로 하여금 헷갈리는 영화를 이해하는 데 도움을 줌으로써 내러티브상 실질적인 목적을 달성했었는지 의문을 제기했다. 심도 깊은 이론적 근거이든 아니든, 서사적으로 명료한 신문의 산문 버전을 그 영화적 대응물과 비교하는 작업은 고전적 스토리텔링이라는 영화 기법이 유포되는 데는 적어도 1910년대 후반까지 아주 더디게 그리고 들쭉날쭉하게 지속되는 과정이 있었음을 알려준다.

멜로드라마와 모더니티처럼 포괄적인 두 논제를 다루는 저작에서, 많은 의문들과 관련성들이 여전히 발화되지 않은 채 남아 있다. 예를 들어 내가 제시한 멜로드라마와 모더니티의 모델들이 할리우드 가족 멜로드라마와 여성 영화(그리고 텔레비전 변형물들)에도, 혹은 인도나 이집트의 멜로드라마에도, 아니면 다른 장르들에도 모두 똑같이 적용될 수 있을 것인가? 현대의 액션-어드벤처 스릴러는 내가 검토했던 선정적 멜로드라마 유와 어떤 관계에 있는가? 멜로드라마란 장르는 지난 몇십 년간 어떻게 변화했으며, 이런 변화들은 서로 다른 역사적 맥락을 얼마나 직접적으로 반영하는가? 현대의 선정주의를 분석하는 데 있어 모더니티란 용어는 포스트모더니티란 용어로 변경되어야만 하는가? 이런 변화는 어떤 결과를 수반할 것인가? 이런 의문들이 미래의 학자들에 의해 계속 수행되든 아니든, 나는 이 연구가 10-20-30센트 멜로드라마와 초기 영화의 두드러진 특질에 관한 구체적이고 역사적인 자료로서, 또한 모더니티와 멜로드라마에 관한 모델 — 영화와 사회의 동역학에 관한 다른 연구 방향에 적용될 만한 모델 — 로서 유용한 것으로 판명되기를 바란다.

멜로드라마와 모더니티, 그 멜로드라마적 계보학

멜로드라마는 모더니티의 산물인가, 아니면 모더니티의 안티테제인가? 이제는 멜로드라마 연구의 고전이 되어버린 『멜로드라마적 상상력』에서, 피터 브룩스는 일찍이 멜로드라마의 출현을 프랑스대혁명이라는 역사적 콘텍스트에 위치시키면서, 그 장르적 상상력을 근대적 불안과 밀접한 소원충족적 양식으로 정의한 바 있다. 신성시대의 몰락과 전통적 가치관의 붕괴를 목도한 근대인들은 한편으로는 동요와 혼란을, 다른 한편으로는 재성화再聖化의 열망을 경험했으며, 이러한 분열의 충격은 멜로드라마라는 표현주의적 미학에 의해 —비록 리얼리즘의 원칙에 의해 정교하게 재현되지는 못 했을망정— 극적으로 재연되었던 것이다. 한치 앞을 내다볼 수 없는 근대 세계, 그 냉혹한 생활전선에 내던져진 개인의 무능함과 물질적 취약성을 멜로드라마는 특유의 과장된 드라마트루기를 통해 극(단)적으로 묘사하고, 궁극적으로는 그 희생의 숭고함을 찬양함으로써 선험적 질서의 (재)발견을 도모한다. 이런 점에서 멜로드라마는, 레이먼드 윌리엄스의 표현을 빌리자면, "모더니티에 반反하는 모더니즘modernist against modernity" 양식이다.

　같은 맥락에서 린다 윌리엄스는 최근 저작 『인종 차별적인 발언들 Playing the Race Card』(2001)을 통해, 멜로드라마를 '일개 장르(일탈)'로 보기보다, 미국 대중문화의 근저를 이루는 일종의 멘털리티 모드로 명명할 것을 제안한다. 멜로드라마의 핵심적 작용이 우리의 마음을 움직여 "사방이 가로막힌 희생자들의 미덕들을 동정"하게 하고 그들이 겪는 "역경과 고통을 통해 덕을 상연, 회복"하는 데 있음을 강조하면서, 윌리엄스는 멜로드라마를 "문학, 연극, 영화, 그리고 TV로 재현되는 대중적 내러티브"로 정의하는 데서 나아가, 애틀랜타 올림픽에 대한 TV 보도에서부터 O. J. 심슨 공판까지 아우르는, 보다 넓은 범위의 문화적 (콘)텍스트 속에 위치시키며, 궁극적으로는, 사건의 인과적 전개에 치중함으로써 스펙터클이나 과잉 같은 멜로드라마적 요소를 스토리텔링의 부가물 내지는 장애물로 강등시켜버리는 할리우드의 고전적 내러티브 패러다임에 의문을 제기한다. 이제, 멜로드라마의 초라한 지적 계보는 더이상 '타락한 비극'의 언저리에 머물러 있지 않으며, 대중문화 연구의 발흥과 함께 영화학의 주요 논제 중 하나로 등장하게 되었다. 오랫동안 학대받던 희생자가 뜻밖에도, 예기치 못한 운명의 역전을 맞닥뜨리게 되는, 진부한 멜로드라마 플롯에서처럼 말이다.

　그럼에도 불구하고 우리는 '멜로드라마'적이라고 하는 형용사의 막연한 적용보다는, 멜로드라마라고 불리던 장르의 실제 출현과 발달을 상술해야 하는 역사적 필요에 직면하게 된다. 발자크나 헨리 제임스, 도스토옙스키의 텍스트에 녹아들어 있는 근대적 의식으로서의 '멜로드라마적 상상력'(피터 브룩스)과 오늘날의 할리우드 여성 영화, 가족드라마를 비롯한 수많은 필름 장르들에 내재된 멜로드라마적 코드(린다 윌리엄스) 사이에는 분명, 구조적 유사성뿐 아니라 역사적 불연속이 존재하기 때문이다. 1800년경 프랑스에서 발생했던 멜로드라마 형식은 이후 연극무대에서 스크린으로, 또한 TV 브라운관으로 확장되었던 것은 물론이고, 그 갈등 축 역시 신흥 부르주아 대 구 귀족의 대립에서 '무지몽매'한 프롤레타리아와 '교양 있는' 부르주아 간의 충돌, 그리고/혹은 전통적 젠더 이데올로기와 새롭게 등장한 신여성 사이의 마찰로 전환되었는데, 이러한 변화에 대한 설명은 테크놀로지의 발달과 상호텍스트적 혼류混流, 경제적 근대화 같은 보다 넓은 사회적 콘텍스트에 대한 논의 없이는 불가능하다. 1913년에서 1918년 사이, 미국 대중오락계에 센세이션을 일으켰던 초창기 필름 시리즈 연구에서 출발했던 벤 싱어의 논문이 세기전환기 무렵 모더니티와 멜로드라마를 둘러싼 복잡다단한 의미망들을 폭넓게 조망하는 한 권의 책 『멜로드라마와 모더니티』로 탄생될 수 있었던 것도 바로 이러한 역사기술적historiographical 전환에 힘입은 바 크다.

1880년대부터 1920년에 이르기까지 모더니티와 멜로드라마의 상호작용을 다루는 싱어의 저서는 특히, 10, 20, 30센트의 대중적 가격이 매겨졌던 극장용 멜로드라마가 10년대 선정적 영화로 번역되는 과정을 산업적 근대화라는 콘텍스트 내에 위치시키는 맥락주의적 방식을 통해, 초기 영화의 장르적 계보학과 상호텍스트성을 탐구한다. 10-20-30센트짜리 무대 멜로드라마와 초기 영화 멜로드라마는 둘 다, 그 문화적 지위로 보나 관객의 계급으로 보나, 최하 등급에 속했던 오락형식으로, 내러티브 모티프들(가장 눈에 띄는 특징을 꼽자면, 여주인공을 희생시키는 동시에 영웅화하는)을 공유했으며, 모두 폭력적인 액션과 스펙터클한 리얼리즘을 강조했다. 5센트 영화관 붐이 일어나면서, 영화 멜로드라마는 놀라운 속도로 무대 멜로드라마를 절멸시켰는데, 싱어는 이러한 '모친 살해 사건'을 설명하기 위해 미학적, 산업적, 경제적 요소들을 포함한 설득력 있는 이유들을 제공하면서, 멜로드라마 연극의 파산을 단순히 시네마의 사진적 리얼리즘의 승리로 일반화해왔던 이전 논의들에 대해 엄정한 재평가를 촉구한다. 가령, 싱어는 자신의 책 마지막 세 장에 걸쳐, 〈폴린의 위기〉〈일레인의 위업〉〈증오의 집〉과 같은 필름 시리얼들을 분석하면서, 초창기 멜로 시리즈의 서사적, 양식적 특질들과 더불어 그것이 20세기 초 자본주의적 유흥 양식으로 자리 잡을 수 있었던 사회 구조 및 대중심리를 간파한다.

그러나 싱어의 관심은 비단 초기 영화사에 머물러 있지 않으며, 『멜로드라마와 모더니티』의 괄목할 만한 장점 중의 하나는 무엇보다도 그것이 최근 영화 연구의 많은 분야에서 종종 부주의하게 혹은 모호하게 쓰여 오던 용어와 개념들을 다루는 데 있어 정의定義적으로 또한 이론적으로 훨씬 포괄적이라는 데 있다. 예를 들어, 싱어는 책의 첫 장을 '모더니티'라는 용어가 담아왔던 상반된 의미와 경험양식들을 풀어내는 데 할애하는데, 그에 따르면, 모더니티는 다음과 같은 여섯 국면으로 차별화된다: (일반적으로 소위 '근대'라는 라벨이 붙여지는) 사회경제적, 기술적 성장의 폭발, 도구적 이성의 군림, 이데올로기적 '반성'과 문화적 불연속성이 영구화되는 조건, 유동성의 증가와 모든 '사회체'들의 순환, 사회적 원자화와 경쟁적 개인주의 풍조, 감각적 측면에서 전례 없이 복잡하고 격렬한 지각知覺 환경. 다음 장에서 싱어는 또한 모호하기 짝이 없는 "멜로드라마"의 역사적, 이론적 개념군을 주의 깊게 정리하는데, 그것은 전통적으로 멜로드라마란 장르를 특징지어왔던 다섯 가지 요소들, 즉 '파토스와 주정주의, 도덕적 양극화, 비고전적 서사 양식, 그리고 시각적 선정주의'로 요약된다. 선정적 멜로드라마의 사회적, 문화적, 이데올로기적, 상호텍스트적, 상업적 측면들을 다각적으로 분석하는 싱어의 탁월한 능력이 빛을 발하는 부분은 그러나 정작 그 다음에서부터이다. 근대 도시와 선정주의의 점증을 논하는 3장, 모더니티에 대한 발터 벤야민과 지크프리트 크라카우어의 단평과 게오르크 지멜의 통찰을 검증, 명료화하는 4장, 멜로드라마의 탄생과 자본주의 근대 출현 사이의 의미심장한 동시 발생을 탐구하는 5장을 거치면서, 멜로드라마는 자본주의 이익사회와 근대 사회의 '선험적 실향'에 대한 보상성 반응 모두의 알레고리로 해석된다.

『멜로드라마와 모더니티』는 비판이론에서 인지과학에 이르기까지 다양한 분야에서 다뤄지는 '모더니티 테제'를, 19세기 초 미국 대중문화를 풍미했던 멜로드라마의 역사를 통해 해체/재구성하며, 그러한 과정에서 멜로드라마는 근대의 모순적 체험을 개인적 욕망의 언어로 풀어내는 기계-장치, 혹은 이데올로기적 효과를 발생시키는 사회적 텍스트로 중층 독해된다. 이를테면, 갖가지 위험이 도사리는 낯선 도시 속에서 온갖 재난에 맞서 고군분투하는 시리얼 퀸의 여주인공과 그녀의 안위를 위협하는 악한(대개는 우위를 점하고 있는)의 대립구도는 자기주도적인 새로운 여성상을 등장시키는 한편 가부장적 이데올로기를 새롭게 재편하는 효과를 발생시키는데, 그 이면에는 변화에 대한 욕망과 그에 대한 불안이 한데 뒤섞여 있는 것이다. 싱어는 그러나, 멜로드라마의 등장과 융성이 과거로 회귀하고자 하는 반동적 움직임이라기보다, 근대적인 풍경을 담아내는 새로운 지각양식으로서, 기술 개발과 대중사회의 출현, 유흥문화의 발달과 같은 근대적 현상들과 불가분의 관계를 맺는다는 점을 재삼 강조한다. 이러한 측면에서 『멜로드라마와 모더니티』는 브루스 매코너키Bruce McConachie의 멜로드라마적 구성Melodramatic Formations』(1992), 일레인 해들리Elaine Hadley의 『멜로드라마적 전술 Melodramatic Tactics』(1995), 셸리 스탬프의 『5센트짜리 영화관 시대 이후의 여성과 모션 픽처 컬처 Movie Struck Girls: Women and Motion Picture Culture After the Nickelodeon』(2000)와 같은 일련의 저작들과 함께, 최근 관심이 증폭되고 있는 한국 멜로의 정체성 과 관객 연구, 드라마의 젠더 정치학에 관한 영화사회학적 담론들이 한 국 대중문화 및 모더니티 연구의 영역으로 탈/재영토화 될 수 있는 실 마리를 제공한다.

서론

1) Christopher Strong, "Good-by, Melodrama", *Green Book* 8.3(September 1912): pp.435~439.

2) Garff B. Wilson, *Three Hundred Years of American Drama and Theatre*, pp.104~105.

3) 린다 윌리엄스는 *Playing the Race Card*에서 최근의 몇몇 사례를 들고 있다.

4) 이런 측면에서 서크와 멜로드라마를 비판적으로 분석한 바버라 클링거Barbara Klinger의 수작 *Melodrama and Meaning: History, Culture, and the Films of Douglas Sirk*을 참조할 것.

5) 이러한 문헌들에 대한 검토는 내 연구의 초점에서 벗어나기 때문에 생략하도록 한다. 그 대략적인 개요는 크리스틴 그레드힐Christine Gledhill 편저, *Home Is Where the Heart Is: Studies in Melodrama and the Woman's Film*과 마샤 랜디 Marcia Landy 편저 *Imitations of Life: A Reader in film and Television Melodrama*, 두 선집의 서론과 논문들, 그리고 참고문헌들을 통해 잘 파악할 수 있을 것이다. 영화학 내에서의 멜로드라마 경로에 대한 유용하고 간략한 논의로는(비록 내 연구결과를 그릇되게 묘사하는 감이 없잖아 있긴 하지만) 릭 올트먼Rick Altman의 *Film/Genre* (pp. 70~78)가 있다.

6) David A. Cook, *A History of Narrative Film*(1981) 1996년 제2판 역시 1910년대를 다루는 데 있어선 별반 달라지지 않았다.

7) 이 시기 미국영화 개봉작에 관한 더 상세한 연도별 목록은 찰스 케일Charles Keil

과 셸리 스탬프Shelly Stamp 편저, *Cinema's Transitional Era: Audiences, Institutions, Practices*(근간)에 게재된 나의 논문 "Retracing the Transition: A Statistical Overview of the Emergence of Feature Films and Picture Palaces, 1908~1920"을 참고할 것.

8) 에디슨 사의 '영화 심사 차트'는 이런 여덟 장르들을 주제, 인물 구현, 갈등, 간결함, 일관성, 여성의 관심사, 희극적 이완, 서스펜스, 스릴, 적재적소에 배치된 클라이맥스, 부가산업에 따라 영화들을 평가하였다. 에디슨 아카이브Edison Archives 의 "Edison National Historic Site, West Orange, N.J., Document File: Motion Picture — General(3 of 3)"을 참조할 것.

9) 뉴욕 드라마틱 미러 1914년 6월 3일자 35면에 실린 〈루실 러브: 미스터리 걸〉 '에피소드 9'의 리뷰.

10) Russel Merritt, "Melodrama: Postmortem for a Phantom Genre", *Wide Angle* 5.3(1983): pp. 24~31, Gledhill, ed., *Home Is Where the Heart Is*, p. 354.

11) Williams, *"Playing the Race Card."*

12) 20세기 초 맨해튼의 전형적인 여행 가이드북에는 극장 이름과 위치, 그리고 '각 무대에서 주로 볼 수 있는 공연의 성격'에 관한 정보가 극장 목록에 실려 있었다. 마지막 줄은 극장들을 드라마, 멜로드라마, 뮤지컬 코미디, 보드빌, 혹은 광대극을 제공하는 곳들로 분류했다. 몇몇 극장들은 뮤지컬 코미디와 드라마를 모두 상연한다고 실려 있는데, 멜로드라마 극장들은 (광대극과 보드빌 하우스와 함께) 오로지 고유의 특정 장르에만 전념했다. Harry J. Doyle, *The Tourist's Hand-Book of New York*(New York: Historical Press, 1906), p. 46.

13) 이에 대해서는 윌리엄스도 동의한다. 그녀는 "나는 '멜로드라마적'이라고 하는 형용사의 (…) 보다 막연한 적용보다는 멜로드라마라고 불리던 연극적 장르의 실제 출현과 발달을 상술해야 하는 역사적 필요에 공감한다"라고 쓰고 있다. 그녀는 멜로드라마를 하나의 장르로 규정하는 것이 연극보다 영화에서 더 문제적임을 정확히 짚어내고 있는데, 이는 영화 장르의 경계가 상대적으로 편협하게 정해져온 데서 기인한다. 멜로드라마는 특별히 여성 영화나 가족 드라마에 속한다기보다 수많은 영화 장르(예를 들어 서부 영화나 법정 드라마, 추리물, 액션 어드벤처 등)에 포함시키는 것이 마땅하다. Williams, *"Playing the Race Card."*

14) Walter Benjamin, "The Work of Art in the Age of Mechanical Reproduction (1936), Hannah Arendt, ed., *Illuminations*, 250n19, p. 222.

15) David Bordwell, *On the History of Film Style*, pp. 141~146.

16) "35 Melodramas in 35 Years" *Boston Sunday Globe*, n.d.(clipping, Harvard Theatre Collection, "Lincoln Carter" file)

17) 그 명칭과 달리 세기 전환기 즈음 10-20-30센트짜리 멜로드라마의 입장료는 대개 20~50센트 정도였다.

1. 모더니티의 의미

1) 위르겐 하버마스Jürgen Habermas는 헤겔이 이러한 세 단계의 시대 구분을 그의 *Lectures on the History of Philosophy* 1825~26에서 적용하고 있다고 적고 있다 (Habermas, *The Philosophical Discourse of Modernity*, p. 5). 또다른 예로는 *The Sociology of Georg Simmel*, p. 417에 실린 게오르크 지멜의 "The Metropolis and Mental Life"가 있다.

2) Katherine Bregy, *From Dante to Jeanne d'Arc: Adventures in Medieval Life and Letters*, p. 137.

3) Habermas, *Philosophical Discourse*, p. 5.

4) Giddens, *The Consequences of Modernity*, p. 1.

5) Barret, *Death of the Soul: From Descartes to the Computer*, xiv.

6) Kumar, *The Rise of Modern Society: Aspects of the Social and Political Development of the West*, p. 3.

7) Nordau, *Degeneration(1895)*, p. 37.

8) Freeman, *Social Decay and Degeneration*, p. 141.

9) Kern, *The Culture of Time and Space*, 1880~1918, p. 1.

10) 예를 들어 레오 샤르니Leo Charney와 버네사 R. 슈워츠Vanessa R. Schwartz 편저 *Cinema and the Invention of Modern Life*를 보라.

11) Clement Greenberg, "Modernist Painting," in *The Collected Essays and*

Criticism 4:86, ed. John O'Brien.

12) 스튜어트 홀Stuart Hall 편저 *Modernity: an Introduction to Modern Societies*, p. 606. 크라카우어의 경우 그의 이름이 등장하기는 하지만 아무런 논의도 없으며, 심지어 색인 란에도 들어가 있지 않다.

13) Max Weber, *The Protestant Ethic and the Spirit of Capitalism*, p. 17.

14) Ronald Inglehard, *Modernization and Postmodernization: Cultural, Economic, and Political Change in 43 Societies*(Princeton: Princeton University Press, 1997); Anthony McGrew, 'A Global Society?' in Hall et al., eds., *Modernity*, pp. 466~503; Arjun Appadurai, *Modernity at Large: Cultural Dimensions of Globalization*(Minneapolis: University of Minnesota Press, 1996).

15) Franz M. Wuketits, *Evolutionary Epistemology and Its Implications for Humankind*, ch. 5.

16) 이 정의를 위한 용어는 앨런 시카Alan Sica의 *Weber, Irrationality, and Social Order*, p. 5에 나와 있다.

17) L. Urwick, *The Meanings of Rationalisation*, p. 154.

18) Weber, *Economy and Society* 1, p. 637.

19) Simmel, "The Metropolis and Mental Life", p. 422.

20) 근대 합리주의 이론을 다루는 수많은 보조 문헌으로는 케이턴Cayton과 곤Gorn, 윌리엄스Williams가 엮은 *Encyclopedia of American Social History* 1, pp. 347~358 에 실린 멜빈 L. 아델먼Melvin L. Adelman의 "Modernization Theory and Its Critics," 로 저스 브루베이커Rogers Brubaker의 *The Limits of Rationality: An Essay on the Social and Moral Thought of Max Weber*, 데이비드 인그램David Ingram의 *Habermas and the Dialectic of Reason*, 헨리 자코비Henry Jacoby의 *The Bureaucratizaiton of the World*, 로런스 A. 스코프Lawrence A. Scoff의 *Fleeing the Iron Cage: Culture, Politics, and Modernity in the Thought of Max Weber*, 시카Sica의 *Weber, Irrationality, and Social Order*, 그리고 알랭 투렌Alain Touraine의 *Critique of Modernity* 등이 있다.

21) Alfred de Musset, quoted by Lews Coser, *Men of Ideas*(New York: Free Press, 1965), p. 101, 그리고 Krishan Kumar, *Prophecy and Progress: the Sociology of Industrial and Post-Industrial Society*, p. 95.

22) *Past and Present* 55호(1972년 5월)에 실린 P. 에이브럼스P. Abrams의 "The Sense of the Past and the Origins of Sociology", p.22, 그리고 쿠마르의 *Prophecy and Progress*, p. 58에서 인용.

23) Giddens, *The Consequences of Modernity*, p. 39.

24) Georg Lukács, *The Theory of Novel*(1920)(rpt., Cambridge: MIT Press, 1971, p. 121).

25) Friedrich Nietzsche, *Untimely Meditations*, quoted in David Frisby, *Fragments of Modernity: Theories of Modernity in the Work of Simmel, Kracauer, and Benjamin*, p. 28.

26) Karl Marx and Friedrich Engels, *The Communist Manifesto*, p. 39.

27) 이 시기에 많은 잡지들이 이런 현상에 관해 논평했는데, 그 대표적인 예는 라자르 웨일러Lazare Weiller로서 *La Revue des Deux Mondes*에 실렸다가 *The Living Age* 219(1898. 10. 15, pp. 163~178)로 재발행된 *The Spectator* 99, The Annihilation of Distance, 1907. 10. 19, pp. 557~558)에 실린 "The Shrinkage of the World"가 있다. 근대 시공간의 변화에 대한 최근 분석으로는 기든스Giddens의 *The Consequences of Modernity*, esp. p. 17~28, 그리고 데이비드 하비David Harvey의 *The Condition of Postmodernity*(Oxford, Blackwell, 1990), pp. 201~326를 참고할 것.

28) Pitirim Sorokin, *Social Mobility*, p. 389.

29) Sorokin, *Social Mobility*, p. 392.

30) Nordau, *Degeneration*, p. 38.

31) Sorokin, *Social Mobility*, p. 390.

32) Nordau, *Degeneration*, p. 36.

33) Marx and Engels, *The Communist Manifesto*, p. 38.

34) Sorokin, *Social Mobility*, p. 394, 409.

35) Karl Marx, *Capital* 1, p. 165.

36) 지멜의 *The Philosophy of Money*, 니콜라스 J. 스파이크맨Nicholas J. Spykman이 편집한 지멜 저작 선집 *The Social Theory of George Simmel*에 실린 "Money and the Style of Modern Life", p. 243.

37) Simmel, "Money and Individual Liberty" (again, From *The Philosophy of*

Money) in Spykman, ed., ibid., esp. pp. 221~224).

38) 자본주의는 생산자와 최종 소비자의 직접적인 접촉을 무화시키는 경향이 있기 때문에 상품이 인간 노동의 산물이라는 자각을 흐리게 한다. 그것이 창조되는 인간적 맥락으로부터 분리되어 오로지 그 교환가치에 의해서만 ― 즉 그것이 다른 상품들과 갖는 관계 내에서만 ― 정의되면서 상품은 그 자체의 객관적 정체성을 얻게 된 듯했다. 마르크스, 『자본론』1(1장 4절).

39) Adna Ferrin Weber, *The Growth of Cities in the Nineteenth Century: A Study in Statistics*, P. 431.

40) 전통 대 근대 자본주의 사회의 이항적 모델을 제공하는 다른 중요한 19세기 저작들로는 허버트 스펜서Herbert Spencer, 헨리 메인Henry Maine, 그리고 에밀 뒤르켕 Émile Durkheim의 책들이 있다. 이에 대한 간략한 개괄은 쿠마르Kumar의 *Prophecy and Progress*, p. 58~60을 참조할 것. 퇴니에스와 유사 이론들의 비교를 위해서는 찰스 P. 루미스Charles P. Loomis와 존 C. 매키니John C. McKinney의 *Community and Society*의 "Introductory Essay," pp. 1~11, 그리고 아서 미츠맨Arthur Mitzman이 지은 *Sociology and Estrangement: Three Sociologists of Imperial Germany*, 베르너 J. 캔먼Werner J. Cahnman 편저, *Ferdinand Tönnies: A New Evaluation ― Essays and Documents*를 보라.

41) Tönnies, *Community and Society*, p. 77.

42) Simmel, "The Metropolis and Mental Life", p. 415.

43) John A. Hobson, *The Evolution of Modern Capitalism: A Study of Machine Production*, p. 340.

44) Mike Featherstone, "Theories of Consumer Culture," *Consumer Culture and Postmodernism*, p. 24.

2. 멜로드라마의 의미

1) Steve Neale, "Melo-Talk: On the Meaning and Use of the Term 'Melodrama' in the American Trade Press," *Velvet Light Trap* 32(Fall 1993), pp.

66~89.

2) Alan Dale, "The Tear-Drenched Drama," *Cosmopolitan Magazine* 48.2(January 1910), pp. 199~205(quotation from 200).

3) 앨런 데일, 같은 글. 이 연극은 1906년 마거릿 딜랜드Margaret Deland의 소설에 기초한다. 1916년에는 5릴짜리 영화로 만들어졌다. *American Film Institute Catalogue: Feature Films*, 1911~1920, p. 40을 보라.

4) 이에 대해 더 실제적으로 설명하자면, 멜로드라마라는 용어는 특히 홍보물에서 의도적으로 회피되었는데, 그 이유는 이 장르가 내포한 저급함 때문이었다. 1911년 드라마 평론가 클레이턴 해밀턴은 다음과 같이 쓰고 있다. "동굴에 들락거리는 사람들의 어휘 중에서 '멜로드라마적'이라는 형용사만큼이나 (…) 사악한 타락으로 고통받은 단어도 없다. 부주의한 작가들은 이제 어설픈 연극을 지칭하고 싶을 때 '멜로드라마'라고 부르는 것에 익숙하다. (…) 멜로드라마라는 단어 자체가 평판이 너무나 나빠져서 요즘 멜로드라마를 내놓는 사람은 대개 그것이 다른 것인 척하면서 그의 홍보 담당자가 그것을 사회 연구나 희극으로 광고하는 것을 정당화하기 위해 아무런 관계도 없는 문단들을 몇 개 써 넣는다." Hamilton, "Melodrama, Old and New", *The Bookman* 33.3(May 1911), p. 310.

5) Nowell-Smith, 'Minnelli and Melodrama', *Screen* 18.2(Summer 1977), pp. 113~118. '과잉'이라는 주제는 피터 브룩스Peter Brooks의 책 *The Melodramatic Imagination: Balzac, Henry James, Melodrama, and the Mode of Excess* 출간으로도 널리 유포되었다.

6) 린다 윌리엄스Linda Williams는 "Film Bodies: Gender, Genre, and Excess"에서 멜로드라마를 호러나 포르노그래피 같은 다른 '몸 장르들body genres'과 비교하면서 신체적 과잉과 연관시켜 논의한다. *Film Quarterly* 44.4(Summer 1991), pp. 2~13. 피터 브룩스 역시 멜로드라마를 몸과 관련하여 논의한다. 비록 관객의 신체적 반응보다 신체적 위험의 드라마적 재현에 더욱 관심을 기울이기는 하지만. "Melodrama, Body, Revolution," in Jacky Bratton et al., eds., *Melodrama: Stage, Picture, Screen*, pp. 11~24.

7) Ludwig Lewisohn, "The Cult of Violence," *The Nation* 110.2847(January 24, 1920), p. 118.

8) Lea Jacobs, "The Woman's Picture and the Poetics of Melodrama," *Camera Obscura* 31(1993), pp. 121~147. 이 논평에 드러난 제이콥스의 생각들은 벤 브루스터Ben Brewster와 함께 집필한 그녀의 책 *Theatre to Cinema: Stage Pictorialism and the Early Feature Film*(Oxford: Oxford University Press, 1997), 특히 2장 '상황Situations'에 통합되어 있다.

9) Harry James Smith, "The Melodrama", *Atlantic Monthly* 99(March 1907), p. 324, p. 326.

10) Arthur Ruhl, "Ten-Twenty-Thirty," in *Second Nights: People and Ideas of the Theater Today*, p. 145.

11) "Melodrama: By a Touring Manager," *The Stage*(October 2, 1919), p. 8.

12) 나는 이런 일반화의 확립이 제이콥스가 객관적으로 진술한 것이 아님을 명료하게 밝히고자 한다. 그녀와 브루스터가 *Theatre to Cinema*에서 간단히 언급한 바로는 "여기서 우리가 관심을 가지는 것은 극작 기법과 이후 영화 대본 구성이 연속적 상황들로서의 플롯이란 개념을 어느 정도까지 이용하느냐이다".(p. 22)

13) Jacobs, "The Woman's Picture," p. 124.

14) Thomas Elsaesser, "Tales of Sound and Fury: Observations on the Family Melodrama," in Christine Goldhill, ed., *Home is Where the Heart Is*, p. 64 원저는 *Monogram* 4(1972), pp. 2~15.

15) 개념군 모델에 관해서는 맥스 블랙Max Black의 "Definition, Presupposition, and Assertion," in *Problems of Analysis: Philosophical Essays*, p. 28과 E. H. 곰브리치E. H. Gombrich, 줄리안 하츠버그Julian Hochberg, 그리고 맥스 블랙이 엮은 *Art, Perception, and Reality*의 128쪽에 실린 블랙의 "How Do Pictures Represent?"를 보라.

16) William S. Dye, *A Study of Melodrama in England from* 1800 *to* 1840(박사학위 논문: 인용문헌의 기재 사항을 보라). State College는 Penn State University에 위치했음에도 불구하고, 표제지에는 이 논문을 University of Pennsylvania의 교수단에 헌정한다고 나온다.

17) 다이Dye의 목록에는 이렇게 적혀 있다. "공포, 전율; 비논리적 엔딩; 초자연적 요소, 흔치 않은 시적 정의의 실현을 방해하는 (연기하는) 우발적 사건; 빼어난

무대장면과 무대효과; 지성보다는 감정에의 호소; 선과 악 사이의 변함없는 투쟁; 중요한 모든 것들의 시각적 재현(예를 들어 진짜 멜로드라마는 맥베스에 의한 던컨의 살인을 보여줄 것이다); 대개는 과장되고 가끔은 풍자화된 유형의 연기; 너무 약하거나 전무한 캐릭터 전개; 명백한 이유 없이 갑작스레 바뀌거나 돌변하는 인물의 성격; 일반적으로 무척 '도덕적'으로 성문화된 연극; 자극적인 사건들로 가득한 연극— '스릴러' (…) 게다가 무척이나 억지스러운 화법까지. 인물들은 종종 과장된 말씨를 사용하고 자신들의 성격에 맞지 않는 정조를 토로한다. 후기 멜로드라마의 음악적 요소는 이전만큼 중요한 위치를 차지하지는 않는다. 비록 악당이 등장하거나 상황이 평소와 다르게 상승세를 타고 있을 때 우린 여전히 바이올린 선율이 전율하는 것을 들을 수 있긴 하지만." 이 목록에다 다이는 또한 "인물보다 상황을 훨씬 더 강조하는 경향, 그리고 그 효과를 고조시키기 위한 과장"을 덧붙인다. Dye, *A Study of Melodrama*, p. 10~11.

18) 아리스토텔레스, S. H. Butcher, *Aristotle's Theory of Poetry and Fine Art*, p. 237에서 인용.

19) Eric Bentley, "Melodrama," in *The Life of the Drama*, p. 198.

20) Henry Albert Phillips, *The Photodrama*, p. 154.

21) Phillips, *The Photodrama*, p. 154.

22) Smith, "The Melodrama," p. 321.

23) "Melodrama: By a Touring Manager," p. 8.

24) Smith, "The Melodrama," p. 321.

25) 나의 인용은 두 논평을 압축한 것이다. "'Wolves of New York' at the Boston," *Boston Post*, May 19, 1891, 그리고 "Boston Theater: 'The Wolves of New York'", *Boston Evening Transcript*, May 19, 1891.

26) Rollin Lynde Hartt, *The People at Play: Excursions in the Humor and Philosophy of Popular Amusements*, p. 187.

27) Smith, "The Melodrama," p. 324.

28) "Melodrama: By a Touring Manager," p. 8.

29) Henry Tyrell, "Drama and Yellow Drama," *The Theatre* 4.42(August 1904), p. 193.

30) Hartt, *The People at Play*, pp. 187~188.

31) Smith, "The Melodrama," p. 327.

32) Fredric Taber Cooper, "The Taint of Melodrama and Some Recent Books," *The Bookman* 22.6(February 1906), p. 630.

33) Strong, "Good-by, Melodrama," p. 438. '무도chorea' 라고도 알려져 있는 '무도병st. Vitus's dance' 은 사지와 안면근육 발작 증세를 보이는 신경성 질환이다.

34) Montrose J. Moses, "Concerning Melodrama," *Book News Monthly* 26.11(July 1908), p. 846.

35) W. T. Price, "The Technique of the Drama: The Bowery Theaters," *Harper's Weekly*, May 10, 1890, pp. 368~372(quotation from 370).

36) "Statement of Mr. Ellis P. Oberholtzer," *Report of the Chicago Motion Picture Commission*(Chicago, September 1920), p. 105.

37) Dye, *A Study of Melodrama*, p. 8.

38) 주지해야 할 것은 자연주의와 리얼리즘을 동의어로 보기보다 대조적인 것으로 파악하는 비평적 전통이 있다는 사실이다. 죄르지 루카치에게 리얼리즘은 인물 묘사를 통해 당시 사회적 역학을 드러내는 문학 양식으로서, 인물들은 보편적 전형과 경향을 전달하며 자신들을 넘어서는 기술적 적실성descriptive relevance을 지닌다. 루카치는 비판하길, 자연주의는 이런 일반화의 열망 없이 표피적 외관만을 재생산하려는 시도이다. Eugene Lunn, *Marxism and Modernism: An Historical Study of Lukács, Brecht, Benjamin, and Adorno*(Berkeley: University of California Press, 1982), 3장을 보라.

39) Tyrell, "Drama and Yellow Drama," p. 193 '황색 드라마yellow drama' 라는 용어는 멜로드라마를 '선정적인 황색 저널리즘' 에 비유하여 비난하기 위한 의도로 쓰인 것이다.

40) Strong, "Good-by, Melodrama," p. 436.

41) "The Corse Payton Engament," 잡보란, 아마도 Springfield, Mass., paper, 1902년 8월 5일자(Harvard Theatre Collection, "Corse Payton" file).

42) "Melodrama: By a Touring Manager," p. 8.

43) Cooper, "The Taint of Melodrama," p. 630.

44) "America's Oldest Dramatist"(pre-1895), n.d.(잡보란, Harvard Theatre Collection, "Charles Foster" file: 포스터는 1895년 사망했다.)

45) "Risks Life for Realism," *Moving Picture World*(May 6, 1916), p. 190.

46) Alan Dale, "Boom of 'Mellerdrama,'" *New York Journal*, February 12, 1899. p. 26.

47) "'A Nutmeg Match' at Jacob's", *Newark Daily Advertiser*, March 27, 1894. p. 4.

48) Elsaesser, "Tales of Sound and Fury," p. 49.

49) Bentley, "Melodrama," pp. 205~206, pp. 215~217(emphasis in original)

50) Hamilton, "Melodrama, Old and New," p. 310, p. 312, p. 313.

51) Elsaesser, "Tales of Sound and Fury," p. 48.

52) Hartt, *The People at Play*, pp. 185~186.

53) 서크의 진술, Elsaesser, "Tales of Sound and Fury," p. 52.

54) Williams, *"Playing the Race Card,"* "Introduction."

55) Alan Reynolds Thompson, "Melodrama and Tragedy," *Publication of the Modern Language Association of America* 43(1928), p. 823.

56) Richard Steele, *The Tatler*, p. 181(June 6, 1710), quoted in Thompson, ibid., p. 830에서 인용.

57) 나는 액션이 액션 멜로드라마의 토대로 이해되는 통상적 의미에서, 액션 멜로드라마에서 파토스가 주종을 이룰 필요가 없는 것과 마찬가지로, 감상적 멜로드라마 역시 반드시 액션을 가미해야 한다고 생각지 않는다. 윌리엄스는 감상적 멜로드라마에서의 액션을 다음과 같은 예로 제시한다. "〈스텔라 댈러스〉는 자기 딸의 애정을 끊어버리는 자기희생적인 과업에 몸을 사리지 않고 뛰어든다. (그리고) 파토스로 가득 찬 이 영화의 마지막 장면에서 그녀는 또한 자기 딸의 결혼식을 보기 위해 인파 속을 헤치고 나아간다." 이는 내게 그리 설득력 있게 다가오지 않는데, 왜냐하면 그것은 멜로드라마적 액션이 통상적으로 이해되는 것과 매우 다르게 의미하게끔 그 용어를 희석시키기 때문이다. 멜로드라마적 액션은 위험천만하고 색다르며 흥미진진하고 놀랄 만해야지(비록 극적이기는 하지만), 담배를 피운다든가 냉담한 척한다든가, 군중을 헤치고 나간다든가 하는 진부한 뭔가는 아니다.

58) 윌리엄스는 프랑코 모레티Franco Moretti와 스티브 닐Steve Neale의 저작에 기대어 시간의 중요성 — '너무나 늦은 때'와 '위기일발의 순간' 모두 — 에 대해 매우 흥미로운 대목을 제시한다.

59) Thompson, "Melodrama and Tragedy," p. 835: Clayton Hamilton, "Melodrama and Farces," *The Forum* 41.1(January 1909), pp. 23~27.

60) Robert B. Heilman, "Tragedy and Melodrama: Speculations on Generic Form," *Texas Quarterly* 3.2(Summer 1960), pp. 36~50.

3. 선정주의와 근대 도시의 세계

1) 인구통계는 미 인구조사국의 "Number of Inhabitants: U.S. Summary," Table 3, 1980 *Census of the Populations*, GNP 통계는 미 인구조사국의 *Historical Statics of the United States, Colonial Times to 1957*, p. 139. 북동부 지역의 전차 선로는 1890년 2952마일에서 1902년 10175마일로 증가했다. 같은 시기에 미국 전 역에서 그 도달 범위는 8123마일에서 22589마일로 178퍼센트 증가했다(통계는 미 인구조사국, *Special reports, Street and Electric Railways* [1903], p. 34). 미국 옥외광고협회는 옥외광고 비용이 1900년에 연간 2백만 달러에서 1912년에는 4백만 달러, 1917년에는 1500만 달러, 1921년에는 3500만 달러까지 증가했다고 추산했다(통계는 Alfred M. Lee, *The Daily Newspaper in America: The Evolution of a Social Instrument*, p. 366).

2) Simmel, "The Metropolis and Mental Life," p. 410.

3) 1900년경 맨해튼이 담긴 영화 장면을 모아놓은 훌륭한 편집물로는 일곱 편의 에피소드로 구성된 PBS의 비디오 시리즈 *Heritage: Civilization and the Jews*와 네 편의 에피소드로 구성된 PBS의 비디오 시리즈 *New York: A Documentary Film*이 있다. DOMITOR 컨퍼런스의 상영 목록은 유럽 및 북미의 메이저 영화 보관소가 보유한 1896년에서 1902년 당시 수많은 거리 장면을 포함했다. DOMITOR는 1915년 이전 영화에 흥미를 가진 학자들의 국제적 학회이다. 이에 관한 더 많은 정보는 웹사이트 http://cri.histart.umontreal.ca/DOMITOR를 참조할 것.

4) J. H. Girdner, "The Plague of City Noises," *North American Review* 163.478(September 1896), p. 297.

5) Henry Adams, *The Education of Henry Adams*(1917), pp. 494~495.

6) Howard B. Woolston, "The Urban Habit of Mind," *American Journal of Sociology* 17.5(March 1912), p. 602, p. 604.

7) Michael M. Davis, *The Exploitation of Pleasure*, p. 33, p. 36.

8) 스티븐 컨Stephen Kern은 속도, 파편화, 그리고 모더니티에 관한 당시의 문학적, 예술적 담론들(가령 입체파나 미래파 선언 같은)에 대해 *The Culture of Time and Space*, 특히 5장에서 폭넓게 개괄한다. 신경쇠약증에 대해서도 컨의 책 5장 및 다음을 참조할 것. Tom Lutz, *American Nervousness, 1903: An Anecdotal History*; James B. Gilbert, *Work Without Salvations: America's Intellectuals and Industrial Alienation, 1880~1910*, pp. 31~43. George Beard의 *American Nervousness* (1881)는 일반적으로 신경쇠약증에 관한 핵심적 논의로 여겨진다.

9) Walter Lippmann, "More Brains, Less Sweat," *Everybody's Magazine* 25(1911): pp. 827~828, quoted in John Tripple, *The Capitalist Revolution: A History of American Social Thought, 1890~1919*, p. 103에서 인용.

10) 세기 전환기의 사회이론가들이 군중 심리에 주목하기 시작했던 것은 우연의 일치가 아니다. 대중화된 많은 저작 중 핵심적인 두 권을 꼽으라면 구스타브 르봉 Gustave Le Bon의 *Psychologie des Foules*(1895년 *The Crowd*로 영역됨)와 가브리엘 타르드Gabriel Tarde의 *Opinion and the Crowd*(1901)가 있다. 가장 대표적인 대중작은 제럴드 스텐리 리Gerald Stanley Lee의 *Crowds: A Study of the Genius of Democracy and the Fear, Desires, and Expectations of the People*이다. 발터 벤야민의 "On Some Motifs in Baudelaire"(1939), Arendt, ed., *Illuminations*, p. 174에서 인용.

11) 삽화 "뉴욕시: 그만한 가치가 있는가?New York City: Is it Worth It?"는 1909년 『라이프』지 5월 6일자에 실렸다. 얼마 후 1909년 여름 피카소는 앙부르아즈 볼라르의 갤러리에서 첫 입체파 회화 전시회를 열었다. 1911년에서 1914년에까지 입체파는(적어도 뉴욕의 주류 삽화가들이 낌새를 챌 만큼) 진정한 의미의 운동으로 등장하진 않았다. 뉴욕(과 이후 시카고 및 보스턴)에서 근대 미술 1100여 점이 전시되었

던, 그리고 진정한 의미에서 미국이 최초로 근대미술에 공개되었던 아모리 쇼는 1913년 2월의 일이었다. Herbert Read, *A Concise History of Modern Painting*, p. 117.

12) "Ground to Pieces on the Rail," *Newark Daily Advertiser*, May 9, 1894, p. 7.

13) 시 당국은 전차 및 노상사고, 사망 수치에 대한 폭넓은 조사를 벌였다. 몇몇 통계는 다음에 실려 있다. "Highway Accidents in New York City During 1915," *Journal of American Statistical Association* 15 (September 1916), pp. 318~323, Roger Lane, *Violent Death in the City: Suicide, Accident, and Murder in Nineteenth-Century Philadelphia*.

14) "The Spectator," *The Outlook* 66 (September 15, 1900), p. 153.

15) Benjamin, "On Some Motifs in Baudelaire," p. 175.

16) "Whirled to Instant Death: His Body Caught in Rapidly Revolving Belts and Crushed Against the Celing at Every Revolution," *Newark Daily Advertiser*, May 29, 1891, p. 1; "Horrible Death of a Street-Cleaner: His Head Twisted Almost Off by a Sweeping Machine," *Newark Daily Advertiser*, May 18, 1891, p.1.

17) "A Little Girl's Peculiar Death," *Newark Daily Advertiser*, May 26, 1891, p.1.

18) 또한 추락사는 1세대 이민자들에게 특별한 반향을 일으켰음 직한데, 그들 중 다수는 고층 건물을 찾아보기 힘든 지방 농경문화 출신이었다. 아마도 이런 이미지들은 그들이 수직적인 근대 대도시의 낯선 공간적 좌표에서 느꼈던 불안감에 호소했을 것이다.

19) José Ortega y Gasset, *The Revolt of the Masses*, p. 31.

20) 유원지, 롤러코스터, 그리고 다른 탈것과 스펙터클에 대해서는 다음을 참조할 것. Robert Cartmell, *The Incredible Scream Machine: A History of the Roller Coaster*; John F. Kasson, *Amusing the Million: Coney Island at the Turn of the Century*; Richard Snow, *Coney Island: A Postcard Journey to the City of Fire*; Judith A. Adams, *The American Amusement Park Industry: A History of Technology and Thrills*; Andrea Stulman Dennett and Nina Warnke, "Disaster Spectacles at the Turn of the Century," *Film History* 4 (1990), pp. 101~111.

21) "A Hundred Ways of Breaking Your Neck," *Scientific American* (October

14, 1905), pp. 302~303.

22) "The Dime Museum Drama," New York World, April 16., p.22.

23) "An Eighth Avenue Thriller." *New York Sun*, December 8, 1903(Clipping Harvard Theatre Collection).

24) Vachel Lindsay, *The Art of the Moving Picture*, pp. 39~40.

25) Gabriele Buffet, 이 잡지에 실린 축약본은 다음과 같다. "The Superiority of American to European Films as Explained by a French Critic," *Current Opinion* 63.4(October 1917), pp. 250~251.

26) Marinetti et al., "The Futurist Cinema," in R. W. Flint, ed., *Marinetti: Selected Writings*, p. 131.

27) Benjamin, "The Work of Art," p. 238.

28) 필리프 수포 Phillipe Soupault와 장 엡스탱 Jean Epstein은 둘 다 1915년 파리에서 〈일레인의 위업〉을 봤을 때의 스릴을 기억해냈다. 수포는 이렇게 기록했다. "영화관으로 뛰어든 우리들은 모든 것이 바뀌었다는 것을 깨달았다. 펄 화이트의 얼굴, 새로운 세계의 격변을 알리는 그 표독스러움에 가까운 미소가 스크린에 떠올랐다. 우리는 마침내 영화가 단지 기계로 만든 장난감이 아니라, 몹시도 장엄한 삶의 깃발이라는 것을 이해했다. 우리는 눈이 휘둥그레져서 범죄, 배반, 사건들, 그리고 우리 시대의 시적 감흥을 (보았다)." Soupault, "Cinema, U. S. A." (1923), reprinted in Paul Hammond, ed., *The Shadow and Its Shadow: Surrealist Writings on Cinema*, p. 32.

장 엡스탱도 비슷하게 밝혔다. "이렇듯 〈일레인의 위업〉처럼 통속적이고 (말할 필요도 없이) 덜떨어진데다 싸구려 축에 끼는 믿기 어려운 유형 폭력 영화들은 고맙게도, 더이상 가스에 의해 불붙여지지 않는 문명, 스타일, 신기원을 이뤄냈다." Jean Epstein, "Le Sens 1 Bis," in *Bonjour Cinema*, Stuart Liebman의 박사논문 "Jean Epstein's Early Film Theory, 1920~1922"(1980)에 수록된 번역. 또다른 번역(다소 적절치 못한 부분이 있다고 생각되지만)으로는 Tom Milne, *Afterimage* 10(Autumn 1981), pp. 9~16, Abel, *French Film Theory and Criticism*, 1권에 재수록.

29) Sergei Eisenstein, "The Problem of the Materialist Approach to Form" (1925), trans. Roberta Reeder, in P. Adams Sitney, ed., *The Avant-Garde*

Film(New York: NYU Press, 1978), pp. 15~21(quoted p.21).

30) Robert Wagner, "You-At the Movies," *American Magazine* 90.6 (December 1920), pp. 42~44. *Literary Digest* 68(February 26, 1921) p.46에 "A Movie of the Movie Fan at the Movies"로 발췌 인용됨.

31) 존 카슨John Kasson은 *Amusing the Million*에서 새로운 중산층과 엔터테인먼트에 대한 그들의 다소 시큰둥해진 태도를 논하고 있다.

32) Hermann Kienzl, "Theater und Kinematograph," Der Strom 1(1911~12): 219ff.; quoted in Anton Kaes, "The Debate About Cinema: Charting a Controversy (1909~1929)," *New German Critique* 40(Winter 1987): p. 12에서 인용.

33) Davis, *Exploitation of Pleasure*, p. 33, p. 36.

34) Burton Rascoe, "The Motion Pictures-an Industry, Not an Art," *The Bookman* 54.3(November 1921), p. 194.

35) Siegfried Kracauer, "The Cult of Distraction: On Berlin's Picture Palaces" (1926), *The Mass Ornament: Weimar Essays*, ed. and trans. Thomas Y. Levin, pp. 323~328(quotation from p. 326). 레빈의 번역은 이전에도 *New German Critique* 40(Winter 1987): pp. 91~96에도 실린 바 있다. *New German Critique*에는 크라카우어와 벤야민에 관한 유익한 논평들이 몇 편 실려 있는데, 특히 Miriam Hansen의 "Benjamin, Cinema, and Experience," Heide Schlupmann의 "Kracauer's Phenomenology of Films," Patrice Petro의 "Discourse on Sexuality in Early German Film Theory," 그리고 Sabine Hake의 'Girls and Crisis: The Other Side of Diversion"이 그러하다.

36) Benjamin, "The Work of Art," p. 250.

37) Benjamin, "On Some Motifs in Baudelaire," p. 175.

4. 모더니티 테제 이해하기

1) Luigi Pirandello, *Shoot! The Notebooks of Serafino Gubbio, Cinematograph Operator*(1915), trans. C. K. Scott Moncrieff, pp. 10~11.

2) 출판 연도순으로 나열하면 다음과 같다. Miriam Hansen, "Benjamin, Cinema, and Experience: The Blue Flower in the Land of Technology," pp. 179~224(1987); Tom Gunning, "An Aesthetics of Astonishment: Early Film and the (In)credulous Spectator," *Art and Text* 34(Spring 1989): p. 31; Gunning, "Heard Over the Phone: *The Lonely Villa* and the De Lorde Tradition of Terrified Communication," Screen 32.2(Summer 1991): pp. 184~196; Hansen, "Decentric Perspectives: Kracauer's Early Writings on Film and Mass Culture," *New German Critique* 54(Fall 1991):pp. 47~76; Bruno, Giuliana, *Streetwalking on a Ruined Map: Cultural Theory and the City Films of Elvira Notari*(1993); Anne Friedberg, *Window Shopping: Cinema and the Postmodern*(1993); Gunning, "The Whole Town's Gawking: Early Cinema and the Visual Experience of Modernity," *Yale Journal of Criticism* 7.2(Fall 1994): pp. 189~201; Gunning, "The World as Object Lesson: Cinema Audiences, Visual Culture, and the St. Louis World's Fair," *Film History* 5.4(Winter 1994): pp. 422~444; Charney and Schwartz, eds., *Cinema and the Invention of Modern Life*(1995), 이 안에 수록된 에세이들 중에서도, Gunning, "Tracking the Individual Body: Photography, Detectives, and Early Cinema"; Hansen, "America, Paris, and the Alps: Kracauer(and Benjamin) on Cinema and Modernity"; and Ben Singer, "Modernity, Hyperstimulus, and the Rise of Popular Sensationalism"(3장 의 초기 판본); Lynne Kirby, *Parallel Tracks: The Railroad and Silent Cinema*(1997); Lauren Rabinovitz, *For the Love of Pleasure: Women, Movies, and Culture in Turn-of-the Century Chicago*(1998); Leo Charney, *Empty Moments: Cinema, Modernity, and Drift*(Durham, N.C.: Duke University Press, 1998). 이런 논문들에 대한 간략하지만 유용한 개괄로는 Gunning, "Early American Film," in John Hill and Pamela Church Gibson, eds., *The Oxford Guide to Film Studies*, pp. 266~268을 보라. 영화 관련 서적은 아니지만 근대의 지 각적 변화에 대해 깊이 있게 서술했을 뿐만 아니라, 위의 저작들에 영향을 끼친 두 저서를 들자면 Wolfgang Schivelbusch, *The Railway Journey: The Industrialization of Time and Space in the Nineteenth Century*(Berkeley:

University of California Press, 1977; paperback, New York: Urizen, 1979); 그리고 Jonathan Crary, *Techniques of the Observer: On Vision and Modernity in the Nineteenth Century and Suspensions of Perception: Attention, Spectacle, and Modern Culture*(이 마지막 책은 이 장이 완성되고 난 후 나왔다).

3) Bordwell, *History of Film Style*, pp. 141~146.

4) Gunning, "The Whole Town's Gawking," p. 194, p. 196.

5) Ibid., p. 195.

6) Benjamin, "The Works of Art," p. 222, p. 250.

7) 보드웰은 이를 "시각vision의-역사 명제"라 부른다. 이런 맥락의 연구가 대부분 시각에 초점을 맞추고 있기는 하지만 내 논점에는 '지각의 역사'라고 명명하는 것이 보다 정확할 터인데, 왜냐하면 벤야민과 다른 이들이 도시적 근대성이 주체에 미친 결과를 서술할 때 시각 이상의 것이 쟁점이 되기 때문이다.

8) 거닝 측 논의는 보드웰의 인용문에 나타나 있는데, 그것은 거닝이 보드웰에게 보낸 답변으로서 아마도 『영화 스타일의 역사에 관하여On the history of Film Style』의 초고에 대한 대답이었을 것이다.

9) 인과론 대신 어떤 이는 인과론이 왜 잘못되었는지에 대해 어쩔 수 없이 구체적인 설명을 제시하는지도 모른다. 예를 들어 어떤 이는 그 동물들의 긴 목이 각각 상이한 적응 명령으로부터 유래한다고 주장할지도 모른다. 아마도 기린의 긴 목은 높은 곳에 있는 잎사귀를 먹기 위해 진화한 반면, 타조의 긴 목은 높은 초목 너머의 육식동물을 감지하기 위해 진화했을 수 있다면서 말이다.

10) Bordwell, *History of Film Style*, p. 142.

11) Ibid.

12) 모더니티 테제에 관한 문헌은 필시 그 깊이 없는 과장조의 해설을 어느 정도 포함하기는 하지만(예를 들어 조너선 크래리Jonathan Crary는 "만일 시각이 20세기 근대 범위 안에서 어떤 지속적인 특징을 가진다고 말할 수 있다면, 이는 그것이 어떤 지속적인 특질도 갖지 않는다는 뜻이다"라고 쓰고 있다. Crary, "Dr. Mabuse and Mr. Edison," *Hall of Mirrors: Art and Film Since* 1945, p. 264), 보드웰은 모더니티 테제 옹호론자들이 실제로 라마르크식 입장을 포용했다는 것을 예증하기 위한 어떤 인용도, 심지어 주석조차 제공하지 않는다. 이는 아마도 그가 보다 믿음직한

가설들로 옮겨가기 전, 기정사실을 확립하기 위한 가설-조건적 양식에 입각한 글쓰기를 하고 있기 때문일 것이다(즉 보드웰은 "어떤 이가 내장된 배선들을 재빨리 바꿀 수 있다고 한다면, 그것은 오류인 것이다"란 취지로 말하고 있는 것이다). 그러나 보드웰이 허수아비를 뒤쫓고 있다는 인상을 받기 쉬운데, 거닝이 난색을 표하듯 "보드웰은 어떤 근대성 이론가도 인류의 지각적 배선에 있어서의 변환을 책임지고 주창할 수 없음을 인식하고 있다. 때문에 그의 몇몇 반론들은 표리부동한 귀류법에 기초해 있는 듯하다".(Gunning, "Early American Film," p. 267)

좌우간 모더니티 테제에 대한 최근의 명료한 표현 중 보드웰의 해석과 유사하게 들리는 구절을 찾아내는 것은 아마도 그다지 어렵지 않을 것이다. "생각, 신념, 의견, 태도, 기호, 그리고 이같은 것들의 역사뿐만 아니라 사람들이 그들의 감각을 통해 세계를 받아들이는 방식에도 또한 역사가 존재한다. (⋯) 지각의 근본적 재편(을 포함하여)."

13) Tomaso Poggio, "Vision and Learning," in Robert A. Wilson and Frank C. Keil, eds., *The MIT Encyclopedia of the Cognitive Sciences*, pp. 863~864.

14) Ehud Zohary et al., "Neuronal Plasticity That Underlies Improvement in Perceptual Performance," *Science* 263.5151(March 4, 1994): pp. 1289~1293 (quotation from p. 1289).

15) 자극 강화 조건들의 또다른 결과들은 뉴런 크기, 뉴런 밀도, 수지상樹枝狀 분기, 시냅스 접촉 크기, 그리고 충동 유도 및 뉴런 보호를 촉진하는 아교 세포 면적의 증가를 포함한다. Brian Kolb, Brain Plasticity and Behavior, esp. ch. 2; Marian Cleeves Diamond, *Enriching Heredity: The Impact of the Environment on the Anatomy of the Brain*.

16) Kolb, *Brain Plasticity*, pp. 28~32. Charles Gilbert는 이렇게 말했다 "원숭이가 특정 손가락으로 직물을 구별하도록 훈련시키는 것은 그 손가락에 대응되는 주主 체성감각 피질 영역을 증대시킨다. (⋯) 성인 피질의 가소성에 대한 최초의 증거 중 몇몇은 손가락 절단 수술에 따른 체성감각 지도상의 변화에서 발견되었다. 신체 부위의 절단이나 감각 신경의 절개는 원래 그 부분에 대응되던 피질 영역이 인접한 신체부위에 대응되는 방향으로 재배치되는 결과를 초래한다." Gilbert, "Neural Plasticity," in Wilson and Keil, eds., *MIT Encyclopedia*, pp. 598~601.

17) Gilbert, "Neural Plasticity," pp. 599~600. 또한 Diamond, *Enriching Heredity* 5, 10장과 Kolb, *Brain Plasticity*, pp. 31~32를 참조할 것.

18) 이 연구는 마이클 J. 레너Michael J. Renner와 마크 R. 로젠위그Mark R. Rosenzwieg 의 *Enriched and Impoverished Environments: Effects on Brain and Behavior*, 4장 에 요약되어 있다. 다른 장들은 신경생물학의 다른 실험들에 대해 이해하기 쉽게 개 괄해놓았다.

19) Gilbert, "Neural Plasticity," p. 599.

20) Simmel, "The Metropolis and Mental Life," p. 410.

21) Nels Anderson and Eduard C. Lindeman, *Urban Sociology: An Introduction to the Study of Urban Communities*, pp. 203~205.

22) Mary F. Asterita, *The Physiology of Stress, with Special Reference to the Neuroendocrine System*: John R. Hubbard and Edward A. Workman, *Handbook of Stress Medicine: An Organ System Approach*: Gary W. Evans and Sheldon Cohen, "Environmental Stress," in Daniel Stokols and Irwin Altman, eds., *Handbook of Environmental Psychology*, pp. 571~610: S. Clare Stanford and Peter Salmon, eds., *Stress: From Synapse to Syndrome*: George S. Everly and Robert Rosenfeld, *The Nature and Treatment of the Stress Response: A practical Guide for Clinicians*: Ronald C. Simmons, *Boo! Culture, Experience, and the Startle Reflex*: Carney Landis and William A. Hunt, *The Startle Pattern*: Robert M. Sapolsky, *Why Zebras Don't Get Ulcers: A Guide to Stress, Stress-Related Diseases, and Coping*.

23) Hans Selye, *The Physiology and Pathology of Exposure to Stress*: W. B. Cannon and D. Paz, "Emotional Stimulation of Adrenal Gland Secretion," *American Journal of Physiology* 28(1911), pp. 64~70: Cannon, "The Emergency Function of the Adrenal Medulla in Pain and the Major Emotions," *American Journal of Physiology* 33(1914), pp. 356~372.

24) Gunning, "The whole Town's Gawking," p. 194.

25) 레비는 20명의 피실험자들을 대상으로 감정적으로 다른 네 편의 영화를 시청 하게 한 뒤 아드레날린 분비를 조사했다. 큐브릭Kubrick의 〈영광의 길Paths of Glory〉 피

실험자들은 동요와 화, 불안과 낙담을 느꼈다고 진술했으며, 마리오 브라바Mario Brava의 소름 끼치는 호러 영화 〈사탄의 가면The Mask of Satan〉에는 동요와 불안, 그리고 경악을, 코미디 〈찰리의 아주머니Charlie's Aunt〉에는 흥과 웃음을, 스웨덴 철도공사가 제작한 무개성의 자연풍광 영화에는 피로와 지루함을 표했다. 세 픽션 영화는 모두 ― 서스펜스 - 멜로드라마, 호러, 그리고 코미디가 꼭 같이 ― 눈에 띄게 아드레날린을 증가시킨 데 반해, 관광 영화는 별다른 영향을 미치지 않았다. Lennart Levi, "Sympathoadrenomeduallry Responses to 'Pleasant' and 'Unpleasant' Psychosocial Stimuli", in Levi, ed., *Stress and Distress in Response to Psychosocial Stimuli*, pp. 55~74. 그림 4.1은 이 책 "Introduction: Psychosocial Stimuli, Psychophysiological Reactions, and Disease," p. 13을 바탕으로 각색된 것이다.

26) Y. N. Sokolov, *Perception and the Conditioned Reflex*. 소비에트 연방 연구에 관한 유익한 요약으로는 Richard Lynn, *Attention, Arousal, and the Orientation Reflex*가 있다.

27) D. E. Berlyne, *Aesthetics and Psychobiology*; D. E. Berlyne et al., "Novelty, Complexity, Incongruity, Extrinsic Motivation, and the GSR[Galvanic Skin Response]," *Journal of Experimental Psychology* 63.6(1963), pp. 560~567; D. E. Berlyne and George H. Lawrence, "Effects of Complexity and Incongruity Variables on GSR, Investigatory Behavior, and Verbally Expressed Preference," *Journal of General Psychology* 71(1964), pp. 21~54; Garry Baker and Robert Franken, "Effects of Stimulus Size, Brightness, and complexity upon EEG Desynchronization," *Psychonomic Science* 7(1967), pp. 289~290; David Gibson et al., "Effects of Size-Brightness and Complexity of Non-Meaningful Stimulus Material on EEG Synchronization," *Psychonomic Science* 8(1967), pp. 503~504; D. E. Berlyne et al., "Effects of Auditory Pitch and Complexity on EEG Desynchronization and on Verbally Expressed Judgements," *Canadian Journal of Psychology* 21.4(1967), pp. 346~357; D. E. Berlyne, *Conflict, Arousal, and Curiosity*.

28) Bordwell, *History of Film Syle*, pp. 301~302.

29) 보드웰은 "지각의 역사 옹호론자는 (라마르크식 반론에 대해) 생물학적 진화

는 근대의 새로운 지각 양식에 관해 주장하는 것과 무관하다고 답할는지도 모른다"
라며 시작하지만, 내게는 다음과 같은 의문이 떠오른다. 유사-라마르크식 입장으로
부터 거리를 두고자 하는 사람들이 진화생물학과 관련된 모든 가정들의 관련성 혹
은 타당성을 부인하고 싶어할 만한 이유가 무엇인가? 이는 골상학 — 19세기 생물학
의 또다른 몰락 — 을 거절한다는 이유로 인간 두뇌에 관한 모든 과학적 연구의 정당
성을 부정하는 것과 마찬가지일 것이다. 아마도 보드웰이 염두에 두었던 가상의 대
담자는 간접적일망정 초역사적으로 들릴 여지가 있는 것이라면 어느 것이든 반대하
는 골수 문화주의자였을 것이다. 진화생물학은 현재의 행동이 수백만 년 동안 진화
해온 내장된 배선들과 어떤 관련이 있는지 강조하는 것으로서, 모든 정체성 — '신
체'를 포함하여 — 이 사회적으로 구성되며, 정치적으로 결정되는 맥락을 즉각적 조
건으로 한다는 통상적 주장과 전혀 일치하지 않는다. '지각의 역사론'은 도시 근대
의 출현처럼 급속한 역사적 변화에 의해 주체가 중요한 변화를 겪게 된다는 것을 상
정한다는 점에서 강력한 문화주의임에 틀림없다. 그러나 역사적 변이성variability이란
오로지 인간 유기체의 생물학적 매개변수 내에서만 발생할 수 있다는 기초 사실을
간과하는 문화주의자의 주장이라면 근시안적인 것이다. 나는 지각의 역사론의 스트
레스/각성 해석을 문화주의자와 '생물학자'의 접근이 양립 가능하다는 것을 보여
주는 예라고 생각한다. 생물학적 진화와 '문화적 진화' 사이의 관계에 대해서는
Wuketits, *Evolutionary Epistemology*, 6장을 참조할 것.

30) Girdner, "The Plague of City Noises," p. 297.

31) Ludwig Wilheim Weber, "Grosstadt und Nerven," *Deutsches Rundschau* (December 1918), pp. 391~407. Skai Loist의 번역에 감사하는 바이다.

32) Neil D. Weinstein, "Community Noise Problems: Evidence Against Adaptation," *Journal of Experimental Psychology* 2(1982), pp. 87~97; Gary W. Evans et al., "Chronic Noise and Psychological Stress," *Psychological Science* 6.6(November 1995), pp. 333~338; Evans et al., "Chronic Noise Exposure and Physiological Response: A Prospective Study of Children Living Under Environmental Stress," *Psychological Science* 9.1(January 1998), pp. 75~77.

33) Robert D. Kaminoff and Harold M. Proshansky, "Stress as a Consequence of the Urban Physical Environment," in Leo Goldberger and Shlomo Breznitz,

eds., *Handbook of Stress: Theoretical and Clinical Aspects*, pp. 380~409; Gary W. Evans and Sybil Carrere, "Traffic Control, Perceived Control, and Psychophysiological Stress Among Urban Bus Drivers," *Journal of Applied Psychology* 76.5(1991), pp.658~663. 스트레스의 개인적 인식에 관한 변수에 대해서는 다음을 참조하라. Randolph J. Paterson and Richard W. J. Neufeld, "Clear Danger: Situational Determinants of the Appraisal of Threat," *Psychological Bulletin* 101.3(1987), pp. 404~416; Richard S. Lazarus and Judith Blackfield-Cohen, "Environmental Stress," in Irwin Altman and Joachim F. Wohlwhill, eds., *Human Behavior and the Environment: Advances in Theory and Research* 2, pp.89~127.

34) Simmel, "The Metropolis and Mental Life," p.409 인용의 첫 부분은 볼프Wolff와 프리스비Frisby가 *Fragments of Modernity*, p.73에서 약간 다르게 번역된 것을 혼합했다. 마지막 두 줄의 출처는 프리스비의 앞의 책 p.72, p.74에 인용된 지멜의 *Philosophy of Money*이다.

35) Woolston, "The Urban Habit of Mind," p. 602. 앤더슨과 린데만 역시, 심지어 "근무 시간이 (지나도), 커다란 대로변을 따라 지나가는 도시인들은 여전히 어느 정도는 작업 기간을 특징짓는 속도의 신속함과 표정의 강렬함을 지니고 있다"고 말하면서 이런 강렬함과 신속함이 오락에까지 영향을 미칠 수 있음을 암시한다. Anderson and Lindeman, *Urban Sociology*, p. 206.

36) Benjamin, "On Some Motifs in Baudelaire," p. 175.

37) Sheo D. Singh, "Effect of Urban Environment on Visual Curiosity Behavior in Rhesus Monkeys," *Psychonomic Science* 11.3(1968), pp. 83~84. 이는 소규모 표준집단 ─ 여덟 마리의 암컷 원숭이 ─ 이었기 때문에 가설을 확증하기 위해서는 추가 연구가 필요하다. 이 논문의 인용문헌에는 싱Singh에 의한 유사 연구 다섯 편이 실려 있다. 연구는 인도에서 이루어졌다.

38) Simmel, *Der Krieg Und die Geistigen Entschenidungen*(Munich, 1917), p. 27, quoted in Frisby, *Fragments of Modernity*, p. 75.

39) Nordau, *Degeneration*, 인용은 p. 39, p. 41, p. 42의 발췌문을 결합한 것이다.

40) Simmel, "The Metropolis and Mental Life," p. 414.

41) Selye, *Physiology and Pathology of Exposure*, p.54.

42) Woolston, "The Urban Habit of Mind," p.602.

43) Rascoe, "Motion Pictures," p.194.

44) Simmel, "Metropolis and Mental Life," p.410.

45) Rascoe, "Motion Pictures," p.194.

46) Sorokin, *Social Mobility*, p.518.

47) Sigmund Freud, "Beyond the Pleasure Principle"(1920), in vol. 18 of the *Standard Edition of the Complete Psychological Works*, p.7~64(인용은 p. 13과 p. 162의 한 절을 결합한 것이다).

48) 프로이트 이론의 방어적 불안에 관한 벤야민의 전체적 논의는 'On Some Motifs in Baudelaire," pp. 161~163에 나와 있다. 본 인용의 첫째 문장은 '보들레르Baudelaire'(p. 162)에서, 나머지는 '예술작품The Work of Art'(p. 250)에서 가져왔다. 마지막 문장은 두번째 후기 글의 번역되지 않은 판본으로서 크라카우어의 *The Mass Ornament*, p. 353에 실려 있다. 이러한 벤야민의 구조 틀과 유사한 해석들로는 다음을 보라. Susan Buck-Morss, "Aesthetic and Anaesthetics: Walter Benjamin's Artwork Essay Resconsidered," *New Formations* 20(Summer 1993), pp. 123~143; 그리고 *The Railway Journey*, pp. 159~171에 실린 Wolfgang Schivelbusch의 '자극 방어' 논의.

49) Kracauer, "The Cult of Distraction," p. 325.

50) "Berliner Gewerbe-Ausstelllung," *Die Zeit* 8(Vienna)(July 25, 1896); quoted in Frisby, *Fragments of Modernity*, p. 94.

51) Kracauer, "The Cult of Distraction," p. 325.

52) Weber, "Grosstadt und Nerven," pp. 397~398. 문단 끝에서 베버는 람프레히트Lamprecht를 인용하고 있다.

53) Pirandello, *Shoot!* pp. 5~6. 매우 유사한 논의들이 1895년 노르다우의 *Degeneration*, p. 41에서, 또한 이후에는 아널드 스미스Arnold Smith라는 이름을 가진 영국 저널리스트의 "The Ethics of Sensational Fiction," *Westminster Review* 162(August 1904), p.190에서 이루어졌다.

54) Bordwell, *History of Film Style*, p. 141; Charlie Keil, "'Visualised

Narratives,' Transitional Cinema, and the Modernity Thesis," in Clair Dupré la Tour, André Gaudreault, and Roberta Pearson, eds., *Le Cinéma au Tournant du Siècle/Cinema at the Turn of the Century*, pp.133~147. 나는 이들의 주장을 윤색했다. 보드웰과 케일의 텍스트들은 그리 냉소적이지 않다. 주지해야 할 것은 케일이 모더니티 테제를 좋아하지 않았던 이유는 비단 그것이 매년 달라지는 초기 영화 스타일의 발전들에 의식이 없어서일 뿐만 아니라, 그가 보기에 그러한 테제가 영화와 근대적 속성들을 지닌 비영화적 형식들 사이(예를 들어 영화와 우편주문 카탈로그 사이)에 있을까 말까 한 관련들에 어떤 특권을 부여하면서, 그 대가로 영화 계보학에서 더욱 중요하지만 필연적으로 모더니티와 필적할 것을 권하지 않는 다른 관련성들(가령 영화와 환등기 미니 내러티브 같은)을 희생하기 때문이다.

55) Tom Gunning, "The Cinema of Attractions: Early Films, Its Spectator, and the Avantgarde," in Elsaesser, ed., *Early Cinema*, p.134.

56) Cf. Gunning, "Early American Film," pp. 267~268.

57) Keil, "'Visualised Narratives,'" p. 137.

58) Cf. Gunning, "Early American Film," pp. 267~268.

5. 멜로드라마와 자본주의의 결과들

1) 멜로드라마를 이끄는 드라마 양식과 용어에 관한 자세한 설명은 제임스 프레더릭 메이슨James Frederick Mason의 *The Melodrama in France from the Revolution to the Beginning of Romantic Drama*, 1791~1830에 있다. 일찍이 *A Tale of Mystery*를 멜로드라마로 묘사된 최초의 영어 연극으로 언급한 곳은 다음과 같다. *All the Year Round*(November 9, 1878), pp. 436~442. 익명의 기사지만 이 잡지의 매 쪽에는 "찰스 디킨스의 지휘 아래"라는 표제가 붙어 있다. 멜로드라마의 전개를 다룬 다른 자료 출처들을 소개한다. Dye, *A Study of Melodrama*: Lewin A. Goff, "The Popular-Priced Melodrama in America, 1890 to 1910, with Its Origins and Development to 1890' (Ph.D. diss., Western Reserve University, 1948); Michael Booth, *English Melodrama*; and David Grimsted, *Melodrama*

Unveiled: American Theater and Culture, 1800~1850.

2) 1737년 잉글랜드의 사전허가법Licensing Act은 동일한 규제를 가했다. 영국 드라마 전통을 수호하는 책임을 부여받은 세 극장들은 유성 연극을 독점하는 '특권'을 누렸다('정극'이라는 용어는 바로 이런 체제에서 나왔다. 오늘날 우리가 '정통'이라 묘사하는 진중한 드라마는 이런 정통―즉 특허를 보유한―극장에서 상연된 종류에 해당한다). 연극 특허-특권법은 1843년이 되어서야 비로소 폐지되었지만, 그때까지 수십 년 동안 제작자들은 이미 그 법을 마음대로 사용하고 있었다. Booth, *English Melodrama*, pp. 52~53.

3) Mason, *Melodrama in France*, pp. 7~16.

4) 'Déclaration des Droits de l'Homme et du Citoyen"(1789). 번역본은 미국 국회에서 발행한 2백 주년 기념책자 *The French Declaration of the Rights of Man and of the Citizen and the American Bill of Rights*, Senate Document pp. 101~109(1988). 프랑스대혁명의 사회 정치적 역학에 관해 눈길을 끄는 간략한 설명으로는 로베르 C. 솔로몬의 *Bully Culture: Enlightenment, Romanticism, and the Transcendental Pretence*, 1750~1850(5장)이 있는데, 이는 본래 *History and Human Nature: A Philosophical Review of European Philosophy and Culture*로 출판되었다.

5) Elsaesser, "Tales of Sound and Fury," p. 45.

6) Brooks, *The Melodramatic Imagination*(1976). 관련 자료에 대한 더 이른 판본은 *Partisan Review* 39.2에 출간되었다(1972).; Bentley, *The Life of the Drama*, pp. 195~218; Robert B. Heilman, "Tragedy and Melodrama," pp. 36~50; Heilman, *Tragedy and Melodrama: Versions of Experience*; David Grimsted, "Melodrama as Echo of the Historically Voiceless," in Tamara K. Hareven, ed., *Anonymous Americans: Explorations in Nineteenth-Century Social History*, pp. 80~98; Elsaesser, "Tales of Sound and Fury"; Martha Vicinus, "'Helpless and Unfriended': Nineteenth-Century Domestic Melodrama, *New Literary History* 13.1(Autumn 1981), pp. 127~143; Laura Mulvey, "Melodrama In and Out of the Home," in Colin MacCabe, ed., *High Theory/Low Culture: Analysing Popular Television and Film*(Manchester, Eng.: Manchester University Press, 1986), pp.

80~100; Christine Gledhill, "The Melodramatic Field: An Investigation", in Gledhill, ed., *Home Is Where the Heart Is*, pp. 5~39; Judith R. Walkowitz, *City of Dreadful Delight: Narratives of sexual Danger in Late-Victorian London*

7) Grimsted, "Melodrama as Echo," pp. 80~98(quotation from p. 84).

8) Walkowitz, *City of Dreadful Delight*, p. 86.

9) Brooks, *The Melodramatic Imagination*, pp. 14~15.

10) Ibid., p. 20.

11) Hamilton, "Melodrama, Old and New," p. 310, p. 312, p. 313.

12) "The Decay of Melodrama," *The Nation* 6.23(British)(March 5, 1910), pp. 877~878; 재판은 *The Living Age* 265.3432(April 16, 1910), pp. 182~184.

13) Hartt, *The People at Play*, p. 188, p. 190.

14) Friedrich Engels, *The Condition of the Working Class in England*(1844), trans. and ed. W. O. Henderson and W. H. Chaloner, p. 31.

15) Marx and Engels, *The Communist Manifesto*(1848), p. 37.

16) Tönnies, *Community and Society*(*Gemeinschaft und Gesellschaft*); 인용은 본서의 게재 순서대로 p. 77, p. 65, p. 170, p. 227.

17) Hobson, *The Evolution of Modern Capitalism*, p. 340.

18) Vicinus, "Helpless and Unfriended," p. 128.

19) Desmond MacCarthy, "Melodrama," *The New Statesman* 3(June 27, 1914), p. 4.

20) C. H. C. Wright, *A History of French Literature*, p. 696.

21) "Princess Theater." *San Francisco Weekly*, c. February 12, 1911: n.p.(잡보란, Harvard Theatre Collection, "Chinatown" file).

22) Porter Emerson Browne, "The Mellowdrammer," *Everybody's Magazine* 21.3(September 1909), p. 347.

23) Ibid., p. 348. 이 기사를 쓰기 몇 달 전 브라운의 연극 *A Fool There Was*가 뉴욕에서 초연되었다. 그는 나중에 폭스 사가 제작하고 테다 바라Theda Bara 주역으로 유명한 스크린용 각색물 ― 요부 열풍을 일으킨 영화 ― 을 썼다.

24) Hartt, *The People at Play*, p. 155 옥스퍼드 영어사전에 따르면 '잡부general'

는 하녀나 허드레꾼을 가리키는 구어였다.

25) Ruhl, "Ten-Twenty-Thirty," p. 143. 이 장은 틀림없이 1914년 이전의 잡지 기사로 보인다.

26) Strong, "Good-by, Melodrama," p. 435.

27) "Melodrama: By a Touring Manager," p. 8.

28) Harry James Smith, "The Melodrama," p. 320.

29) Hartt, *The People at Play*, p. 182.

30) Walter Prichard Eaton, "Is 'Melodramatic Rubbish' Increasing?" *American Magazine* 82.6(December 1916), p. 34.

31) Michael R. Booth, *Victorian Spectacular Theatre*, pp. 1850~1910을 보라.

32) Siegfried Kracauer, *Theory of Film: The Redemption of Physical Reality*(Oxford: Oxford University Press, 1960), p. 288.

6. 10-20-30센트 멜로드라마, 그 번영과 불황

1) Horace Kallen, "The Dramatic Picture versus the Pictorial Drama: A Study of the Influences of the Cinematogrph on the State," *Harvard Monthly* 50.1(March 1910), p. 23.

2) H. Barton Baker, "The Old Melodrama," *Belgravia* 50.199(May 1883), p. 331. 또한 Michael R. Booth, *Victorian Spectacular Theatre*, 특히 1장과 3장, 그리고 *Hiss the Villain: Six English and American Melodramas*에서 Booth의 서론을 보라.

3) Archibald Haddon, "Sensational Melodrama: Extreme Popularity of the Drama of Crime," *London Daily Express*, August 28, 1905.

4) 나의 인용은 동일한 순회 상연작에 대한 Boston과 Providence의 공고를 조합한 것이다. "Grand Opera: Queen of the White Slaves," *Boston Transcript*, March 28, 1905, 그리고 "Queen of the White Slaves" (리뷰), *Providence Journal*, March 21, 1905, n.p.(Harvard Theatre Collection 잡보란).

5) MacCarthy, "Melodrama," p. 4.

6) "Stage Notes: 'The Eye Witness,'" 브루클린 데일리 이글, February 24, 1907, sec. 4, p. 2. 내가 이 브루클린 신문에 주의를 기울이게 된 데는 캔자스 대학의 레빈 A. 고프Lewin A. Goff 교수 덕분이다. 고프의 미간행 논문, "The Popular-Priced Melodrama in America"는 매우 귀중한 자료이다.

7) "Bertha, the Sweing Machine Girl," 브루클린 데일리 이글의 논평과 광고 참조(September 2, 1906, p. 9; September 4, 1906, p. 4; September 23, 1906, sec. 3, p. 10; October 6, 1906, sec. 2, pp. 8~9).

8) "'The Girl and the Detective' Again," 브루클린 데일리 이글, October 31, 1909, sec. 2, p. 9. 원형 톱 스릴에서 악당은 통나무에 묶인 남자 주인공을 두 동강 내려고 하는데, 이는 적어도 1869년 어거스틴 댈리Augustin Daly의 멜로드라마 〈레드 스카프The Red Scarf〉까지 멀리 소급된다. 하지만 그것은 1890년 조지프 아서Joseph Arthur의 스릴러 〈블루진Blue Jeans〉으로 유명해졌는데, 이는 이 장의 후반부에서 논의된다.

9) "Theaters: 'Edna, the Pretty Typewirter,'" 브루클린 데일리 이글, September 1, 1907, sec. 3, p. 7.

10) "Lincoln J. Carter's Genius Runs to Scenic Effects," *New York Morning Telegraph*(January 28, 1906), n. p., 명료성을 더하기 위해 나는 또한 카터가 그 상연에 관해 기술한 또다른 기사에서 몇 구절을 끼워 넣었다. "Realism on the Stage," *Pittsburgh Post*, January 28, 1906, n.p.

11) Charles Dalton, *Evening World*(city no determined), January 25, 1906, n.p.

12) *Toeldo Blade*(April 15, 1907, n.p.)의 리뷰(Robinson Locke Collection, New York Public Library, 카탈로그 "NAFR ser. 2.26"의 잡보란, 스크랩북 p. 95)

13) Owen Davis, *I'd Like to Do It Again*, 90. 최근의 화폐가치로 환산한 것은 1999년 8월 소비자 물가지표(최근 월간 지표들은 미노동통계청 http://stats.bls.gov/blshome.htm에서 열람 가능)와 미국 노동통계청의 다음 자료에 기초한다. U.S. Department of Labor, Bureau of Labor Statistics, "Consumer Price Indexes and Purchasing Power of the Consumer Dollar, 1913~1988," *Handbook of*

주 471

Labor Statistics(August 1989): table 113, p. 475; and U.S. Department of Labor, Bureau of Labor Statistics, "The Consumer Price Index, 1800~1974," *Handbook of Labor Statistics*(Reference Edition, 1975): table 122, p. 313. 화폐 등가성은 어림짐작일 수밖에 없는데, 비용을 도표화하는 데 쓰이는 재화 및 용역의 건량 단위 bushel가 1900년대 초반 이후 현저히 변화했기 때문이다.

14) Charels Estcourt, Jr., "New York Skylines," syndicated newspaper column(February 2, 1941)에 실린 오웬 데이비스의 인터뷰. 1893년 졸업생 데이비스는 그의 이름을 'Munsterberger'로 잘못 기억했다.

15) M. B. Leavitt, *Fifty Years in Theatrical Management*, p. 569, 그리고 *Brooklyn Dramatic Eagle*, May 13, 1903, p. 3(둘은 모두 Goff, "The Popular-Priced Melodrama in America," p. 248에 인용되어 있다); Owen Davis, "Why I Quit Writing Melodrama," *American Magazine* 78.3(September 1914), pp. 28~31, pp. 77~80; Davis, *I'd Like to Do It Again*, pp. 83~90; Davis, *My First Fifty Years in the Theatre*, pp. 22~49.

16) "What Is the Cause? A Great Falling Off in Patronage of the Popular-Price Theatres," *New York Dramatic Mirror*, April 18, 1908, p. 5; "An Absorbing problem: The Cause of the Decline in Patronage of the Popular-Price Theatres," ibid., April 25, 1908, p. 3; "Good and Bad Melodrama: The Decline in Patronage of the Popular-Price Theatre from a New Viewpoint," ibid., May 9, 1908, p. 2; "The Popular-Price Theatre: Still Another Producing manager Gives His Views of Conditions," ibid., May 16, 1908, p. 8; "The Melodrama Theatre: The Discussion as to Its Decline in Popularity and Its Needs Contituned," ibid., June 6, 1908, p. 3. 이 연속 기사에 대해서는 로베르타 피어슨Roberta Pearson의 *Eloquent Gestures: The Transformation of Performance Style in Griffith Biograph Films*에서 알게 되었다.

17) "Popular-Price Drama Waning," *New York Dramatic Mirror*, November 28, 1908, p. 8.

18) Eaton, "The Canned Drama," *American Magazine* 68(September 1909), p. 500.

19) Glenmore Davis, "The Moving-Picture Revolution," *Success Magazine* 13.192(April 1910), pp. 238~240.

20) 예를 들어 Roy L. McCardell, "The Chorus Girl Deplores the Moving Picture's Triumph Over Drama," *Moving Picture World*, April 11, 1908, p. 321: Amy Leslie, "Actors, Farm Hands," *Chicago News*, April 18, 1908, p. 88: John Collier, "Cheap Amusements," *Charities and the Commons* 20(April 11, 1908), pp. 73~78: Montrose J. Moses, "Where They Perform Shakespeare for Five Cents," *Theatre Magazine* 8.92(October 1908), pp. 264~265, xi~xii: "Downfall of Melodrama," *New York Sun*, February 10, 1909, p. 7: "A Theatre with a 5,000,000 Audience," World's Work 20.1(May 1910), p. 12876: Kallen, "The Dramatic Picture," pp. 22~31: William Inglis, "Morals and Moving Pictures," *Harper's Weekly*, July 30, 1910, p. 12: W. Dayton Wegefarth, "The Decline of Lurid Melodrama," *Lippincott's Monthly Magazine* 88(September 1911), pp. 427~428: Robert Grau, "The Moving-Picture Show and the Living Drama," *American Review of Reviews* 45.3(March 1912), pp. 329~336: "The New Owen Davis," *New York Dramatic Mirror*, October 22, 1913, p. 1, p. 10: Clayton Hamilton, *Studies in Stagecraft*: Walter Prichard Eaton, "Class Consciousness and the Movies," *Atlantic Monthly* 115.1(January 1915), pp. 49~56: H. O. Stechhan, "Stage versus Screen," *The Theatre* 21.169(March 1915), pp. 126~130, p. 144: Eaton, "Is 'Melodramatic Rubbish' Increasing?" p. 34, p. 114, p. 116: "Are the Movies a Menace to the Drama?" *Current Opinion* 62.5(May 1917), p. 331.

21) Goff, "The Popular-Priced Melodrama in America," p. 171.

22) Jack Poggi, *Theater in America: The Impact of Economic Forces, 1870~1967*, pp. 30~31.

23) 1910년대 지방 멜로드라마에 관해서는 다음을 보라. Eaton, "Is 'Melodramatic Rubbish' Increasing?" 영국에서도 기본적인 상황은 마찬가지였다. 1910년대 초반 런던에서의 멜로드라마의 상업적 어려움에 관해서는 다음을 보라. "Drury Lane's Director Talks of Melodrama"(아서 콜린스Arthur Collins와의 인터

뷰), unknown newspaper, c. 1912, n.p.(Harvard Theatre Collection 잡보란, "Melodrama, General," file 3); 지방에 남은 그 흔적에 관해서는 다음을 보라. "Melodrama : By a Touring Manager," p. 8.

24) "Lincoln J. Carter and His Big Stage Effects," *Columbus Journal*, October 15, 1911(Clipping, Robinson Locke Collection, New York Public Library, catalogued "NAFR Ser. 2.26" : scrapbook p. 101).

25) 슈퍼 스펙터클에 관해서는 Harvard Theatre Collection의 "Lincoln Carter" 파일에 있는 신문 잡보란을 보라.; "Stair and Havlin Trying at Popular-Priced Vaudeville," *Variety*, March 27, 1909, p. 1; A. H. Woods에 관해서는 다음을 참조하라. Burns Mantle, "What's What in Theater," *Green Book*(June 1918), p. 114, Walter Prichard Eaton, "The Latest Menace of the Movies," *North American Review* 212.776(July 1920), p. 83; Barry Witham, "Owen Davis, America's Forgotten Playwright," *Players Magazine* 46.1(October-November 1970): pp. 30~35; 그리고 Owen Davis, "Why I Quit Writing Melodrama," pp. 28~31, pp. 78~80.

26) Brady, "Melodrama-What It Is and How to Make It," *Green Book* 14(August 1915), pp. 310~313.

27) Hamilton, "Melodrama, Old and New," p. 314.

28) George Jean Nathan, "The Hawkshavian Drama," *Mr. George Jean Nathan Presents*, p. 25. 응접실 멜로드라마의 전환에 관해 보다 자세한 논의로는 다음을 참조하라. Eaton, "Is 'Melodramatic Rubbish' Increasing?' p. 34, p. 114, p. 116, 그리고 Al Woods와의 인터뷰, "Producing Spine-Thrillers," *Literary Digest* 45.6(August 10, 1912): pp. 222~223. 네이선과 마찬가지로 올리비아 하워드 던바Olivia Howard Dunbar는 구시대 멜로드라마를 그리워하며 재평가했다. "The Lure of the Films," *Harper's Weekly*, January 18, 1913, p. 20, p. 22.

29) 펠프스phelps는 이렇게 덧붙였다. "사실, 그 5센트짜리 공연에서는 목소리를 들을 필요가 없기 때문에 엄청난 이득이다." 뉴욕의 연극 공연에 관한 펠프스의 조사에 따르면, 1900년에는 어느 시기건 열에서 열다섯 편에 이르는 멜로드라마가 있었으나, 1916년에는 단지 세 편뿐이었다. Phelps, "The Drama of Today," *Journal*

of the National Institute of Social Sciences 3 (January 1917), pp. 17~33.

30) Eaton, "Is 'Melodramatic Rubbish' Increasing?" p. 114.

31) Poggi, *Theater in America*.

32) Bennett Musson and Robert Grau, "Fortunes in Film: Moving Pictures in the Making," *McClure's Magazine* 40 (December 1912), pp. 193~202.

33) A. Nicholas Vardac, *Stage to Screen: Theatrical Origins of Early Film— David Garrick to D. W. Griffith*, xxv. 이후 면수는 본문에 수록함.

34) "A Unique Stage Effect." *Pittsburgh Sun*, December 5, 1906 (clipping, Robinson Locke Collection, New York Public Library, catalogued "NAFR Ser. 2.26": scrapbook page 94).

35) "American — Bertha, the Sewing Machine Girl," 무명의 뉴욕 업계지, 1906 (n.d., n.p.) (clipping, Harvard Theatre Collection, "Bertha, the Sewing Machine Girl" file).

36) "An Eighth Avenue Thriller." *New York Sun*, December 8, 1903 (clipping, Harvard Theatre Collection).

37) Harry James Smith, "The Melodrama," p. 325.

38) Browne, *"The Mellowdrammer,"* p. 353.

39) 뉴욕 트리뷴의 Heywood Broun, *Boston Transcript*, April 4, 1918, n.p. (Clipping, Robinson Locke Collection, New York Public Library, catalogued "NAFR Ser. 2.26": scrapbook p. 103)에 발행.

40) "The Drama of the People," *The Independent* 69.3226 (September 29, 1910), pp. 713~715.

41) 앞의 글. 이 인용문의 마지막 줄은 6년 후 뮌스터베르크Münsterberg의 유심론 적mentalistic 영화이론을 내다본다는 점에서 특히 흥미롭다.

42) Barton W. Currie, "The Nickel Madness," Harper's Weekly, August 24, 1907, pp. 1246~1247.

43) Lucy France Pierce, "The Nickelodeon," *The World Today* 25.4 (October 1908), pp. 1052~1057.

44) "Spectator's Comments," *New York Dramatic Mirror*, May 22, 1909, p. 17.

45) C. H. Claudy, "The Degradation of the Motion Picture," *Photo-Era* 21.4(October 1908), p. 162. 강렬한 디제시스적 몰입에 대한 또다른 서술로는 다음을 보라. Mary Heaton Vorse, "Some Picture Show Audiences," *The Outlook* 98(June 24, 1911), p. 445.

46) George Bernard Shaw, "What the Films May Do to the Drama," *Metropolitan Magazine* 42(May 1915), p. 23.

47) Brian Hooker, "Moving-pictures: A Critical Prophecy," *The Century* 93.6(April 1917), pp. 857~868.

48) Walter Prichard Eaton, "Making Scenarios for the Movies," *Boston Evening Transcript*, November 13, 1916, p. 15.

49) Eaton, "The Theater: A New Epoch in the Movies," *American Magazine* 78.4(October 1914), p. 95.

50) 인용한 단락 이외에도 디제시스적 리얼리즘과 배경적 다양성과 관련하여, 연극에 비해 영화가 가지는 이점에 대한 전형적인 논의들로는 다음과 같은 것들이 있다. Montrose J. Moses, "Where They Perform Shakespeare for Five Cents," pp. 264~265, xi~xii; "Spectator's Comments," *New York Dramatic Mirror*, May 14, 1910, p. 18; Hamilton, *Studies in Stagecraft*, p. 233; Eleanor Gates, "Best Seller Drama," Harper's Weekly, June 6, 1914, p. 20; "The Moving Picture of Tomorrow," *The Outlook* 107(June 27, 1914), p. 444.

51) Hooker, "Moving-pictures," p. 868.

52) Hartt, *The People at Play*, p. 183.

53) Browne, "Mellowdrammer," p. 354.

54) Ibid.

55) 필자를 알 수 없는 데이비스에 관한 기사, 'Ahaah!, Baffling the Villain — Currrses [*sic*]'에 실린 인터뷰, *New York Herald*, October 3, 1909, n.p.(clipping, New York Public Library, "Owen Davis" file).

56) Erroll Sherson, *London's Lost Theatres of the Nineteenth Century*, p. 13에 인용된 Hollinshead.

57) Dunbar, "The Lure of the Films" pp. 20~22.

58) "Brunswick's Letter: The Buzz-Saw Drama—Agnes Huntington and Her Operetta—Personal." *Boston Transcript*, October 11, 1890, n.p.(clipping, Harvard Theatre Collection). *New York Dramatic Mirror*(March 3, 1906, n.p.)에 실린 조지프 아서의 부고란에는 그가 "근대 멜로드라마의 기계장치를 고안해냈다고 전해진다"라고 쓰여 있다.

59) "Producing Spine-Thrillers"(Al Woods와의 인터뷰), pp. 222~223.

60) "Risks Life for Realism", *Moving Picture World*, May 6, 1916, p. 190.

61) Harold Cary, "Life to the Wind for the Movies," *Technical World Magazine* 20.6(February 1914), pp. 866~871; "Risky Realism for the Movies," *Literary Digest* 48.16(April 18, 1914), pp. 954~959; "Pearl White Injured," *New York Dramatic Mirror*, May 6, 1914, p. 28; William Lord Wright, "Perils of the Motion Picture," Motion Picture Magazine 9.3(April 1915), p.95; Cecelia Mount, "The Girl with Nine Lives," *Motion Picture Magazine* 11.1(February 1916), pp. 121~125; Burr C. Cook, "Realism: The New Word in the Movies," *Motion Picture Magazine* 11.6(July 1916), pp. 49~54; Orson Meriden, "A Chat with Pearl White," *The Theatre*(July 1916), p. 61; 'Risks Life for Realism," ibid.; "Flirting with the Great Unknown," *Motion Picture Magazine* 12.7(August 1916), pp. 64~66; "She Discusses Realism," *New York Dramatic Mirror*, November 4, 1916, p. 35; Mary B. Mullett, "The Heroine of a Thousand Dangerous Stunts," *American Magazine* 92.3(September 1921), pp. 32~34.

62) Reinhold E. Becker, "The Principle of Suggestion in Art as Applied to the Photoplay," *The Editor* 46.11(September 12, 1917), pp. 323~325.

7. 상업의 총아! 예술의 서자! 초기의 영화 멜로드라마

1) Letter from G. Day Smith of Duluth, Minnesota, published *in Moving Picture World*, December 23, 1910, p.1301.

2) "Pictures Need No Censoring," *New York Dramatic Mirror*, August 13,

1910, p. 25에 실린 뉴욕 월드 인용 및 반박.

3) Harry James Smith, "The Melodrama," p. 323 : 또한 Booth, *English Melodrama*, pp. 35~36을 보라.

4) 1915년 해럴드 스티언스Harold Stearns의 진술에 의하면 "지난 3년간 영화에서 (꾸민 듯한) 연극적 규범은 헤아릴 수 없을 정도로 되살아났다. 이전의 초조한 신경, 과장된 강조, 끊임없는 불안은 사라졌다. 고요한 연출론의 상상력 넘치는 힘, 극소수 제스처들의 힘과 함께 억제의 미덕이 체득되었다". Stearns, "Art in Moving Pictures," *The New Republic*, September 25, 1915, p. 208. 로베르타 피어슨은 *Eloquent Gestures*에서 초기 영화의 연기 스타일 변화를 상세히 다룬다.

5) Richard Abel, *The Ciné Goes to Town: French Cinema*, 1896~1914, p. 97. 또한 다음을 참조하라. "Downfall of Melodrama," *New York Sun*, February 10, 1909, p. 7.

6) 1992년 7월 런던에서 열린 British Film Institute 회의에서 상영된 "Melodrama: Stage — Picture — Screen". *The Heart of Maryland*와의 관련성은 짐 쿡Jim Cook과 크리스틴 그레드힐Christine Gledhill의 상영 노트에 언급되어 있다. 벨라스코Belasco의 연극은 부스Booth가 엮은 *Hiss the Villain*, p. 36에 기록되어 있다.

7) '경마 멜로드라마'의 인기에 관해서는 다음을 보라. Frank Rahill, *The World of Melodrama*, p. 218.(포터의 영화는 언급되지 않으나) 〈목숨을 건 경주A Race for Life〉는 바르닥의 *Stage to Screen*, p. 57에서도 언급된다. 찰스 무저Charles Musser는 *Before the Nickelodeon: Edwin S. Porter and the Edison Manufacturing Company*(p. 407)에서 해당 연극과 영화 사이의 관계에 주목했으나, 연극 제목을 'A Race for a Wife'로 잘못 기록했다. 이 제목은 1906년 비타그래프 사의 패러디에 사용되었다.

8) *Variety*, February 2, 1907. 쪽 번호가 명기되지 않는 한 참조문헌은 *Variety Film Reviews*, vol. 1(1907~1920)이라고 이름 붙여진 연대별 종합 컬렉션에서 찾아볼 수 있다.

9) *Variety*, April 27, 1907. 이 논평은 연출가를 밝히지 않고 있다.

10) *Biograph Bulletins*, 1908~1912, 아일린 바우저Eileen Bowser의 서론(New York: Octagon Books, 1973), p. 3.

11) Ibid, p. 11.

12) Tom Gunning, *D. W. Griffith and the Origins of the American Narrative Film*, pp. 143~162.

13) *Kalem Kalendar*, March 1, 1913, p.3. 유사한 영화들로는 *The Pony Express Girl*(1912년 11월 6일 개봉), *A Race with Time*(1912년 12월 7일 개봉), *A Desperate Chance*(1913년 1월 18일 개봉), *The Flying Switch*(1913년 7월 14일 개봉), *The Railroad Inspector's Peril*(1913년 10월 1일 개봉), *The Railroad Detective's Dilemma*(1913년 10월 1일 개봉)이 있다.

14) 유사한 제목으로는 *The Girl Scout*(1909년 11월 6일 개봉), *The Tide of Battle*(1912년 3월 7일 개봉), *The Drummer Girl of Vicksburg*(1912년 5월 15일 개봉), *The Colonel's Escape*(1912년 6월 1일 개봉), *The Soldier Brothers of Susanna*(1912년 7월 1일 개봉), *Saved from Court Martial*(1912년 8월 30일 개봉), *The Darling of the C.S.A.*(1912년 9월 6일 개봉), *The Filibusters*(1912년 6월 15일 개봉)이 있다.

15) Ellis Paxson Oberholtzer, *The Morals of the Movies*, p. 57.

16) Frank Bruner, "The Modern Dime Novel," *Photoplay* 16(January 1919), p. 118.

17) 1914년 6월 3일자 뉴욕 드라마틱 미러에 실린 〈루실 러브: 미스터리 걸〉의 논평.

18) *New York Dramatic Mirror*, September 9, 1916, p. 29.

19) "Statement of Mr. Ellis P. Oberholtzer," p. 106.

20) "Laemmle Explains 'Diploma System' for His Directors and Cameramen," *Moving Picture World*, February 14, 1920, pp. 1104. 시리얼이 유니버설의 가장 수익성 높은 제작물이었다는 주장은 Alfred A. Cohn, "Harvesting the Serial," *Photoplay* 11.3(February 1917), p.25에 나타난다. 하지만 이런 단언은 추가 연구가 진행될 때까지 조심스레 다뤄져야만 할 것이다.

21) George B. Seitz, "The Serial Speaks," *New York Dramatic Mirror*, August 19, 1916, p. 21.

22) Oberholtzer, *Morals of the Movies*, p. 55.

23) *Variety*, August 18, 1916. 〈황색 위협〉은 Edwin Sales Corporation의 독립영화였다.

24) 그레고리 월러Gregory Waller는 켄터키 렉싱턴에서 개봉된 초기 영화에 대한 훌륭한 연구에서 시리얼의 비중이 꽤 높았던 세 극장을 밝혀냈다. 작긴 해도 상대적으로 괜찮았던 콜로니얼The Colonial은 도심에 있는 5센트짜리 영화관이었는데, 1911년에서 1917년까지 아침 10시에서 밤 11시까지 영화를 상영했다. 장편영화로 전환하려던 몇 번의 시도들이 수포로 돌아갔던 것을 제외하고(상대적으로 규모가 작은 극장으로서는 그 비용을 감당할 수 없음이 드러났다), 콜로니얼은 시리얼과 한 릴짜리 코미디, 그리고 다른 단편들로 인기를 독차지했다. 경영주가 흑인이었던 젬은 흑인 관객들을 독점했던 극장이었다. 1917년 즈음 문 닫기 전까지, 젬은 주로 단편 액션 영화와 코미디를 상영했으며, 장편영화는 특별한 경우에만 상영했다. 예를 들어, 1915년 11월에는 매주 화요일엔 〈폴린의 위기〉, 목요일엔 〈브로큰 코인The Broken Coin〉, 그리고 일요일엔 〈팬텀 엑스트라The Phantom Extra〉, 이런 식으로 세 편의 상이한 시리얼을 틀었다. 1912년 렉싱턴의 중심 상업 지구에 문을 연 3백 석 규모의 5센트 영화관 오르페움The Orpheum은 콜로니얼과 마찬가지로 아침 10시에서 밤 11시까지 짧지만 '다양한 프로그램들'을 상영했다. 1910년대 후반에 이르러 오르페움은 2류 영화관으로서의 입지를 굳히게 되는데, 그때도 여전히 매일같이 프로그램을 바꾸면서 시리즈 에피소드, 뉴스 영화, 코미디, 그리고 두세 릴짜리 서부극으로 이루어진 단편 상연 목록들을 계속 내보냈다. 1920년대 초반까지도 오르페움은 이따금 매주 다섯 편의 서로 다른 시리얼을 틀곤 했다. Waller, *Main Street Amusement: Movies and Commercial Entertainment in a Southern City, 1896~ 1930*, pp. 86~95, pp. 197~198.

25) Ernest A. Boyd, "The 'Movie Fan,'" *The New Statesman* 10(March 30, 1918), p. 617.

26) "Statement of Mr. Ellis P. Oberholtzer," p. 106.

27) 1917년 10월 27일자 모션 픽처 뉴스, 2838쪽에 실린 〈운명의 반지The Fatal Ring〉 광고.

28) 가령 미리엄 한센Miriam Hansen은 장편영화가 "주의 및 흡수 강도를 늘이도록 요구"함으로써 "극장 공간에 대한 의식을 최소화하는 데 효과적인 진전"이 있었던

까닭에, 관중들은 고전적 화법이 부상함에 따라 특정 공동체에 속해 있다는 느낌이 약화되었다고 말한다. 이는 흥미로운 논의지만, 시리얼은 이에 대한 수정이 필요하다는 것을 드러내준다. Hansen, *Babel and Babylon*: *Spectatorship in American Silent Film*, ch. 2.

29) Bruner, "The Modern Dime Novel," p. 48.

30) *Motion Picture News*, December 2, 1916, p. 3379.

31) Fred C. Quimby, "A Standard Feature," *Wid's Year Book*(1919~20), p. 71.

32) "What of the Serial?" *Wid's year Book*(1919~20), p. 67~71; "Outlook for Serials," *Wid's year Book*(1920~21), pp. 72~73. 칼럼에 관해서는 앤서니 슬라이드Anthony Slide의 *The American Film Industry*: *A Historical Dictionary*의 해당 부분을 볼 것.

33) "Downfall of Melodrama," *New York Sun*, February 10, 1909, p. 7.

34) 〈벌목업의 여왕〉의 시놉시스는 뮤추얼 사의 홍보지 *Reel Life*(1916년 10월 14일 창간)에서 찾아볼 수 있다.

35) Peter Milne, "The Seven Pearls," *Motion Picture News*, November 3, 1917, p. 3132.

36) 예를 들어 크리스틴 톰프슨Kristin Thompson과 데이비드 보드웰의 *Film History*: *An Introduction*, p. 61을 보라.

37) 리처드 아벨은 〈닉 카터Nick Carter〉 시리즈를 *The Ciné Goes to Town*, p. 196~198에서 다룬다.

38) Review of "A Will and a Way," *New York Dramatic Mirror*, March 12, 1913, p. 32; "The Adventures of Kathlyn," *Moving Picture World*, February 21, 1914, p. 926.

39) 현존하는 〈폴린의 위기〉 판본 및 비디오에는 외형상 아홉 편의 에피소드들이 담겨 있지만, 20회로 이루어졌던 원본을 축소, 재배열한 것임을 유념해야 한다. 최근 판본과 비디오에는 절반 이상의 에피소드들이 빠져 있을 뿐만 아니라, 다른 에피소드들이 일부 결합되어 있어 어떤 경우엔 클리프행어 구조를 전혀 찾아볼 수 없다. 에피소드들의 원래 시퀀스들 역시 개편되어 있는 상태다. 나는 원래 이러한 파생본이 집이나 클럽에 설치된 '파테 베이비'라는 소형 프로젝터로 볼 수 있도록 만들어진 판

본에서 나온 단편들의 편집물에서 비롯된 거라고 생각했었다. 하지만 위트레흐트 대학교의 영화 및 TV 학회, Film and Television Studies에서 네덜란드의 시리즈 상영에 관해 논문을 쓰고 있는 대학원생 뤼트메르 카니엘스Rudmer Canjels가 알려준 바에 따르면, 1916년 〈폴린의 위기〉가 네덜란드에서(아마도 프랑스에서 수입된 판본으로) 개봉되었을 때 극장에서 상영되었던 아홉 편의 에피소드가 오늘날 우리가 가지고 있는 것들과 정확히 일치한다. 이는 파테 사가 유럽 진출을 위해 그 시리얼을 의도적으로 압축, 재배열했음을 시사한다. 그 이유는 확실치 않지만 추측건대, 유럽 극장주들은 시리얼의 상영 기간이 짧은 편을 선호했던 것 같다. 카니엘스는 네덜란드에서 상영된 미국 시리얼이 매주 두세 편이 연속으로 내보내져 대개 5, 6주 동안 개봉되었다고 전한다.

40) 최근 들어 소설을 출간하는 대중잡지들 다섯 개를 들자면 *The New Yorker*, *The Atlantic Monthly*, *Cosmopolitan*, *Playboy*, 그리고 *Omni*가 있다. 1915년의 소설-출간 잡지에 관한 정보는 *American Newspaper Annual and Directory*: 1915에 기초하여, 발행부수 통계를 취합한 것이다. 미국의 인구 통계는 1910년 91,972,266명, 1920년 105,710,620명으로, 두 기간 사이의 지속적인 증가 추세로 짐작건대 1915년 인구는 대략 99,125,000명으로 추산된다. 많은 잡지들은 예컨대 (일반인 대상의 흥미 위주로 매월 1백만 부를 발행하던) 원조 *Cosmopolitan Magazine*에서 볼수 있는 규격화된 체제를 사용했다. 각 호에는 시리얼 두 편, 단편 대여섯 편, 논픽션 기사 세 편, 그외 극장이나 최근 사건, 기타 잡다한 단편들이 실렸다. *The Ladies' World*도 이와 유사하게 매달 시리얼 두세 편, 로맨스 단편 세 편, 전문가 칼럼, 꽃꽂이, 음식 준비, 패션, 건강 등에 관한 기사를 내보냈다.

41) 이러한 이유는 다음에 잘 드러나 있다. "Single Reel Biographs," *Motion Picture News*, September 4, 1915, p. 1671.

42) 1914년 6월 뉴욕에서 열렸던 회의에서 극장주들은 '1천 피트 이상의 릴을 제작하는 데 대한 불만을 토로하는' 결의안을 통과시켰다. 제작자들이 그들 입장에서 표명한 생각들에 관해선 다음을 참고하라. William Selig, "Present Day Trend in Film Lengths," *Moving Picture World*, July 11, 1914, p. 181 ; Carl Laemmle, "Doom of Long Features Predicted," in ibid., p. 185 ; "Edison Touches Popular Chord," *Moving Picture World*, January 3, 1914, pp. 28~29.

43) 1916년 10월에 내보낸 홍보 기사에서 칼렘은 자사의 〈경찰서 출입기자 그랜트Grant, Police Reporter〉를 '짤막한 길이의 특집' 시리즈라고 명명했다. 1916년 9월 유니버설 사의 한 보도자료는 "이 주의 특집은 〈리버티Liberty〉의 다섯번째 에피소드로 그 분량은 두 릴에 이를 것이다"라고 발표했다. 이와 유사하게 1915년에 발행된 모션 픽처 뉴스(MPN) 중에도 '특집 개봉 — 최근작 및 예고편'에 할당된 면에 파테 사가 제작한 〈일레인의 위업〉의 두 릴짜리 에피소드가 담겨 있다. "Series Idea Means Cumulative Advertising," *MPN*, October 21, 1916, p. 2552; "Twenty-six Reels a Week… from Universal," *MPN*, September 16, 1916, p. 1698; "Feature Releases — Current and Coming," *MPN*, April 3, 1915, pp. 78~83.

44) 발행부수 통계는 *American Newspaper Annual and Directory*에 기초했다. *Ladies' World* 독자층의 성격은 다음에 소개되어 있다. Ellen Gruber Garvey, *The Adam in the Parlor: Magazines and the Gendering of Consumer Culture*, 1880s to 1910s, p. 9.

45) 이 시리즈의 인기는 전국 150개 극장을 방문했던 에디슨 사의 직원들이 취합한 극장주들의 논평에 드러나 있다. "1914 Moving Picture General(4 of 6)," Edison Archives, Edison National Historic Site, West Orange, N.J.

46) Reviews of episodes "A Will and a Way," *New York Dramatic Mirror*, March 12, 1913, p. 32; "The High Tide of Misfortune," *New York Dramatic Mirror*, May 7, 1913, p. 30.

47) Terry Ramsaye, *A Million and One Nights: A History of the Motion Picture Through* 1925, p. 666.

48) Cohn, "Harvesting the Serial," p. 22.

49) 나는 이후 거론되는 영화 제목들에 내러티브 시놉시스를 제공하지 않는 편을 택했다. 특별한 언급이 없는 한 그것들은 모두 앞서 논의되었던 멜로드라마의 용감무쌍한-여주인공-과-연장 공식을 따른다. 칼턴 라후는 *Continued Next Week: A History of the Moving Picture Serial*에서 수많은 시리즈의 개봉 날짜, 캐스팅, 그리고 에피소드 제목과 함께 그 내러티브에 관한 다소 임의적인 개괄을 제공한다. 다른 시리즈 에피소드의 시놉시스들은 참고문헌 목록에 있는 업계지의 수많은 짤막한 홍보용 논평 기사에서 찾아볼 수 있다.

50) 폴린 시리즈와 일레인 시리즈의 재정적 성공은 Cohn, "Harvesting the Serial"에 언급되어 있다. 또한 '일레인의 1백만 달러 달성 기념' 축하연회에 관한 보도도 있다. "Pathé's Own Convention," *New York Dramatic Mirror*, July 14, 1915, p. 21.

51) Eisenstein, "Dickens, Griffith, and Film Today," in Leyda, ed., *Sergei Eisenstein: Film Form*, p. 203.

52) "Pathé Claims Pearl White Greatest Drawing Card," *Motion Picture News*, April 28, 1917, p. 2655.

53) *Motion Picture Magazine* 12.11(December 1916), p. 15; ibid., 16.11(December 1918), p. 12; ibid., 20.11(December 1920), p. 94.

54) Lahue, *Continued Next Week*, pp. 48~49. 또한 모션 픽처 뉴스에 실렸던 〈패트리아Patria〉의 다양한 홍보 기사 및 논평들을 보라. *MPN*, December 2, 1916, p. 40; *MPN*, December 9, 1916, p. 3668; *MPN*, February 3, 1917, p. 735; *MPN*, February 17, 1917, p. 1061, p. 1075; *MPN*, March 19, 1917, p. 1363; MPN, April 14, 1917, p. 2365.

55) 다음의 홍보 기사 및 논평들을 보라. *Moving Picture World*, May 13, 1916, p. 1146; ibid., July 8, 1916, p. 262; *New York Dramatic Mirror*, July 22, 1916, p. 27; ibid., November 4, 1916, p. 34; *Motion Picture News*(MPN), June 10, 1916, p. 3549; *MPN*, July 1, 1916, p. 4033.

56) 프랜시스 포드Francis Ford에 대해서는 Tag Gallagher, "Brother Feeney," *Film Comment* 12.6(November–December 1976), pp. 12~18을 보라. 또한 Luis Buñuel, *My Last Sigh*, p. 32를 보라. 브뉘엘은 약간 헷갈리는 구석이 있는데, "〈루실 러브〉는 (…) Lové를 스페인어로 발음했다"면서 캐릭터로서보다는 대중적 여배우로 언급한다.

57) "Vitagraph's First Serial," *Moving Picture World*, May 1, 1915, p. 710. 또한 같은 광고, 1915년 5월 15일자 p. 1042의 광고들을 보라.

58) 스튜디오 메모 및 보고서: "1914 Moving Pictures General(4 of 6)"; "Moving Picture Info"(files A—C, box 1); "1915 Moving Pictures—General(1 of 3)"—모두 Edison Archives, Edison National Historic Site, West Orange, N.J.에서

찾아볼 수 있다.

59) "The Motion Picture News Chart of National Film Trade Conditions,"
Motion Picture News(MPN), October 31, 1914, pp. 20~21; "Second Motion
Picture News Chart," *MPN*, March 13, 1915, pp. 32~35; "Third Motion Picture
News Chart," *MPN*, May 22, 1915, pp. 38~41; "Fourth Motion Picture News
Chart," *MPN*, August 28, 1915, pp. 39~40; "Fifth Motion Picture News Chart,"
MPN, 12.22(December 4, 1916): p. 56, p. 58; "Sixth Motion Picture News
Chart," *MPN*, June 10, 1916, pp. 3556~3557; "Seventh Motion Picture News
Chart," *MPN*, December 30, 1916, p. 4192; "Eighth Motion Picture News
Chart," *MPN*, July 28, 1917, pp. 656~657.

60) 1913년부터 1950년대 중반, 시리즈 영화 제작이 사그라질 때까지 간략한 역
사는 Geoffrey Nowell-Smith 편, *The Oxford History of World Cinema*, pp.
105~111의 필자가 쓴 "시리얼Serials" 부분을 보라.

8. 시리얼 퀸 멜로드라마의 위력과 위기

1) Carol Clover, *Men, Women, and Chainsaws: Gender in the Modern
Horror Film*.

2) 소녀 어드벤처 시리즈에 관해서는 다음을 참조하라. Nancy Tillman Romalov,
"Unearthing the Historical Reader, or Reading Girls' Reading," in Larry E. Sullivan
and Lydia Cushman Schurman, eds., *Pioneers, Passionate Ladies, and Private
Eyes: Dime Novels, Series Books, and Paperbacks*, pp. 87~101.

3) *Ladies Home Journal*(May 1915), p. 91(광고).

4) C. D. Crain, "Fights for Men, Finery for Women," *Moving Picture World*,
July 29, 1916, p. 818.

5) *Motion Picture News*, October 21, 1916, p. 2490에 실린 광고. 이 광고가 특
정 파생상품을 명시하고 있지는 않지만, 그 영화의 타이틀 인쇄물 카드에 명시되었
을 수 있다. 예를 들어 〈마거리트의 모험The Ventures of Marguerite〉은 각 에피소드가

끝날 때마다 "이 시리즈에서 마거리트 양이 입었던 일류 디자인은 뉴욕 시 5번가 애버뉴에 위치한 러세크에서 만날 수 있습니다"라는 자막이 떠올랐다. 패션 파생상품들은 대개 커다란 자산 항목으로 판촉되었다. 모션 픽처 뉴스에 실린 파테 사의 시리즈 〈누구의 죄인가?Who's Guilty?〉의 홍보 기사는 이랬다. "〈누구의 죄인가?〉에서 닐슨 양이 입었던 모든 드레스는 5번가 애버뉴의 여성복 제작자 힉슨에 의해 특별 제작되었다. 닐슨 양의 매력 포인트 중 하나인 아름다운 미모는 여왕 같은 품위를 드러내는 힉슨 표 원피스 덕택에 감탄할 만큼 두드러진다. 〈누구의 죄인가?〉라는 포토-노블photo-novel에서 힉슨 드레스는 보통 네 벌 이상 등장하지만, 닐슨 양은 힉슨이 생산해 낼 수 있었던 가장 맵시 있는 열네 벌의 의상을 혼자서 선보인다."(" 'Who's Guilty?' Series Will Come from Pathé May 8", *Motion Picture News*, April 22, 1916, p. 23)

Charles Eckert의 기사, "The Carole Lombard in Macy's Window" (*Quarterly Review of Film Studies* 3.1, Winter 1978, pp. 1~22)는 1930년대 특정 패션 라인들을 광고하기 위한 목적으로 영화를 이용하는 일이 얼마나 널리 퍼져 있었는지를 기술한다. 시리즈 및 시리얼의 패션 파생상품으로부터 이러한 관례가 1910년대 중반부터 이미 충분히 활용되고 있었음이 명백해진다.

6) Laura Mulvey, "Visual Pleasure and Narrative Cinema," *Screen* 16.3 (Autumn 1975), pp. 6~18.

7) Karen, Horney, *New Ways in Psychoanalysis*, p. 108.

8) Frank Wiesberg, "Review of 'Just Like a Woman,' " *Variety*, July 11, 1908.

9) "Women and Street Cars," *The Independent* 71.3271 (August 10, 1911), pp. 330~332 (quotation from p. 331).

10) "Why Women Are, or Are Not, Good Chauffeuses," *Outing Magazine* 44.2 (May 1904): pp. 154~159 (quotation from pp. 156~157).

11) Montgomery Rollins, "Women and Motor Cars," *The Outlook* 92 (August 7, 1909): pp. 859~860. 여성 관점에서 이견을 보려면 다음을 참조하라. Mrs. Andrew Cuneo, "Why There Are So Few Women Automobilists," *Country Life in America* 13. 5 (March, 1908), pp. 515~516.

12) 여성 소득 분담에 관한 통계는 The Commonwealth of Massachusetts,

Report of the Commission on Minimum Wage Boards(Boston: January 1912)에 부분적으로 증쇄된 "Report on Conditions of Women and Child Wage Earners in the United States,"를 참고(pp. 260~261, pp. 288~289, pp. 318~319).

13) Lewis Jacobs, *The Rise of the American Film: A Critical History* (1939), p. 270; reprinted in 1969.

14) 결혼 및 출산율 정보는 다음을 참조하라. Margaret Gibbons Wilson, *The American Woman in Transition: The Urban Influence*, 1870~1920, p.174. 가사 노동의 성격 변화와 관련해서는 다음을 보라. Ruth Schwartz Cowan, "The 'Industrial Revolution' in the Home: Household Technology and Social Change in the 20th Century," *Technology and Culture* 17(January 1976), pp. 1~23; reprinted in Martha M. Trescott, ed., *Dynamos and Virgins Revisited: Women and Technological Change in History*, pp. 205~232. 가사 외 노동의 여성 참여에 관해서는 다음을 참조하라. Alba M. Edwards, *Comparative Occupation Statistics for the United States*, 1870~1940, p. 99, 그리고 Joseph A. Hill, *Women in Gainful Occupation*, 1870~1920, p. 23. 이 둘은 모두 다음에 인용되어 있다. Elyce Rotella, *From Home to Office: U.S. Women at Work*, 1870~1930(그림 2.2, 2.4, 2.8을 보라).

15) 백화점 수치는 다음을 참조했다. Harold Barger, *Distribution's Place in the American Economy Since 1869*, pp.148~149(Wilson, *The American Woman in Transition*, p. 174에서 재인용). 공적 엔터테인먼트와 관련해서는 다음을 보라. Kathy Peiss, *Cheap Amusements: Working Women and Leisure in Turn-of-the-Century New York*, Rabinovitz, *For the Love of Pleasure*, Shelley Stamp, *Movie-Struck Girls: Women and Motion Picture Culture After the Nickelodeon*.

16) 북동부 노선은 1890년 2,952마일에서 1902년 10175마일로 증가했다. 미국 전체적으로, 그 범위는 8123마일에서 22589마일로 178퍼센트 증가했다. U.S. Department of Commerce and Labor, *Special Reports: Street and Electric Railways*(1903), p. 34; 지역별 분석 도표는 Wilson, *The American Woman in Transition*, p. 27.

1895년 내내 뉴욕 월드나 뉴욕 저널 같은 보다 대중적인 신문의 일요일 판들은 자전거 탄 여성 관련 기사와 삽화로 가득했다. 이러한 이야깃거리들은 확실히 자전거를 사회적 논쟁 — 새로운 운동경기와 이동성을 즐기는 신여성, 그리고 우아함의 훼손, 특히 여성 야외 활동복으로 나온 '반바지'를 규탄했던 보수 세력들 사이에서 — 의 연관물로서 구분했다. 그 예는 다음을 참조하라. Ida Trafford Bell, "The Mission of the Bicycle for Women: Women's Fight for Liberation," *New York Sunday World*, August 18, 1895, p. 33; "Around the World on a Bicycle: Nellie Bly, Jr. Makes the Most Extraordinary Journey Ever Undertaken by a Woman," *New York Sunday World*, October 20, 1895, p. 29. 현대적 논의로는 다음을 참조. "Reframing the Bicycle: Magazines and Scorching Women," ch. 4 in Garvey, *The Adman in the Parlor*, pp. 109~134.

17) Mary Humphreys, "Women Bachelors in New York," *Scribner's* 19.5(November 1896), p. 635.

18) Barbara Welter, "The Cult of True Womanhood: 1820~1860," *American Quarterly* 18(Summer 1966), p. 151~174.

19) George Burnap, *The Sphere and Duties of Woman*(1854), 47(Welter, "The Cult of True Womanhood," p. 159에서 인용).

20) Boyd Winchester, "The New Woman," *Arena*(April 1902), p.367 (Wilson, *The American Women in Transition*, p. 3에서 인용). 신여성에 관한 영국을 중심으로 한 최근 저작으로는 Sally Ledger, *The New Woman: Fiction and Feminism at the Fin de Siècle*이 있다.

21) Samuel Woodworth, *The Window's Son: Or, Which Is the Traitor?*(New York, 1825), p. 64(Grimsted, *Melodrama Unveiled*, p. 175에서 인용); Minna Thomas Antrim, "The Masculinization of Girls," *Lippincott's Monthly* 88, no. 526(October, 1911), p. 564. 1911년 영화 논평은 Louis Reevs Harrison, "Superior Plays: 'The Reform Candidate' (Edison)," *Moving Picture World*, September 30, 1911, p.957. 게이린 스토들러Gaylyn Staudlar는 이러한 여성의 남성화(그리고 남성의 여성화) 개념에 대한 보상적 반응을 더글러스 페어뱅크스Douglas Fairbanks의 스타덤을 둘러싼 담론들에서 인상 깊게 분석해낸 바 있다(Staudlar, *This Mad Masquerade: Stardom and Masculinity in the Jazz Age*, ch. 1).

22) Antrim, "The Masculinization of Girls," p. 565.

23) 이 연극은 부스Booth가 편집한 *Hiss the Villain*에 수록되어 있다.

24) 〈옛날 켄터키에서는In old Kentucky〉에 대한 논평은 뉴욕 트리뷴(October 24, 1893, 7)과 브루클린 데일리 이글(February 24, 1907, sec.4, p. 2)의 "Stage Notes: 'The Eye Witness,'를 보라. 〈여공The Factory Girl〉의 논평은 뉴욕 트리뷴(October 24, 1893, 7), 〈물불 가리지 않는 여자Through Fire and Water〉에 대한 논평은 브루클린 데일리 이글(October 4, 1903, 8), 〈여인의 기개A Woman's Pluck〉에 관해서는 Archibald Haddon의 "Sensational Melodrama,"(런던 데일리 익스프레스, August 28, 1905)를 보라. 또한 "'Girl and Detective' Again," (브루클린 데일리 이글, October 31, 1909, sec. 2, p. 9), 〈그녀에게는 조언을 구할 어머니가 없다No Mother to Guide Her〉의 논평은 1905년 어느 시점의 신문 잡보란(Harvard Theatre Collection, "No Mother to Guide Her" 파일)을 보라.

25) Ramsaye, *A Million and One Nights*, p. 653.

26) "Woman's Record During the Week," *New York Sunday World*, April 19, 1896, p. 21.

27) "Met a Woman with Nerve," *Newark Daily Advertiser*, March 9, 1895, p. 1.

28) 이런 칼럼의 표제들로 각종 타이틀이 붙곤 했다. 그중 페미니즘적 풍자가 돋보이는 것으로는 다음을 꼽을 수 있다. '허약한 여성의 업적들: 그녀가 이번주에 세운 새롭고 놀라운 기록들 — 이번 시즌의 패션과 이례적 기인들Frail Woman's Achievements: New and Startling Records Made by Her During the Week—Some Extraordinary Freaks and Fashions of the Season," *New York Sunday World*, April 12, 1896, p. 31.

29) *Boston American*, June 22, 1904, p. 10.

30) *Bizarre Katalog: Cartoon and Model Parade*(1979), vol. 1, pp. 172~173.

31) 인용은 순서대로 (1) *Chicago Republic*의 사설(December 28, 1903, p. 6); (2) Porter Emerson Browne, "The Mellowdrammer," *Everybody's Magazine* 21.3 (September 1909), pp. 347~354; (3) "Downfall of Melodrama," *New York Sun*, February 10, 1909, p. 7; (4) Hartt, *The People at Play*, p. 166; (5) Hamilton, "Melodrama, Old and New," *The Bookman* 33.3(May 1911), pp. 309~314.

32) Elsaesser, "Tales of Sound and Fury."

33) 유력한 연극 연출가였던 윌리엄 브래디William A. Brady는 미국 멜로드라마가 귀족 악당이 아닌 부르주아 악당을 고용함으로써 영국 멜로드라마처럼 보다 극단적인 도덕적 대립을 이끌어내지 못하는 핸디캡이 있다고 불평했다. Brady, "Melodrama — What It Is and How to Make It," p. 313.

34) Eleanor Gates, "The Girl Who Travels Alone: An Inquiry Into a Distinctly American Problem That Has Been Created by the Social Conditions in This Country Which Admit The Widest Liberty to Women", *Cosmopolitan Magazine* 42.2(December 1906), pp. 163~172. 게이츠는 다음 호에서도 비슷하게, 특히 근로 여성들과 관련된 성희롱 문제를 논의한다. "Making Her Way in the World", ibid.(January 1907), pp. 308~315.

35) Hugo Münsterberg, "Münsterberg Vigorously Denounces Red Light Drama," *New York Times*, September 14, 1913, n.p.

36) 백인 노예 영화에 관해서는 다음을 참조할 것. Shelley Stamp, *Movie-Struck Girls*, pp. 41~101; Janet Staiger, *Bad Women: Regulating Sexuality in Early American Cinema*, pp.116~146.

9. 멜로드라마 마케팅: 시리얼과 상호텍스트적 관련성

1) Robert Grau, "Motion Picture Publicity from the Standpoint of a Famous Critic," *The Editor and Publisher and the Journalist* 48.24(November 20, 1915): p. 634.

2) 1916년 영화 스케줄 변경에 관한 도표는 L. C. Moen, "Statistics of the Motion Picture Industry," *Motion Picture News*(November 25, 1922, p.2655)에 나와 있다. 1919년 도표는 William M. Seabury, *The Public and the Motion Picture Industry*, p. 277을 참조. Richard Koszarski, *An Evening's Entertainment: The Age of the Silent Feature Picture*, pp. 1915~1928, p. 35에서 재인용.

3) "Movies of the Future: A Review and Prophecy," *McClure's Magazine* 47(October 1916), pp. 14~15, p. 87(quotation from p. 14). 또한 다음을 참조하

라. E. Lanning Masters, "Marketing the Movies," *Harper's Weekly*, January 1, 1916, p. 24; "Series Idea Means Cumulative Advertising," *Motion Picture News*, October 21, 1916, p. 2552; "Series Backed by Big Magazine Publicity," *Motion Picture News*, January 6, 1917, p. 97; Quimby, "A Standard Feature," p. 71.

4) Luhue, *Continued Next Week*, p. 38에서 인용. 화폐 가치 환산에 대해서는 6장 주석 14번 참조.

5) 파테 사와 관련해서는 "The Growth of Eclectic in a Year," *Motion Picture News*(June 13, 1914, p. 69), 파라마운트 사는 "Paramount Announces Details of Vast Advertising Campaign on First Serial," *Motion Picture News*(October 6, 1917, p. 2342), 비타그래프 사에 관해서는 "Problems and Power of Serials," *Motion Picture News*(September 22, 1917, 1984, 1989) 참조.

광고판은 미국 옥외광고협회에 따르면, 옥외 광고비용이 1900년 2백만 달러에서 1912년 4백만 달러, 1917년 1500만 달러, 1921년 3500만 달러로 급증했다. 통계는 Alfred M. Lee, *The Daily Newspaper in America*, p. 366에서 인용.

6) 램지가 시카고 트리뷴의 첫번째 공모에 대해 언급한 곳은 *A Million and One Nights*(p. 669)이다. 〈스카이 다이아몬드〉 속편의 수상자 램지는 안타깝게도 아무런 인용구 없이 라후의 *Continued Next Week*(p. 6, p. 46)에 나와 있다(라후는 그 관련성을 놓치고 있다). 다른 시리얼 콘테스트에 관한 논의로는 Shelley Stamp, *Movie-Struck Girls*(pp. 120~122), 그 언급에 대해서는 *Continued Next Week*(p. 6), 그리고 라후의 *Bound and Gagged*(p. 125)를 참조. 후편-플롯 공모에 관해서는 Four-Chapter Sequel to 'The Diamond from the Sky,' *Motion Picture News*, December 2, 1916, p. 3479, 광고에 관해서는 *Moving Picture World*, March 27, 1915, pp. 1882~1883을 보라. 오늘날 달러로 환산된 고료는 다소 높아 보이는데, 재화의 단위 구성과 소비자 물가지수는 시대에 따라 변하므로 그 환산이 언제나 신뢰할 만한 것이라고는 할 수 없다.

7) Lahue, *Bound and Gagged*, p. 139.

8) Richard deCordova, *Picture Personalities: The Emergence of the Star System in America*.

9) "Popular Player Contest," *Motion Picture Magazine* 12.11(December

1916), p. 15. 스타 시스템 및 팬 매거진, 그리고 팬덤의 부상에 관해서는 Kathryn H. Fuller, *At the Picture Show: Small-Town Audiences and the Creation of Movie Fan Culture*를 보라. 이런 화제들을 특히 시리얼 및 여성 관객들과 관련시킨 논의로는 Stamp, *Movie-Struck Girls*, ch. 3을 참조할 것.

10) 초기 내러티브 영화의 특징과 기법에 관해서는 찰리 케일Charlie Keil의 치밀한 분석을 참조하라. *Early American Cinema in Transition: Story, Style, and Filmmaking, 1907~1913.*

11) 이 장 전체에 걸쳐 발행부수 수치는 연간 발행되는 *American Newspaper Annual and Directory*에 기초하는데, 이 총서에는 신문은 물론, 그 제목과 상관없이 수천 개에 이르는 잡지와 업계지 관련 통계가 실려 있다.

12) 풀러Fuller는 *At the Picture Show* 6장에서 『모션 픽처 스토리 매거진』을 팬 참여의 장으로 논의한다.

13) 뉴욕 드라마틱 미러의 한 기사(January 10, 1912, p. 30)는 모션 픽처 뉴스가 발행했던 *Moving Picture Tales*란 제목의 극영화-스토리 잡지를 언급하고 있지만, 이런 출판물에 관한 어떤 흔적도 찾을 수 없었다.

14) 『무빙 픽처 스토리 매거진』의 과도할 만큼 풍부한 동시발행물들은 비록 이제까지 학자들의 연구 대상으로는 완전히 도외시되어오긴 했지만, 수천 편에 이르는 분실 필름들의 주제와 줄거리를 어렴풋하게나마 살펴볼 수 있는 기회를 제공한다. 동시발행물들은 업계지나 스튜디오 보고서보다 더 많은 정보를 제공하며, 대부분 제작물의 스틸사진들도 포함하고 있다.

15) 시카고 트리뷴의 모든 동시발행물들은 7면 '스페셜 특집난'(sec. 7)에 실렸다. 이러한 동시발행물의 예를 들자면 다음과 같다. "Paid Back: A Photoplay in Story Form"(Selig Polyscope; 16 stills), *Chicago Tribune*, January 7; "The Prosecuting Attorney"(Selig Polyscope; 12 stills), ibid., January 14; "The Melody of Love"(Essanay; 9 stills), ibid., January 21; "The Real Estate Fraud"(American Film Mfg. Co.; 16 stills), ibid., January 28; "The Hospital Baby"(Essanay; 12 stills), ibid., February 4; "The Test"(Selig Polyscope; 12 stills), ibid., February 11; "An Interrupted Romance," by Amanda Buckman(Essanay; 8 stills), ibid., February 18; "Love Versus Genius"(Essanay; 12 stills), ibid., February 25(그림

9.6 참조); "An Assisted Elopement"(American Film Mfg. Co.; 16 stills), ibid., March 3; "The Loan Shark"(Essanay; 12 stills), ibid., March 10.

16) 예를 들어 『파퓰러 매거진Popular Magazine』(판매부수 40만 부)은 1913년 4월 아메리칸 사의 두 릴짜리 영화 〈그녀의 대단한 이야기Her Big Story〉를 스토리화했다. 『레이디스 월드』는 1913년 후반에서 1915년 초 사이 에디슨 사와 에사네이 사의 동시발행물을 여러 차례 실었다(다음 정보는 어느 정도 불완전한데, 왜냐하면 여러 업계지 기사와 광고를 종합했기 때문이다). *Peg o' the Movies*(Edison, 2 reels, 1913년 12월 12일 개봉); *A Romany Spy*(3 reels, 1914년 3월 18일); *The Greater Love*(2 reels, 1914년 3월 25일); *The Tell-Tale Hand*(Essenay, 1914년 11월 18일); *The Plum Tree*(Essenay); *The Glare of the Lights*(Essenay); Poison(2 reels, 1915년 3월 17일). 일요신문 부록이었던 『어소시에이티드 선데이 매거진The Associated Sunday Magazine』(판매부수 1500만 부)은 1914년 9월 18일에 개봉된 에디슨 사의 두 릴짜리 필름 〈양의 가죽Sheep's Clothing〉의 극영화 스토리를 출간했다.

17) 뉴욕 신문으로는 아메리칸, 글로브 앤 커머셜 어드버타이저, 저널, 메일, 선, 타임스, 트리뷴, 월드가 있었다. 오로지 뉴욕 타임스만이 동시발행 소설을 회피했다. 보스턴 신문으로는 아메리칸, 글로브, 헤럴드 앤드 트래블러, 포스트가 있었다. 메이저 신문의 기준은 판매부수 15만 부 이상으로 잡았다.

18) "Kathlyn, Popular Queen," *New York Dramatic Mirror*, January 21, 1914, 31; Frank Leroy Blanchard, "Photo-Play Makers Are Spending a Million a Year in Newspapers," *The Editor and Publisher and the Journalist* 48.21(October 30, 1915), p.529; "Problems and Power of Serials," *Motion Picture News*, September 22, 1917, 1984, 1989; "Keeping Up Interest in Serials," *Motion Picture News*, October 6, 1917, p. 2336, p. 2341.

19) 인용은 앞서 언급했던 "Problems and Power of Serials"와 "Keeping Up Interest in Serials"를 조합한 것이다.

20) "Boosting Pathé Pictures," *Moving Picture World*, March 14, 1914, p. 1392.

21) "On the Photoplay Serial: An Interview with Eustice Hale Ball," *The Editor*, April 7, 1917, pp. 294~296; Fred J. Balshofer and Arthur C. Miller, *One*

Reel a Week, pp. 102~104.

22) Stamp, *Movie-Struck Girls*, pp.115~120.

23) *Chicago Sunday Tribune*, December 13, 1914, part 5(color section).

24) Cohn, "Harvesting the Serial," p. 22.

결론

1) Siegfried Kracauer, "Georg Simmel" in *The Mass Ornament*, ed. and trans. Thomas Y. Levin, pp. 225~258.

2) 예이젠시테인의 표현 인용, "Dickens, Griffith, and Film Today"(1944), Leyda, ed., *Sergei Eisenstein: Film Form*, pp. 195~255.

3) Janet Staiger, *Bad Women: Regulating Sexuality in Early American Cinema*; Lauren Rabinovitz, *For the Love of Pleasure: Women, Movies, and Culture in Turn-of-the Century Chicago*; Jennifer M. Bean, "Bodies in Shock: Gender, Genre, and the Cinema of Modernity"(Ph.D. diss., University of Texas, Austin, 1998; 근간); Shelley Stamp, *Movie-Struck Girls*. Stamp의 저서는 너무 늦게 나와서 그 결과를 나의 해설에 적절히 통합할 수 없었다. "Ready-Made Customers: Female Movie Fans and the Serial Craze"(ch. 3, pp. 102~153)이란 장은 내가 이 책 7,8,9장에서 다뤘던 자료들을 보충하거나 곳곳에서 검증해주는 훌륭한 연구이다.

옮긴이 **이위정**
연세대학교 인문학부를 졸업하고 동대학원 비교문학 협동과정에서 「동양극장과 근대성의 체험」
으로 석사 학위를 취득했다. 현재 미국 코넬 대학교 동아시아문학 박사과정에 있다.

문학동네 교양선
멜로드라마와 모더니티

초판인쇄 2009년 6월 25일 | 초판발행 2009년 7월 2일

지은이 벤 싱어 | 옮긴이 이위정 | 펴낸이 강병선

책임편집 이연실 심순영 | 저작권 김미정 한문숙
마케팅 방미연 이지현 | 제작 안정숙 서동관 김애진

펴낸곳 (주)문학동네 | 출판등록 1993년 10월 22일 제406-2003-000045호
주소 413-756 경기도 파주시 교하읍 문발리 파주출판도시 513-8
전자우편 editor@munhak.com | 전화번호 031) 955-8888 | 팩스 031) 955-8855

ISBN 978-89-546-0798-8 03680
www.munhak.com